廿一世纪全国应用型本科财经管理系列实用规划教材

现代企业管理理论与应用

主　编　邸彦彪
副主编　李　洁　冯　静
编　委　(按姓氏拼音排序)
陈英梅　邸彦彪　冯　静
李　洁　刘维军　徐阿淼
张丽凤
主　审　程春梅

北京大学出版社
PEKING UNIVERSITY PRESS
中国林业出版社
China Forestry Publishing House

内容简介

本书以基础性、实用性为着眼点，在适度的理论体系覆盖下，突出现代企业管理的基本概念、基本原理和基本方法，并注重训练分析和解决企业管理实际问题的能力。教材中各章前设有教学目的和教学要求，每章后附有本章小结、习题和案例分析。同时可提供与本教材配套的电子课件，以便教师在教学中使用。

本教材特别适合高等学校应用型本科非管理专业，尤其是工程技术学科专业使用。还可供工程硕士和工科研究生选修课及企业技术人员与管理人员培训使用。

图书在版编目(CIP)数据

现代企业管理理论与应用/邱彦彪主编. —北京：中国林业出版社；北京大学出版社，2008.4

(21世纪全国应用型本科财经管理系列实用规划教材)

ISBN 978-7-5038-5024-0

I. 现… II. 邱… III. 企业管理—高等学校—教材 IV. F270

中国版本图书馆CIP数据核字(2008)第037646号

书　　名：现代企业管理理论与应用

著作责任者：邱彦彪　主编

总 策 划：林章波　牛玉莲

执行策划：李　虎　郑铁志

责任编辑：魏红梅　郑铁志

标准书号：ISBN 978-7-5038-5024-0

出 版 者：中国林业出版社(地址：北京市西城区德内大街刘海胡同7号　邮编：100009)

http://www.cfph.com.cn　E-mail:cfphz@public.bta.net.cn

电话：编辑部66170109　营销中心66187711

北京大学出版社(地址：北京市海淀区成府路205号　邮编：100871)

http://www.pup.cn　http://www.pup6.com　E-mail: pup_6@163.com

电话：邮购部62752015　发行部62750672　编辑部62750667　出版部62754962

印 刷 者：北京昌平百善印刷厂

发 行 者：北京大学出版社　中国林业出版社

经 销 者：新华书店

787毫米×960毫米　16开本　26.75印张　643千字

2008年4月第1版　2008年4月第1次印刷

定　　价：40.00元

21世纪全国应用型本科财经管理系列实用规划教材

专家编审委员会

丛 书 序

我国越来越多的高等院校设置了经济管理类学科专业，这是一个包括经济学、管理科学与工程、工商管理、公共管理、农业经济管理、图书档案学6个二级学科门类和22个专业的庞大学科体系。2006年教育部的数据表明在全国普通高校中经济类专业布点1518个，管理类专业布点4328个。其中除少量院校设置的经济管理专业偏重理论教学外，绝大部分属于应用型专业。经济管理类应用型专业主要着眼于培养社会主义国民经济发展所需要的德智体全面发展的高素质专门人才，要求既具有比较扎实的理论功底和良好的发展后劲，又具有较强的职业技能，并且又要求具有较好的创新精神和实践能力。

在当前开拓新型工业化道路，推进全面小康社会建设的新时期，进一步加强经济管理人才的培养，注重经济理论的系统化学习，特别是现代财经管理理论的学习，提高学生的专业理论素质和应用实践能力，培养出一大批高水平、高素质的经济管理人才，越来越成为提升我国经济竞争力、保证国民经济持续健康发展的重要前提。这就要求高等财经教育要更加注重依据国内外社会经济条件的变化适时变革和调整教育目标和教学内容；要求经济管理学科专业更加注重应用、注重实践、注重规范、注重国际交流；要求经济管理学科专业与其他学科专业相互交融与协调发展；要求高等财经教育培养的人才具有更加丰富的社会知识和较强的人文素质及创新精神。要完成上述任务，各所高等院校需要进行深入的教学改革和创新。特别是要搞好有较高质量的教材的编写和创新。

出版社的领导和编辑通过对国内大学经济管理学科教材实际情况的调研，在与众多专家学者讨论的基础上，决定编写和出版一套面向经济管理学科专业的应用型系列教材，这是一项有利于促进高校教学改革发展的重要措施。

本系列教材是按照高等学校经济类和管理类学科本科专业规范、培养方案，以及课程教学大纲的要求，合理定位，由长期在教学第一线从事教学工作的教师立足于21世纪经济管理类学科发展的需要，深入分析经济管理类专业本科学生现状及存在问题，探索经济管理类专业本科学生综合素质培养的途径，以科学性、先进性、系统性和实用性为目标，其编写的特色主要体现在以下几个方面：

(1) 关注经济管理学科发展的大背景，拓宽理论基础和专业知识，着眼于增强教学内容的联系实际和应用性，突出创造能力和创新意识。

(2) 体系完整、严密。系列涵盖经济类、管理类相关专业以及与经管相关的部分法律类课程，并把握相关课程之间的关系，整个系列丛书形成一套完整、严密的知识结构体系。

(3) 内容新颖。借鉴国外最新的教材，融会当前有关经济管理学科的最新理论和实践经验，用最新知识充实教材内容。

(4) 合作交流的成果。本系列教材是由全国上百所高校教师共同编写而成，在相互进行学术交流、经验借鉴、取长补短、集思广益的基础上，形成编写大纲。最终融合了各地特点，具有较强的适应性。

(5) 案例教学。教材具备大量案例研究分析，让学生在学习过程中理论联系实际，特别列举了我国经济管理工作中的大量实际案例，这可大大增强学生的实际操作能力。

(6) 注重能力培养。力求做到不断强化自我学习能力、思维能力、创造性解决问题的能力以及不断自我更新知识的能力，促进学生向着富有鲜明个性的方向发展。

作为高要求，财经管理类教材应在基本理论上做到以马克思主义为指导，结合我国财经工作的新实践，充分汲取中华民族优秀文化和西方科学管理思想，形成具有中国特色的创新教材。这一目标不可能一蹴而就，需要作者通过长期艰苦的学术劳动和不断地进行教材内容的更新才能达成。我希望这一系列教材的编写，将是我国拥有较高质量的高校财经管理学科应用型教材建设工程的新尝试和新起点。

我要感谢参加本系列教材编写和审稿的各位老师所付出的大量卓有成效的辛勤劳动。由于编写时间紧、相互协调难度大等原因，本系列教材肯定还存在一些不足和错漏。我相信，在各位老师的关心和帮助下，本系列教材一定能不断地改进和完善，并在我国大学经济管理类学科专业的教学改革和课程体系建设中起到应有的促进作用。

2007年8月

刘诗白　刘诗白教授现任西南财经大学名誉校长、博士生导师，四川省社会科学联合会主席，《经济学家》杂志主编，全国高等财经院校资本论研究会会长，学术团体“新知研究院”院长。

前　言

《现代企业管理理论与应用》是21世纪全国应用型本科财经管理系列实用规划教材之一。本教材的编写目的在于使高等学校应用型本科非管理专业，特别是理工学科专业的学生加强企业管理知识的学习和能力的培养，使其既具备本专业特长，同时又掌握实用的现代企业管理知识与技能，成为适应企业需要的具有高素质和较强综合实力的复合型、应用型人才。

本教材编写以基础性、实用性为着眼点，在适度的理论体系覆盖下，突出了现代企业管理的基本概念、基本原理和基本方法的内容，并注重分析和解决企业管理实际问题的能力的训练。教材中各章前设有教学目的和教学要求，章节内设有例题和运作实例，每章后附有本章小结和习题，包括思考题、练习题和案例分析等。同时可提供与本教材配套的电子课件，以便教师在教学中使用。

本教材特别适合高等学校应用型本科非管理专业，尤其是工程技术学科专业使用；还可供工程硕士和工科研究生选修课及企业技术人员与管理人员培训使用。

由辽宁工业大学管理学教授邸彦彪担任本教材的主编，完成整个教材的组稿总纂和修改定稿。教材主要编写人员及合作分工为：邸彦彪（第1章、第2章、第5章的5.1和5.2节）、渤海大学张丽凤（第3章）、黄淮学院李洁（第4章、第10章、第11章）、辽宁工业大学徐阿淼（第5章的5.3和5.4节）、陈英梅（第6章、第8章）、冯静（第7章、第9章）、刘维军（第12章）。全书由辽宁工业大学程春梅教授主审。

辽宁工业大学企业管理专业硕士研究生邢雪、李国余、徐钰、于玲、幺志丹和何晓飞等同学承担了本教材部分书稿的资料收集和整理、图表绘制、排版校对，以及全部配套电子课件的制作等工作。

由于编者水平有限，教材中难免有疏漏之处，敬请读者批评指教。

编　者

2008年2月

目　录

第 1 章　企业与企业管理

教学目标与要求

通过本章的学习，掌握企业与企业管理的基础知识，对企业管理的理论发展有一定的了解。

明确企业的概念和特点、企业的分类，掌握企业系统的要素及功能，熟知企业管理概念、性质及其研究内容，了解企业管理理论发展。

企业是现代社会的基本经济单位，对社会、经济、文化、科学技术和人民生活等的发展发挥着越来越重要的作用。管理是生产力要素得以结合而发挥作用的前提，它对社会生产力可以起到放大和创新的乘数作用。企业管理是管理科学的一个分支，它应用管理学的基本原理和方法来研究企业经营活动的展开和生产要素的组合。实行科学的企业管理，是企业生存和可持续发展的必要保证。本章主要讲述企业和企业管理的基本知识，为以后各章的学习奠定必要的基础。

1.1 企业概述

1.1.1 企业的特点

1. 企业概念

企业是指从事生产、流通和服务等经济活动，为满足社会需要和实现自身发展，进行独立核算、自主经营、自负盈亏的经济组织。

企业是社会生产力发展到一定历史阶段的产物，并且伴随着社会的进步、经济的发展和科学技术水平的提高而成为现代社会的基本经济单位。

2. 企业特点

1) 企业是盈利性组织

企业是从事经济活动的组织，它不同于事业单位、公益单位和政府部门，它必须追求经济效益并获得盈利。没有盈利的企业就不能扩大再生产，企业终将会被淘汰。

2) 企业是社会性组织

企业不仅要满足顾客的需要，实现企业的长期发展，而且要满足股东、职工、交易对象、政府、社区及周围居民的需要。企业在自身发展，获取利润的同时，还应兼顾社会责任，包括：节约国家资源、为国家提供财政收入、为社会提供就业机会、保护环境等。也就是说企业必须在实现自身利益的同时，为社会创造财富。

3) 企业是独立性组织

企业在经营过程中是自主经营、自负盈亏、独立核算的，企业具有自己独立的财产与组织机构，以自己的名义进行经济活动。对生产过程中发生的债务，由企业负责清偿，当资不抵债时，企业必须以其全部财产承担清偿责任。

1.1.2 企业的类型

由于现代的经济环境极其复杂，企业就会有很多的类型。企业的类型可以从不同角度，通过不同的方法进行划分。

1. 按生产资料的所有制形式分类

按生产资料的所有制形式，将企业分为国有企业，集体企业，私营企业，联营企业，股份合作企业，外资及港、澳、台资企业。

(1) 国有企业。国有企业指资本全部或主要由国家或由国家授权的机构或部门投入，依法设立从事生产经营活动的组织。包括国家投资兴建的国有独资企业、国有控股企业以及一些适用《全民所有制工业企业法》并由国家投资的企业形式。

(2) 集体企业。集体所有制企业是指由劳动群众集体或集体性质的法人出资设立，企业的全部财产归集体所有的企业。

(3) 私营企业。私营企业是指由公民个人出资设立，雇佣一定数量的职工，企业的全部资产归公民个人所有的企业。私营企业包括所有登记注册的私营独资企业、私营合作企业和私营有限责任公司。

(4) 联营企业。联营企业是指由两个以上多种经济成分的企业法人、事业单位法人共同出资设立，企业的全部资产归全体出资者所有的企业。联营企业可以由几个全民所有制企业组成，可以由几个集体、私营企业组成，也可以由全民企业、集体企业、私营企业共同出资设立。

(5) 股份合作企业。股份合作企业是一种以合作制为基础，实行劳动者的劳动合作与资本合作相结合的企业组织形式。它具有股份制企业与合作制企业共同的优点。在股份合作企业中，劳动合作是基础，资本合作是员工共同为劳动合作提供的条件，员工既是劳动者，又是出资人。

(6) 外资及港、澳、台资企业。我国实行改革开放政策以来，先后发布了《中华人民共和国中外合资经营企业法》、《中华人民共和国外资企业法》和《中华人民共和国中外合作经营企业法》。

① 中外合资经营企业是指依照中国法律，由中国境外的外国公司、企业、其他经济组织或者个人与中国的企业或者其他经济组织在中国境内共同投资设立的合营企业。中外合资经营企业采取有限责任公司的形式，依法取得中国企业法人资格。

② 中外合作经营企业是指外国企业和外国的其他经济组织或者个人同中国境内的中国企业或其他经济组织，按照平等互利的原则，根据中国法律在中国境内出资或者提供合作条件设立的企业。中外合作经营企业设立的目的，一般是为了完成某个经营项目，为此，由合作双方订立契约。中外合作经营企业可以是独立企业法人性质即有限责任公司，也可以不具有独立企业法人资格。不具备独立企业法人资格的企业本身没有独立的企业财产所有权，企业只有一定的财产管理权和使用权，登记实践中，这类企业一般是由中方投资者提供土地、劳动力、项目、原材料及现有厂房、设备，外方投资者提供资金、设备、技术等作为投资。

③ 外资(独资)企业是指企业的全部资本均由一家或多家外国投资者投资的企业。企业由外商投资者经营，企业的利润和投资风险由外国投资者承担，外商独资企业采取有限责任公司的形式。

我国港、澳、台资企业指港、澳、台地区投资者参照我国有关涉外经济的法律、法规，以合资、合作和独资的形式在内地举办的企业。可分为合资经营企业、合作经营企业和港、澳、台资企业。港、澳、台资企业在中国内地的经营须遵守《中外合资经营企业法》《外资企业法》《中外合作经营企业法》。

2. 按照企业的法律形式分类

按照企业的法律形式，将企业分为个人独资企业、合伙企业、公司。

1) 个人独资企业

个人独资企业是指在中国境内设立，由一个自然人投资，财产为投资人个人所有，投资人以其个人财产对企业债务承担无限责任的经营实体。个人独资企业的优点：建立、歇业、转让简单自由，产权关系明确，经营者与所有者统一，经营方式灵活，决策迅速，保密性强。个人企业的缺点：企业的规模、积累和扩大投资的能力有限，企业主的经营风险大。

2) 合伙企业

合伙企业是指在中国境内设立的由各合伙人订立合伙协议，共同出资、合伙经营、共享收益、共担风险，并对合伙企业债务承担无限连带责任的营利性组织。合伙企业不具备法人资格。合伙企业的优点：相对于个人企业，合伙企业由于参与人数多，共同出资，共同管理，共同承担风险，因此其风险较小；合伙者都以自己的全部家产为企业担保，因而有利于提高企业的信誉。合伙企业的缺点：由于合伙企业是根据合伙人之间的契约建立的，当有人退出或加入时，都必须建立新的合伙关系，从而造成法律上的复杂性；由于合伙人众多，容易造成决策上的延误和差错；由于它集所有权和经营权于一体，经营积累较缓慢，并承担无限责任，因此适应不了大规模生产经营和生产现代化、社会化的需要。

3) 公司

公司是两个以上的投资者依照《中华人民共和国公司法》共同投资，依法组建，以盈利为目的的企业法人。

法人是具有民事权利能力和民事行为能力，独立享有民事权利和承担民事义务的组织。简言之，法人是具有民事权利主体资格的社会组织。法人必须同时具备四个条件，缺一不可。第一，法人必须是依法成立，经国家认可的社会组织；第二，法人必须拥有独立的财产作为其独立参加民事活动的物质基础；第三，有自己的名称、组织机构和场所；第四，能够独立承担民事责任。简言之，法人对自己的民事行为所产生的法律后果承担全部法律责任。

公司主要有两种形式：有限责任公司、股份有限公司。

(1) 有限责任公司。有限责任公司又称有限公司，它是指公司由法定数额的股东共同出资，股东以其出资额为限对公司承担有限责任，公司以其全部资产对其债务承担责任的企业法人。有限责任公司不对外公开发行股票，股东的出资额由股东协商确定。由国家授权投资机构或国家授权的部门单独设立的国有独资公司是有限责任公司的一种形式。有限责任公司有如下特征。

① 有限责任公司的股东人数有一定的限制，其人数一般规定在 2 人以上 50 人以下。

② 有限责任公司不能公开向社会公开发行股票及募集股份，它是通过投资者按确定的比例和出资方式形成股本总额的。其股东的出资额以股份权利证书形式加以确认，这种权利证书与股票不同，属于非有价证券，不准上市买卖。

③ 有限责任公司股份的转让受到严格的限制。股东之间可以相互转让各自的出资，但是当股东向股东以外的人转让其出资时，必须经全体股东过半数同意。这是因为有限责任公司带有浓厚的人合色彩，强调投资人之间的关系；对于不同意转让的，股东应当购买该转让的出资，如果不购买该转让的出资，视为同意转让。同时，经股东同意转让的出资，在同等条件下，其他股东对该出资有优先购买权，这一规定也是为了维护有限责任公司投资人之间的人合关系。

(2) 股份有限公司。股份有限公司又称股份公司，它是由一定人数的发起人设立，公司全部资本划分为等额股份，股东以其认缴股份为限对公司承担责任，公司以其全部资产对公司债务承担责任的企业法人。股份有限公司可分为上市股份有限公司和非上市股份有限公司。股份有限公司有如下特征。

① 股份有限公司的股东不得少于法律规定的最低限额，但无最高数额限制。由于股份有限公司在当代市场经济中具有十分重要的地位和作用，因此，各国法律对股份公司中股东人数的最低限额都作了明确具体的规定。如美国、法国、日本规定为 7 人，德国规定为 5 人，我国的《公司法》则规定“应有 5 人以上为发起人”。由于股份公司是通过发行股票的方式把社会上广为分散的资本集中起来经营，因此股权是相当分散的，股东人数是无需有最高限额规定的。

② 股份有限公司的资本划分为若干等额股份，股权平等。股份公司通过发行股票或债券筹集资本，广泛吸收社会的小额分散资金。股东按持股比例拥有相应的权利和义务。一股一权、股权平等。在这里，股东的个人身份、名誉、地位不再具有意义，任何人持有公司的股票，他就是公司的股东，享有相应的权利和义务。

③ 股份有限公司的股票不可退回，但可自由转让，具有充分的流通性。这一特征是公司经营的稳定性、连续性的需要，只有保证法人资产的完整性、稳定性，公司运营才能连续和稳定。但股东可转让和买卖股票，股票的转让和买卖，事实上就是股权的转让和买卖，股票一旦被转让或卖出，相应的权利和义务也随之被转让和卖出。

④ 股份有限公司实行财务公开原则。我国《公司法》规定股份有限公司必须定期向全体股东、投资者、债权人、政府部门及其他社会公众公布其财务状况和经营状况，包括年度报告和有关的财务报表，如经营报告书、资产负债表、损益表、盈利分配表、财产目录，以便加强社会公众对公司的了解和监督，保护股东和债权人的利益。

表 1-1 从公司成立方式、股权表现形式、股东人数、股份转让限制、注册资本的最低限额、公司规模、所有权与经营权的分离程度几个方面对有限责任公司和股份有限公司进行了比较。

表 1-1 有限责任公司与股份有限公司的比较

比较	比较项目	有限责任公司	股份有限公司
不同点	成立方式	依法定程序先由发起股东订立章程，然后各股东内部认足出资额，再进行注册、登记	多采用内部部分认购和部分向社会公开募集股份的方式成立，也有的采用全部内部认购方式成立
	股权表现形式	全部资本不划分为等额股份，股东的股权是通过投资占总资产比例大小来表示的	全部资本划分为等额股份，股东的股权是用持有多少股份来表示的
	股东人数	2～50 人	5 人以上，没有上限
	股份转让限制	不发行股票，对股东只发放一张出资证明书，股东转让出资要由股东会或董事会讨论通过	可以发行股票，股票可以自由转让和交易
	注册资本的最低限额	以生产经营或以商业批发为主的公司需 50 万元人民币；以商品零售为主的需 30 万元人民币；科技开发、咨询、服务性公司需 10 万元人民币	注册资本最低为 1000 万元人民币
	公司规模	中小型企业	大型企业
	所有权与经营权的分离程度	两权分离不明显，召开股东会较容易，股东权限也较大	两权分离较为突出，股东人数多，召开股东会难，所以股东权限相对较小，受到一定的限制
相同点	(1) 都是依法设立的企业法人 (2) 股东均负有限责任 (3) 公司均以全部财产对债务承担责任 (4) 公司组织均为股东大会、董事会和总经理 (5) 公司均有名称和章程		

3. 按照生产规模分类

按生产规模，将企业分为大型企业、中型企业、小型企业。

4. 按照企业的组织结构形式和生产的社会化组织程度分类

按照企业的组织结构形式和生产的社会化组织程度，将企业划分为：单厂企业、多厂企业、经济联合体、企业集团等。

5. 按照企业所属的行业和部门分类

按照企业所属的行业和部门，将企业划分为：农业企业、工业企业、交通运输企业、建筑安全企业、商品流通企业、邮电通信企业、金融保险企业、餐饮服务企业等。

6. 按照投入企业的各种生产要素的比重分类

按照投入企业的各种生产要素的比重，将企业划分为：劳动密集型企业、资本密集型企业、技术与知识密集型企业。

7. 按照企业生产经营活动的区域分类

按照企业生产经营活动的区域，将企业分为国内企业、境外企业、国际企业(跨国公司)。

1.1.3 企业的系统

企业系统是一个内部子系统和外部子系统相互影响的系统。它由各个要素组成，各要素之间是相互关联的，共同组成一个系统来实现组织的功能。企业系统具有特定的功能，为了完成特定的目标，需要通过不断调整内部系统来适应内、外部系统的需要。

企业系统分为企业内部系统和企业外部系统。企业内部系统是指企业内部各要素之间相互联系、相互作用，使系统整体具有特定的功能或能达到一定的目的。企业外部系统是指影响企业功能或影响企业内部系统实现目标的企业内部子系统以外的因素。

1. 企业系统要素

要素是组成系统的基本成分，它是企业系统的基础。要素和系统的关系是部分和整体的关系。

1) 企业内部系统组成要素

企业内部系统的要素主要包括：企业目标、人、财、物、信息技术。企业内部系统要素详见图 1.1。

(1) 企业目标：管理的一切行为是为了实现它的预期目标，而企业管理的目标是提高绩效。

(2) 人是指劳动力，它是企业系统的第一要素。只有充分调动人的积极性，才能提高经营管理水平。人的要素包括企业的领导人员、各级管理者和全体工人的数量、素质及相互组合的比例关系等。

(3) 财是企业的资金，具体指为企业的运作而投入的现金或支票的账户资金，包括流动资金、固定资金等。在企业系统中，财是进行生产经营的重要条件。

(4) 物是指土地、机器设备、建筑物、原材料、能源等。

(5) 信息技术是指数据、规章制度、宏观经济状况、指令、高新技术。信息在企业系统中也是一个很重要的因素，是进行管理、制定决策的重要依据。对于信息一般要求及时、准确、全面、畅通。

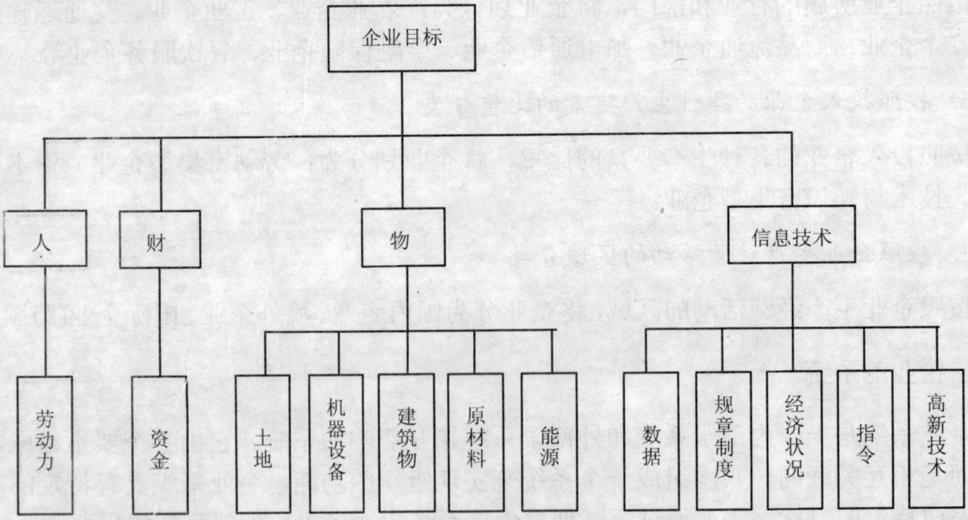

图 1.1 企业内部系统要素图

2) 企业外部系统组成要素

企业外部系统要素主要包括：自然条件、社会条件、经济政策、文化、竞争对手等。

(1) 自然条件包括土地、水资源、气候。

(2) 社会条件主要是指社会体制、经济的发展程度、市场准则、法律环境等。不同的国家有着不同的社会制度，不同的社会制度对企业的组织活动有着不同的限制和要求。即使社会制度不变的一个国家，在不同的时期，由于执政党的不同，其政府的政策倾向对企业系统的影响也是不断变化的。

(3) 经济政策是指国家的经济法规、税收政策、通货膨胀与就业、对外贸易和开放程度。

(4) 文化是指国家或地区的文化传统、宗教信仰、风俗习惯、审美观点等。文化水平会影响居民的需求层次；宗教信仰和风俗习惯会禁止或抵制某些活动的进行；审美观点会影响人们对企业活动内容及活动方式的态度。

(5) 竞争对手是指同行业产品的质量、价格、市场占有率等。

2. 企业系统特征

企业是不断进化的复杂系统，要在不断进化中始终保持各个部分之间的相互匹配，必然要求按照企业系统特征的要求进行系统设计。企业系统具有目的性、层次性、整体性、开放性、复杂演变性、环境适应性、动态性几个特征。

(1) 目的性。任何系统都有特定的目的，系统内各部分都是为了这个共同的目的而形成的有机整体，系统的一切活动都是为了实现这一目的。企业系统的目的就是满足市场需要，获得经济效益。

(2) 层次性。企业系统是有层次性的，构成企业系统的子系统和子子系统分别处于不同的地位。企业系统和其子系统是相对的。例如，车间，对于工厂系统来说是子系统，而相对于班组子系统来说，又是个系统。

系统的各层次之间，应该职责分明。管理是否有效、所获效率的高低，很大程度上取决于企业系统能否分清层次，明确每一层次各自的功能、任务和责、权、利。在企业管理的过程中，应防止管理层次混乱。领导只能做领导层的事，各层次只做各层次应做的事，这样才能调动各层管理者的积极性，达到有效管理。

(3) 整体性。企业管理必须有全局观点，必须有一个整体的规划。既要对各个部门进行规划，通过各部门之间的有机结合，可以产生更高的企业价值，又要以公司总体利益、总体目标为根本前提。在现实管理过程中，经常能看到一个企业系统中，重视部门利益，忽视整体利益，特别是部门之间不协调，从而损害了企业的整体利益。在这种情况下，各部门的功能即使再好，也不利于达到企业目标；相反，有时各部门的效益虽然低一些，但有利于达到整体目标，其效果一定是好的。所以企业中的各部门必须服从总体的安排，当各部门的利益与公司总体利益发生冲突时，应以公司利益为重。

(4) 开放性。社会系统与经济系统是开放的系统，作为与其相伴而生的企业系统也是开放的，它会受到政治环境、经济环境、文化环境等社会因素的影响和制约。企业系统从这些环境中获取信息、吸收能量，经过系统内部处理后再向环境系统输出新的信息、释放能量，以维持其有序结构。

(5) 复杂演变性。除了来自外部环境的力量，在企业系统内部也存在着组织不断变迁的力量，这种力量来自组织安排中成本和效益的比较。由于技术创新，产品和生产要素相对价格的变动、市场规模的变化而不断产生出新的盈利机会，导致成本和效益关系处于不断变动之中，远离彼此间平衡的态势，从而不断产生出组织创新和变迁的力量，使企业供需远离平衡态，整个企业系统处于远离平衡态的不断变动之中。

(6) 环境适应性。企业系统不是孤立存在的，它要与周围的事物发生各种联系。企业的运行离不开外部环境，系统不能适应环境，就无法正常运行。企业存在于市场经济环境中，就必然同外部进行物质、能量及信息的交换，以适应环境的变化。

(7) 动态性。企业是由人、财、物、信息等要素构成的，这些要素都是动态的。这些动态要素流动程度如何，取决于管理水平。人的流动要考虑人的生理特点、心理特点及专业技能的高低；财的流动要考虑如何增加资金周转次数，获取更多的流动资金；物的流动要考虑生产特点，在保证生产正常供应的同时，注重库存的经济性；信息的流动要考虑如何加快信息的传递和反馈速度，使得企业能在最短的时间内获得最准确的信息。

3. 企业系统功能

企业系统功能是系统与外部环境在相互联系和作用的过程中产生的效能，它体现的是企业系统与外部环境之间物质、能量和信息的输入输出关系。企业系统功能如图 1.2 所示。

企业系统功能是由企业内外部的运动表现出来的，离开企业系统要素及其与外部环境之间的物质、能量和信息的交换，就无法考查企业系统的功能。

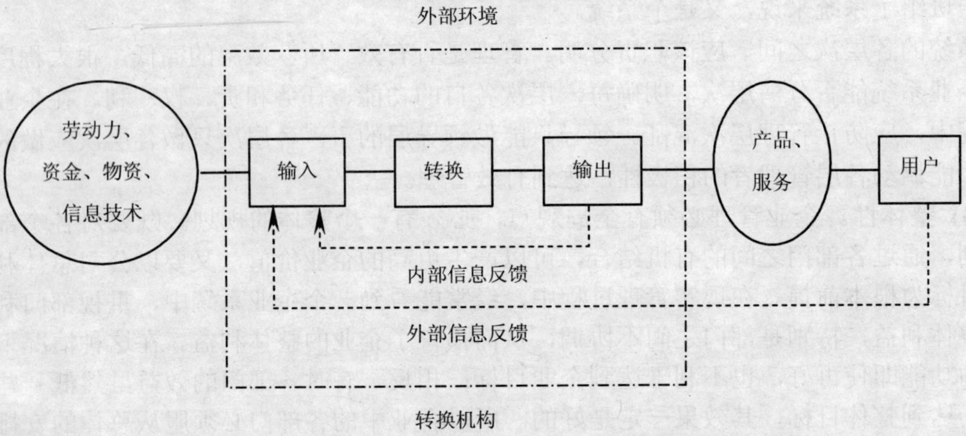

图 1.2 企业系统功能图

1) 企业系统内部功能

企业系统内部功能由输入、转换、输出 3 部分组成。输入是企业获取的资源，企业以劳动、资金、物资和信息技术作为输入。

转换是系统中最重要的一个环节，它有两个重要的功能，即生产与销售，没有转换，输入永远不能变为输出。转换过程因企业类型及所在行业的不同而不同，生产类型企业的转换过程不同于服务行业的转换过程。在转换过程中，原材料被制成最终产品，最终产品和服务是系统的输出。

2) 企业系统外部功能

企业系统外部功能是指企业必须适应环境的变化。企业外部环境是企业系统存在、变化发展的必要条件。

企业系统对外部环境具有依赖性，企业需要根据自然环境，研究原材料、能源的供应，分析产品销售的方向或区域，权衡生产、交通运输条件，才能从事生产经营活动。只要企业的生产经营依赖于稀缺的自然资源和条件，它的活动就必然会受到自然物质环境的限制。

企业系统不仅依赖于外部环境，还应适应外部环境。因为环境条件不是一成不变，它经常处于有规律的变化之中。例如，服装市场的季节性销售特点就是随着气候条件的变化而变化的。企业系统不能只对环境消极地依赖，必须积极地适应环境。在能源供应紧张的外部环境中，企业必须采取有效的节能措施：在市场萎缩的环境下，企业必须增加投资，积极开发新产品，提高产品质量，以提高市场竞争能力。否则，企业的生存和发展就难以为继。总之企业管理者要花许多时间、许多精力去研究如何使自己的企业能更好地适应外部环境，而不仅仅是依赖它。

1.2 企业管理的性质和内容

1.2.1 企业管理的概念

从广义上讲，管理就是对工商企业、政府机关、人民团体，以及其他各种组织的一切活动的指导。从狭义上讲，管理是通过计划、组织、指挥等职能，合理配置组织内的各种资源，有效达到组织目标的过程。

企业管理是企业领导者为实现企业目标，对企业的人力资源、财力资源、物力资源和信息资源进行优化和配置，运用一定的管理手段对经营活动进行计划、组织、指挥、协调、控制、创新，以提高经济效益，实现企业的经营目标。主要包括以下几层含义。

(1) 企业管理是为实现企业目标服务的，是一个有意识、有目的地进行的过程。企业管理的目标是充分利用人、财、物、信息各种资源，通过各种职能对资源进行管理，以提高经济效益，实现企业的长期发展。

(2) 企业管理工作是由一系列相互关联、连续进行的活动所构成的过程。这些活动包括计划、组织、指挥、协调、控制、创新等，它们是企业管理的基本职能，这些职能相互联系，既有顺序关系，又有重叠和交叉的关系。

(3) 企业管理要通过综合运用企业中的各种资源来实现组织的目标。企业管理工作的目标是有效和充分地利用企业的资源，以最少的资源投入，取得最大的经济效益和社会效益。

企业管理的资源包括人力资源，即劳动力，具体包括工作评价、人事管理、人力开发及劳动技能等；财力资源，包括组织长短期发展需要的资金、财务管理、预算控制、成本控制及成本收益分析等；物力资源，包括土地、机器设备、工具、原材料及能源等；信息资源，包括各种数据、图表和信息情报等。

(4) 企业管理是在一定的环境条件下开展的，环境既提供了机会，也构成了危险。企业是处于一定环境中的开放系统，和外界环境存在各种资源和能量的交换。环境为企业提供生存和发展的机会，企业要为环境服务，履行法律规定其应履行的责任。

1.2.2 企业管理的性质

企业管理既是一门科学，又是一门艺术，它是科学和艺术的统一，是科学和艺术的有机结合。在组织实践活动的过程中，从企业的使命、目标、过程、组织结构和行动执行等各环节中，都可以看出科学性和艺术性结合的特征。

1. 科学性

企业管理的科学性是指有效成功的管理必须有科学的理论和方法来指导，遵循管理的基本原理、原则。这些原理原则必须要与社会生产力的发展相适应，它不以人的意志为转移。

人们通过总结企业管理过程中的经验，归纳出了管理的一系列概念、原理、原则和方法，构成了相应的理论体系，理论体系提供了系统的理论、定量分析的方法、基本原理和原则。这些管理方法和原则较好地解释了管理过程中多因素之间的关系，指导管理人员的实践活动，解决管理实践中的问题。遵循这些基本的原理和原则，对管理效率的提高有重要的意义。

2. 艺术性

企业管理的艺术性是指管理是一项创造性、灵活性、实践性的劳动。在实际的管理中，没有不变的模式，即使掌握了管理原则和方法，也不一定能够进行有效的管理。这主要是由于两个方面的原因，一是管理受一定生产关系、政治制度和意识形态的影响与制约，它总是存在于一定的环境中。在不同的环境中，管理者处理问题时就必须采取不同的方法才能收到良好的效果。二是管理要服从生产资料所有者——人的利益和意志，人是有感情的。一个人感情的变化受多种因素的影响，不同的个人对同一种管理方式可能有不同的反映，会有完全不同的行为。所以，只有灵活运用管理的基本原理，并与现实紧密结合，管理才能成功。

企业管理的科学性和艺术性不是相互排斥的，而是相互补充的。企业管理的科学性揭示了事物发展的规律，强调了理论的指导作用；艺术性的发挥是在科学理论指导下的发挥，离开科学的理论基础就不可能有真正的艺术性，它是把理论创造性地应用于实践，使理论服务于实践。因此企业管理既是一门科学，又是一门艺术，科学性与艺术性是不可分割的统一体。

运作实例 1-1

是裁员减薪还是减时提薪

美国麦考密克公司创始人 W·麦考密克是个性格豪放、带有江湖义气的经营者。公司成立之初利润增长较快，员工的收入也与日俱增。随着公司的发展，其经营理念和经营方法逐渐落后，越来越不适应时代的要求。麦考密克虽苦心经营，但公司还是不景气，最后陷入裁员减薪的困境，公司濒临倒闭的边缘。

C·麦考密克在公司危难时刻继任总裁，员工把死里逃生的希望全都寄托在新总裁身上。C·麦考密克也壮志满怀，承诺不把公司搞好绝不罢休。万事开头难，从何处突围成为首要问题，他认为提高士气是振兴公司之本。他对员工庄严宣布："本公司生死存亡的重任落在诸位肩上，希望大家同舟共济，协力渡过难关。"他出人意料地决定，从本月起，全体员工的薪水每人增加10%，工作时间适当缩短。

柳暗花明又一村。绝路逢生的员工被新总裁的决心和决定所感动，士气大振，全公司共同努力，仅用一年的时间就实现了扭亏为盈，公司得救了，员工又有了盼头。

(资料来源：姜仁良. 管理学习题与案例. 中国时代经济出版社，P10-11.)

思考题： 麦考密克公司的起死回生使你得到哪些管理学上的启示？

提　示： 管理是科学，是艺术。公司的成败在于员工的积极性能否发挥，员工积极性的发挥在于领导艺术。员工对领导的认可是领导权力有效行使的一个重要条件，领导和员工同舟共济的高昂士气是公司取之不尽的力量源泉。困难和解决困难的办法是同时存在的，而且办法总比困难多，领导艺术是挖掘"办法"的技能。

1.2.3　企业管理的内容

企业管理主要包括：战略管理、营销管理、新产品开发与技术管理、生产管理、物资与设备管理、质量管理、人力资源管理、财务管理、技术经济分析、管理信息化等。

1. 战略管理

企业战略管理主要包括战略分析、战略规划、战略实施几个有机的动态过程。企业战略分析是在分析企业内外部环境的基础上，认清企业发展的事实基础，确定企业优势、劣势、机会与威胁，企业战略分析是战略管理的基础。企业战略规划包括企业理念，企业发展战略方向、阶段、目标、重点、措施、结构等总体战略，企业竞争、科技、营销、生产、人才、质量、信息、价格、核心能力、投融资、文化等职能战略最后综合形成企业发展战略方案，企业战略规划是企业战略管理的核心。企业战略实施包括企业战略结构调整、企业资源战略配置、企业年度计划、企业目标管理等，企业战略实施是将企业战略规划的宏伟蓝图变成现实的过程。

2. 企业营销管理

企业营销管理的内容也很多，主要包括进行市场调查，运用一定的方法，收集、整理与分析市场情况；运用各种信息和预测技术，对影响市场供求的各种因素进行分析，预测产品的供求变化和发展趋势；根据产品性质、消费者的特点选择销售渠道；采用多种方式进行产品促销，激发顾客的购买欲望；制定产品的定价策略。

3. 新产品开发与技术管理

在科技发展日新月异的今天，新产品、新技术的开发是企业生存和发展的唯一方法。产品开发与技术管理主要是新产品、新技术的开发与应用，包括：新产品的开发程序和策略、新技术的引进和创新。

4. 生产管理

生产管理是指通过生产计划、生产组织、生产过程控制，按照市场和用户需要的质量、价格和交货期，以高效率、低成本的最经济方法制造产品和提供服务。生产管理主要包括：制定生产计划和生产作业计划，对人力、物料和能源等生产要素进行完好的准备，对生产过程和劳动过程进行统一的组织管理，并在生产过程中对生产进度、成本、产品质量进行全面控制等。

5. 物资与设备管理

物资与设备是企业的重要组成部分，设备的好坏直接影响企业产品的数量和质量。物资与设备管理主要包括：物资消耗定额管理、物资供应管理；选择和购置所需设备、组织安装和调试设备、合理使用设备、检修和维护设备、适时改造和更新设备。

6. 质量管理

质量管理主要是确定质量方针、目标、责任，运用全面质量管理的思想建立质量体系，定期对产品、生产过程和质量体系进行审核，采用控制图法、相关图法等方法进行过程控制。

7. 人力资源管理

人力资源管理是企业运用现代管理方法，对人力资源的获取(选人)、开发(育人)、保持(留人)和利用(用人)等方面所进行的计划、组织、指挥、控制和协调等一系列活动，最终达到实现企业发展目标的一种管理行为。其中包括：职位分析与设计、人力资源规划、员工招聘与选拔、员工培训、薪酬管理、绩效考核等。

8. 财务管理

财务管理的内容包括财务活动涉及的一切可以用货币表现的事项。其中最主要的内容是筹资决策、投资决策和利润分配决策。筹资决策是企业通过发行股票和债券融资、租赁和银行贷款等方式筹措资金，以满足生产经营的需要。投资决策包括流动资金的投放与管理、固定资产投资决策及对外投资决策。利润分配决策的中心在于确定有利于保持和提高企业股价的股利政策，这对于持续提高企业的经济效益有着十分重要的意义。

9. 技术经济分析

技术经济分析的过程就是以资金的时间价值为基础，运用静态评价、动态评价、敏感性分析等方法对可实现某一预定目标的多种技术方案进行比较，对项目的可行性进行分析和评价，从中选出最优方案的过程。

10. 管理信息化

企业管理信息化是把企业的设计、采购、生产、财务、营销等各个环节集成起来，共享信息和资源，有效地支撑经营决策，达到降低库存、提高生产效能和质量、快速应变的目的。企业管理信息化包括：对企业的信息化项目进行规划，运用先进的管理软件(ERP)实现企业的信息化。

1.3 企业管理理论及发展

18世纪下半叶，西方国家爆发的工业革命，不仅引起了工业技术的变革，也引起了生产组织的变革。之后工厂不同于以往分散经营的手工业作坊，开始用机器生产代替手工生产，促进了生产力的发展，生产方式也发生了变化。随着管理工作的日益复杂，管理者逐步从资本家和工人中分离出来，出现了经理、厂长、领班等资本家代理人经营管理企业。在这一背景下，一些经济学家和管理者提出一些管理思想。

(1) 英国古典政治学家亚当·斯密于1776年发表了《国富论》，提出了劳动分工理论，在这本书中，斯密以扣针的制造为例来说明劳动分工带来的好处，他认为劳动分工有利于劳动生产率的提高。原因主要有：劳动分工使工人重复完成某一操作，提高了劳动的熟练程度；劳动分工使工人专门从事特定工作，节约了从一种工作转到另一种工作所损失的时间；劳动分工使人们的注意力集中于某种特定的对象上，有利于改进工具和机械。

亚当·斯密还提出了生产合理化、经济人以及经济效果等概念及观点。他认为经济现象是由具有利己主义的人们的活动所产生的。人们在经济活动中，追求的完全是私人利益。社会利益是由于个人利益之间的相互牵制而产生的，即社会利益是以个人利益为基础的。这些追求个人利益的人被称为“经济人”。

(2) 英国剑桥大学著名数学家查尔斯·巴贝奇也是管理的先驱。1832年，他出版了《论机器与制造业的经济》一书，在书中对经理人员提出了许多建设性意见。例如，提问题时要研究如何发问才能获得最佳效果；应根据所得为基础的统计资料，来确定所需；生产程序的管理应该集权化，以求经济；应重视研究发展工作；应考虑厂址是否邻近原料供应地，以确定厂址位置；应建立一套对人人都有利的奖励制度等。

巴贝奇还提出了一种工资加利润的分享制度，以此来调动劳动者工作的积极性，这样的做法有以下几点好处：每个工人的利益同工厂的发展及其所创利润的多少直接有关；每个工人都会关心浪费和管理不善等问题；能促使每个部门改进工作；有助于激励工人提高技术及品德；工人同雇主的利益一致，可以消除隔阂，共求企业的发展。

(3) 英国空想社会主义者罗伯特·欧文最早注意了人事管理的重要意义，被誉为"人事管理之父"。欧文提出企业应该重视人的因素，对人力资源的开发和投资可以提高劳动生产率。他在自己的工厂里实行了一系列的改革试验，如改善工人的工作条件、缩短工人的工作时间、提高儿童参加工作的年龄、提供免费就餐、改善工人住宅、实行公开竞争等。欧文认为，为了提高劳动者的素质，进行投资是很必要的，关注员工的发展，会得到更多的利润回报。

中国是一个有着千年文化的文明古国，早在秦汉时期就出现了传统的管理思想，其中以儒家、道家、法家、兵家、商家为代表。儒家以"仁"为核心，道家以"无为"为最高原则，法家"为君王服务，以成文法和不成文法为标准，以赏罚为手段，立法为教"，兵家以《孙子兵法》为代表，商家提倡"乐观时变"、"人弃我取、人取我与"。

系统的企业管理思想形成的企业管理理论则是近代工业社会的产物，是由西方的管理学者通过大量的实践研究总结出来的。西方国家企业管理理论的发展经历了古典管理理论、行为科学理论、现代管理理论及管理理论的新发展4个阶段。

1.3.1 古典管理理论

1. 泰勒和科学管理理论

20世纪初，随着资本主义经济的发展，科技水平的提高和企业规模的扩大，生产技术更加复杂，分工协作也日趋深入，对企业管理的要求也越来越高。这时只靠个人经验经营企业，已经不能适应社会的要求，这就要求建立专门的管理机构，采用科学的、适应生产要求的管理制度和方法，对以往的管理理论进行系统化的总结，以更好地指导实践。由此，科学管理理论应运而生。

泰勒1856年出生于美国费城，曾考入哈佛大学法律系，后因眼疾而辍学。泰勒被人们称为"科学管理之父"，他长期从事企业管理工作，具有丰富的经验。反映泰勒科学管理思想的著作主要有：《计件工资制》(1895)、《车间管理》(1895)、《科学管理原理》(1911)等。泰勒通过这些著作，总结了自己多年试验研究的成果，概括了科学管理的原理，形成了系统化的理论。

1) 泰勒科学管理理论的主要观点

(1) 科学管理的根本目的是谋求最高工作效率。泰勒认为，最高的工作效率是工厂主和工人共同达到富裕的基础，它能使较高的工资与较低的劳动成本统一起来，从而使工厂主得到较多的利润，使工人得到较高的工资。这样，便可以提高他们扩大再生产的兴趣，促进生产的发展。所以，提高劳动生产率是泰勒创立科学管理理论的基本出发点，是泰勒确定科学管理的原理及方法的基础。

(2) 达到最高工作效率的重要手段，是用科学的管理方法代替旧的经验管理。泰勒认为管理是一门科学。在管理实践中，建立各种明确的规定、条例、标准，使一切科学化、制度化，是提高管理效能的关键。

(3) 实施科学管理的核心问题，是要求管理人员和工人双方在精神上和思想上来一个彻底变革。1912年，他在美国众议院特别委员会所作的证词中强调指出：科学管理是一场重大的精神变革。他要求工厂的工人树立对工作、对同伙、对雇主负责任的观念；同时，也要求管理人员(领工、监工、企业主、董事会)改变对同事、对工人以及对一切日常问题的态度，增强责任观念。通过这种重大的精神变革，可使管理人员和工人双方都把注意力从盈利的分配转到增加盈利数量上来。当他们用友好合作和互相帮助代替对抗和斗争时，他们就能够生产出比过去更加多的盈利，从而使工人的工资大大提高，使企业主的利润也大大增加。这样，双方之间便没有必要再为盈利的分配而争吵了。

2) 泰勒科学管理理论的主要贡献

(1) 对工人提出科学的操作方法，以便有效利用工时，提高工效。具体做法是从执行同一种工作的工人中，挑选出身体最强壮、技术最熟练的一个人，把他的工作过程分解为许多个动作，在其最紧张劳动时，用秒表测量并记录完成每一个动作所消耗的时间，然后按照经济合理的原则加以分析研究，对其中合理的部分加以肯定，不合理的部分进行改进或去掉，制定出标准的操作方法，并规定出完成每一个标准动作的标准时间，制定出劳动时间定额。

(2) 在工资制度上实行差别计件制。按照作业标准和时间定额，规定不同的工资率。对完成和超额完成工作定额的工人，以较高的工资率计件支付工资；对完不成定额的工人，则按较低的工资率支付工资。如大于等于定额时，全部工作量按125%计酬，小于定额则按80%计酬。

(3) 对工人进行科学的选择、培训和晋升。选择合适的工人安排在合适的岗位上，并培训工人使用标准的操作方法，使之在工作中逐步成长。泰勒曾经对经过科学选择的工人用上述的科学作业方法进行训练，使他们按照作业标准工作，以改变过去凭个人经验选择作业方法及靠师傅带徒弟的办法培养工人的落后做法。这样改进后，生产效率大为提高。例如，在搬运生铁的劳动试验中，经过选择和训练的工人，每人每天的搬运量从12.5吨提高到47.5吨；在铲铁的试验中，每人每天的平均搬运量从16吨提高到50吨。

(4) 制定科学的工艺规程，使操作方法、工具、机器、材料标准化，并对作业环境标准化，用文件形式固定下来。泰勒用了10年以上时间进行金属切削试验，制定出了切削用量规范，使工人选用机床转数和走刀量都有了科学标准。

(5) 管理和劳动分离。把管理工作称为计划职能，工人的劳动称为执行职能。管理和劳动分离，即计划职能和执行职能分离。泰勒指出，在旧的管理中，所有的计划都是由工人凭个人经验制定的，实行新的管理制度后，就必须由管理部门按照科学规律来制定计划。他认为，即使有的工人很熟悉生产情况，也能掌握科学的计划方法，但要他在同一时间既在现场做工、又在办公桌上工作是不可能的。在绝大多数情况下，需要一部分人先作出计划，再由另一部分人去执行。因此，他主张把计划职能从工人的工作内容中分离出来，由专业的计划部门去做。计划部门的任务是，规定标准的操作方法和操作规程，制定定额，下达书面计划，监督控制计划的执行。从事计划职能的人称为管理者，负责执行计划职能的人称为劳动者。管理者和劳动者在工作中必须互相呼应、密切合作，以保证工作按照科学的设计程序进行。

泰勒科学管理理论的精髓是在管理中运用科学的方法，以科学知识代替个人经验经营企业，为管理理论的进一步发展奠定了基础。泰勒的科学管理理论也存在一定的局限性，如过分偏重从技术角度研究工人的行为，而对于影响人的行为的心理因素未能做深入探讨；泰勒把工人看做“经济人”，只注重提高工人的工资收入，强调物质激励，忽视了工人对其他方面的需求。

2. 法约尔和组织管理理论

法国的亨利·法约尔和泰勒虽是同时代人，但个人经历不同。法约尔曾在较长时间内担任法国一个大煤矿公司的领导工作和总经理职务，积累了管理大企业的经验。与此同时，他还在法国军事大学担任过管理教授，对社会上其他行业的管理进行过广泛的调查。在他退休后，还创办了管理研究所。法约尔的经历决定了他的管理思想要比泰勒开阔。他的管理理论发表在 1916 年法国工业协会的刊物上。1925 年出版的《一般管理与工业管理》一书是他的代表作。

法约尔认为，要经营好一个企业，不仅要改善生产现场的管理，而且应当注意改善有关企业经营的 6 个方面的职能：技术职能、经营职能、财务职能、安全职能、会计职能、管理职能。

法约尔还提出了管理人员解决问题时应遵循的 14 条原则。

(1) 劳动分工。劳动专业化是各个机构和组织前进和发展的必要手段。由于减少了每个工人所需掌握的工作项目，故可以提高生产效率。劳动的专业化，使实行大规模生产和降低成本有了可能。同时，每个工人工作范围的缩小，也可使工人的培训费用大为减少。

(2) 权力与责任对等。法约尔认为，权力即“下达命令的权利和强迫别人服从的力量”。权力可分为管理人员的职务权力和个人权力。职务权力是由职位产生的；个人权力是指由担任职务者的个性、经验、道德品质以及能使下属努力工作的其他个人特性而产生的权力。个人权力是职务权力不可缺少的条件。他特别强调权力与责任的统一。有责任必须有权力，有权力就必然产生责任。

(3) 纪律。法约尔认为，纪律的实质是遵守公司各方达成的协议。要维护纪律就应做到：对协议进行详细说明，使协议明确而公正；各级领导要称职；在纪律遭到破坏时，要采取惩罚措施，但制裁要公正。

(4) 统一指挥。一个员工在任何活动中只应接受一位上级的命令。违背这个原则，就会使权力和纪律遭到严重的破坏。

(5) 统一领导。为达到同一目的而进行的各种活动，应由一位首脑根据一项计划开展，这是统一行动、协调配合、集中力量的重要条件。

(6) 个人利益服从整体利益。法约尔认为，整体利益大于个人利益的总和。一个组织谋求实现总目标比实现个人目标更为重要。协调这两方面利益的关键是领导阶层要有坚定性，并做出良好的榜样。协调要尽可能公正，并经常进行监督。

(7) 人员的报酬要公平。报酬必须公平合理，尽可能使职工和公司双方满意。对贡献大、活动方向正确的职工要给予奖赏。

(8) 集权。集权就是降低下级的作用。集权的程度应视管理人员的个性、道德品质、下级人员的可靠性以及企业的规模、条件等情况而定。

(9) 等级系列。“等级系列”即从最上级到最下级各层权力联成的等级结构。它是一条权力线，用以贯彻执行统一的命令，保证信息传递的秩序。

(10) 秩序。秩序即人和物必须各尽其能。管理人员首先要了解每一工作岗位的性质和内容，使每个工作岗位都有称职的职工，每个职工都有适合的岗位。同时还要有条不紊地精心安排物资、设备的合适位置。

(11) 公平。即以亲切、友好、公正的态度严格执行规章制度。雇员们受到平等的对待后，会以忠诚和献身的精神去完成他们的任务。

(12) 人员稳定。生意兴隆的公司通常都有一批稳定的管理人员。因此，最高层管理人员应采取措施，鼓励职工尤其是管理人员长期为公司服务。

(13) 首创精神。给人以发挥主动性的机会是一种强大的推动力量。必须大力提倡、鼓励雇员们认真思考问题，同时也应使员工的主动性受到等级链和纪律的限制。

(14) 团结精神。职工的融洽、团结可以使企业产生巨大的力量，实现团结精神最有效的手段是统一命令。在安排工作、实行奖励时不要引起嫉妒，以避免破坏融洽的关系。此外，还应尽可能直接地交流意见等。

法约尔的贡献是在管理的范畴、管理的组织理论、管理的原则方面提出了崭新的观点，为以后管理理论的发展奠定了基础。

3. 其他人的贡献

1) 亨利·甘特

甘特，美国管理学家，从事企业管理技术咨询工作。甘特的代表作是1916年出版的《工业的领导》和1919年出版的《工作组织》。他的重要贡献之一是设计了一种用线条表示的计划图表，称为甘特图，是当时计划和控制生产的有效工具。这种图现在常用于编制进度计划。甘特还提出了“计件奖励工资制”，即除了支付日工资外，对于超额完成定额部分，再计件给以奖金；完不成定额的，只能拿到日工资。这种制度补充了泰勒差别计件工资制的不足，可使工人感到收入有保证，从而激发劳动积极性。这个事实第一次说明，工资收入有保证也是一种工作动力。

2) 吉尔布雷斯夫妇

吉尔布雷斯夫妇两人以进行"动作研究"而著称。他们在1911年出版了《动作研究》一书。在书中，他们的动作研究比泰勒的研究更为细致和广泛，而且在工作中更注意人的因素，把效率和人的关系结合起来。他们采用两种方法进行动作研究。

① 工人的操作动作分解为17种基本动作。

② 用拍影片的方法，记录、分析操作工人的操作动作，寻找合理的最佳动作，以提高工作效率。通过这些方法，他们纠正了工人操作时不必要的动作，形成了快速准确的工作方法。

1.3.2 行为科学理论

科学管理理论的代表人物泰勒、法约尔在研究管理理论时把员工看做"经济人"，注重操作方法、管理规则，对人的因素考虑得很少。泰勒的管理思想在使生产率大幅度提高的同时，也使工人的劳动变得异常紧张、单调和劳累，并导致劳资关系日益紧张；随着经济的发展和科学的进步，体力劳动逐渐让位于脑力劳动，这使得西方的资产阶段感到单纯用科学管理理论和方法已不能达到提高生产率的目的，对新的管理思想、管理理论的探索成为必要。于是，一些学者开始从生理学、心理学、社会学等方面出发研究企业中有关人的一些问题。这样，行为科学就应运而生了。

所谓行为科学，是指研究人类行为规律的学科。它是运用心理学、社会学、生理学和管理学等学科的理论和方法，对企业职工在生产经营活动中的行为及这些行为产生的原因进行分析研究的一门综合性学科。在企业管理方面，它以人的行为对工作的影响为研究对象，以人的本性和需要、工作动机、情绪、人际关系，以及行为与工作环境的关系为依据，来探索影响生产率的因素。

1. *早期人际关系学说——梅奥及霍桑试验*

早期的行为科学理论的创始人是美国哈佛大学教授乔治·埃尔顿·梅奥。梅奥曾参加1927年至1932年在芝加哥西方电气公司霍桑工厂进行的试验工作，引起管理学界重视的"霍桑试验"。霍桑试验的目的是要找出工作条件对生产效率的影响，以寻求提高劳动生产率的途径。梅奥等人历时8年，先后进行了4个阶段的试验。

第一阶段：工厂照明试验，其目的在于调查和研究工厂的照明度与作业效率的关系。试验结果是照明度和作业效率没有单纯的直接关系，试验似乎以失败告终，但梅奥从另一个角度分析了试验结果，工人工作热情的提高一定是受到了激励，既然工作环境和条件没有构成激励的主要原因，那么这巨大的动力就来自于参与者参加了试验活动的社会满足感。

第二阶段：继电器装配室试验，其目的是要发现各种作业条件的变化同作业效率的变化有何关系。在这一阶段试验中，梅奥找一组工人到单独的继电器装配室工作，研究人员经常与工人交流，工人可以各抒己见，结果工人的劳动热情大大提高了，缺勤率也下降了。所以梅奥等人认为，工作条件、休息时间、作业时间、工资形态等方面的改变都不是影响劳动生产率的主要因素，而是职工的情绪，即企业管理者与工人之间以及工人相互之间的社会关系。

第三阶段：访谈与普查试验，其目的是要了解如何获得职工内心真正的感受，了解倾听他们的诉说对解决问题的帮助，进而提高生产效率。试验结果表明，企业管理者应该更好地倾听工人的意见，了解工人的情绪。

第四阶段：接线板工作室试验。这一阶段主要是观察，研究人员发现员工会自行限制产量，以保护工作慢的同事；对不同级别的领导持不同的态度；存在非正式组织。

通过 4 个阶段的试验，梅奥等人发现，人们的生产效率不仅要受到生理方面、物理方面等因素的影响，更重要的是受到社会环境、社会心理等方面的影响。进而提出了与科学管理不同的观点，形成了人群关系论，主要有以下几点。

(1) 工人是“社会人”。科学管理理论把人看做“经济人”，或者是对于工作条件的变化能够作出直接反应的“机器的模型”。但是，霍桑试验表明，物质条件的改变，不是劳动生产率提高或降低的决定性原因。因此，梅奥等人创立了“社会人”的假说，即认为人不是孤立存在的，而是属于某一工作集体，并受这一集体影响的。他们不是单纯地追求金钱收入，还要追求人与人之间的友情、安全感、归属感和受人尊重等社会的和心理的欲望的满足。

(2) 企业中实际存在着一种“非正式组织”。“人的组织”可分为“正式组织”和“非正式组织”两种。正式组织与非正式组织在本质上是不同的。正式组织以效率和成本为主要标准，要求企业成员为了提高效率，降低成本而确保形式上的协作。非正式组织则以感情为主要标准，要求其成员遵守人群关系中形成的非正式的不成文的行为准则。在正式组织中存在着非正式组织，它与正式组织相互依存，所以管理人员应该学会利用非正式组织为正式组织的活动和目标服务。

(3) 新的企业领导能力在于通过提高职工的满意度来提高其士气，从而达到提高效率的目的。梅奥等人从人是社会人的观点出发，认为“士气”高低决定于安全感、归属感等社会、心理方面的欲望的满足程度。满足程度越高，“士气”就越高，生产效率也越高。“士气”又取决于家庭、社会生活的影响以及企业中人与人之间的关系。所以领导者应该采取新型的领导方法，主要是要组织好集体工作，采取措施提高士气，促进协作，使企业的每个成员能与领导真诚持久地合作。

2. 行为科学理论

梅奥的人群关系理论为管理思想开辟了新领域，为管理方法变革指明了方向，为行为科学的发展奠定了基础，但是过于强调了非正式组织的作用和感情的作用，过分否定物质报酬、工作条件、外部监督、作业标准等对生产效率的影响。于是一些学者又开始了更深一层的研究，行为科学理论产生了，并且很快就引发了一系列的研究成果，主要表现在以下几个方面。

1) 关于人的需要、动机与激励的理论

需要、动机与激励理论是行为科学中非常重要的组成部分，它研究人的积极性的形成及变化规律，比较著名的理论有需要层次理论、双因素理论、成就动机理论及综合激励理论。

(1) 需要层次理论。行为科学认为人的各种行为都是由一定的动机引起的，而动机又产生于人们本身存在的各种需要。人们为了满足自己的需要，就要确定自己行为的目标。这种从一定的需要出发，为达到某一目标而采取行动，进而实现需要的满足，而后又为满足新的需要产生新的行为的过程，是一个不断的激励过程。需要层次理论是由马斯洛提出的，他把人的需要按由低级到高级分为五级。

① 生理的需要：包括人体生理上的主要需要，即衣、食、住、行、医药等生存的基本条件。

② 安全的需要：随着生理需要得到满足，继而就会产生高一层的需要——安全的需要。包括避免疾病、失业、财产损失和意外事故等。

③ 社交的需要：包括友谊、爱情、归属感等各方面的需要。

④ 尊重的需要：这类需要包括自尊心、自信心，对能力、知识、成就和名誉地位的需要，受别人尊敬与承认等。

⑤ 自我实现的需要：这是最高一级的需要。马斯洛认为这种需要就是“人希望越变越完美的欲望，人要实现他所能实现的一切欲望。”

马斯洛的需要层次理论，虽然在发表后为不少人接受，并在实际工作中得到了应用，但对它的层次排列是否符合客观实际还有许多争议，有人认为这一理论对人的动机没有完整的看法，没有提出激励的方法。它只说明了需要与激励之间的一般关系，没有考虑到不同的人对相同的需要的反映方式往往是不相同的。此外，这一理论也没注意到工作和工作环境的关系。

运作实例 1-2

A 公司员工的抱怨

A公司是一家软件开发企业，员工大多都是刚毕业一、两年的年轻人。A公司人力资源经理认为，刚毕业的年轻人比较喜欢挑战，因此他们向公司领导提出制定关于强调表彰、提升、给予更大的个人责任和股票期权计划等更具有挑战性的员工激励计划，但计划交由员工讨论时，员工们对此不感兴趣，他们向公司抱怨他们加班太多、薪水不够高、休假太少等。

(资料来源：http://finance.sina.com.cn.)

思考题：请分析员工抱怨的原因。若公司要激励员工，目前应着手采取哪些行动？

提　示：根据马斯洛的需要层次理论进行分析。

(2) 双因素理论。双因素理论是一种激励模式理论，是由美国心理学家弗雷德里克·赫茨伯格于1959年提出的。20世纪50年代后期，赫茨伯格为了研究人的工作动机，对匹兹堡地区的200名工程师、会计师进行了深入的访问调查，提出了许多问题，如在什么情况下你对工作特别满意，在什么情况下对工作特别厌恶，原因是什么等。调查结果发现，使他们感到满意的因素都是工作的性质和内容方面的，使他们感到不满意的因素都是工作环境或者工作关系方面的。赫茨伯格在研究中定义了激励因素和保健因素。激励因素是以工作为中心的，即以对工作本身是否满意，工作中个人是否有成就，是否得到重用和提升为中心的；而保健因素则与工作的外部环境有关，属于保证工作完成的基本条件。研究中还发现，当职工受到很大激励时，他对外部环境的不利能产生很大的耐性；反之，就不可能有这种耐性。

赫茨伯格的双因素理论与马斯洛的需要层次理论有很大的相似性。他划分了激励因素和保健因素的界限，分析出各种激励因素主要来自工作本身，这就为激励工作指出了方向。

运作实例 1-3

尼桑公司员工的流失

尼桑汽车公司面临一个问题：它在日本的工厂招不到足够的工人。日本的年轻人抵制装配线工作。他们认为这种工作单调乏味、节奏太快、令人厌倦。他们宁愿从事工作环境清洁和安全的服务工作。甚至在那些想尝试汽车业工作的年轻人中，也有30%在第一年辞职。

劳工短缺意味着工作大量超时，许多员工每天工作12个小时，周六也工作。不仅员工不喜欢太长的工作时间，管理层也因为工作时间太长带来的高成本和雇用临时工而受到挫折。

(资料来源：http://stat.dufe.edu.cn/old/software/6.12. 管理学案例.doc.)

思考题：试分析尼桑公司存在的问题。

提　示：运用激励的双因素理论进行分析。

(3) 成就动机理论。美国哈佛大学教授戴维·麦克利兰是当代研究动机的权威心理学家。他从20世纪40～50年代起就开始对人的需求和动机进行研究，提出了著名的“三种需要理论”，即成就需要、权利需要、社交需要。

麦克利兰的动机理论在企业管理中很有应用价值。首先在人员的选拔和安置上，通过测量和评价一个人动机体系的特征对于如何分派工作和安排职位有重要的意义。其次由于具有不同需要的人需要不同的激励方式，了解员工的需要与动机有利于合理建立激励机制。再次麦克利兰认为动机是可以训练和激发的，因此可以训练和提高员工的成就动机，以提高生产率。

(4) 综合激励理论。波特和劳勒的综合激励理论是在期望理论的基础上导出的一种更完善的激励模式，并把它应用到企业管理上来。他们认为一个人的激励来源于绩效、报酬、能力、满意度等变量，如图 1.3 所示。

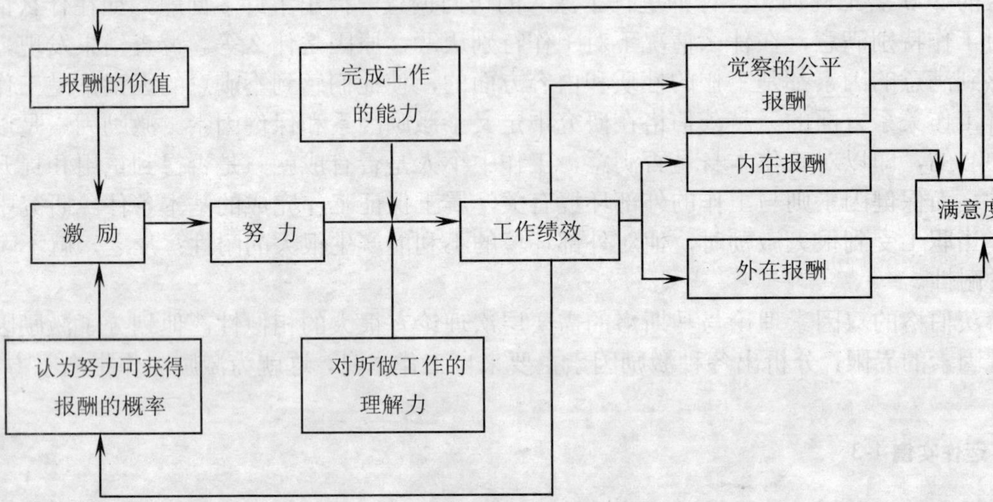

图 1.3　波特和劳勒的综合激励模式图

从图 1.3 中我们可以看出，激励不是简单的因果关系。我们可以总结出以下几点。

① 个人努力的程度不仅取决于报酬的价值，还受到个人认为努力可获得报酬的概率的影响。但所需做出的努力和实际获得报酬的概率，又要受到实际工作业绩的影响。

② 个人实际达到的工作绩效不仅取决于其努力的程度，还受到个人的能力以及对所做工作的理解力的影响。

③ 个人所应得到的报酬应当以实际的工作绩效为依据。要让个人知道，只有完成工作任务才能得到报酬。这样的报酬才能激励个人去努力完成工作任务，达到组织目标。这些奖励和报酬可以是内在的，也可以是外在的。

④ 个人对所得到的报酬的满意度取决于其所获报酬的公平感。

⑤ 个人的满意度会反馈到他完成下一个工作的努力过程中。

除此以外，还有美国的心理学家弗鲁姆于 1964 年在《工作与激励》一书中提出了期望理论；美国行为科学家亚当斯提出来的公平理论也反映了一种激励理论。

2) 关于人的特性的理论

(1) X 理论和 Y 理论。美国麻省理工学院教授道格拉斯·麦格雷戈于 1957 年首次提出 X 理论和 Y 理论。他对人性提出了两种假设：一种假设是人的本性是坏的，他们具有好逸恶劳、尽可能逃避工作的特性；由于人有厌恶工作的特性，因此对大多数人来说，仅用奖赏的办法不足以战胜其厌恶工作的倾向，必须进行强制、监督、指挥，并加以惩罚，才能使他们付出足够的努力去完成给定的工作目标，他称这种理论为 X 理论。另一种假设是人的本性是善的，他们并不是懒惰，他们对工作的喜欢和憎恶决定于这工作对他是一种满足还是一种惩罚；在正常情况下人们愿意承担责任；人们都热衷于发挥自己的才能和创造性，他称这种理论为 Y 理论。

行为科学学者主张 Y 理论，反对 X 理论。把 Y 理论引用到企业的管理方式中，那么管理者要通过综合运用各种要素来实现组织的目标；为了使个人尽可能好地完成组织工作，应该给他们安排具有吸引力和富有意义的工作；要尽可能地让个人参与到组织目标的制定中来，让他们具有责任感；应该用信任代替监督，用启发式代替命令式促使他们努力的工作。

(2) 超 Y 理论。在麦格雷戈提出 X 理论和 Y 理论之后，美国的乔伊·洛尔施和约翰·莫尔斯认为人与人之间的差异很大，不能简单地分为两种极端的情况，所以他们经过一些实验研究后，提出了超 Y 理论。

其主要观点是，不同的人对管理方式的要求不同。有人希望有正规化的组织与规章条例来要求自己的工作，而不愿参与问题的决策去承担责任。这种人应采用以 X 理论为指导的管理工作。有的人却需要更多的自治责任和发挥个人创造性的机会。这种人则应采用以 Y 理论为指导的管理方式。此外，工作的性质、员工的素质也影响到管理理论的选择。不同的情况应采取不同的管理方式。

除上述两种理论外，美国加州大学管理学院日裔美籍教授威廉·大内在研究分析了日本的企业管理经验之后，提出了他所设想的 Z 理论。Z 理论认为企业管理当局与职工的利益是一致的，两者的积极性可融为一体，并主张以坦白、沟通、开放作为基本原则实行民主管理。

此外还有美国的行为科学家埃德加·沙因在其《组织心理学》中提出的四种人性的假设这一理论。

3) 关于领导方式的理论

比较具代表性的是罗伯特·布莱克的管理方格理论。它是一种研究企业的领导方式及其有效性的理论，是由美国得克萨斯大学的行为科学家罗伯特·布莱克和简·莫顿在 1964 年出版的《管理方格》一书中提出的。这种理论倡导用方格图表示和研究领导方式。他们认为，在对生产关心的领导方式和对人关心的领导方式之间，可以有使二者在不同程度上互相结合的多种领导方式。为此，他们以企业中的领导方式为题提出了管理方格法，使用自己设计的一张纵轴和横轴各 9 等分的方格图，纵轴和横轴分别表示企业领导者对人和对生产的关心程度。

此外还有日本学者提出的 PM 领导类型理论，美国学者伦西斯·利克特提出的关系支持理论等，美国依阿华大学的研究者、著名心理学家勒温提出的“群体动力学理论”，美国的心理学家和行为科学家斯金纳、赫西、布兰查德等人提出的强化理论，美国著名的行为学家阿吉里斯的“不成熟-成熟”理论等。

运作实例 1-4

康洁利公司的“洋”经理

康洁利公司是一家中外合资的高科技专业涂料生产企业，中方占有60%的股份，外方占有40%的股份，生产玛博伦多彩花纹涂料等 11 大系列高档涂料产品。开业在即，外方认为康洁利公司引进的先进技术、设备和原材料均来自美国，中方不适宜管理。中方也认为，由美国人来管理，可以学习借鉴国外企业的管理方法和经验，所以，董事会形成决议：从美国聘请米勒先生任总经理，中方推荐两名副总经理参与管理。米勒先生有 18 年的管理涂料生产企业的经验，自称“血管里流淌的都是涂料”，公司员工也为有这样一位洋经理而感到庆幸，希望能赚到大钱。

谁料事与愿违。公司开业 9 个月不但没有赚到一分钱，反而亏损 70 多万。当签证到期时，米勒先生失望返美。多数人认为，米勒先生是个好人，工作认真，技术管理上是内行，对搞好康洁利公司怀有良好的愿望，他失败的原因是不了解中国的实际情况，没有上下级间的心灵沟通与相互间的了解和信任，最终造成管理混乱，人心涣散，员工普遍缺乏主动性，工作效率尤为降低。

米勒先生走后，中方选派了一位懂经营管理、富有开拓精神的年轻副厂长刘思才任总经理，他调整了机构，制定了新的规章制度，调动了员工的积极性，使企业走上了良性循环的轨道。不久，企业就宣告扭亏为盈。

(资料来源：王凤彬. 管理学教学案例精选. 复旦大学出版社，P41-43.)

思考题：试分析康洁利公司起落的原因。

提　示：运用管理学行为科学理论中的综合激励理论、领导方式理论等进行分析。

1.3.3 现代管理理论

随着生产力水平的逐步提高，经济发展中出现了许多新的变化：经济全球化，企业规模进一步扩大，产品更新换代的周期大大缩短，竞争的日益激烈使生产社会化程度大幅度提高。在这种新的经济形式下，不仅要求企业在长远的技术方向上做出正确的判断，而且要求企业对其内部运行问题，更重要的是对未来的经济发展有预测能力和决策能力。因此，现代管理理论和方法逐步形成并发展起来。

现代管理理论是在科学管理与行为科学的基础上，引进心理学、系统论知识，运用运筹学和电子计算机等技术手段，形成的一种现代的管理科学体系。在研究现代管理理论的过程中，出现了许多新的管理学派，美国管理学家把这种管理学说林立的状况形容为“热带管理理论的丛林”。下面介绍几种有代表性的理论。

1. 权变管理理论

权变管理理论是由英国的伍德沃德于20世纪60年代，对100多家企业进行调查得出的结果。其代表作为《工业组织和实践》。另一代表人物为美国人卢丹斯，他于1976年出版了《管理导论：一种权变学说》一书，系统阐述了权变管理学说。

该理论认为企业管理方法或模式要根据企业所处的内外环境随机应变，没有一成不变的普遍适用的“最优的”技术和方法，而只是存在“满意”的技术与方法。为了达到这一目标，需要在调研的基础上，对组织进行分类并建立模式。在建立模型时，应充分考虑到组织的规模、工艺技术、管理者的层次、权利、下级的个性差异和环境的不确定性对管理方法的影响，其核心就是要根据组织的实际情况来选择最好的管理方式。

运作实例 1-5

吉姆·罗斯的一天

吉姆·罗斯是西尔光学器材公司负责销售的高级副总裁，早晨7:25他来到办公室，坐在办公桌后开始考虑他今天应处理的事情。

在罗斯今天的日程表中，首先要完成的工作是拟定一份问卷，调查顾客对公司选用的镜架式样的态度。他7:45就开始拟定问卷了。9:15，他要和研制隐形眼镜的研究小组开会；10:15，他还得和筹备秋季展销会的小组开会；12:00，他要和一位预约的广告公司代表共进午餐；下午3:00，他要和总裁讨论对公司镜架供应商评估工作的进展。

9:15开始的在会议上，罗斯提出了一些新的想法并且就已取得的成果向他们表示感谢，他还交代了一些任务并希望能在下次开会前完成，会议于10:15结束。这时准备秋季展销工作的小组来开会了，罗斯告诉了他们有关儿童眼用产品的事，会议于11:20结束。

当他回到办公室后，他首先回了主管财务的副总裁的电话，并安排1:30和他见面。他还回了主管生产的副总裁的电话，他要和罗斯谈有关新型镜片的制作问题，于是他们约好下午2:00讨论这个问题。

在其他两位副总裁于2:30离开后，罗斯整理了他的电话留言条又开始回电话，然后他就去见总裁了。罗斯和总裁谈了半个小时发展战略方面的事，又和他谈了半个小时自己对公司目前的镜架供应的评价。

4:00罗斯回到自己的办公室，发现办公桌上有一份报告，内容是新发明的一个可以优化现行镜架购买数量和间隔的控制模型。那个人4:45离开了罗斯的办公室。他决定不再想问卷的事，回家再干，在家里他不会受到干扰。接着他就忙着填写工作表现评价表，直到5:45他将文件放进公文包回家去。

(资料来源：http://down.foodmate.net/ziliao/sort/10/3201.html.)

思考题：吉姆·罗斯的管理方式符合哪种管理理论？并分析其原因。

提　示：运用权变管理理论进行分析。

2. 管理科学理论

管理科学学派的主要代表人物为美国的伯法，代表作为《现代生产管理》。该学派侧重分析和说明管理中科学理性的成分和可数量的侧面，它的发展运用了许多数量分析方法和决策技术，如盈亏平衡分析、决策树、网络计划技术、线性规划、动态规划等。在定性分析的基础上，运用了更多的定量分析，从而增加决策的科学性。他指出在利用定量分析方法解决管理问题时，应按照以下程序进行。

(1) 观察分析组织中存在的问题，确定目标函数。

(2) 确定影响问题的各种因素，分析它们之间的关系并建立数学模型。

(3) 通过数学模型找出问题的初始可行解，经过反复迭代，找出最优解或满意解。

(4) 对模型的最优解或满意解进行验证，即将模型的计算结果和实际情况进行比较。

(5) 根据灵敏度分析，找出各种影响因素的变化范围，以便根据实际情况对各种因素进行调解。

3. 决策理论

该学派的代表人为1978年获得经济学奖的美国学者赫伯特·西蒙，代表作为《管理决策科学》。决策理论学派是以社会系统理论为基础，吸收行为科学和系统论的观点，运用计算机技术和运筹学等方法而发展起来的又一重要学派。该学派的主要论点如下。

(1) 决策是一个复杂的工程，它包括 4 个阶段：一是收集信息、提出决策目标；二是探索实现决策目标的各种可行报告；三是对各种方案进行社会、经济、技术等方面的综合评价；但是在三个阶段的各个方案中进行决策，从而选出满意的方案。其中，4 个阶段可能相互交叉，因此决策是一个复杂的过程。

(2) 由于组织所处的外界环境是不断变化的，而且由于人的经验和判断能力的限制，在现实中制定决策，很难实现理论上的最优方案，而是只能采用“满意准则”进行决策。

(3) 根据决策的性质可将决策分为非程序化决策和程序化决策。非程序化决策用来解决不经常出现的问题。如生产规模的扩大、公司的并购与重组，解决这类问题没有固定的方法和程序，通常需要决策者的判断能力。程序化决策是解决经常出现的问题，如购货、市场调研、产品销售计划的指定等。因为其经常出现，根据积累的经验，可将过程标准化。

4. 系统管理理论

该学派的代表人物为美国的弗里蒙特·卡斯特，代表作为《系统理论与管理》。该学派是在系统论和控制论的基础上发展起来的。其主要思想分为以下几个方面。

(1) 组织是由相互联系、相互影响的各种要素组成的系统，各要素被称为子系统。

(2) 各子系统相互作用的效果影响系统运行的结果。

(3) 系统与环境间相互作用，通过信息的反馈不断调节，以达到适合自身发展的要求。

1.3.4 企业管理理论的新发展

1. 企业文化理论

20 世纪 80 年代初，企业文化作为一种新的管理思潮开始涌现，它起源于对日本模式管理的研究。日本经过战后短短二三十年的发展，迅速成为世界经济的强国，这迫使美国的专家开始研究日本的成功之道。经发现，两国的根本差异表现在美国企业更多强调理性的科学管理，而日式企业更注重职员间的人际关系、团队精神和敬业精神，人才的培养与员工文化素质的提高，强调精神的作用和文化的力量。

2. 学习型组织

企业间的竞争已逐步转化为人才的竞争，人才的培养需要不断地学习，因此，善于学习的企业在市场中更具竞争力。学习型组织理论是由麻省理工学院的圣洁博士在《第五项修炼》中提出的，它是以动力学的理论为核心的。所谓学习型组织是指通过培养弥漫于整个组织的学习气氛而建立起来的一种符合人性的、有机的、扁平化的组织。学习型组织应作好五项工作：帮助员工不断超越自我；促使员工不断发展和更多地投入工作；改善心智模式，即打破管理中许多既定的模式；建立共同的愿望；团体学习，系统思考。

3. 流程再造

自 1776 年亚当·斯密提出劳动分工论以来，人们已经习惯于把业务流程按时间的先后顺序进行专业化和标准化的分割，分解成一系列的单项任务，每个人只负责其中的一项，这样虽然提高了劳动生产率，但也造成了部门多、层级多、流程长、沟通慢、冗员多，从而导致整体工作效率下降等诸多弊端。为了解决这一矛盾，迈克尔·哈默和詹姆斯·钱辟于 1993 年出版了《再造公司——企业革命的宣言》，提出了流程再造(BPR，Business Process Reengineering)这一思想，它是指彻底更新思维观念，从根本上改变现有业务流程，以期在成本、质量、服务和工作速度等当代至关重要的绩效标准上取得戏剧性的改变。企业实施流程再造以后，过去被分得很细的流程被重新组织起来，形成了一个“流程工作小组”，取消了过去各部门交接和协调的工作量，大大提高了工作效率。

20 世纪初对欧美有代表性的 621 家大企业进行调查发现，有 70%的企业都着手进行流程再造，但是真正获得成功的占 30%左右，从分析中得出，成功企业的流程再造遵循着以下一些重要的原则。

(1) 必须明确了解组织的目标，它们将成为流程重组的基础。

(2) 要以业务流程为导向，以流程为中心从根本上改变，而不是组织结构上的小修小补。

(3) 确立顾客至上的经营观念，将用户的意见和需要作为再造的依据，企业员工由向上级负责转为向顾客负责。

(4) 注重开发新技术的能力，不仅可以弥补管理者能力或地域的限制，还可以提高企业的市场竞争力。

本章小结

企业作为一种经济组织，有其自身的特点，并可按不同的标志划分为若干类型，其中公司是典型的现代企业形式，对有限责任公司和股份有限公司可以从多方面比较它们的异同。

企业作为一个系统，内外部有其不同的组成要素，企业内部系统通过输入、转换、输出过程实现物质的转换，企业外部系统不仅依赖于外部环境还应适应外部环境。

企业管理是管理对象细化的结果，它揭示了事物发展的规律，强调了理论的指导作用，并把理论创造性地应用于实践，即实现了科学性与艺术性的统一。企业管理主要包括：企业战略管理、营销管理、产品开发与技术管理、生产管理、物资与设备管理、质量管理、人力资源管理、财务管理、技术经济分析、管理信息化等内容。企业管理由早期的传统管理思想逐步形成了古典管理理论、行为科学理论、现代管理理论等企业管理理论，并不断取得新的发展。

习　　题

思考题

(1) 什么是企业？
(2) 企业有哪些特点？
(3) 简述企业的类型。
(4) 有限责任公司和股份有限公司有哪些区别？
(5) 企业系统的特征是什么？
(6) 简述企业系统与外部环境之间的关系。
(7) 企业管理的概念是什么？
(8) 简述企业管理的性质。
(9) 企业管理主要研究哪些内容？
(10) 传统管理思想有哪些代表人物？他们都有哪些贡献？
(11) 简述泰勒科学管理理论的主要观点。
(12) 行为科学理论是在什么情况下兴起的？
(13) 梅奥对行为科学理论有哪些贡献？
(14) 现代管理理论都有哪些流派？它们各自的观点是什么？

案例应用分析

案例 1-1

该如何当总监

孙工所在的监理项目部由6位监理人员组成。监理人受业主委托在工地现场对施工单位的施工质量进行监督，对工程中所进行的每一道工序进行检查，验收合格后施工单位方可进行下道工序的施工。6位监理人员各有分工。其中：赵工——总监代表，是该项目部的领导；其他5个监理分别是：沈工——负责钢筋工程验收；刘工——负责模板工程验收；宋工——负责混凝土工程验收：孙工——负责电气安装工程验收；黄工——负责暖通工程验收。

赵工从事监理项目总的领导工作，责任心强，对下属们的监理工作总是事事过问，尽心尽责，整日从早忙到晚，似乎把5位监理的工作都由他一人来做才放心。他曾讲“以前，某工程只有我一个土建监理，一切事都办得很好，现在包括我有4位土建监理。可监理起工程来，并未感觉到轻松，有麻烦事多起来的感觉。”其他监理评价赵工的工作是：“做不到点上，越忙越乱。”

沈工负责钢筋验收，工作努力，不怕吃苦，现场经验多，职称是6位监理中最低的——助理工程师。刘工负责模板工程验收，理论水平高，写作能力强，工作认真负责。宋工负责混凝土工程验收，工作踏实，台下任劳任怨，不善言谈。孙工和黄工分别负责电气和暖通工程验收，工作认真，水平还可以。

工程开始时，工作进展还比较顺利、但不久，监理人员内部就出现了矛盾。几位监理对总监代表赵工的工作方法产生了意见，特别是沈工，他认为赵工对自己的工作成绩从未给予肯定，他还时常遭受批评。例如，有一次沈工在检查钢筋时发现有问题，他立即通知了施工单位整改。赵工在现场巡视时也发现了问题，赵工回来后就批评沈工为什么没发现问题，当沈工说明不但发现了问题并已做了处理后，赵工仍批评沈工为什么没向他汇报。有时还出现这样的问题，项目监理已将问题指给施工单位并指出整改方法，而项目总监赵工发现同一问题也向施工单位指出整改方法，造成施工单位不知听谁的混乱现象。再有，每个月末，监理项目部要将本月工作质量、发生的问题、验评次数、优良率曲线等情况写成“监理月报”送交业主及质量监督站。开始这些工作都是由赵工完成，但赵工逐渐感觉自己太忙就提出让大家轮流写，写完后再由赵工核对修改。刘工认为，月报不是任何人都能很好地完成。事实证明，刘工写的月报内容详细，赵工基本不做修改，而其他监理写的月报，赵工要花几个小时的时间进行修改，有时，因赵工有其他事，月报未来得及修改，造成月报不能按时完成发出。

由于赵工的领导办式，几位监理无法与赵工沟通。使得整体的办事效率降低，士气低落，施工单位及业主对监理也不满意，工程速度和质量受到影响。

讨论：

(1) 赵工的问题出在哪里？违反了哪些管理理论？

(2) 如何改进赵工的管理方式？

第2章 企业管理的职能

教学目标与要求

通过本章的学习，了解企业管理职能的相关概念，能够运用相关职能解决企业管理中的实际问题。

明确企业管理的5种职能，熟悉管理职能的作用，掌握相关职能的特点、过程、分类和方法等。

所谓管理职能，是指现代企业管理活动所具有的作用和功能。企业管理的职能是企业管理者为了实现有效的管理所必须具备的基本活动及功能。它是通过若干具体管理工作，即管理职能来体现和贯彻的。根据对现代企业管理工作的基本内容和基本过程的分析，可以将这些具体的管理职能划分为决策职能、计划职能、组织职能、领导职能和控制职能5 个方面。

2.1 决 策

现代企业管理理论认为，管理的重点在经营，经营的中心是决策。以此我们可以认为，整个管理过程都是围绕着决策的制定和组织的实施而开展的。在任何企业组织中，都存在着若干问题等待解决，而决策贯穿于企业生产经营活动的全过程。所以决策的正确与否，将直接影响到一个企业的生存与发展。以下从 4 个方面来理解决策。

2.1.1 决策的概念

决策是指在一定的环境下，组织或个人为了实现某个特定的目标，借助于一定的科学方法和手段，遵循决策的原理和原则，从若干个可以相互替代的可行方案中选择一个满意的方案，并组织实施的过程。决策具有以下几个特征。

(1) 决策具有明确的目标。决策是为了解决某个问题或达到某种目标而采取的行动。目标是判断方案可行与否的标准。没有目标，决策就没有方向；没有目标，行动就是盲目的。

(2) 决策是一个过程。决策不是“瞬间”作出的决定，它有一定的过程，即提出问题、分析问题和解决问题。在这个过程中，必须按照一定的程序进行一系列的科学研究。

(3) 决策的关键是优选。如果实现目标的备选方案只有一个，则无从比较其优劣，也就无须选择。但若存在多个可行方案时，则必须确定评价标准，对各个方案从技术、经济、社会等方面进行综合分析与评价，从而选出最优方案。

(4) 决策是根据预测做出的选择。由于人们对未来认识的局限性，预测与实际总是存在一定的差距，因而决策都有不同程度的风险。这就要求决策者既要勇于承担风险，大胆决策，又要遵循科学程序，运用科学方法，提高决策的准确性。

2.1.2 决策的分类

在企业生产经营活动中，存在着大量的决策问题，所涉及的内容也十分广泛和复杂，所以企业决策可以根据不同的需要做出不同的分类。

1. 按决策的重要程度分类

(1) 战略决策。战略决策由企业高层领导人员制定，它着眼于企业的全局性和未来的发展方向。如战略目标、战略方针等。它带有长期性和战略性的特点，旨在提高企业的经营效益，重点解决企业内部与外部环境协调发展的问题。

(2) 战术决策。战术决策由企业中层管理人员制定，着重解决战略执行过程中的具体问题。如生产计划决策、设备更新决策等。这种决策的目的在于提高企业的管理效能，以实现企业内部各环节生产经营活动的高度协调与资源的合理利用。

(3) 业务决策。业务决策由企业基层管理人员制定，它是为了提高企业日常业务活动的效率而进行的决策。它的作用在于提高企业生产效率和工作效率。如生产定额的制定、库存管理等。这种决策主要解决生产现场的某些具体问题。

2. 按决策的主体构成分类

(1) 个人决策。是指决策者个人在对问题进行分析研究后，对应该做什么和应该如何做而做出的决定。个人决策的优势是快速、果断、效率较高；缺陷是由于个人的经验、知识水平和能力有限，做出的决策带有一定的风险。

(2) 组织决策。组织决策是由若干人组成的组织共同对问题进行研究，然后确定共同目标和行动方案。组织决策有利于集思广益、提高方案的有效性，但也会消耗更多的时间和费用，并且可能导致责任不清。

3. 按决策的重复程度分类

(1) 程序化决策。程序化决策是指经常发生，能按原来规定的程序、处理方法和标准进行的决策，多属于业务决策。例如，签订购销合同、库存决策等。由于这类问题是重复出现的，因而可以规定出一定的程序，建立决策模式，并借助电子计算机进行处理。

(2) 非程序化决策。非程序化决策是指没有常规可循，对不经常重复发生的业务工作所做出的决策，多属于战略决策或经营决策。例如，企业扩大投资规模的决策、开辟新市场的决策等。由于这类问题没有固定的程序和结构，所以主要依靠决策者的经验、创新精神和判断能力来解决。

4. 按决策过程信息的完备程度分类

(1) 确定型决策。确定型决策是指在决策前对影响决策方案的信息有充分的了解，从而可以预计出一个方案只有一个结果的决策。确定型决策一般均可用数学模型得到最优解，如生产批量决策、技术改造决策等。

(2) 风险型决策。风险型决策是指影响决策的主要因素在客观上存在几种情况，这些情况事先虽可知道，但决策后出现什么样的结局，决策者事先却不能完全知道。例如，天气好坏对旅游业的影响：如果天气好，旅游业的收入就多；如果天气坏，旅游业的收入就少。那么在这两种未来的可能性中(天气好或天气坏)，如何进行分析判断，以选择最佳收入，就属于一种风险型决策。

(3) 非确定型决策。非确定型决策是指各种决策方案的自然状态不能预先确定，也不存在客观概率的可预测性，完全靠决策者的经验和心理因素来确定一个主观概念的决策，如新产品的开发。这类决策问题常常存在多种不可控因素，决策约束条件难以确定，不存在固定的决策程序和方法，决策方案也不易拟订、评价和优选，所以实施结果的风险更大。

2.1.3 决策的程序

决策是发现问题、分析问题和解决问题的系统分析判断的过程。管理者必须采用科学的方法，遵循正确的决策程序，如图 2.1 所示。

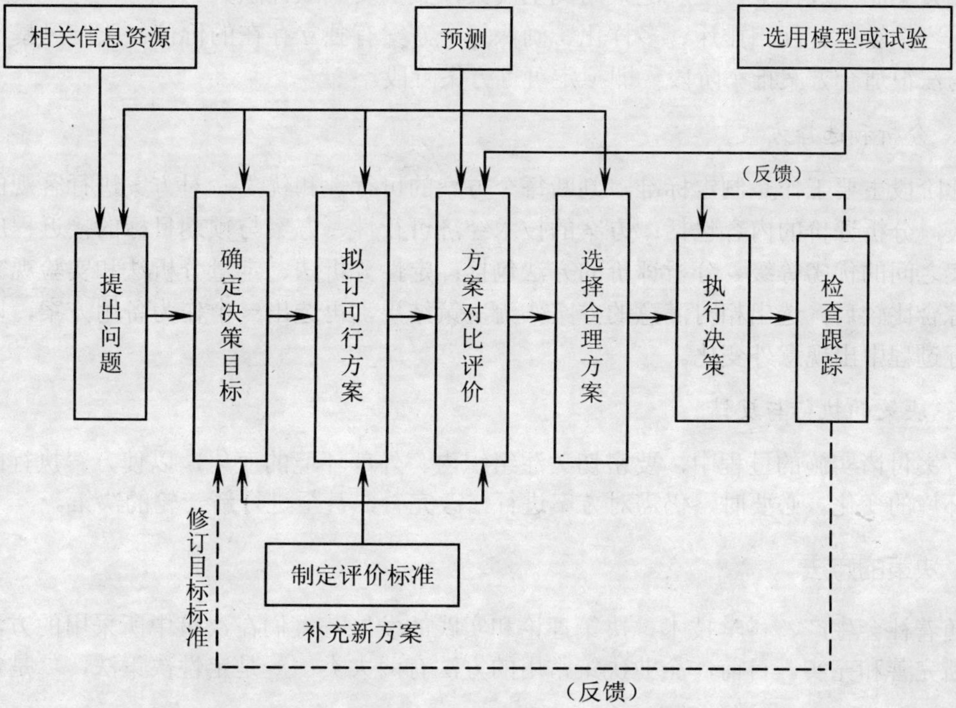

图 2.1 决策的程序图

1. 提出问题

决策过程始于存在的必须解决的问题。管理者识别问题的基础是掌握相关信息，而相关信息主要来自于调查与预测的结果。通过调查获得过去和现在的信息，通过预测了解未来的信息。鉴于影响决策的因素中有不少因素处于管理者控制之外，因此可能会导致管理者对决策信息的获取存在盲区。

2. 确定决策目标

在决策过程中，除了要找出关键的问题外，还需要明确决策所追求的目标。目标通常是多重性的，组织必须区分必须达到的目标与希望达到的目标、紧要目标与次要目标。实践证明，失败的决策有时是由于决策目标不正确或不明确造成的。

3. 拟订可行方案

解决问题的方案应该是在对组织环境和组织目标进行权衡的基础上提出的，然后通过信息采集对方案进行补充和完善，并预测其执行结果，以印证方案的可行性。

在方案制定过程中，应广泛采用民主决策，鼓励员工献计献策。可行性方案彼此之间应该兼容性较小、互相排斥、多样化，确保每个方案有独立存在的价值。头脑风暴法和群体参与法很适合方案推举阶段，即拟定可行方案阶段。

4. 分析和选择方案

此阶段主要工作是制定标准，判断每个方案的可行性和优劣，对方案进行客观的评价和比较。分析评价的内容包括：方案的技术经济可行性、方案与预期目标的接近程度、各个方案之间的优劣等级。分析评价的方法包括：定性分析法、定量分析法和实验观察法。通过综合比较后，选出相对满意的方案作为决策结果，再选出一个作为备用方案，以免决策执行过程中出现意外变化。

5. 决策的执行与反馈

方案付诸实施的过程中，要密切关注组织内、外部环境的变化，以使方案执行的结果适应环境的变化。必要时，仍需对方案进行修改完善，甚至进行新一轮的决策。

2.1.4 决策的方法

随着社会生产、科学技术、决策理论和实践的发展，人们在决策中所采用的方法得到了不断完善和充实。目前，企业决策常用的方法有两大类：一是定性决策法，二是定量决策法。

1. 定性决策法

定性决策法是指专家根据所掌握的企业情况，运用社会学、心理学等多学科的知识及自身的经验和能力，对企业的决策目标、方案和实施提出见解的一类决策方法。常用的定性决策法有以下 5 种。

1) 德尔菲法

这是采用通信方式将所需解决的问题征求专家的意见，通过几轮的信息交换，逐步取得相对一致的方案。它的具体步骤如下。

(1) 针对要解决的问题和希望达到的结果拟订调查表。

(2) 选择10～15位专家和权威人士。

(3) 把咨询表和相关资料寄给每位专家，要求其在规定的时间内反馈，每轮咨询后对咨询表进行综合整理，归并相同见解，列出不同见解，然后拟成第二份咨询表重复咨询过程，经过几轮咨询后专家的意见逐步一致。

(4) 决策者以专家的意见为基础，结合自己的知识和经验，做出最后的决策。

德尔菲法采用通信的方式比专家集合探讨更方便，咨询专家背对背独立地表达自己的观点，每个专家在后续轮回里可以参考其他人的观点，以完善自己的结论或批驳对方的结论，拓宽了每个专家的思路，提高了决策的准确性。

2) 头脑风暴法

头脑风暴法是世界上最著名的创造力改进方法，由英国心理学家奥斯本始创。这种方法集思广益、互动启发、思维连锁碰撞，特别容易产生思维的创意火花。头脑风暴法对于选择广告宣传方式、产品名称、外观设计等方面效果尤其好。它的具体步骤如下。

(1) 让5～8个参加者围坐讨论1～2个小时(也可以通过互联网来进行)。

(2) 针对特定问题，让参与者一个接一个地提出自己的见解。

(3) 书面记录每个方案但不登记提出方案人的名字。

(4) 进行整理，做出决策。

利用头脑风暴法，每个参与者可以畅所欲言，但不许评价别人的方案；鼓励随心所欲，欢迎奇思妙想，数量越多越好；可以补充和完善别人已有的建议。

3) 名义技术小组

这种方法和头脑风暴法相似，区别在于这种方法遵循解决问题和制定决策方法的逻辑性，而不是头脑风暴法中的异想天开，并且强化了头脑风暴法中摒弃的纪律和思维的严密性。

名义技术小组适合于针对某个问题，例如，管理者需要了解什么方法可行，以及人们会如何看待这个方法。通过这一方法，参与者把解决问题的方案写下来，彼此不允许讨论，然后每个成员对各自的方案进行说明，最后用打分的方法把最优方案确定下来。

4) SWOT

组织在做出决策之前，首先要了解管理环境，据此判断组织的优势和劣势，以及环境变化提供的是机遇还是威胁。SWOT 正是分析组织环境的典型方法，SWOT 是英文strengths(优势)、weaknesses(劣势)、opportunities(机遇)、threats(威胁)4个单词的首位字母，SWOT 研究组织内外环境，在组织目标、外部环境和内部环境之间寻求动态平衡。

5) 波士顿矩阵

波士顿矩阵是确定活动方向的分析方法，由美国波士顿咨询公司创立，以组织业务增长和市场份额两个维度构成的矩阵为分析基础，建立在对组织内、外环境分析的基础上，帮助组织分析其所有产品或事业单位的特点，选择组织或事业部的未来发展方向，为组织合理分配组织资源提供依据。

运作实例 2-1

宏光印刷厂在有效性和效率上竞争

宏光印刷厂主要从事报纸广告插页的印刷，这些广告是超级市场、杂货连锁店及廉价商店发布登载的。这项业务占该厂当前年销售额的70%。此外，该厂还从事专业印刷，大部分是优质的彩色广告、商品目录和百货公司的推销传单。插页业务对价格极为敏感，利润率低。专业印刷需要较高的技巧，且用户对价格不过分看重，因而利润率较高。

这个厂的厂长过去一贯追求销售额的增长，着重发展大量的、低利的插页业务。现在他想方设法提高销售利润率，以增加盈利。厂顾问向他介绍了“波特曲线”，这个概念描述了市场占有率与资金利润率之间的假定关系。根据这一曲线，有两类企业的资金利润率较好：①“讲求有效性”的市场经营者，他们通过产品、广告和服务，去开拓一个不大的但利润率较高的市场；②“高效率”的市场经营者，他们以价格做竞争的基础，用最低廉的成本和价格去争取尽量大的市场占有率。印刷厂实际上面临着两个不同的市场，插页业务无疑是效率型的市场，而专业印刷则更多地属于有效性的市场。由于工厂现有机器设备能力有限，要去贷款以扩大能力不容易且不一定合算，所以需要在插页业务和专业印刷之间做出选择。单搞插页业务或专业印刷，都将在未来一段时期内产生不同的后果，丢掉了的业务是难以恢复的，要在二者之间做选择，就是工厂的一个战略决策。再者，如决定单搞专业印刷，那就意味着销售额及其增长率将显著下降，因为可能承接的专业印刷业务肯定不会有插页业务那么多。一贯注重销售额增长的厂长对于有碍增长的任何有意识的决策都是十分怀疑的。

(资料来源：北京商报. 2003.6.)

思考题：这个厂要在插页业务和专业印刷之间做出选择，如果你是厂长，你将如何做出决策？

提　示：运用波士顿矩阵进行分析。

2. 定量决策法

定量决策法主要是运用数学方法，通过建立数学模型对较复杂的问题进行计算，求得结果，最后经过比较选出满意方案。定量决策法根据决策问题所处的条件，可以分为确定型决策、风险型决策和非确定型决策。

1) 确定型决策

确定型决策是指各方案的实施只有一种明确的结果，并且能够确定计算各方案的损益值，从中选取满意方案的决策。常用的确定型决策方法有线性规划法和量本利分析法。

(1) 线性规划法。是指在一些线性等式或不等式的约束条件下，求解线性目标函数的最大或最小值的方法。运用线性规划法建立数学模型的步骤如下。

① 确定影响目标大小的变量。

② 列出目标函数方程。

③ 找出实现目标的约束条件。

④ 找出使目标函数达到最优的可行解，即为该线性规划的最优解。

【例 2.1】 企业生产两种产品——桌子和椅子，它们都要经过制造和装配两道工序。有关资料如表 2-1 所示。假设市场状况良好，企业生产出来的产品都能卖出去，试问何种产品组合能使企业利润最大？

表 2-1 某企业的有关资料

	桌 子	椅 子	工作可利用时间(/小时)
在制造工序上的时间(/小时)	2	4	48
在装配工序上的时间(/小时)	4	2	60
单位产品利润(/元)	8	6	—

这是一个典型的线性规划问题，用线性规划法解决此问题的步骤如下。

① 确定影响目标大小的变量。在本例中，目标是利润 G，影响利润的变量是桌子数量 T 和椅子数量 C。

② 列出目标函数方程：$G=8T+6C$。

③ 找出约束条件。在本例中，两种产品在一道工序上的总时间不能超过该道工序的可利用时间，即制造工序：$2T+4C\leqslant 48$；装配工序：$4T+2C\leqslant 60$。除此之外，还有两个约束条件，即非负约束条件：$T\geqslant 0$，$C\geqslant 0$。

从而线性规划问题成为：如何选取 C 和 T，使 G 在上述 4 个约束条件下达到最大。

④ 最后求出最优解——最优产品组合。利用单纯形法求得该问题的最优解为 T=12 和 C=6，即生产 12 张桌子和 6 把椅子能使企业利润达到最大。

(2) 量本利分析法。又称保本分析法或盈亏平衡分析法，是通过考察产销量、生产成本和销售利润这三者之间的关系及盈亏变化的规律，来为决策提供依据的方法。其核心内容是寻找盈亏平衡点。所谓盈亏平衡点，是指产品销售收入等于产品总成本时的产销量。其中，产品总成本分为固定成本和可变成本：固定成本是指在一定范围内不随产量变动而变动的成本；可变成本是指随产量变动而变动的成本。寻找盈亏平衡点可以通过量本利分析图来确定，如图 2.2 所示。

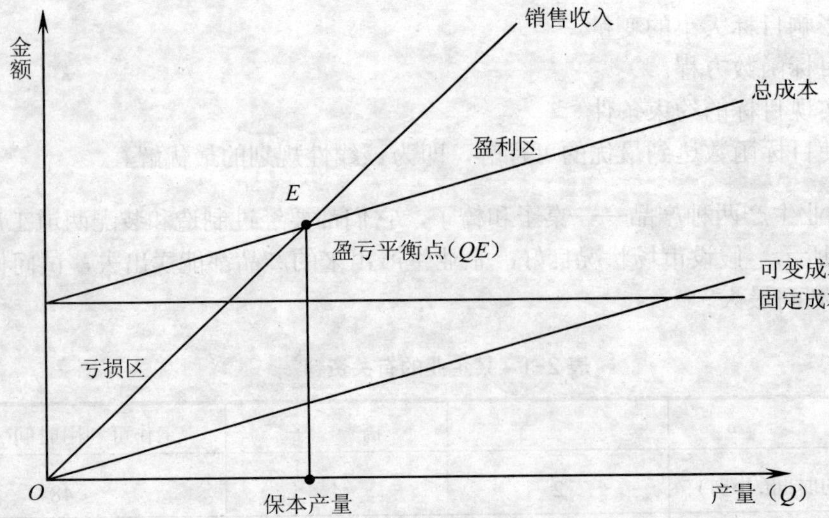

图 2.2　量本利分析图

从图 2.2 可知，当销售收入与总成本相等时，所对应的 E 点的产销量就是一个盈亏平衡点。在盈亏平衡点上，企业既不盈利也不亏损。企业的产销量若低于平衡点的产销量，则会亏损；而高于平衡点的产销量，则会获利。这一原理在生产方案的选择、目标成本预测、利润预测、价格制订等决策问题上得到了广泛的应用。

根据上述分析，在产品的销售收入、固定成本、可变成本都已知的情况下，就可以找出盈亏平衡点。假如 P 代表单位产品价格，Q 代表产销量，F 代表固定成本，V 代表单位可变成本，Q 代表盈亏平衡时的销售量，S_0 代表盈亏平衡时的销售额。

当企业不亏不盈时

$$PQ = F + VQ$$

保本产量为

$$Q_0 = \frac{F}{P - V}$$

由于盈亏平衡时的销售额等于盈亏平衡点对应的产量与销售价格的乘积，所以得出

$$P \times Q_0 = \frac{F}{P - V} \times P$$

整理上式得

$$S_0 = \frac{F}{1 - \frac{V}{P}}$$

确定盈亏平衡点的方法举例如下。

【例 2.2】 某电视机厂销售电视机 5 000 台，每台售价为 2 100 元，单位变动成本为 200 元，固定成本为 570 万元，求盈亏平衡点。

解：∵ $P=2\,100$，$F=5\,700\,000$，$V=200$

$$\therefore Q_0=\frac{F}{P-V}=\frac{5\,700\,000}{2100-200}=3\,000$$

$$S_0=\frac{F}{1-\dfrac{V}{P}}=\frac{5\,700\,000}{1-\dfrac{200}{2100}}=6\,300\,000$$

2) 风险型决策

风险型决策是一种随机决策，它是根据方案在各种可能的自然状态下发生的概率，计算各方案损益值的期望值，并以此判断方案的优劣。由于客观概率只代表可能性的大小，与未来的实际还存在着差距，这就使任何方案的实施都要承担一定的风险，所以称为风险型决策。

该决策常用的方法是决策树法，决策树型图如图 2.3 所示。

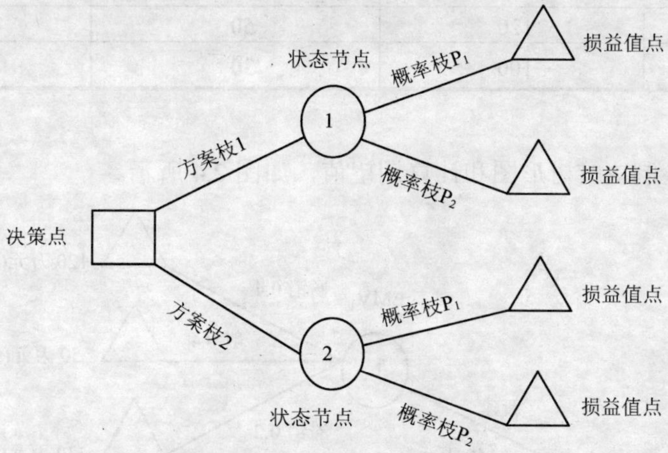

图 2.3　决策树型图

在此图中：□表示决策点；从决策点引出的分枝称为方案枝，每一条方案枝代表一个方案，并在该方案枝上标明该方案的内容；○表示自然状态；从它引出的分枝称为概率枝，每个概率枝代表一种随机的自然状态，并在概率枝的上面标出自然状态的名称和概率；每条概率枝的末端的△符号称为结果点，在该点上标出该自然状态下的损益值。使用该方法的具体步骤如下。

(1) 绘制决策树型图。从左至右，首先是绘出决策点，引出方案枝，再在方案枝的末端绘出状态节点，引出概率枝，然后将有关参数(包括概率、不同自然状态、损益值等)注明在图上。

(2) 计算各方案的期望值。期望值的计算要从右向左依次进行。首先将各种自然状态的损益值分别乘以各自概率枝上的概率，再乘以计算期限，然后将各概率枝的值相加，标在状态节点上。

(3) 剪枝决策。比较各方案的期望值，如方案实施时有费用发生，应将状态结点值减去方案的费用后再进行比较，除掉期望值小的方案，最终只剩下一条贯穿始终的方案枝，它的期望值最大，也就是最佳方案。

【例 2.3】 某企业准备投产一种新产品，现有新建和改建两种方案，分别需要投资 140 万元和 80 万元。未来 5 年的销售情况预测是：畅销的概率为 0.4，销售一般的概率为 0.4，滞销的概率为 0.2。各种自然状态下的年度销售利润如表 2-2 所示。试问企业应选择哪种方案？请用决策树法进行决策。

表 2-2 决策方案损益值表(/万元)

销售情况预测 / 方案	畅销	一般	滞销
新建	120	50	-30
改建	100	30	10

解：

步骤一：先绘制决策树形图和计算期望值，如图 2.4 所示。

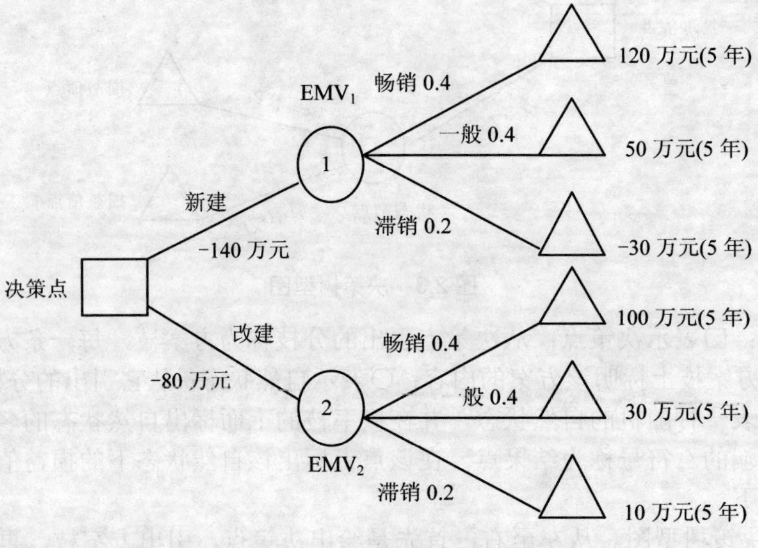

图 2.4 决策树计算图

节点 1 的期望值=[120×0.4＋50×0.4＋(−30)×0.2]×5=310(万元)

节点 2 的期望值=[100×0.4+30×0.4+10×0.2]×5=270(万元)

步骤二：计算两个方案的净收益。

新建方案的净收益=310－140=170(万元)

改建方案的净收益=270－80=190(万元)

步骤三：比较两个方案的净收益。经比较，应选择改建方案。

3) 非确定型决策

非确定型决策是在决策的结果无法预料和各种自然状态发生的概率无法预测条件下所做的决策。在进行非确定型决策的过程中，决策者的主观意志和经验判断居于主导地位，同一数据，可以有完全不同的方案选择。下面通过具体例子来介绍几种非确定型决策方法。

【例 2.4】 某厂已决定生产一种新产品，有下列 3 个方案供选择：甲，建新车间，大量生产；乙，改造原有车间，达到中等产量；丙，利用原有设备，小批量生产。市场对该产品的需求情况有如下 4 种可能：①需求量很大，即畅销；②需求较好；③需求较差；④需求量很小，即滞销。各个方案在这 4 种可能需求情况下的损益值如表 2-3 所示。

表 2-3　损益值表(/万元)

方　案	畅　销	较　好	较　差	滞　销
甲	80	40	-30	-70
乙	55	37	-15	-40
丙	31	21	0	-1

一般可归纳为以下几种选择方法。

(1) 乐观准则也被称为大中取大准则。它是在每个方案中选取一个最大值，然后将各个方案的最大值进行比较，再选取最大值的方案为最优方案。在表 2-3 中，甲方案的收益最大值最高，故选甲方案为最优方案。这种方案常常为敢冒风险的进取型决策者所采用。

(2) 悲观准则也被称为小中取大准则。它是在每个方案中选定一个最小收益值，在所有最小收益值中选取其中最大者为最优方案。如果是损失值，则选取损失最大值中最小者的方案为最优方案。采用此种方法的决策者一般对损失比较敏感，属于怕冒风险不求大利的稳重型。

(3) 后悔值法。决策者往往都有因情况变化而后悔的经验，如何使选定方案后可能出现的后悔值达到最小，可以把后悔值作为一个决策标准来进行决策。在本例中，如果出现畅销的情况而决策者又正好选择了方案甲，获得收益值 80 万元，那当然不会后悔，即后悔值为零。如果选定的是方案丙，则决策者由于没有选取方案甲而造成的后悔值为 49 万元(80-31)。

后悔值法的分析步骤如下。

① 找出每种自然状态下的最大收益值。

② 分别求出每种自然状态下各方案的后悔值(后悔值=最大收益值-方案收益值)。

③ 编制后悔矩阵表，找出每个方案的最大后悔值，如表 2-4 所示。

表 2-4 后悔值矩阵表(/万元)

方　案	畅　销	较　好	较　差	滞　销	最大后悔值
方案甲	0	0	39	69	69
方案乙	25	3	24	39	39
方案丙	49	19	0	0	19

(4) 比较各个方案的最大后悔值，选取最大后悔值中最小者为最优方案，因此本例应选方案乙为最优方案。

2.2 计　划

在汉语中，“计划”一词既可以作为名词，也可以作为动词。从名词意义上讲，计划是指用文字和指标等形式所表述的组织以及组织内不同部门和不同成员在未来一定时期内关于行动方向、内容和方式安排的管理文件。计划既是决策所确定的组织在未来一定时期内的目标和方式在时间和空间的进一步开展，又是组织、领导、控制和创新等管理活动的基础。从动词意义讲，计划是为了实现决策所确定的目标，预先进行的活动安排。这项行动安排工作包括：在时间和空间两个维度上进一步分解任务和目标，选择任务和目标实现方式，进度规定，行动结果的检查与控制等。我们有时用“计划工作”表示动词意义上的计划内涵。因此，计划工作是对决策所确定的任务和目标提供一种合理的现实方法。

无论是在名词意义上还是在动词意义上，计划内容都包括“5W1H”，即计划必须清楚地确定和描述以下内容。

(1) what——做什么？即目标和内容。

(2) why——为什么？即原因。

(3) who——谁去做？即人员。

(4) where——何地做？即地点。

(5) when——何时做？即时间。

(6) how——怎样做？即方式和手段。

2.2.1 计划的作用和类型

1. 计划的作用

1) 计划是实现决策目标的保证

企业计划是企业为了具体实现已定的决策目标，而对整个目标进行分解、计算、筹划人力、财力，并在此基础上拟订实施步骤、方法和制定相应的策略、政策等一系列管理活动。任何计划都是为了促进实现某一个决策目标而制定的。计划管理的一个重要功能就是把注意力时刻集中在决策目标上。如果没有计划，实现目标的行动就会成为一堆杂乱无章的活动，决策目标也就很难实现。

2) 有利于管理控制

组织在实现目标的过程中离不开控制，而计划则是控制的基础。计划为组织规定了明确的目标和具体的实现目标的方案，即对人力、物力、财力和时间都做出了明确而具体的规定。各种计划付诸实施后，主管人员就可以根据目标对下级的工作进行检查和控制，使控制工作有了依据的标准，既提高了组织工作的效率，保证人、财、物、时间得到最合理的安排，减少不必要的重复和浪费，又使管理控制工作具体化。

3) 计划可以预知将来的机会与威胁

计划是面向未来的，而未来无论是组织生存的环境还是组织自身都具有一定的不确定性和变化性。因此在做计划时，必须充分分析并了解环境的变化规律与变化趋势，掌握将来可能出现的机会与威胁，从而将不确定性降到最低的程度，尽可能地变“意料之外的变化”为“意料之内的变化”，制定相应的补救措施，并在需要的时候对计划做必要的修正，变被动为主动，变威胁为机会。

运作实例 2-2

松下电器工业公司的故事

30 多年前，RCA 公司、通用电气公司和齐尼思(Zenith)公司等统治着美国的电视机市场。

如今，这些公司的电视机产品都销声匿迹了，取而代之的是日本松下电器工业公司的 Panasonic 和 Quasar 等牌号的电视机。松下公司生产的各种录像机也充斥了市场。

松下电器公司是松下幸之助在第二次世界大战后建立的。其目标是成为当时正在浮现的电子学领域的领导者，重建日本强国的地位。20 世纪 50 年代初期，松下公司确立了控制美国电视机市场的目标，与其他日本电视机制造商组成了卡特尔，将进攻的焦点集中在了美国市场上。

在 20 年的时间里，松下电器公司将他的美国竞争对手从 25 个削减到了 6 个，最终，所有的美国竞争对手不是破产就是被外国同行兼并。目前，松下公司已经成长为世界排名第 12 位的大公司。1990 年 11

月，又斥资 60 多亿美元买下了 MCA 公司，它是环球制片公司的母公司。

经过精心策划的、长期的计划，松下公司成为世界消费电子行业的巨人，实际上，公司已经制定了 250 年的规划。

松下公司的管理当局把公司看做经久不衰的企业，它试图不给竞争对手留下任何可乘之机。

(资料来源：http://www.dxxk.com/dxxkmw/Soft/SoftShow.Asp?SoftID=3873.)

思考题：试分析松下电器公司在电视机市场中经久不衰的原因。

提　示：运用管理的计划职能进行分析。

2. 计划的类型

1) 长期计划、中期计划与短期计划

计划是确定未来一定时期内，组织所要实现的目标及实现目标的方法。由于未来一定时期的长度不同，因此计划的类型也就不同。按照计划的时间长度，可将计划分为：长期计划、中期计划与短期计划。长期计划的时间一般在 5 年以上，是一个综合性的发展规划。它描述了组织在较长时期的发展方向和方针，规定了组织的各个部门在较长时期内从事某种活动应达到的目标和要求，包括经营目标、战略、方针、远期的发展计划等。短期计划一般以 1 年为期限，也被称为年度计划，是中长期计划的具体安排和落实。它规定了组织的各个部门在目前到未来的各个较短的时期阶段，特别是最近的时段中，应该从事何种活动，从事该种活动应达到何种程度等。由于短期计划在执行过程中灵活选择的范围较小，所以有效的执行是其最基本也是最重要的要求。中期计划介于长期和短期期间，起到衔接长期计划和短期计划的作用。它既赋予了长期计划的具体内容，又为短期计划指明了方向。为了确保计划的实现，要将长期计划短安排，使长、中、短期计划协调起来，既避免长期目标因缺乏具体安排而无法实现，也避免组织出现短期行为。

2) 战略性计划与战术性计划

根据涉及时间长短及其范围广狭的综合程度，可将计划分为战略性计划与战术性计划。战略性计划是指应用于整体组织的，为组织未来较长时期设立总体目标和寻求组织在环境中的地位的计划。其特点是长期性与整体性：前者决定了在相当长的时期内大量资源的运动方向；后者决定了战略计划是基于组织整体而制定的，强调组织整体的协调。战术性计划是指归结总体目标如何实现的细节计划，它需要解决的是组织的具体部门或职能在未来各个较短时期内的行动方案。战略性计划是战术性计划的依据，战术性计划是在战略性指导下制定的，是战略性计划的落实。从作用和影响上来看，战略性计划的实施是组织活动能力的形成与创造过程，战术性计划的实施则是对已形成能力的应用。

3) 指导性计划与具体性计划

计划确定后，要求执行人员按照计划的要求去做，但在具体的执行过程中，由于计划的明确程度不同，又可将计划分为指导性计划和具体性计划。指导性计划只规定一般的方针或指出重点，不把管理者限定在具体的目标上或特定的行动方案上。这种计划可为组织指明方向、统一人的认识，但并不提供实际的操作指南。而具体性计划则相反，要求必须有明确的可衡量的目标以及一套可操作的行动方案。相对于指导性计划而言，具体性计划虽然更易于执行、考核及控制，但是缺少灵活性，它要求的明确性和可预见性条件通常很难满足。

4) 业务计划、财务计划与人事计划

按职能空间分类，计划可分为业务计划、财务计划及人事计划。

业务计划包括产品开发、物资采购、仓储后勤、生产作业及销售促销等内容，它包括长期业务计划和短期业务计划。

长期业务计划主要涉及业务方面的调整或业务规模的发展；短期业务计划则主要涉及业务活动的具体安排。例如，长期产品计划主要涉及产品新品种的开发，短期产品计划主要与现有品种的结构改进、功能完善有关；长期营销计划关系到推销方式或销售渠道的选择与建立，而短期营销计划则主要与现有营销手段和网络的充分利用相关。

财务计划与人事计划是为业务计划服务的，也是围绕业务计划展开的。财务计划研究如何从资本的提供和利用上促进业务活动的有效性；人事计划则分析如何为业务规模的维持或扩大提供人力资源的保证。例如，长期财务计划决定为了满足业务规模发展而导致的资本增加的需要，建立新的融资渠道或选择不同的融资方式；而短期财务计划则研究如何保证资本的供应或如何监督这些资本的利用效率；长期人事计划要研究如何为保证组织的发展而提高成员的素质，准备必要的干部力量；短期人事计划则要研究如何将具备不同素质特点的组织成员安排在不同的岗位上，使他们的能力和积极性得到充分的发挥。

5) 程序计划与非程序计划

程序化决策是经常重复的，而且具有一定的结构，每当遇到这类工作或问题时，就可利用既定的程序来解决，而不需要重新研究。与此对应的计划是程序性计划，如记账、采购等。非程序化决策是用于解决那些在过去尚未发生，或其性质和结构极为复杂，再或者因为其十分重要而需要用个别方法去处理该类问题的一种决策。与这种决策对应的计划是非程序性计划，如公司的上市与工资制度的改变等。

2.2.2 计划的程序

1. 确定目标

管理者在确定目标之前，首先应对所处环境中的机会做一次扫描，从而确定能够取得成功的概率。管理者应分析的环境因素包括：组织期望的结果；存在的问题；成功的机会；把握这些机会所需的资源和个人能力，即在估量机会的前提下，才能为整个组织及其所属人员确定未来一定时期内所需要的目标，以及实现目标的战略、政策、程序等。在确定目标时还要注意 3 个问题：目标内容和顺序的确立，目标实现的时间以及用科学的指标和价值量化目标。

2. 确定前提

在确定目标之后就要考虑如何更好地实现目标，即挑选实现目标的行动方案，但在拟订可行方案前需要对组织环境未来的变化进行估计，而前提条件的确定正是对要实现计划的环境的假设。预测并有效地确定前提条件，可以使组织成员在达成共识的基础上，更为协调地进行企业计划工作，从而增强计划工作的效用性。但由于未来的环境极为复杂，如果对每个细节都做出假设，不仅不切实际，而且得不偿失，所以前提条件的确定实际上只考虑那些对计划来说是关键性的、有战略意义的环境要素。例如，宏观的社会经济环境、政府政策、组织拥有的资源及其面临的市场变化。

3. 确定备择方案

任何事物只有一种可行方案的情况是很少见的，完成某一项任务总有许多方法，即每一项行动都有异途存在，所以要尽可能多地拟订行动方案。可供选择的可行方案越多，对选中方案的满意度就越高，行动方案就越有效。因此，在计划拟订阶段就必须有民主气氛，既要群策群力，集思广益；又要咨询组织的内外专家进行创新，以便挖掘多种可行方案。

4. 分析评价备择方案

将备择方案逐一列举之后，就要对各方案的优缺点进行分析。由于影响方案优缺点的因素很多，所以在评价备择方案时，需要选择两个尺度：一是评价的标准；二是各个标准的相对重要性，即权数。在分析过程中要考虑以下几点。

(1) 应特别注意每一个方案的制约因素或隐患。所谓制约因素是指那些妨碍目标达成的因素。在评价备择方案时，对制约因素认识得越深刻，选择方案时的效率就越高。

(2) 要用总体的效益观点来衡量方案。这是因为对某个部门有利的因素不一定对全局有利，对某项目标有利的因素不一定对总目标有利。

(3) 既要考虑到每一计划有形的、可以用数量表示出来的因素，又要考虑到无形的、不能用数量表示的因素。如一个人或一个企业的声誉和人际关系等。

(4) 要动态地考察计划的效果。不仅要考虑计划执行所带来的利益，还要考虑可能带来的损失，特别要注意那些潜在的、间接的损失。

5. 选定方案

对各个方案的优缺点做出明确的分析评价后，结合组织目标和环境变化的情况，就可以从多个备择方案中找出最有利于目标实现的方案。为了保持计划的灵活性，选择的结果应尽可能包括一个或几个较优计划，以减少突发事件可能带来的损失。

6. 制定主要计划

制定主要计划就是将所选择的计划用文字形式正式表达出来，作为管理文件。计划中要清楚地确定和描述 5W1H 的内容。

7. 制定派生计划

选定方案后，计划工作并未结束，还必须帮助涉及计划内容的各个下属部门制定支持总计划的派生计划。总计划要靠派生计划来扶持，而派生计划是主计划的基础，只有派生计划完成了，主计划的完成才有保证。

8. 编制预算

在完成以上几步之后，最后一项便是把决策和计划转化为预算，使计划数字化。一是将各类计划进行汇总和平衡，以便在资源分配时达到最优配置；二是可以使计划的指标体系更加明确，实现了计划的硬约束，便于管理者对企业计划的执行情况进行控制。

2.2.3 计划的组织实施方法

计划的组织实施方法主要有滚动计划法和目标管理法两种。

1. 滚动计划法

1) 滚动计划法的基本原理

滚动计划法是一种将短期计划、中期计划和长期计划有机结合起来，根据近期计划的执行情况和环境变化情况，定期修订未来计划并逐期向前推移，变静态为动态的一种编制计划的方法。对于长期计划，由于很难准确地预测将来影响经济发展的各种变化因素，而且随着计划期的延长，这种不确定性就越大。所以如果硬性地按几年以前的计划实施，就可能导致巨大的错误和损失，而滚动计划法则可以避免这种不确定性带来的后果。

滚动计划法的具体做法是：在制定本期计划时，同时制定未来若干期的计划，但计划内容采用近细远粗的办法；在计划期的第一阶段结束时，根据该阶段计划执行情况和内、外部环境变化情况，对原计划进行修订，并将整个计划按时间顺序向前推进一个计划期，即向前滚动一次，以后根据同样的原则逐期滚动，其示意图如图 2.5 所示。

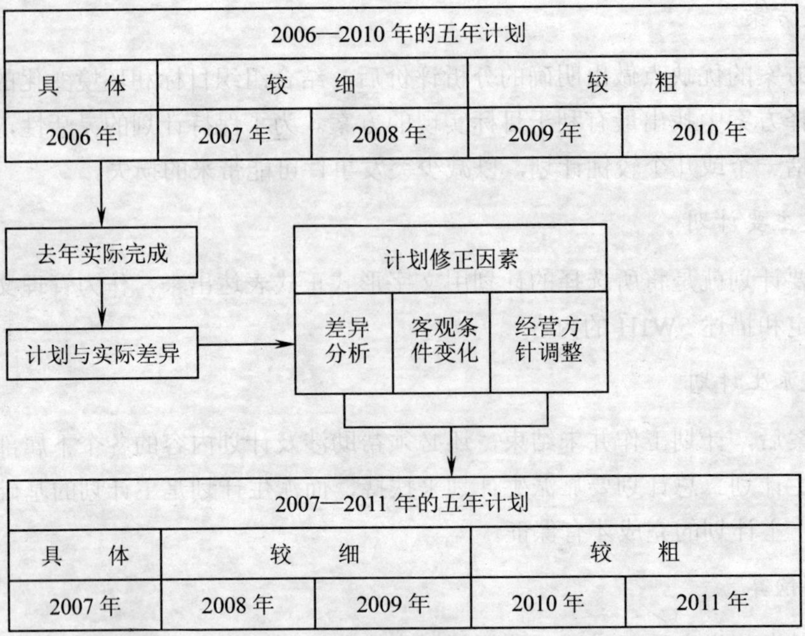

图 2.5　五年计划滚动程序示意图

2) 对滚动计划法的评价

滚动计划法虽然使得计划编制和实施工作的任务量加大，但在计算机广泛应用的今天，其优点十分明显，主要表现在以下几方面。

(1) 可使计划更加切合实际。由于滚动计划相对缩短了计划时期，极大地提高了对未来估计的准确性，因此更好地保障了计划的指导作用，提高了计划的质量。

(2) 使长期计划、中期计划与短期计划相互衔接。这就保证了当环境变化出现某些不平衡时，能及时调整并使各期计划保持一致。

(3) 大大增强了计划的弹性。这在未来环境不确定的情况下极为重要，从而提高了组织的应变能力。

2. 目标管理法

目标管理是以重视成果管理的思想为基础，组织中上下级管理人员共同参与制定一定时期内每个人必须达到的各项工作目标，并以此明确个人的主要责任领域，在实现目标过程中主要靠自主管理和自我控制，最终根据目标的实现程度考核每个成员的贡献。

1) 目标管理过程

目标管理主要由 3 个阶段组成：第一阶段为形成目标体系；第二阶段为实现目标过程的管理；第三阶段为目标管理评价。

(1) 形成目标体系。在实行目标管理中，目标体系的制定是一项复杂而又十分重要的工作。它要求组织的最高管理者根据组织的需要和内部条件，制定出一定时期内经营活动所要达到的总目标。然后经过上下级的沟通，把总目标层层分解到下级各单位和各部门，以至形成每个人的分目标，由总目标指导分目标，分目标保证总目标，形成组织内部以总目标为中心、分目标协调一致的目标体系。目标的数量及实现的难易程度都要适当，而且要便于考核。在目标分解的同时，为了使下级更好地实现目标，还伴随有权利的下放，即授权。

(2) 实现目标过程的管理。目标确定、权力下放后，各项具体目标是否能够如期完成，就要靠执行者的自主管理了。但这并不意味着领导可以放手不管，相反由于形成了目标体系，一环失误就会牵动全局。因此领导在目标实现过程中首先要进行定期检查；其次要向下级通报进度，便于互相协调；再次要帮助下级解决工作中出现的困难和问题。

(3) 目标管理评价。目标管理过程的最后阶段是进行目标管理评价，以确认成果和考核业绩，从而决定奖惩。目标管理的步骤可用过程图来表示，如图 2.6 所示。

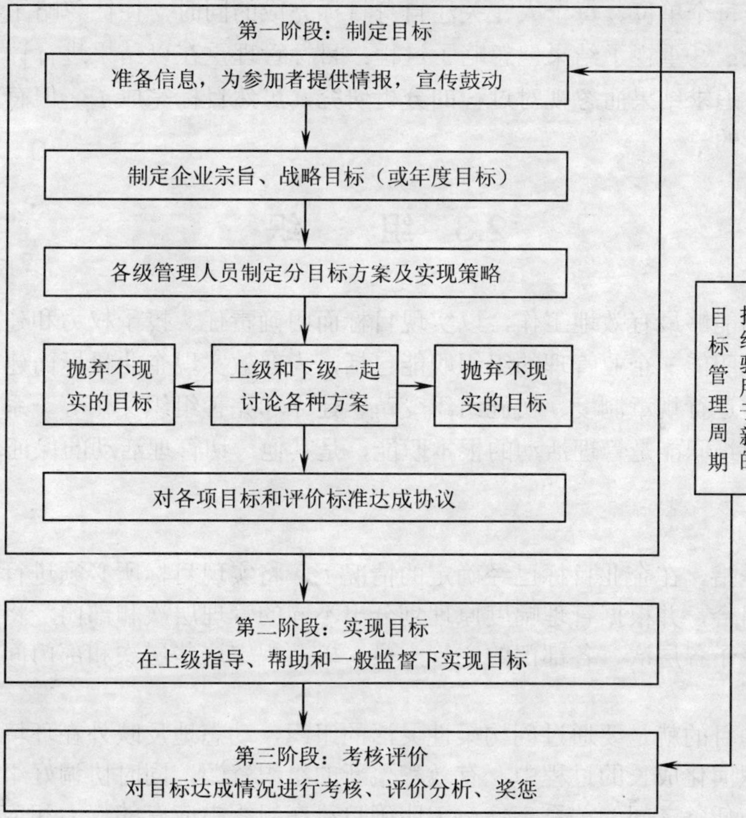

图 2.6　目标管理过程图

2) 目标管理体制的评价

展开目标管理后，对企业管理产生了很大的影响，但在实施过程中也出现了许多问题，因此要扬长避短，才能使其收到实效。

(1) 目标管理的优点。①可以提高管理水平：由于实行了目标管理，组织中人员的责任更加明确了，为了更好地实现目标，他们会尽可能地用少的付出来实现预定的目标，这本身就是加强管理的过程；②目标管理有助于改进组织结构的职责分工：由于组织目标的成果和责任力图划归一个职位或部门，容易发现授权不足与职责不清等缺陷；③目标管理调动了职工的主动性、积极性和创造性：由于强调自我控制、自我调节，使职工能将个人利益和组织利益紧密联系起来，从而提高了士气。

(2) 目标管理的缺点。①明确的目标难以制定：组织内部的许多目标难以定量化、具体化，许多团队的工作目标在技术上难以分解，这些使许多活动在制定定量化目标时很困难；②目标制定可能会增加管理成本：目标管理是耗时费资很多的工作，它需要上下沟通，统一思想，并且每个单位、每个人在关注自身目标完成的同时，往往忽略了相互的协作和组织目标的实现；③重视了结果但忽略了过程：目标管理重在以结果进行评价考核，这就有可能造成为了追求结果而忽视对过程的分析研究，虽然目标完成了，但有可能是以牺牲长期利益为代价的。

2.3 组　　织

为了使人们能够最有效地工作，以实现目标而明确责任、授予权力和建立关系的过程就是管理的组织职能。企业管理的组织职能包括，为有效实现企业目标而建立组织结构、配备人员、制定运行规章制度、实施组织变革、建立和完善组织文化等一系列协调运行的活动与过程。组织职能是管理活动的根本职能，是其他一切管理活动的保证和依托。

2.3.1 组织设计

组织设计是指，在企业目标已经确定的情况下，将实现目标所必须进行的各项业务活动加以分类、组合，并根据管理幅度原理划分出不同的管理层次和部门，将控制各类活动所必需的职权授予各层次、各部门的主管人员，以及规定这些层次和部门间的相互配合关系的过程。

组织设计的目的就是要通过创构柔性灵活的组织，动态地反映外在环境变化的要求，并且能够在组织演化成长的过程中，有效积聚新的组织资源，同时协调好组织中部门与部门之间、人员与任务之间的关系，使员工明确自己在组织中应有的权力和应担负的责任，有效地保证组织活动的开展，最终保证组织目标的实现。

1. 组织设计的一般原则

1) 需要与发展原则

根据组织的目的和任务的实际需要设计组织机构和职位。为了保证组织目标的实现，使目标的每项内容都落实到具体的岗位和人员上，随着目标任务及外部环境发生变化，管理机构也应随之做出相应的调整。

2) 权责对等原则

与权限相适应产生了职责，即有权就要有责，与职责相适应就要有权限，即有权才能负责。每个人所负责任的大小，应该与他所获得的权力大小相称，权力过大或过小都不对。

3) 命令统一原则

组织中的所有其他成员在工作中都会收到来自上级行政部门或负责人的命令，根据上级的指令开始或结束、进行或调整、修正或停止自己的工作。但是，一个下属如果可以同时接受两个上司的指导，而这些上司的指示并不总是保持一致性的话，那么，他的工作就会造成混乱。

4) 专业化分工原则

组织结构越能反映为实现目标所必需的各项任务和工作的分工以及彼此间的协调，委派的职务越能适合于担任这一职务的人们的能力与动机，这样的组织结构就越有效。

5) 管理幅度原则

管理幅度是指每位管理者直接指挥的下属的数量。管理层次是指企业内部从最高到最低级的层数。企业的管理层次受到企业规模和管理幅度的影响：它与企业规模呈正比，规模越大，人员越多，工作也越复杂，则层级也就越多；在企业规模已确定的条件下，企业管理层次与管理幅度呈反比，即上级直接领导的下属越多，企业层级就越少，反之则越多。一般认为上层领导的管理幅度以 4～8 人为宜；基层领导的管理幅度要宽一些，以 10~15 人为宜。有效的管理幅度受到诸多因素的影响，主要有管理者与被管理者的工作能力、主管所处的管理层次、下属工作的相似性、计划的完善程度、非管理事务的多少、助手的配备情况、信息手段的配备情况、工作地点的相近性和工作环境等。

6) 集权与分权相结合原则

集权与分权指的是企业决策权的集中化和分散化。集权意味着决策权在很大程度上在较高管理层次的职位上；分权则表示决策权在很大程度上分散到较低管理层次的职位上。任何企业，既要有一定程度的集权，也要保持一定程度的分权，二者必须形成符合企业具体条件的平衡状态，哪一个方面都不可过度膨胀。

运作实例 2-3

“闲可钓鱼”与“无暇吃鱼”

天津新港船长是个拥有6000多职工的大厂。原领导班子有13人，新班子上任后减为7人，实行管理改革，被评为全国十个企业管理先进单位之一。新厂长王业震每天按时上下班，由于实行分权而治、分级管理，据说归他直接管辖的只有9人。

相比之下，浙江省一家仅600多职工的衬衫厂，原厂长步鑫生精明强干，他的助手多数也很能干，只是当他从早到晚忙着处理厂里的大事小事时，助手却似乎插不上手。步鑫生备尝创业的艰辛，性喜吃鱼却忙得连吃鱼的时间也没有。

(资料来源：王凤彬. 管理学教学案例精选. 复旦大学出版社，P35-40.)

思考题：试分析同为一厂之长，为什么王、步两人忙闲如此悬殊？

提　示：根据组织设计的原则进行分析。

2. 组织结构类型选择

1) 直线型组织结构

直线型组织结构最初广泛地应用在军事系统中，后来推广到企业管理工作中来。现实中，每个管理人员的精力都是有限的，依靠其个人的力量很难对问题做出深入、细致的思考，因此，管理工作就往往显得比较简单和粗放。如图 2.7 所示，直线型结构的特点是：不设专门的参谋人员和机构，至多只有几名助理协助厂长或经理工作。

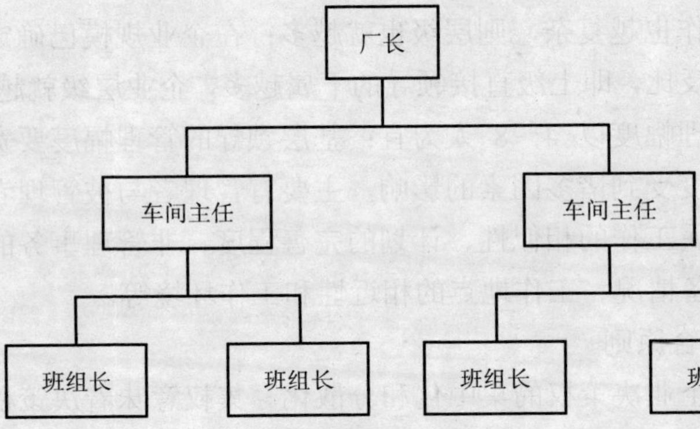

图 2.7　直线型组织结构图

直线型组织结构的优点是：命令关系清晰统一；职责界限清晰；任务明确；管理成本低。缺点是：它对管理工作没有进行专业化分工。

2) 职能型组织结构

职能型组织结构采用按职能实行专业化分工的管理办法，随着生产力的发展和技术的进步，直线型的企业管理组织形式越来越不适应企业发展的需要，厂长开始在企业设立职能机构，使它们在职能范围内有权直接指挥下级单位。

如图 2.8 所示，职能型组织结构的优点是：能够充分发挥职能机构的专业管理作用，减轻了直线领导人员的工作负担，适合工业生产技术比较复杂和管理专业化分工较细的企业。缺点是：由于实行多头领导，容易造成管理混乱，使下级管理人员和工人无所适从。在实践中，企业一般不采用这种组织结构形式。

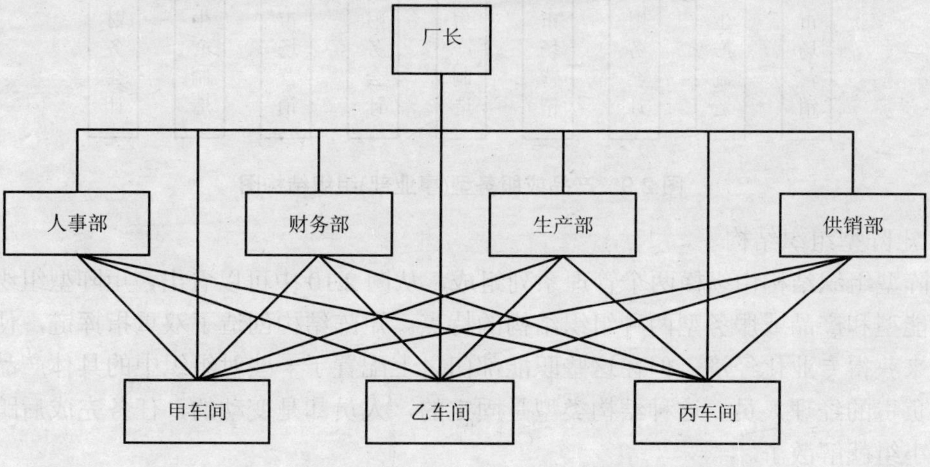

图 2.8　职能型组织结构图

根据以上职能型组织的特点，可将这种组织结构所适应的战略条件概述为：不确定性低的、稳定的战略环境；各职能部门的技术是例行公事的、独立性低的技术；企业规模为小型或中等规模；企业的目标集中于内部效率、技术事业化和产品或服务的质量。

3) 产品或服务型(事业部)组织结构

事业部型组织结构是美国通用汽车公司总裁斯隆于 1924 年提出的，因此也被称为“斯隆模型”或“联邦分权制”。它是目前国内外大型企业普遍采用的一种组织结构形式。如图 2.9 所示，其特点是：把企业的生产经营活动按产品或地区划分，建立经营事业部，每个事业部都是一个利润中心，在总公司领导下实行独立核算、自负盈亏。

事业部型组织结构的优点是：公司可以根据各个事业部的资料，对各产品和地区的情况有所了解，能够迅速做出反应；事业部型组织结构也使总部人员摆脱了关注日常运营具体事务的负担，使他们能专心于长远的战略规划。缺点是：活动和资源出现重复配置；容易使各事业部只考虑自己的利益，影响各事业部之间的协作；职能机构重叠；用人较多，费用较大。

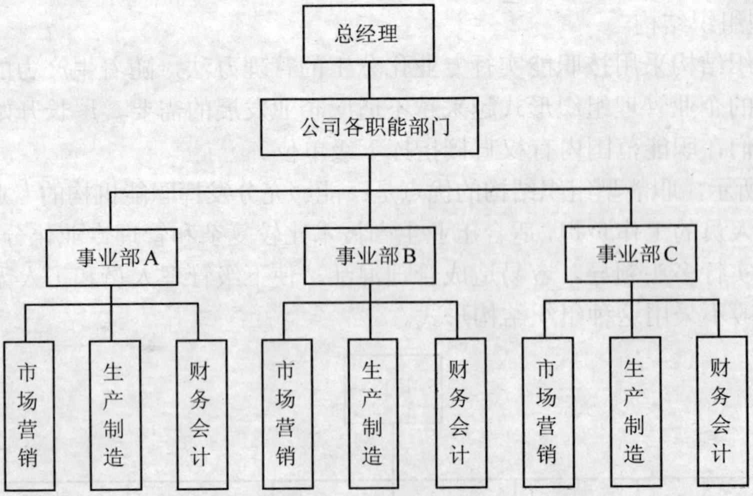

图 2.9　产品或服务型(事业部)组织结构图

4) 矩阵型组织结构

矩阵型组织结构由纵横两个管理系列组成。从图 2.10 中可以看出，矩阵型组织结构集中了职能型和产品或服务型两种组织结构的特点。矩阵结构创造了双重指挥链，使用职能部门化来获得专业化经济，但在这些职能部门之上配置了一些对组织中的具体产品、项目和规划负责的经理人员。这种结构类型是固定的，人员却是变动的，任务完成后跨职能部门项目小组就解散了。

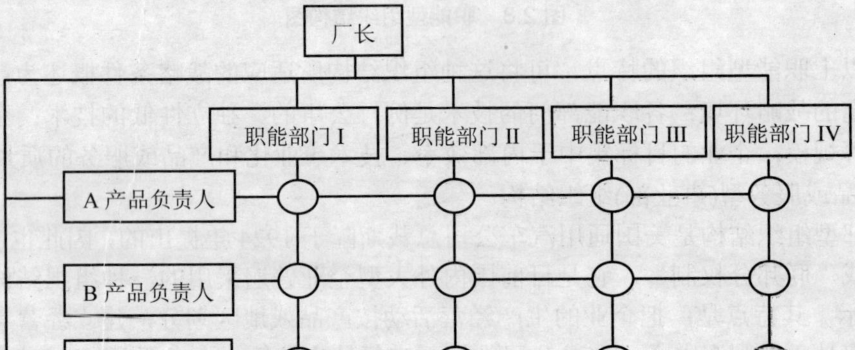

图 2.10　矩阵型组织结构图

矩阵型组织结构的优点是：灵活性和适应性强，将具有各种专长的有关人员调集在一起，可随项目的开发与结束进行组建或解散；它还有利于把管理中的垂直联系与水平联系更好地结合起来，加强各职能部门以及职能部门同各经营单位之间的协作。缺点是：使成员接受双重领导，当两个部门意见不一致时，就会使他们感到工作无所适从；另外，项目组成员来自各个职能部门，项目负责人对成员的管理困难，当任务完成后，成员仍要回原单位，容易产生临时观念。

5) 网络型组织结构

网络型组织结构只有很小的中心组织，依靠其他组织以合同为基础，进行制造、分销、营销或其他关键业务的经营活动。它使管理当局对于新技术、时尚或者来自海外的低成本竞争，能具有更大的适应性和应变能力。从图 2.11 可以看出，网络型组织结构以市场的横向网状组合方式替代了传统的纵向层级组织方式，实现了组织内在核心优势与市场外部资源优势的动态有机组合，符合组织结构扁平化趋势。

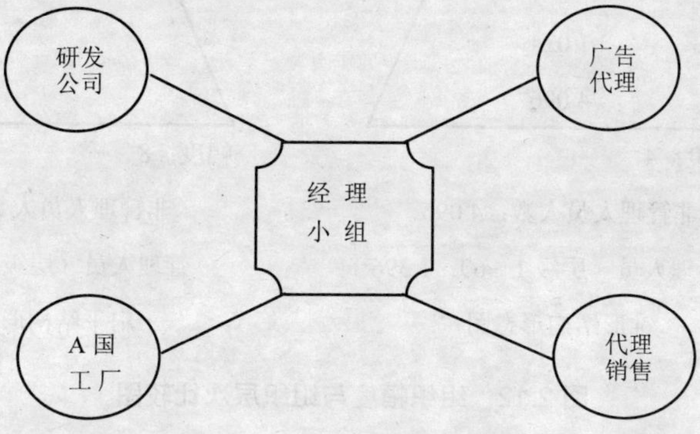

图 2.11 网络型组织结构图

网络型组织是小型组织的一个可行选择，比较适合于玩具、服装制造企业和制造活动需要低廉劳动力的公司，还有一些大型组织发展了网络结构的变种，将这些职能活动外包出去。例如，美国电话电报公司(G&G)将信用卡处理包出；美孚石油公司将其炼油厂的维修交给另一家公司。

网络型组织的优点是：结构简单精练，灵活性强；组织中的大多数活动都实现了外包，组织结构扁平化程度高，效率也更高。缺点是：组织忠诚度比较低，单个合作单位的意外退出，可能导致组织面临解体的危险；另外网络型组织所取得的设计上的创新很容易被窃取，因为创新产品一般都交由其他组织领导生产。

以上各种组织结构类型没有一种是完美的，企业应该结合自身的实际，在科学理论的指导下选择合适的组织结构。在同一企业中；也可以将几种不同的组织形式结合起来应用，形成适合于自身特点的组织结构形式。

3. 企业的组织结构形态

管理层次与管理幅度的反比关系决定了两种基本的管理组织结构形态：扁平结构形态和锥形结构形态。扁平结构形态是指组织规模已定、管理幅度较大、管理层次较少的一种组织结构。锥形结构形态是指管理幅度较小，从而管理层次较多的高、尖、细的金字塔形态。图 2.12 显示了这两种组织结构在幅度与层级上的区别。

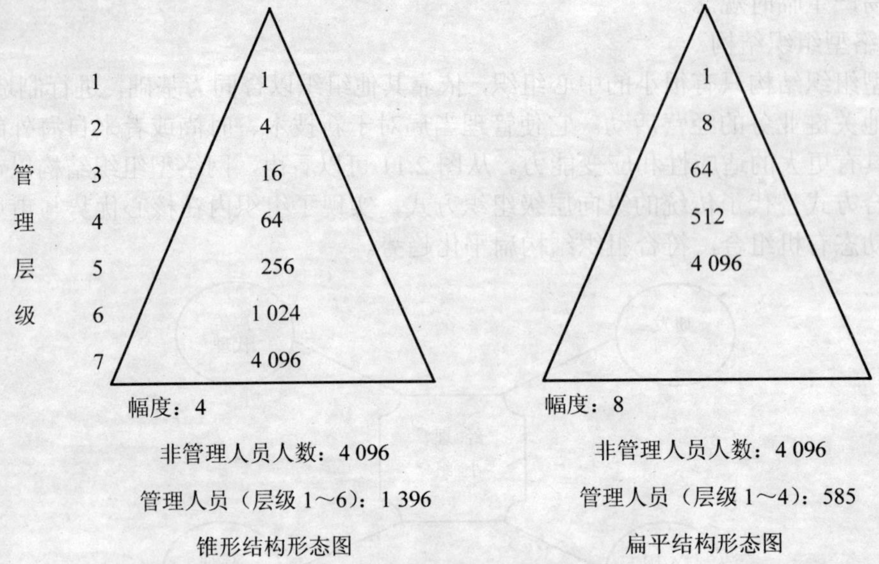

图 2.12　组织幅度与组织层次比较图

扁平结构形态的优点是：由于层次少，信息的传递速度快，从而可以使高层尽快地发现信息所反映的问题，并及时采取相应的纠偏措施；同时，由于信息传递经过的层次少，传递过程中失真的可能性也较小；此外，较大的管理幅度，使主管人员对下属不可能控制得过多过死，从而有利于下属发挥主动性和首创精神。但也存在着一些缺点：比如不能对每位下属进行充分、有效的指导和监督；每个主管从较多的下属那儿取得信息，众多的信息可能淹没了其中最重要、最有价值的信息，从而可能影响信息的及时利用等。

锥形结构形态的优点与缺点正好与扁平结构相反，组织设计要尽可能综合这两种基本组织形态的优势，克服它们的局限性。

4. 工作分析

1) 工作分析的含义和内容

工作分析为组织结构的设计工作提供了重要依据。任何一个组织的建立都必然会导致一系列工作的出现，而这些工作又需要由特定的人员来承担。工作分析(职位分析)是指了解一种工作，并以一种格式把这种信息描述出来，从而使其他人能了解这种工作的过程。

工作分析主要回答两大问题：第一，某种工作或者某一职位应该做什么？怎样做？为什么要做？第二，什么样的人来做是最合适的？也就是说，组织通过工作分析可以得到两类信息：第一类信息被称为工作描述，工作描述是对经过工作分析所得到的关于某一特定工作的职责与任务的一种书面记录；第二类信息被称为工作规范，工作规范是对适合从事被分析工作或职位的人的特征所进行的描述，又称任职资格。具体地讲，工作分析的内容(所提供的信息)包括如下六个方面。

(1) 工作活动。这项工作实际包括一些具体活动，如记录、清扫、搬运等，也包括为什么要从事这些活动、如何操作、在哪里操作和什么时间操作等信息。

(2) 人的行为。从事这项工作时人的行为类型，包括感觉、沟通、分析判断、决策等。这些资料隐含的信息可能是一项工作对人的要求，包括体力、智力等。

(3) 所用的机器设备、工具和其他辅助手段。是指从事这项工作需要利用什么工具或设备，具体如何操作等。

(4) 绩效标准。这项工作的产出是什么，在数量和质量上有什么要求，在完成任务的时间上有什么要求，什么是好的，什么是不好的。

(5) 工作环境。是指从事此项工作所处的物理和人文工作环境，如温度、照明条件、与同事的关系、与上司的关系等。

(6) 对人的要求。是指从事此项工作所要求的与工作相关的知识、技能、教育水平、个性特点、培训程度、工作经验等。

2) 工作分析的主要方法

(1) 观察法。观察法是指在工作现场运用感官或其他工具，观察员工的实际工作运作情况，用文字或图表的形式记录下来，以此来收集工作信息的一种方法。观察法适用于大量标准化的、周期短的以体力活动为主的工作，不适用以智力活动为主的工作。

(2) 访谈法。在搜集工作分析信息的时候，可以使用以下 3 种访谈法：①对每位员工都进行个人访谈；②对从事同种工作的员工群体进行群体访谈；③对完全了解被分析工作的主管人员进行访谈。无论采用哪一种访谈方式，都必须使被访谈者完全理解访谈的目的和原因，保证被访谈的人提供真实可靠的信息。

(3) 问卷法。问卷法是利用已编制的问卷，要求被调查者填写，来获取有关工作信息的一种快速而有效的方法。利用问卷法时要力求问题的全面性，不要遗漏项目，问题的目的要明确，语句要简洁，问卷设计要规范化，问题不宜太多。

(4) 工作日志法。在工作分析中，可以要求从事该工作的人记录一天中的所有活动或所发生的事情。一般来讲，工作日志需要持续记录一段时间，才可以全面地反映该项工作的全貌，一般至少要连续记录 10 天以上的情况，对于具有明显周期性特点的工作，可以分别在月初、月中和月末进行记录。

(5) 职位问卷分析法。这种方法是在工作分析方面被运用得最广泛的量化分析工具之一。职位问卷分析法是一种包括 194 个问项的标准化工作分析问卷。这些问项代表了能够从各种不同的工作中概括出来的各种工作行为、工作条件以及工作本身的特点。职位问卷分析法的优点在于：它能够对工作进行等级划分，可以让分析者根据问项对每一项工作分配一个量化的分数。它的缺点是：首先，员工为了填写一份问卷，必须具备一定的阅读水平，因此对很多达不到这一要求的员工无法使用这种工作分析方法；其次，它的通用化和标准化的格式导致了工作特征的抽象化，很难很好地描述出构成实际工作的那些特定的、具体的任务活动。

(6) 功能性工作分析法。在美国的企业人事管理中，常用到功能性工作分析法。它以工作者所需发挥的功能与应尽的职责为核心，列出了需加以收集与分析的信息类别，规定了工作的内容。

3) 职位说明书的编写

职位说明书是工作分析活动所得到的一个自然结果，它通常分为工作描述和工作规范两个组成部分。职位说明书的构成主要包括以下几个方面的要素。

(1) 职位标识。包括职位名称、任职者、上下级职位名称等。

(2) 职位目的或概要。用简短的话说明为什么需要设置这一职位，设置这一职位的目的或者意义何在。

(3) 主要应负责任。职位所要承担的每一项工作责任的内容以及要达到的目的是什么。

(4) 关键业绩衡量标准。应当用哪些指标以及标准来衡量每一项工作责任的完成情况。

(5) 工作范围。本职位对财务数据、预算以及人员等的影响范围有多大。

(6) 工作联系。包括职位的工作报告对象、监督对象、合作对象、外部交往等。

(7) 工作环境和工作条件。包括工作的时间、地点、噪声、危险等。

(8) 任职资格要求。具体是指具备何种知识、技能、能力、经验条件的人能够承担这一职位的工作。

(9) 其他有关信息。该职位所面临的主要挑战、所要做出的重要决策或规划等。

接下来以某企业总经理办公室秘书这一职位为例来说明职位说明书的主要内容，如表 2-5 所示。

表 2-5 职位说明书的主要内容举例

职位编号	BG－02	职位名称	总经理秘书	所属部门	总经理办公室
职位类型	行政事务类	上级职位	总经理办公室主任	编制日期	2007-06-01
职位概要	协助总经理安排每日的工作日程，人员接待、公文转接等文秘服务，严守工作纪律和保密守则，以保证总经理工作的顺利开展				
履行职责及考核要点					
履行责任			时间占用比重		关键业绩衡量指标
1．总经理日程安排			30%		

续表

协助总经理安排每日的工作日程表，合理规范安排时间进度，提醒总经理按时参加重要活动及会议。负责总经理出差日程的计划以及相关票据的定购和报销工作		安排条例规范 安排严谨有序 报销及时 总经理的满意度
2．人员接待 接听并记录总经理的工作电话，礼貌有序地接待来访人员，做好信息记录。根据需要和重要程度，安排来宾与总经理会晤，婉转回绝或转派总经理不必出面的接待要求。整理、汇总总经理日常业务名片及主要联络表	30%	记录完整及时 安排合理有序 礼貌待客 客户的满意度
3．文字工作 遵照总经理指派，以总经理名义起草、回复往来信件、一般性文件、讲话稿和报告，翻译总经理要阅读的外文文件和外文资料	20%	文件的规范性 翻译的准确性
4．行政事务管理 汇总、登记、保密管理总经理的各种文件资料；传递、记录公司内外往来文件和总经理的批复意见；承担总经理办公室保密整理、办公用品领取更新、办公设备管理维护以及总经理的其他日常后勤服务工作	10%	文件管理规范完整 文件传递及时准确 后勤服务的及时性 总经理的满意度
5．其他 总经理或办公室主任布置的其他临时性工作	10%	工作完成的时间 工作完成的质量 总经理的满意度

工作关系	直接下属人数	无	间接下属人数	无
	直接下属类型		间接下属类型	
	内部主要关系	公司总经理、主管副总经理和办公室主任 公司内部各职能、业务部门		
	外部主要关系	中央和地方政府相关主管部门 集团领导、各职能部门、下属相关公司		
工作条件	工作场所	固定(公司统一办公楼)		
	工作时间	固定(每周 5 天，每天 8 小时)		
	使用设备	公司提供的计算机、电话、传真机等办公设备		
任职资格要求				
	最佳学历	本科	最低学历	

续表

<table>
<tr><td rowspan="3">一般条件</td><td>专业要求</td><td colspan="2">基准 1：中文、外语、文秘类学科
基准 2：行政管理、企业管理类学科
基准 3：计算机应用类学科</td></tr>
<tr><td>资格证书</td><td colspan="2">初级以上专业技术任职资格</td></tr>
<tr><td>身体条件</td><td colspan="2">25 岁以上，身体健康</td></tr>
<tr><td rowspan="4">必要的知识及工作经验</td><td>必要素质</td><td colspan="2">文字处理、语言表达和逻辑思维能力
人际沟通、理解和综合协调能力
统筹安排公务能力</td></tr>
<tr><td>外语要求</td><td colspan="2">熟练运用英语，达到较高的听、说、读、写水平</td></tr>
<tr><td>计算机要求</td><td colspan="2">熟练使用办公软件</td></tr>
<tr><td>工作经验</td><td colspan="2">3 年以上文秘工作经验</td></tr>
<tr><td>必要的业务培训</td><td colspan="2">行政管理知识培训
档案管理知识培训</td><td>公文写作知识培训
计算机软硬件知识培训</td></tr>
<tr><td rowspan="2">必要的能力和态度</td><td>能力</td><td>综合协调能力
公共关系能力
理解执行能力</td><td>语言文字表达能力
应变能力</td></tr>
<tr><td>态度</td><td>团队协作性
细致认真
责任感</td><td>保密意识
积极性、主动性
服务意识</td></tr>
<tr><td>其他事项</td><td colspan="3"></td></tr>
<tr><td colspan="2">任职者(签名)：</td><td colspan="2">直接上级(签名)：</td></tr>
<tr><td colspan="2">日期：</td><td colspan="2">日期：</td></tr>
</table>

5. 人员配备

1) 人员的来源

(1) 内部选拔。内部选拔是指在出现空缺的职位时，由组织内合适的人员填补。内部选拔的优点是：鼓舞和维持组织成员的士气，调动他们的积极性；有利于稳定队伍，防止人才外流；误用人才的风险较小；任职者能够较快地开展工作。缺点是：选才的范围有限；难以做到才能与职位相称；不利于引进新思想和新方法。

(2) 外部选聘。外部选聘是指在管理职位空缺时，从外界选聘合适的人员填补。外部选聘的优点是：被选聘人员具有“外来优势”，没有历史包袱；有利于平息和缓和内部竞争者之间的紧张关系；能够为组织带来新鲜空气。缺点是：外聘人员不熟悉组织内部情况，缺乏必要的人事基础，可能有更长的工作适应期；组织对应聘者的情况难以深入了解；外聘人员可能打击内部员工的积极性。

2) 人员配备的原则

(1) 因事择人原则。选人的目的在于使其担当一定的职务，从事与该职务相应的工作，这要求工作者具备相应的知识和能力。因此，因事择人是人员配备的首要原则。

(2) 适合就是最好的原则。对优秀的要求是相对的，对适合的要求是绝对的，没有最优秀，只有最适合。根据组织的文化和管理风格，可以推断合适的人需要具备哪些素质、特性，然后以此为指导来考虑应聘者是否能与组织的环境很好地融合。

(3) 人事动态平衡原则。处在动态环境中的组织是在不断发展的，工作中的人的能力和知识是在不断提高和丰富的。因此，人与事的配合需要不断进行调整，使能力发展并得到充分证实的人去从事更高层次的负更多责任的工作。

运作实例 2-4

刘佳的工作调动

3年前，某计算机公司招聘录用了两名刚刚毕业的计算机专业的大学生张强和刘佳。公司人事经理决定让他们从事市场营销工作。虽然两个人都愿意从事该项工作，但张强个性外向、热情、开朗，善于交际且主动；而刘佳则与之相反。1年后，张强完全适应了销售工作，且成绩出色，被提升为部门副经理；而刘佳表现一般，仅能完成上级交给的任务。过了一段时间后，刘佳找人事主管谈话，说他准备辞职，对营销工作早已不感兴趣。人事主管经私下了解，得知刘佳有极强的创新精神，高中时就获得过科技发明奖。人事主管和公司总经理找刘佳做了一番长谈后，将刘佳调到了公司研究开发部工作。刘佳到新的工作部门不到1年，两项发明就为公司创利20多万元。

(资料来源：http://www.caijing.hexun.com.)

思考题：(1) 为什么张强能适应营销性工作，而刘佳就不能？

(2) 如果你是公司管理者，你如何解决刘佳提出辞职的问题？

(3) 从这一案例中，你得到什么启示？

提　示：运用人员配备的原则进行分析。

3) 人员选聘程序

人员选聘是按照组织战略规划和人力资源规划的要求，把优秀的、合适的人员吸引、选聘进入组织，并放在合适的岗位上。人员选聘实际上是对照职位说明书的要求选择符合标准的人员的过程。

(1) 公开招聘。当组织中出现需要填补的管理职位时，根据职位所在的管理层次，建立相应的选聘工作委员会或小组。选聘工作机构要以相应的方式，通过适当的媒介，公布待聘职务的数量、性质以及对候选人的要求等信息，向社会公开招聘。

(2) 粗选。应聘者的数量可能很多，这时需要进行初步筛选。内部候选人的初选可以根据组织以往的人事考评来进行。对外部应聘者则需通过简短的初步会面、谈话，尽可能多地了解每个申请人的情况。

(3) 对初选合格者进行知识与能力的考核。在初选的基础上，对余下的、数量相对有限的应聘者进行考核和评价。

① 智力与知识测试。智力测试的目的是：通过候选人对某些问题的回答，测试他的思维能力、记忆能力、应变能力和观察分析复杂事物的能力等。知识测试是要了解候选人是否具备待聘职务所要求的基本技术知识和管理知识。

② 竞聘演讲与答辩。对智力与知识测试的补充考核、发表竞聘演讲，可以为候选人提供充分展示才华、自我表现的机会。

③ 情景模拟。将候选人置于一个模拟的工作情景中，运用各种评价技术来观测、考察其工作能力和应变能力，以判断其是否符合某项工作的要求。

(4) 录用。组织做出录用决定后，同被录用人员沟通有关组织的基本情况、岗位情况、待遇、职业发展前景等事宜。

(5) 评价和反馈选聘效果。最后要对整个选聘工作的程序进行全面检查和评价，并且要对录用的员工进行追踪分析，检查选聘工作的成效，总结选聘过程中的成功与过失，及时反馈到选聘部门，以便改正和修正。

2.3.2 组织变革与组织文化

1. 组织变革

1) 组织变革的意义

组织变革是指组织依据外部环境和内部状况的变化，及时调整并完善自身的结构和功能，以提高生存和发展能力的过程。由于客观环境在不断变化，这就要求组织不断变革，以适应新的情况和要求。哈默和钱皮在《公司再造》一书中把顾客、竞争、变革看成是影响市场竞争最重要的三种力量，并认为三种力量中变革最为重要："变革不仅无所不在，而且还持续不断，这已成了常态"。

2) 组织变革的动因

(1) 外部原因。①整个社会经济环境的变化。如政治经济政策的调整，经济体制的改变以及市场需求的变化等均会迫使组织进行变革。②科学技术的发展。新发明、新产品、自动化、信息化等，使得组织的结构、组织的运行要素都发生了巨大变化，推动组织不断地进行变革。③竞争观念的改变。由于全球化的市场竞争将会越来越激烈，组织若想适应未来的竞争要求，就必须在竞争观念上顺势调整，争取主动才能立于不败之地。

(2) 内部原因。①组织目标的选择与修正。组织目标不是一成不变的，当组织目标在实施过程中与环境不协调时，需要对目标进行修正。②保障信息畅通的要求。随着外部不确定性因素的增多，组织决策对信息的依赖性增强，为了提高决策的效率，必须通过变革保障信息沟通渠道的畅通。③组织结构与职能的调整和改变。组织在发展的过程中，会不断抛弃旧的、不适用的职能，并不断承担新的职能，也会根据内、外环境的要求对自身的结构进行适时的调整与改变。④快速决策的要求。为了提高决策效率，组织必须通过变革对决策过程中的各个环节进行梳理，以保证决策信息的真实、完整和迅速。

3) 组织变革的过程和阻力

(1) 组织变革的过程。美国学者勒温认为，在组织变革中，人的变革是最重要的，组织要实施变革，必须改变组织成员的态度。为此，他提出了组织变革经历“解冻、改变、冻结”的三阶段论。“解冻”是指刺激个人或群体改变他们原来的态度，清除变革的心理障碍。组织在解冻期间的中心任务是改变员工原有的观念，激励员工更新观念、接受改革，并参与其中。“改变”指通过倡导新的价值观、态度和行为方式，逐步使其得到员工的认同，并内化为职工思想和行为的指南。这期间的关键是要运用一些策略和技巧减少对变革的抵制，进一步调动员工参与变革的积极性，使变革成为全体员工的共同事业。“冻结”是指利用有效的强化方式，使被员工接受的新观念、态度和行为方式长久地保持下去，使已实现的变革逐渐得以稳固。

组织变革的程序可以分为几个步骤：通过组织诊断，发现变革征兆；分析变革因素，制定改革方案；选择正确方案，实施变革计划；评价变革效果，及时进行反馈。

(2) 组织变革的阻力。任何一个组织在变革中总会遇到各种各样的阻力，产生阻力的原因可能是传统的价值观念和组织惯性，也可能是来自于对变革不确定后果的担忧。具体说有以下几种阻力。

① 来自利益的阻力。有些组织变革，如机构的撤并、管理层级的扁平化都会威胁到某些人的利益，使之产生抵触情绪，给变革带来阻力。

② 来自观念的阻力。人们生活在相对稳定、变化不大的组织环境中，容易形成因循守旧、不愿意承担风险的思想，这种观念会成为组织变革的巨大阻力。

③ 来自习惯的阻力。在一定的组织中，如果改变了原来的生活方式和工作方式，员工就会产生某种不安全感，心理不踏实，产生抵触情绪。

④ 来自人际关系方面的阻力。良好的人际关系是取得良好工作绩效的有利保证，假如某项改革的实施，破坏了这种人际关系，也就是说，同群体的价值观念与行为规范发生冲突，就必然会受到强烈抵抗，使变革的进程受阻。

组织变革是一项长期而艰巨的工作，无论是个人还是组织都有可能对变革形成阻力，变革成功的关键在于尽可能地消除阻碍变革的各种因素，缩小反对变革的力量，使变革的阻力尽可能地降到最低。

2. 组织文化

1) 组织文化的含义

就组织特定的内涵而言，组织是按照一定的目的和形式而建构起来的社会团体。为了满足自身动作的要求必须要有共同的目标、共同的理想、共同的追求、共同的行为准则以及相适应的机构和制度，否则机构就会是一盘散沙。而组织文化的任务就是努力创造这些共同的价值观念体系，共同的行为准则。从这个意义上来说，组织文化就是组织成员在较长时期的生产经营实践中，逐步形成的共有的价值观、信念、行为准则及具有相应特色的行为方式、物质表现的总称。

2) 组织文化的结构

组织文化有 3 个层次结构：物质层、制度层、精神层。物质层的组织文化指可见之于形、闻之于声的文化形象，即外显部分，如有本组织色彩的工作环境、图书馆、厂旗、厂歌等；精神层的组织文化是指积淀于组织及其员工心灵中的意识形态，如管理哲学、道德观念、价值取向等；制度层是介于物质层和精神层之间的那部分文化，指体现某个具体组织的文化特色的各种规章制度、道德规范和员工行为准则的总和。物质层、制度层、精神层由外到内地分布就形成了组织文化的结构，这种结构不是静止的，它们之间有着相互联系和作用，精神层决定了制度层和物质层，制度层是精神层和物质层的中介，物质层和制度层是精神层的体现。其中，组织的精神层是最根本的，它决定着组织文化的其他两个方面。

3) 组织文化的功能

组织文化在组织管理中发挥着重要功能，主要表现在下面几个方面。

(1) 导向功能。组织文化的导向功能是指组织文化能对组织整体和组织中每个成员的价值取向及行为取向起引导作用，使之符合组织所确定的目标。组织文化是一种软性的理智约束，通过组织的共同价值观不断地向个人价值观渗透和内化，使组织自动生成一套自我调控机制。

(2) 凝聚功能。组织文化是一种黏合剂，通过培育组织成员的认同感和归属感，建立起成员和组织之间的相互依存关系，使个人与整个组织有机地统一起来，形成相对稳固的文化氛围，凝聚成一种无形的合力与整体趋向，以此激发出组织成员的主观能动性，为指向组织的共同目标而努力。组织文化的凝聚功能还反映在组织文化的排外性上，对外排斥可以使个体凝聚在群体之中形成命运共同体。

(3) 激励功能。激励是指通过外部刺激，使个体产生出一种情绪高昂、奋发进取的力量。最有力的激励手段是让被激励者觉得自己确实干得不错，发挥出了自己的特长和潜能。

在一种“人人受重视，个个被尊重”的文化氛围中，每个人的贡献都能及时受到肯定、赞赏和褒奖，员工就会自觉地为获得新的、更大的成功而瞄准下一个目标。

(4) 辐射功能。组织文化一旦形成较为固定的模式，它不仅会在组织内发挥作用，对组织员工产生影响，而且也会通过各种渠道对社会产生影响。例如，美国的以“S”为标志的喜来登管理集团在世界有 500 多家饭店，该集团“一切从小处着眼，对顾客服务无微不至”的组织精神辐射到全世界，成为许多组织学习的榜样。

4) 塑造组织文化的主要途径

(1) 选择合适的组织价值标准。组织价值观是整个组织文化的核心和灵魂，选择正确的组织价值观是塑造良好组织文化的首要问题。选择组织价值观有两个前提：第一，要立足于本组织的具体特点。由于组织类型具有千差万别的特点，因此必须准确地把握本组织的特点，选择适合自身发展的组织文化模式，否则就不会得到员工和社会公众的认同与理解。第二，要把握住组织价值观与组织文化各要素之间的相互协调，因为各要素只有经过科学的组合与匹配，才能实现系统整体优化。

(2) 强化员工的认同感。经过选择并确立了组织价值观和组织文化模式之后，就应把基本认可的方案通过一定的强化灌输方法使其深入人心。具体做法包括：充分利用一切宣传工具和手段宣传组织文化的内容和要求；树立英雄人物，榜样和英雄人物是组织精神和组织文化的人格化身与形象缩影，能够以其特有的感召力和影响力为组织成员提供可以仿效的具体榜样；培训教育，有目的的培训教育能够使组织成员系统接受、强化和认同组织所倡导的组织精神和组织文化。

(3) 精练定格。① 精心分析。在经过群众性的初步认同实践之后，应当对反馈回来的意见加以剖析和评价，详细分析和仔细比较实践结果与规划方案的差距，必要时可吸收有关专家和员工的合理化意见。② 全面归纳。在系统分析的基础上，进行综合的整理、归纳、总结和反思，采取去粗取精、去伪存真、由此及彼、由表及里的方法，删除那些落后的、不为员工所认可的内容与形式，保留那些进步的、卓有成效的、为广大员工所接受的形式与内容。③ 精练定格。把经过科学论证的和实践检验的组织精神、组织价值观、组织文化，予以条理化、完善化、格式化，再对其进行必要的理论加工和文字处理，用精练的语言表达出来。

(4) 巩固落实。要巩固落实已提炼定格的组织文化首先要建立必要的制度保障。在组织文化演变为全体员工的习惯行为之前，要使每一位成员都能自觉主动地按照组织文化和组织精神的标准去行事，几乎是不可能的，因此，建立某种奖优罚劣的规章制度还是有一定的必要性的。

(5) 不断丰富和完善。任何一种组织文化都是特定历史的产物，当组织的内外条件发生变化时，不失时机地调整、更新、丰富和发展组织文化的内容和形式总会被经常摆上议事日程。这既是一个不断淘汰旧文化和不断生成新文化的过程，也是一个认识与实践不断深化的过程，组织文化由此经过循环往复达到更高的层次。

2.4 领　导

领导是管理活动中不可缺少的职能之一。领导不是一个任意的概念，而是一种历史的科学规定。领导活动和领导者的出现，几乎同人类社会一样古老。在远古时代，领导是同原始社会的氏族制度相联系的，那时的领导就是对人们共同劳动和生活的简单管理。阶级社会里，领导在本质上表现为一种阶级统治的关系，同样还包括对人群的组织管理。由此可见，领导与管理的关系、领导的风格，并不是固定不变的，是随着人类社会的演进而不断发展的。

2.4.1 领导概述

1. 领导的定义

有关领导的概念，目前从不同的角度有不同的阐述。

(1) 领导是影响人们自动为实现群体目标而努力的一种行为。

(2) 领导是在保持企业目标的过程中，相互沟通，指引导向的人际影响力。

(3) 领导是权利与责任的统一。

(4) 领导是控制、指挥、协调多种工作关系和人际关系的行为系统。

领导不是一个静态事物，它是一个动态的过程，即所谓的领导行为，而致力于实现这一过程的人，就是领导者。

为此，我们可以把领导定义为：领导是一种影响力，是指挥、带领、引导和鼓励其追随者为实现既定目标而努力的过程。

2. 领导和管理

近年来关于领导的一个议题是领导与管理之间是否存在差别。从表面上看，两者似乎没有什么差别，人们通常将它们混为一谈。但实际上，两者既有紧密联系，又有很大差异。领导者与管理者的关注点有很多不同，具体内容如表 2-6 所示。

表 2-6　领导者与管理者关注点的差异

领　导　者	管　理　者
剖析	执行
开发	维护
价值观、期望和鼓舞	控制和结果
长期视角	短期视角
询问“做什么”和“为什么做”	询问“怎么做”和“何时做”
挑战现状	接受现状
做正确的事	正确地做事

领导工作是管理工作的一部分。首先，从工作的主体方面来看，领导人员是管理人员的一部分，是担任领导职务并拥有决策指挥权的那一部分管理人员；其次，从工作的客体方面看，管理的对象通常包括人、财、物等多种生产要素，而领导工作的对象往往只能是人；再次，从工作的手段和方法来看，管理包括计划、决策、组织、协调和控制等，而领导工作则主要是大政方针的制定、人事安排和对于各种活动的协调等。最后，从本质上说，管理是建立在合法、有报酬的和强制性权利基础上对下属命令的行为。而领导则不同，领导可能建立在合法的、有报酬的和强制性的权利基础上，但更多的是建立在个人影响权和专长权及模范作用的基础之上。领导的本质就是下属的追随和服从，它不是由组织赋予的职位和权利所决定的，而取决于追随者的意愿。管理的本质是依赖被上级任命而拥有某种职位所赋予的合法权力而进行管理。被管理者往往因追求奖励或害怕处罚而服从管理。

3. 领导的作用

我们说领导是企业组织的核心，企业运行就是围绕领导开展的。任何企业都具有固定的组织结构、运行机制和工作目标，领导的作用就是在这些方面体现出来的。

(1) 协调作用。组织的目标是通过许多人的集体活动来实现的。即使组织制定了明确的目标，但因为各人的才能、理解能力、工作态度、进取精神、性格、作风、地位等不同，以及各种外部因素的干扰，人们在思想上发生各种分歧，行动上偏离目标的情况是不可避免的。因此，需要领导者协调成员之间的关系和活动，使成员间的步调统一起来，朝着共同的目标前进。

(2) 指挥作用。在组织的集体活动中，需要有头脑清醒、胸怀全局，能高瞻远瞩、运筹帷幄的领导者帮助组织成员认清所处的环境和形势，指明活动的目标和实现目标的途径。领导者只有站在群众的前面，用自己的行动带领人们为实现企业目标而努力奋斗，才能真正起到指挥作用。

(3) 激励作用。任何组织都是由具有不同需求、欲望和态度的个人组成的，组织成员的个人目标与组织目标不可能完全一致。领导活动的目的就在于把个人目标与组织目标结合起来，引导组织成员满腔热情地为实现组织目标作出贡献。领导工作的作用在很大程度上表现为关心群众，为他们排忧解难，激发和鼓舞他们的斗志，发掘和增强他们积极进取的动力。

4. 领导的权力

领导的核心是权力。领导的权力通常是指引导和影响他人行为或信仰的能力。根据弗伦奇(French)和雷温(Raven)等人的研究，领导权力的来源可以分为以下五类。

(1) 法定性权力。这种权力是被组织、法律、传统习惯甚至常识所认可的，是由个人在组织中的职位决定的。个人由于被任命担任某一职位，而因此获得了相应的法定权力和权威地位。例如，在政府和企业等层级组织中，上级在自己的职责范围内有权给下级下达任务和命令，下级必须服从。

(2) 奖赏性权力。这种权力是指个人控制着对方所重视的资源而对其施加影响的能力。它来自于下级追求满足的欲望，即下级感到领导者有能力奖赏他，使他感到愉快或满足某些需要。

(3) 惩罚性权力。这种权力是指领导者通过精神、感情或物质上的威胁，强制下属服从的一种权力。例如，批评、罚款、降职、降薪、撤职、除名、辞退、开除等。这实际是利用人们对惩罚和失去既得利益的恐慌心理而影响和改变他的态度和行为。需要特别指出的是，领导者在运用惩罚权力时应谨慎，否则容易引起下属的愤恨、仇视或报复。

(4) 模范性权力。这种权力是由于领导者拥有吸引别人的个性、品德、作风而引起人们的认同、赞赏、钦佩、羡慕而自愿地追随和服从他的一种权力。这种权力比较抽象，而且与职位的高低没有关系，只取决于个人的行为。

(5) 专长性权力。这种权力是指领导者在某一领域拥有比下属更多的专业技能或知识信息，帮助下属指明方向，排除障碍，达到组织和个人目标。任何领导绝不可能在所有领域内都具有专长权，所以对组织中正式职位的领导者而言，只要在他的工作职责范围内具有一定的专长权即可，而不必要求一定是某一领域的专家。

组织中的各级领导者只有正确地理解领导权力的来源，精心地营造和运用这些权力，才能成为真正有效的领导者。

5. 领导的风格

不同的人在领导行为表现上会有很大的不同，所谓领导风格就是对不同类型领导行为形态的概括。人们在现实中常会有这样的感受：有的领导和蔼可亲、平易近人、给下级以充分的信任和自主权；有的则严厉专断、高高在上、不体贴下属。领导风格的差异，不仅因为领导者的特质存在着不同，更由于他们对权力运用的方式及对任务和人员之间的关系有不同的理解、态度和实践。不同的领导人，以及同一个领导人在不同的时间和场合，都可能表现出不同的领导风格。

1) 基于权力运用的领导风格分类

心理学家勒温在实验研究基础上，将领导者的行为方式划分为专制式、民主式和放任式3种基本类型。

(1) 专制式。所谓专制式的领导者是指以权力服人，即靠权力和强制命令让人服从。表现特点是：①独断专行，不考虑别人意见，所有决策都由领导者自己决定；②不把任何消息告诉下级，下属没有任何参与决策的机会，而只能察言观色，奉命行事；③主要依靠行政命令、纪律约束、训斥和处罚等方式来维护领导者的权威，很少或偶尔才有奖励；④领导者预先安排一切工作程序和方法，下属只能服从；⑤领导者与下属接触很少，且保持相当的心理距离。

(2) 民主式。所谓民主式的领导者是指那些以理服人、以身作则的领导人。他们使每个人做出自觉的有计划的努力，各施其长，各尽所能，分工合作。表现特点是：①领导者所做出的决定都是同下属仔细磋商过的，是领导者与其下属共同智慧的结晶；②分配工作时尽量照顾到每个成员的个人能力、兴趣和爱好；③对下属工作的安排并不是那么具体，而是给他们足够大的空间任其发挥，使下属有较多的选择性和灵活性；④主要运用个人的权力和威信，而不是靠职位权力和命令使人服从；⑤领导者积极参加团体活动，与下属没有任何心理上的距离。

(3) 放任式。所谓放任式的领导者是指工作事先无布置，事后无检查，权力给予下属，一切放任自流，毫无规章制度可言的领导人。

勒温根据实验总结出：放任式领导方式的工作效率最低，只达到社交目标，而不能完成工作目标；专制式领导方式虽然通过严格的管理达到了工作目标，但组织成员没有责任感，情绪消极，士气低落；民主式领导方式的工作效率最高，不但能够完成工作目标，而且组织成员间的关系融洽，工作积极主动，富有创造性。

2) 基于态度和行为倾向的领导风格分类

上面三种领导风格是从领导者如何运用权力的角度进行分类的。现在介绍一种从领导者在态度与行为上是否对被领导者表现出关心这一角度进行分类的领导风格。它将领导风格区分为关心任务式和关心人员式两种，即“双中心”理论。在“双中心”理论的基础上，还有人提出了反映关心任务与关心人员在不同程度上结合的“管理方格”论。

(1) “双中心”论包括关心任务式和关心人员式两种。

① 关心任务式领导风格。这种领导关心工作的过程和结果，并用密切监督和施加压力的办法来获得良好的绩效、满意的工作期限和结果评估。对这种领导而言，下属是实现目标和任务的工具，而不是和他们一样有着情感和需要的人，群体任务的完成情况是领导行为的中心。

② 关心人员式领导风格。这种领导者表现为关心员工，并有意识地培养与高绩效的工作群体相关的人文因素，重视人际关系，把他们的行为集中在对人员的监督上，而不是对生产的提高上。他们关心员工的需要、晋级和职业生涯的发展。

研究人员发现：在关心任务式领导风格的组织中，虽然生产的数量高，但员工的满意度低，离职率和缺勤率高；在关心人员式领导风格的组织中，虽然员工的满意度高，但离职率和缺勤率都较低。其结论是：关心人员式的领导者与高的群体生产率和高满意度正相关，而关心任务式的领导者则与低的群体生产率和低满意度正相关。

(2) 管理方格论。这是一种研究企业的领导方式及其有效性的理论，倡导用方格图来表示和研究领导方式。研究人员认为，在对任务关心的领导方式和对人员关心的领导方式之间，可以有使二者在不同程度上互相结合的多种领导方式。为此，他们以企业中的领导方式为题，提出了管理方格法，使用自己设计的一张纵轴和横轴各 9 等分的方格图，纵轴和横轴分别表示企业领导者对人员和对生产任务的关心程度，如图 2.13 所示：第 1 格表示关心程度最小，第 9 格表示关心程度最大。全图总共 81 个小方格，分别表示“对生产任务的关心”和“对人员的关心”这两个基本因素以不同比例结合的领导方式，其中最典型的有五种：1-1 型。领导者对生产任务和人员漠不关心，称为“贫乏型领导”；9-1 型，领导只注重生产任务而不关心职工，称为“任务型领导”；1-9 型，领导者非常关心职工，但对生产任务漠不关心，称为“俱乐部型领导”；5-5 型，领导对生产任务和职工的关心都可以，但不突出，称为“中庸型领导”；9-9 型，领导者对职工和生产任务都很关心，能使二者有机结合起来，称为“战斗集体型领导”。管理方格理论是培养有效领导者的一种工具，也可用于领导者的自我评价。

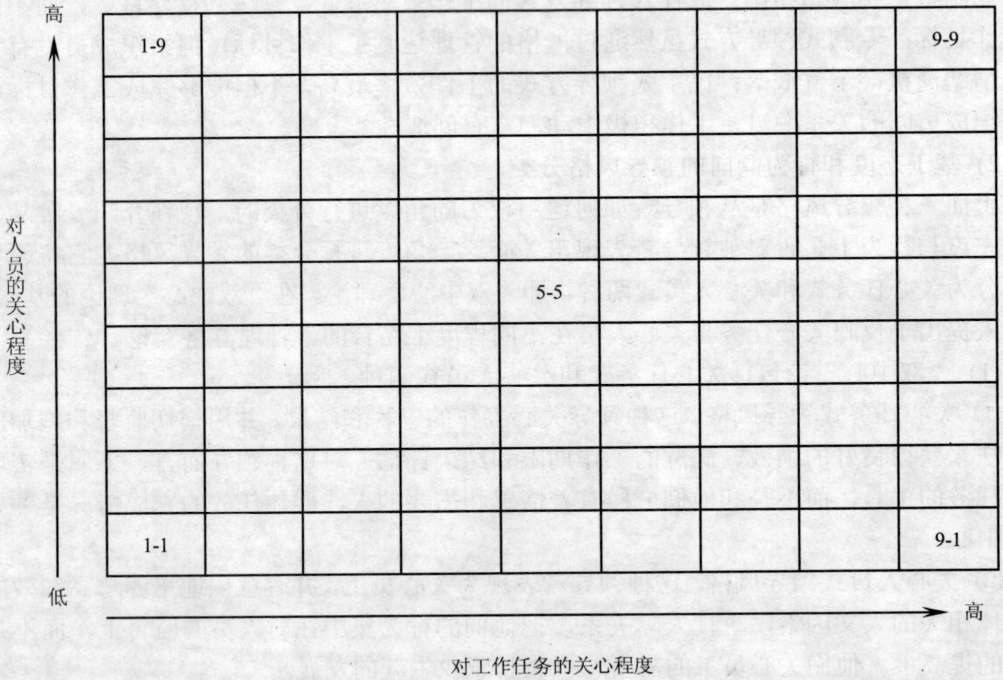

图 2.13 管理方格图

2.4.2 激励

1. 激励的定义

激励就是激发和鼓励人们进行某种特定行为的活动。管理激励就是指管理者运用某种方法与途径，使组织成员能够为达到组织目标而积极行动、努力工作的活动过程，也就是调动人的积极性的过程。

2. 激励的过程

激励的实质就是通过影响人的需求或动机达到引导人的行为的目的，它实际上是一种对人的行为的强化过程。由此可见，激励的过程主要分为 4 个部分：需要、动机、行为、达到目标，这一过程如图 2.14 所示。

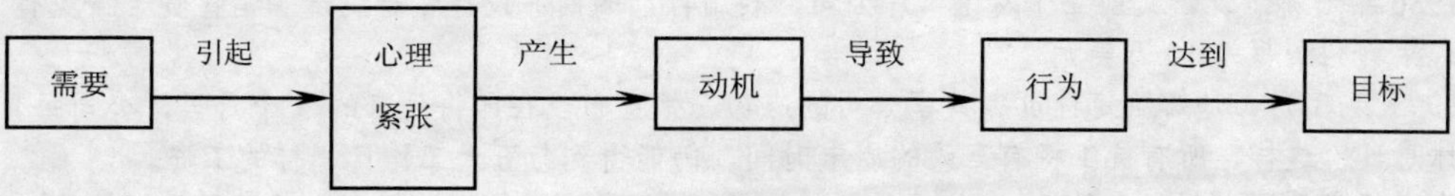

图 2.14　激励过程的一般模式图

3. 激励的原则

1) 个人目标与组织目标相结合原则

目标设置必须以体现组织目标为要求，只有将个人目标与组织目标结合起来，才能收到良好的激励效果。

2) 物质激励与精神激励相结合原则

员工都有物质需要和精神需要，相应的激励方式也应该是物质与精神激励相结合。物质激励是基础，精神激励是根本，不可太偏重某一方面，而要把两者很好地结合起来。

3) 外在激励与内在激励相结合原则

凡是满足员工对工资、福利、安全环境、人际关系等方面需要的激励，我们一般称其为外在激励；凡是满足员工自尊、成就、晋升等方面需要的激励，一般被称为内在激励。管理者要善于将内在激励和外在激励相结合，以内在激励为主，力求收到事半功倍的效果。

4) 正强化与负强化相结合原则

正强化和负强化对员工行为的激励都是必要的，但应该以正强化为主，负强化为辅。因为通过正强化可以使员工产生一种积极的情绪，感到愉快，受到鼓舞，易激发主动精神；而负强化容易使人产生挫折心理和挫折行为，不利于员工工作热情的提高。

5) 按需激励的原则

不同的个体需要的内容存在着很大的差别，只有满足其迫切需要即主导需要，才能提高效益，对不同的人只有采取不同的激励措施，才能提高其工作的积极性。

6) 公平原则

公平原则是激励的一个基本原则。在激励中，如果出现奖罚不公的现象，就不可能收到真正意义上的激励效果，反而还会产生消极作用，造成不良的后果。因此，领导者在进行激励时，一定要做到赏罚严明，客观公正。

运作实例 2-5

友谊卡片公司对员工的激励

1986 年迪娜·爱尔文创立了友谊卡片公司，利用自己的商品设计专长制造和销售贺卡。现有 12 名员工，人年均利润超过 10 万美元。

1993 年 3 月，迪娜决定让员工共享公司的成功。她宣布，在即将到来的 3 个月里，公司每星期五也成为休息日。这样，所有员工将有三天的周末时间，仍能得到与五天工作日一样的工资。

在实行三天周末制 1 个月后，一位她最信赖的员工向她坦白，他宁愿得到加薪而不是额外的休息时间，他说，另外有几位员工与他的想法相同。

迪娜十分惊讶。她的大多数员工不到 30 岁，而年均收入 3.5 万美元，比本镇从事相似工作的员工收入高 20%。对她自己来说，如果年收入已达到 3.5 万美元，在钱和休闲之间进行选择的话，她将毫不犹豫地选择后者，她以为她的员工也是如此。

迪娜十分开明，她召集所有员工开会，问他们："你们是希望得到夏季的三天周末，还是希望得到 4 000 美元的奖金？谁赞成继续四天工作制？"6 只手举了起来。"谁愿意得到奖金？"另外 6 只手举了起来。

(资料来源：http://www.tech.sina.com.cn.)

思考题： 1. 迪娜的激励措施为什么遭到了部分员工的抵制？

2. 成功的管理者应该如何激励他的员工呢？

提　示： 运用激励的相关原则进行分析。

4. 激励的方法

1) 目标激励

企业的目标是一面号召和指引千军万马的旗帜，是企业凝聚力的核心，它体现了员工工作的意义，预示着组织未来的前景，在理念的层次上激发大家强烈的事业心和使命感。

2) 榜样激励

模仿和学习是一种普遍存在的需要，通过榜样的作用激励下属的工作积极性和创造性，引导员工的行为朝组织目标所期望的方向前进。

3) 感情激励

感情因素对人的工作积极性有重大影响。感情激励就是要加强与员工的相互联系和感情沟通，尊重员工、体恤员工，与员工之间建立良好的关系，让员工感受到领导的关心、企业的温暖，从而激发出员工积极为组织工作的热情和激情。

4) 参与激励

企业领导者要真正把员工摆在主人的位置上，尊重并信任他们，让他们在不同的层次和程度上参与企业的经营决策，吸收其合理建议，通过参与，形成员工对企业的认同感、归属感，进一步满足其自我实现的需要。

5) 奖惩激励

对员工实行奖励，可以充分肯定员工的正确行为，使之巩固和发扬；而对员工实行一定的惩罚，则可纠正其错误行为。奖惩得当，不仅能消除员工的不良行为，而且能变消极因素为积极因素，使其更好地为组织服务。

6) 反馈激励

管理者要对员工的工作成果做出客观公正的评价，并及时公示出来，激发员工的荣誉感、成就感和自豪感。例如公布员工各项合理化建议及科研成果，设立光荣榜、劳动标兵等。

7) 兴趣激励

兴趣对人的工作态度、钻研程度、创新精神有着很大的影响，常常与求知和自我实现密切联系。管理者在管理中如果能够充分重视员工的兴趣因素，则可以更好地实现预期的精神激励效果。

5. 激励的作用

激励的作用主要表现在以下 4 个方面。

(1) 通过激励可以把有才能的、组织需要的人吸引过来，并长期为该组织工作，使组织人才济济，事业兴旺。

(2) 通过激励可以使员工更充分地发挥其技术和才能，充分挖掘员工的内在潜力，激发他的创造力和革新精神，提高企业的竞争力。

(3) 通过激励可以使积极的员工更加积极，使消极或保守的员工转变为积极的员工，使每个员工都愿意更多、更好地为组织服务，从而提高员工的凝聚力，保持工作的有效性和高效性。

(4) 通过激励能够弥补和克服物质管理资源的不足和困难。

2.4.3 沟通

1. 沟通的定义

沟通是指借助一定的手段把可理解的信息、思想或情感在两个或两个以上人群中传递或交换的过程，目的是通过相互之间的理解和认同来更好地认知彼此，更好地适应彼此。在很大程度上，沟通贯穿于整个管理工作中。在组织内部，有领导与员工之间的交流、有员工之间的交流、有员工与工作团队之间的交流，还有工作团队之间的交流；在组织外部，有组织与客户之间的交流，也有组织之间的交流。从根本上说，沟通是关于如何使领导方式和激励行为保持一致的问题。

2. 沟通的过程

信息沟通过程是指一个信息的发送者通过选定的渠道把信息传递给接收者的过程，具体步骤如图 2.15 所示。

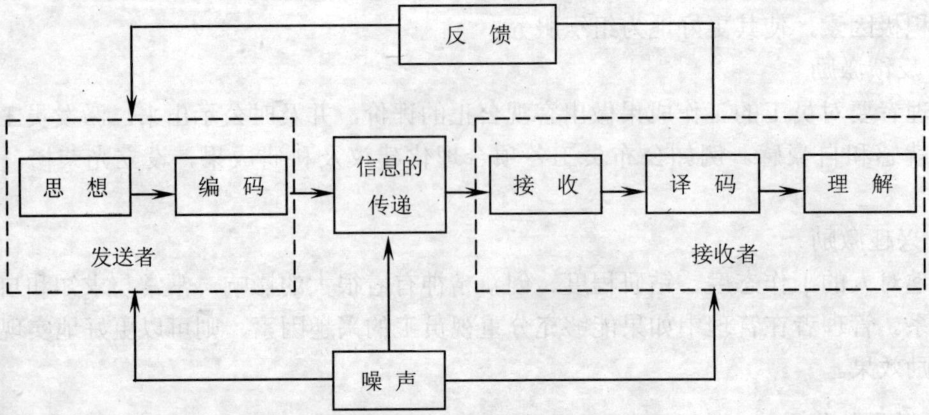

图 2.15 信息沟通过程的一般模式图

在这个过程中，至少存在着一个发送者和一个接收者。其中，沟通的载体成为沟通渠道，编码和译码分别是沟通双方对信息进行的信号加工形式。信息在两者之间的传递是通过下述几个方面进行的。

(1) 发送者需要向接收者传递信息或者需要接收者提供信息。这里所说的信息的范围很广，例如，想法、思想、观点、资料等。

(2) 发送者将这些信息译成接收者能够理解的一系列符号。为了有效地进行沟通，这些符号必须要符合适当的媒体。例如，如果媒体是书面报告，符号的形式应该选择文字、图表或者照片；如果媒体是讲座，应该选择文字、多媒体放映和板书。

(3) 将上述符号传递给接收者，传递的方式因选择的符号种类不同而不同。传递的方式可以是书面的，也可以是口头的，甚至还可以通过形体动作来表述。

(4) 接收者接收这些符号。接收者根据这些符号传递的方式，选择相应的接收方式。例如，这些符号是口头传递的，接收者就必须认真地听，否则符号将会丢失。

(5) 接收者将这些符号译为具有特定含义的信息。由于发送者翻译和传递的能力具有一定的差异，以及接收者接收和翻译水平的不同，信息的内容和含义经常被曲解。

(6) 接收者理解信息的内容。

(7) 发送者通过反馈来了解他想传递的信息是否被对方准确无误地接收。一般来说，由于沟通过程中存在着许多干扰和扭曲信息传递的因素——即噪声，这使得沟通的效率大大降低。而图中的反馈则构成了信息的双向沟通。

3. 沟通的作用

沟通在管理中具有以下几方面的作用。

(1) 沟通是协调各个体、各要素，使企业成为一个整体的凝聚剂。

(2) 沟通是领导者激励下属，实现领导职能的基本途径。

(3) 沟通是企业与外部环境间建立联系的桥梁。

4. 沟通的障碍及其克服

1) 有效沟通的障碍

在沟通的过程中，由于存在着外界干扰以及其他种种原因，信息往往被丢失或曲解，使得信息的传递不能发挥正常的作用。

(1) 个人因素。个人因素主要包括两大类：一是有选择地接收，一是沟通技巧的差异。

(2) 人际因素。人际因素主要包括沟通双方的相互信任、信息来源的可靠程度和发送者与接收者之间的相似程度。

(3) 结构因素。结构因素包括地位差别、信息传递链、团体规模和空间约束四个方面。

(4) 技术因素。技术因素主要包括语言、非语言暗示、媒介的有效性和信息过量。

2) 有效沟通的实现

为了克服我们前面所讨论的障碍，领导者需要采取适当的行动方式将这些沟通障碍有效地消除，实现管理的有效沟通。具体做法如下。

(1) 明确沟通的重要性，以正确的态度对待沟通。

(2) 学会积极倾听。

(3) 营造一个支持性的值得信赖的和诚实的组织氛围。

(4) 缩短信息传递链，拓宽沟通渠道，保证信息的畅通和完整。

(5) 提供反馈或为接收者提供寻求澄清的机会。

(6) 实行双向沟通，让下级更好地表达自己的感觉、意见和建议。

(7) 使用不同的字词或语句对信息数次重复，可以使信息被有效地理解和接受。

(8) 加强平行沟通，促进横向交流。

2.5 控　制

2.5.1 控制与控制过程

控制是管理工作的重要职能之一，它是保障企业计划与实际作业动态适应的管理职能。控制工作的主要内容包括确立标准、衡量绩效和纠正偏差。一个有效的控制系统可以保证各项活动朝着组织目标的方向前进，而且控制系统越完善，组织目标就越易实现。

亨利·西斯克指出：“如果计划从来不需要修改，而且是在一个全能的领导人的指导之下，由一个完全均衡的组织完美无缺地来执行的，那就没有控制的必要了。”然而，这种理想的状态是不可能成为企业管理的现实的。无论制定的计划如何周密，由于各种各样的原因，人们在执行计划的活动中总是会或多或少地出现不一致的现象。

管理控制的目标就是要限制偏差的积累和适应环境的变化。组织的工作中出现偏差是不可避免的，但小的偏差失误在较长时间里会积累放大，并最终对计划的正常实施造成威胁，而管理控制可以及时获取偏差信息。组织从制定出目标到目标实现前这一期间，内外部环境可能会发生变化，需要构建有效的控制系统帮助管理人员预测和把握这些变化，并对由此带来的机会和威胁做出反映。

在现代管理活动中，控制既是一个管理过程的终结，又是一个新的管理过程的开始，控制职能使管理工作成为一个循环过程。只要存在管理工作，这种循环就会反复运行，而每一次循环的完成都把管理工作推向一个新的高度。其中，管理决策的目标决定了控制的内容，控制工作为实现决策目标而服务；管理计划是控制的标准和依据，而控制是计划实施过程的保证；管理组织和领导是控制得以进行的前提条件，而控制工作又是组织和领导的主要任务。

1. 控制类型

按照控制方式的不同，一般把控制分为预先控制、现场控制和事后控制 3 种，如图 2.16 所示。

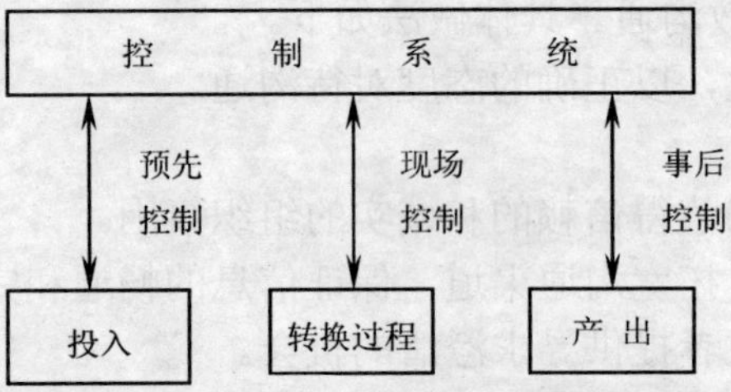

图 2.16 控制的基本类型图

1) 预先控制

预先控制也被称为前馈控制，是指在计划执行之前预先规定计划执行过程中应遵守的规则和规范等。规定每一项工作的标准，并建立偏差显示系统，使人们在工作之前就已经知道如何做。前馈控制的目的是为了在整个管理活动完成之前及时地检测与纠正出现的偏差。

预先控制方法，可以事事想在前面、准备在前面、把握将来的发展事态，把偏差消灭在萌芽状态，力求实现损失最小、效率最高。

预先控制方法的优点如下。

(1) 能够防患于未然，尽量避免损失。

(2) 针对计划行动所依赖的条件进行控制，不针对具体人员，易于被员工接受并付诸实施。

预先控制方法的缺点如下。

(1) 需要及时和准确地把握信息。

(2) 要求管理人员能充分了解前馈控制因素与计划工作的影响关系。

2) 现场控制

也称为同期控制，是指管理人员深入现场检查和指导下属的工作，发现偏差及时纠正，以保证计划目标的完成。现场控制主要有监督和指导两项职能。

(1) 监督。按预定标准，以便检查工作。

(2) 指导。针对工作中出现的问题，根据自己的经验指导下属改进工作，或与下属共同商讨矫正偏差的措施。它的优点是：有指导职能，有助于提高工作人员的工作能力及自我控制能力。它的缺点是：①易受管理者时间、精力、业务水平的制约；②现场控制的应用范围较窄；③容易在控制者和被控制者之间形成对立情绪。

3) 事后控制

事后控制也被称为反馈控制，是指管理人员分析以前工作的执行结果，将它与控制标准相比较，发现偏差及存在原因，拟订纠正措施，以防止偏差发展或继续存在的过程。事后控制是最常用的控制类型。

事后控制的优点有以下几点。

(1) 在周期性活动中可以避免下次活动发生类似问题。

(2) 消除偏差对后续活动过程的影响。

(3) 可以提供奖惩员工的依据。

它的缺点是实施矫正措施前，偏差和损失已产生了。

事后控制的基本含义和过程如图 2.17 所示。

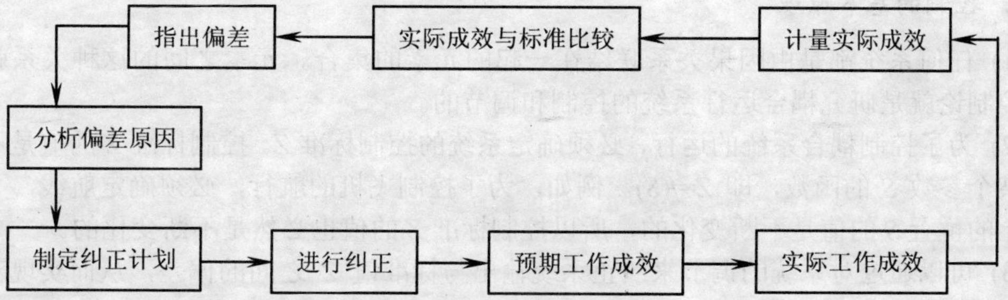

图 2.17　反馈的过程图

前馈控制的侧重点在于预先防范，现场控制的侧重点在于及时了解情况并予以指导，事后控制的侧重点在于矫正偏差、总结经验。

运作实例 2-6

格雷格厂长制定的远大目标

某厂厂长格雷格任现职已经 1 年多了。在他刚刚任厂长时就亲自制定了工厂一系列工作的计划目标。具体地说，他要解决工厂的浪费问题，要解决职工超时工作的问题，要减少废料的运输费用问题。他具体规定：在 1 年内要把购买原材料的费用从原来的 11 万美元降低 10%～15%；把用于支付工人超时的费用从原来的 11 万美元减少到 6 万美元，把废料运输费用降低 3%。他把这些具体目标告诉了下属有关方面的负责人。然而，年末，他看到的年终统计资料却大出他的意料。原材料的浪费比去年更严重，原材料的浪费率竟占总额的 16%；职工超时费用也只降到 9 万美元，远没达到原定的目标；运输费用也根本没有降低。他把这些情况告诉负责生产的副厂长，并严肃批评了他。而副厂长则争辩说："我曾对工人强调要注意减少浪费的问题，我原以为工人也会按我的要求去做的。"人事部门的负责人也附和着说："我已经为削减超时的费用做了最大的努力。只对那些必须支付的款项才支付。"而负责运输方面的负责人则说："我对未能把运输费用减下来并不感到意外，我已经想尽了一切办法。我预测，明年的运输费用可能要上升 3%～4%。"在分别与有关方面的负责人交谈之后，格雷格又把他们召集起来布置新的要求，他说："生产部门一定要把原材料的费用降低 10%，人事部门一定要把超时费用降到 7 万美元，即使运输费用要提高，但也决不能超过今年的标准。这就是我们明年的目标。我到明年底再看你们的结果！"

该案例中厂长采用的是哪一种控制方式，此方式有哪些优缺点，明年的目标是否能实现，请说明原因。

(资料来源：http://www.sxzx.net/Down/Files/416.html.)

思考题：该案例中厂长采用的是哪一种控制方式，此方式有哪些优缺点，明年的目标是否能实现，并说明原因。

提　示：运用控制的 3 种方式进行分析。

2. 控制的基本原理

(1) 任何系统都是由因果关系联结在一起的元素的集合。元素之间的这种关系就叫耦合。控制论就是研究耦合运行系统的控制和调节的。

(2) 为了控制耦合系统的运行，必须确定系统的控制标准 Z。控制标准 Z 的值是不断变化的某个参数 S 的函数，即 $Z=f(S)$。例如，为了控制飞机的航行，必须确定航线，飞机在航线上的位置 S 的值是不断变化的，所以控制标准 Z 的值也必然是不断变化的。

(3) 可以通过对系统的调节来纠正系统输出与标准值 Z 之间的偏差，从而实现对系统的控制。

3. 有效控制

控制的目的是保证企业活动符合计划的要求，以有效地实现预定目标。为此，有效控制应具有下述特征：适时控制、适度控制、客观控制和弹性控制。有效控制的具体原则如下。

1) 控制要反映组织目标和计划要求的原则

任何控制都是以目标和计划为依据的，计划提供了评定行动的标准，一切计划从本质上说都是一种事先控制，而所有的控制又都是为了实现一定的计划。控制应当反映组织结构类型和状况，并由健全的组织结构来保证。

2) 控制的系统性原则

组织本身就是一个系统，其中任何一个环节出现问题都会影响组织目的的实现。与此相适应，控制也应是系统的控制，这就要求控制一方面要有发展的观点，有预测性和预防性，尽可能防患于未然，另一方面还要有联系的和全面的观点，不能只看到局部的、本层次的控制目标，而忽略整个组织控制的总目标。

3) 控制关键环节，注意特殊例外的原则

管理者不可能面面俱到，要找出最能反映体现成果的关键因素控制；如果把注意力集中在举足轻重的主要问题上，则可以做到掌握全局、事半功倍。同时，在各类偏差中也不应同等看待，应注意分清主次，对于那些影响全局的特殊情况和例外情况，应予以特别关注。着重于例外，可集中精力解决问题，对例外的重视程度不仅依大小而定，而且要考虑实际情况，必须与关键问题结合起来。

4) 控制的灵活性原则

控制的有效性一方面取决于控制手段的灵活性，即各种控制类型和控制方法的综合、灵活运用；另一方面也要求当组织目标和计划本身变动、出现未曾预料到的情况，甚至原计划出现错误时，控制系统仍能报告偏差，灵活地保持对组织运行的控制。

5) 控制的经济性原则

控制所支出的费用，必须小于由于控制所带来的收益的增加，否则控制就失去了意义。控制所用的方法和技术装备，必须能获得一定的经济效益。因此，要将实施控制所获得的成效与实施费用进行比较，做出技术经济分析，选择经济合理的控制方案。

4. 控制过程

控制过程由确定标准、衡量绩效和纠正偏差三个基本环节构成。控制标准是前提、依据和尺度；实际偏离标准的信息，是控制的基础；根据信息分析原因，采取行动，纠正偏差，是控制的目的。

1) 确定标准

标准是考核业绩的尺度，是以组织目标为基础从整个计划方案中选出用以衡量业绩的计量单位。

组织的控制标准有以下四类。

(1) 时间标准。主要是反映工作时间进度的各项标准，如完工日期、时间定额等。

(2) 成本标准。主要是反映组织各项活动所支出的费用的标准，如产品成本、管理成本等。

(3) 价值标准。主要是反映组织的总体运行情况，如收益标准、资金标准等。

(4) 质量标准。是定性标准和定量标准的结合形式，如工作质量标准、产品质量标准等。

制定控制标准的步骤如下：首先确立控制对象，影响组织目标成果实现的主要因素有：环境特点及其发展趋势、资源投入、活动过程。其次选择控制重点，对关键点的选择，应统筹考虑如下 3 个方面——会影响整个工作运行过程的重要操作与事项，能在重大损失出现之前显示出差异的事项，若干能反映组织主要绩效水平的时间与空间分布均衡的控制点。最后是制定控制标准，控制标准可分为定量标准和定性标准两类。任何一项具体工作的衡量标准都应该从有利于组织目标实现的总体要求出发来加以制定。

制定控制标准的方法如下。

(1) 统计标准。利用统计方法来确定预期结果。

(2) 经验标准。根据经验和判断来估计预期结果。

(3) 工程标准。在客观的定量分析的基础上建立标准。

确定控制标准应满足 5 项要求：①一致性，各类标准之间应相辅相成、保持一致，完成一个标准应对另一个标准有促进作用，不能相互矛盾、相互抵触；②明确性，对标准的量值、单位、可允许的偏差范围值要有明确说明，并具有法定作用；③可行性，标准制定得既不能过高，也不能过低，过高的标准会挫伤组织成员工作的积极性，过低的标准则失去了标准的控制价值；④稳定性，标准在组织活动的相当一段时间内是稳定的，并具有一定的弹性；⑤可操作性，标准在比较、衡量、考察过程中应是可以具体操作的。

2) 衡量绩效

企业经营活动中的偏差如能在产生之前就被发现，则可以指导管理者预先采取必要的措施加以避免。这种理想的控制和纠偏方式虽然有效，但其实现可能性不是很高。并非所有的管理人员都有卓越的远见，同时也并非所有的偏差都能在产生之前被预见，事实可能正好相反。在这种限制条件下，最满意的控制方式是能在偏差产生之后迅速采取必要的纠偏行动。为此，要求管理者能够及时掌握反映偏差是否产生，并能判定其严重程度的信息。用预定标准对实际工作成效和进度进行检查、衡量和比较，就是为了提供这类信息。

衡量业绩的方法有 3 类：①定性衡量和定量衡量。定性衡量是反映和评价工作的创造性和主动性的内容，而定量衡量则较多地反映与控制标准相对应的实际工作成绩和效果。②连续衡量和间断衡量。它们所反映的工作业绩的时域和状况是不同的，对控制效果的影响也不同。衡量业绩的时间间隔需要定得合理，如果间隔太短，会增加控制费用，但间隔太长，会影响问题的及时发现，造成不必要的损失。③执行过程中衡量和执行过程后衡量。这主要取决于采用哪一种控制方式，但无论是执行过程中还是执行过程后衡量，都要切实做好组织活动的日常统计记录、现场观测和技术测定工作，以便对工作业绩做出及时的、准确的评价。

进行业绩衡量应达到 4 个方面的要求：①以系统检查为主，通过现场调查全面反映工作业绩。②制度化、定期化，将之变成一种制度安排，定期而持续地开展。③突出重点，以便使控制工作更具有针对性。④及时反馈和修正，以免给工作带来不应有的损失。

衡量实际工作时，要通过衡量成绩，检验标准的客观性和有效性，要确定适宜的衡量频度；要建立信息反馈系统等。

3) 纠正偏差

利用科学的方法，依据客观的标准，对工作绩效进行衡量，可以发现计划执行中出现的偏差。纠正偏差就是在此基础上，分析偏差产生的原因，制定并实施必要的纠正措施。这项工作使得控制过程得以完整，并将控制与管理的其他职能相互联结。通过纠偏，使组织计划得以遵循，使组织结构和人事安排得到调整，使领导活动更加完善。

纠正偏差的工作步骤：明确偏差的性质并进一步分析偏差产生的原因；针对不同的偏差及其成因采取不同的措施；确定实施纠偏措施的负责部门和贯彻执行的方法步骤；依据纠偏方案中确定的纠偏措施，逐项贯彻执行，并在执行过程中及时加以监督检查；将纠偏结果与预期目标相对照，以确定是否达到预期要求。

纠偏工作的主要方法有：对于由于工作失误而造成的问题，主要应加强管理、监督，确保工作与目标的接近或吻合。若计划目标不切合实际，应按实际情况修改计划目标。若组织的运行环境发生重大变化，使计划失去客观的依据，应及时启动备用计划或重新制定新的计划。

在纠正偏差工作中要注意的问题包括：偏差的确定及原因分析要有针对性，不能过于笼统或含糊；纠偏措施的选择要切实可行；纠偏的负责部门要明确，并形成责任和复查制度；注意提高纠偏工作的效率，加强现场控制和事先控制的力度。

2.5.2 控制方法

控制目标的实现有赖于有效的控制方法。在控制活动中，经常借助预算控制、比率分析、审计控制、盈亏控制以及网络控制等方法。本节主要介绍前 3 种常用的控制方法。

1. 预算控制

预算是以数字表述计划，并按组织结构分解、授权给各个部门。预算是根据组织的目标和计划，并预见未来可能发生的情况来制定的；预算不只是以保持收支平衡和减少支出为目的，而是要积极地谋求提高组织的总体效益；预算主要以货币形态来表现组织的计划；在组织中具有一定的指令性和制约力。

预算的控制作用表现在，控制了预算，也就控制了各项活动的开展；通过预算控制资金杠杆作用，调节各项活动的轻重缓急和规模大小，以利于从宏观上控制全局。按照不同的标志可以把预算分成不同的类型。

1) 按综合程度不同将预算分类

(1) 一般预算。一般预算是以货币及其他数量形式所反映的有关组织未来一段时间内局部的经营活动各项目标的行动计划与相应措施的数量说明。

(2) 全面预算。全面预算是以货币及其他数量形式所反映的有关组织未来一段时间内全部经营活动各项目标的行动计划与相应措施的数量说明。在现代管理实践中，全面预算处于承上启下的地位，即它以经营决策的结果为依据，是决策的继续，同时又是控制的先导与考核业绩的前提条件。它的意义在于：第一，可以使决策目标具体化、系统化、定量化，从而可以全面地协调、规划企业内部各部门各层次的经济关系与职能，使之服从于未来经营总体目标的要求；第二，由于全面预算是计划的数量说明，能够明确规定企业有关生产经营人员各自职责及相应的奋斗目标，可以使人人事先做到心中有数；第三，全面预算量化指标可作为日常控制的依据；第四，经过分解落实的预算规划目标能与个人业绩考评结合起来，成为奖勤罚懒，评估优劣的准绳。

2) 按预算的内容分类

(1) 收支预算。这是以货币来表示的组织经营管理的收支计划。其中最基本的是销售预算，它是对销售预测的详细正式说明。由于销售预算是计划工作的基石，因而，销售预算是预算控制的基础。

(2) 时间、空间、原材料和产品产量预算。这是一种以实物单位来表示的预算，主要是因为在计划和控制的某个阶段采用实物单位比采用货币单位更有意义。常用的实物预算单位有：直接工时数、台时数、原材料的数量、占用的面积、空间和生产量。此外，用工时来预算所需要的劳动力也是很普遍的。

(3) 基本建设费用预算。由于基本建设费用的来源不是随意的，同时由于要从经营中收回投资于厂房、机器设备等方面的费用往往需要很长的时间，因此，基本建设费用应尽量与长期计划工作结合在一起。

(4) 现金预算。这实际上是一种现金的收支预测，它可用来衡量实际的现金使用情况。它还可以显示可用的多余资金，因而有可能编制剩余资金的投资计划。从某种意义上来说，这种预算是组织中最重要的一种控制。

(5) 资产负债预算表。它可用来预测将来某一特定时期的资产、负债和资本等账户的情况。这个预算表是对其他预算的一个综合统计，做此预算的目的在于描绘出组织结构的财务情况，显示全部预算是否恰当。

2. 比率分析

比率分析就是对组织资产负债表和损益表上的相关项目进行对比，形成一个比率，从中分析和评价组织的经营成果和财务状况。常用的比率分析有两种类型：财务比率和经营比率。

1) 财务比率

财务比率及其分析可以帮助我们了解企业的偿债能力和盈利能力等财务状况。

(1) 流动比率。流动比率是企业的流动资产与流动负债之比。它反映了企业偿还需要付现的流动债务的能力。一般来说，企业资产的流动性越大，偿债能力就越强；反之，偿债能力则弱，这样会影响企业的信誉和短期偿债能力。因此，企业资产应具有足够的流动性。资产若以现金形式表现，其流动性最强。但要防止为追求过高的流动性而导致财务资源的闲置，从而避免使企业失去本应得到的收益。

(2) 负债比率。负债比率是企业总负债与总资产之比。它反映了企业所有者提供的资金与外部债权人提供的资金的比率关系。只要企业全部资金的利润率高于借入资金的利息，且外部资金不从根本上威胁企业所有权的行使，企业就可以充分地向债权人借入资金以获取额外的利润。一般来说，在经济迅速发展的时期，债务比率可以很高。20 世纪 60 年代到 70 年代初，日本许多企业的外借资金占全部营运资金的 80%左右。确定合理的债务比率是企业成功举债经营的关键。

(3) 盈利比率。盈利比率是企业利润与销售额或全部资金等相关因素的比例关系。它反映了企业在一定时期从事某种经营活动的盈利程度及其变化情况。常用的比率有销售利润率和资金利润率。

销售利润率是销售净利润与销售总额之间的比例关系，它反映企业从一定时期的产品销售中获得的利润。将企业不同产品，不同经营单位在不同时期的销售利润率进行比较分析，能为经营控制提供更多的信息。

资金利润率是指企业在某个经营时期的净利润与该期占用的全部资金之比，它是衡量企业资金利用效果的一个重要指标，反映了企业是否从全部投入资金的利用中实现了足够的净利润。同销售利润率一样，资金利润率也要同其他经营单位和其他年度的情况进行比较。一般来说，要为企业的资金利润率规定一个最低的标准。同样一笔资金，投入到企业营运后的净利润收入，至少不应低于其他投资形式(比如购买短期或长期债券)的收入。

2) 经营比率

经营比率，也称活力比率，是与资源利用有关的几种比例关系，反映了组织运营效率的高低和资源利用率。

(1) 库存周转率。它是销售总额与库存平均价值之比，反映了销售收入相比库存数量是否合理，表明了投入库存的流动资金的使用情况。

(2) 固定资产周转率。它是销售总额与固定资产之比，反映了单位固定资产能够提供的销售收入，表明了组织固定资产的利用程度。

(3) 销售收入与销售费用的比率。这个比率表明单位销售费用能够实现的销售收入，它在一定程度上反映了企业营销活动的效率。由于销售费用由人员推销、广告宣传、销售管理费用等部分组成，因此还可进行更加具体的分析。

反映经营状况的这些比率也通常需要进行横向的(不同企业之间)或纵向的(不同时期之间)比较，才更有意义。

3. 审计控制

审计控制是一种常用的综合控制方法，主要包括财务审计控制和管理审计控制两大类。

1) 财务审计

财务审计是根据审计原则通过价值形式对组织生产经营活动中的财务运行状况进行独立的审查和评价，它既是对经济组织系统运行实施控制、检查、考核的一种手段，又是为经济活动提供服务和保障的重要工作方法，它的根本目的是保证经济组织所提供的财务报告既能真实反映组织系统的财务状况，又能符合国家所颁布的有关财务运行规则和会计原则。财务审计分外部财务审计和内部财务审计。

(1) 外部财务审计。它是由组织外部的专门审计机构和人员对组织的财务程序和财务往来进行有目的的综合检查审核，以便确认组织的财务报表能准确、真实地反映组织的财务状况。外部财务审计的分析结果具有很强的客观性和公正性，有利于发现组织运行过程中存在的问题并及时解决，还能使有关投资者对这些财务报表提供的信息产生信任感，有利于改善组织外部的发展环境。

(2) 内部财务审计。它是由组织内部的财务人员负责开展的财务审计活动，其目的与外部财务审计相同。

2) 管理审计

管理审计是一种对组织所有管理工作及其绩效进行全面系统的评价和鉴定的方法。它是利用公开信息，从反映组织管理绩效及其影响因素的若干方面将本组织与其他组织进行比较，以判断本组织经营管理的健康程度。常见的做法是聘请外部的相关专家来进行管理审计。

事实上最简单，常常也是最有效的控制方法是亲自观察，即主管人员到车间或办公室进行实地观察。这种方法有利于主管人员获得来自第一线的信息，而不是被文山会海所淹没。

本章小结

本章讲述了企业管理的五项职能，即决策、计划、组织、领导和控制。其中，决策是企业管理的核心，它遵循的是“满意”而不是“最优”原则，决策方法有定性决策和定量决策。定性决策包括德尔菲法、头脑风暴法、名义技术小组、SWOT和波士顿矩阵法；定量决策包括非确定型决策、风险型决策和确定型决策。企业要在行动前有一个周密的计划才能够明确做什么以及如何去做，这样结果的成功率会得到大幅提高。计划有不同的分类标准和一定的编制程序。计划的组织实施方法包括滚动计划法、目标管理、运筹学法、计量经济学法和投入产出法。决策与计划一旦被制定，为了保证目标与计划的有效实现，管理者需要进行合理的组织设计，它包括横向的管理部门设计和纵向的管理层级设计。常见的组织结构类型有：直线型组织结构、职能型组织结构、事业部组织结构、矩阵型组织结构和网络型组织结构。在对组织的资源进行合理配置后，如何让它们运作起来，需要通过领导职能来完成。领导职能的作用就是要通过激励和沟通来完成组织的目标。控制是保障企业计划与实际作业动态相适应的管理职能，控制方式一般分为前馈控制、现场控制和反馈控制3种。控制方法主要有预算控制、比率分析、审计控制、盈亏控制以及网络控制等。一个有效的控制系统可以保证各项活动朝着企业既定的目标前进，控制系统越完善，组织目标就越易实现。

习　题

思考题

(1) 决策的过程有哪些步骤？每一步骤需要注意哪些问题？

(2) 决策有哪些方法？并说明如何进行决策。

(3) 计划的程序包括哪几个阶段的工作？

(4) 何谓目标管理？其特点是什么？如何利用目标管理组织计划的实施？

(5) 滚动计划法的基本原理是什么？

(6) 如何进行最优化的组织结构设计？

(7) 在你的周围环境中有哪些正式组织与非正式组织？

(8) 简述领导的概念和功能。

(9) 试比较不同沟通方式的优点和局限性。

(10) 导致组织冲突的原因可能有哪些？如何有效管理组织冲突？

(11) 试分析前馈控制、现场控制和反馈控制的优缺点，并举例说明其在管理实践中的作用。

(12) 阐述控制的过程。

(13) 解释预算控制、比率分析及审计控制的内容，并说明如何进行分析。

练习题

(1) 某企业计划生产甲、乙两种产品，每种产品均需使用A、B、C、D四种设备，其加工时间及单位利润的数据如表2-7所示。现要求确定产品甲、乙的产量，使得企业利润最大。

表 2-7 设备加工工时利润表

产品 设备	甲	乙	计划期的设备能力 (台时)
A	2	2	12
B	1	2	8
C	4	0	16
D	0	4	12
单位产品的利润(万元)	2	3	

(2) 某企业计划生产某种产品，设计了两个基建方案，建大厂或建小厂，使用年限均为10年，它们的投资、损益值、自然状态、概率等如表2-8所示。试用决策树法选择最优方案。

表 2-8 投资、损益值、自然状态和概率表

自然状态	概率	建大厂 (投资300万元)	建小厂 (投资160万元)
销路好	0.7	100万元/年	40万元/年
销路差	0.3	-20万元/年	10万元/年

案例应用分析

案例 2-1

忙碌的经理

王新是一家生产小型机械的装配厂经理。每天王新到达工作岗位时都随身带来了一份列出他当天要处理的各种事物的清单。清单上的有些项目是它总部的上级电话通知他需要处理的，另一些是他自己在一天多次的现场巡视中发现的或者他手下报告的不正常的情况。一天，王新与往常一样带着他的清单来到了办公室。他做的第一件事是审查工厂各班次监督人员呈送上来的作业报告。他的工厂每天24小时连续工作，各班次的监督人员被要求在当班结束时提交一份报告，说明这班次开展了什么工作，发生了什么问题。看完前一天的报告后，王新通常要同他的几位主要下属人员开一个早会，会上他们决定对于报告中所反映的各种问题应采取些什么措施。王新在白天也参加一些会议，会见来厂的各方面访问者。他们中有些是供应商或潜在供应商的销售代表，有些则是工厂的客户。此外，有时也有一些来自地方、省、国家政府机构的人员。总部职能管理人员和王新的直接上司也会来厂考察。当陪伴这些来访者和他自己的属下人员参观的时候，王新常常会发现一些问题，并将它们列入等待处理事项的清单中。王新发现自己明显无暇顾及长期

计划工作，而这些活动是他改进工厂的长期生产效率所必须做的。他似乎总是在处理某种危机，他不知道哪里出了问题。为什么他就不能以一种使自己不这么紧张的方式工作呢？

分析：

从管理职能的角度，可以对王新的工作做一种什么样的分析？

案例 2-2

林肯电气公司的员工管理

林肯电气公司(Lincoln Electric)总部设在克利夫兰，年销售额为 44 亿美元，拥有 2 400 名员工，并且形成了一套独特的激励员工的方法。该公司 90％的销售额来自于生产弧焊设备和辅助材料。

林肯电气公司的生产工人按件计酬，他们没有最低小时工资。员工为公司工作两年后，便可以分享年终奖金。该公司的奖金制度有一整套计算公式，全面考虑了公司的毛利润及员工的生产率与业绩，可以说是美国制造业中对工人最有利的奖金制度。在过去的 56 年中，平均奖金额是基本工资的 95.5%，该公司中相当一部分员工的年收入超过 10 万美元。近几年经济发展迅速，员工收入为 44 000 美元左右，远远超出制造业员工年收入 17 000 美元的平均水平，在不景气的年头里，如 1982 年的经济萧条时期，林肯公司员工收入降为 27 000 美元，这虽然相比其他公司还不算太坏，可与经济发展时期相比就差了一大截。

公司自 1958 年开始一直推行职业保障政策，从那时起，他们没有辞退过一名员工。当然，作为对此政策的回报，员工也相应要做到几点，在经济萧条时他们必须接受减少工作时间的决定；而且要接受工作调换的决定；有时甚至为了维持每周 30 小时的最低工作量，而不得不调整到一个报酬更低的岗位上。

林肯公司极具成本和生产率意识，如果工人生产出一个不合标准的部件，那么除非这个部件修改至符合标准，否则这件产品就不能计入该工人的工资中。严格的计件工资制度和高度竞争性的绩效评估系统，形成了一种很有压力的氛围，有些工人还因此产生了一定的焦虑感，但这种压力有利于生产率的提高。据该公司的一位管理者估计，与国内竞争对手相比，林肯公司的总体生产率是他们的两倍。自 20 世纪 30 年代经济大萧条以后，公司年年获利丰厚，没有缺过一次分红。该公司还是美国工业界中工人流动率最低的公司之一。前不久，该公司的两个分厂被 (幸福)杂志评为全美十佳管理企业。

分析：

你认为林肯公司使用了本章中讨论的何种激励理论来激励员工的工作积极性？

案例 2-3

新新广告公司

新新广告公司是拥有 300 余名职工的大型广告公司。就广告业务来说，具体工作内容有：

(1) 与老顾客建立固定联系，搜寻新顾客。

(2) 对承揽的广告业务进行文字创作和艺术创作。

(3) 对广告内容进行电视制作、电台制作、报纸制作、杂志制作或路牌制作，以及其他制作。

(4) 调查各种新闻媒体的性质、栏目、时间、版面、价格，决定整段时间、整段版面、整段地段购买，还是分别购买，并与新闻媒体保持联系。

(5) 帮助顾客设计陈列方式、包装样式或商品分配办法。

(6) 帮助顾客调查市场、估计潜力、确定广告影响等。

分析:

你认为什么样的组织结构最适合新新广告公司?

第3章 战略管理

教学目标与要求

通过本章的学习，对战略管理有基本的认识和了解，能具备战略管理的基本技能、综合分析和应变能力。

了解企业战略管理的含义、特征、过程和构成要素，通过战略分析，能够掌握战略管理的方法。

处于市场转型时期，企业可以通过敏锐把握市场机会而获得成功；但在激烈竞争的成熟市场中，战略才是企业的制胜法宝。20 多年来，中国经济快速发展为企业发展提供了最广阔的舞台，特别是体制改革和市场开放为企业提供了极大的市场机会。可是，自步入 21 世纪以来，特别是加入 WTO 以后，中国市场正在逐渐发生转变：一方面国内市场竞争更趋激烈，另一方面国土范围内的竞争也成为国际竞争。这种市场环境的变化要求中国企业持续不断地提升“内功”，运用战略来匹配市场机会和企业内部资源，运用战略来赢得竞争的胜利，运用战略来指导企业的创新，进而获得市场的认可。本章遵循战略分析、战略选择、战略实施与控制这一思路展开，在此基础上尽可能把有关的战略管理理论涵盖在内。

3.1 战略管理概述

3.1.1 战略管理的内涵和特征

1. 战略管理的内涵

战略管理的含义有广义和狭义之分。广义的战略管理是指运用战略对整个企业进行管理；狭义的战略管理是指对企业战略的制定、实施、控制和修正进行管理。目前，战略管理的研究者中狭义战略管理的学者占主流。

战略管理的关键词不是战略而是动态的管理，它是一种崭新的管理思想和管理方式。这种管理方式的特点是指导企业全部活动的是企业战略，全部管理活动的重点是制定战略和实施战略。而制定战略和实施战略的关键都在于对企业外部环境的变化进行分析，对企业的内部条件和素质进行审核，并以此为前提确定企业的战略目标。战略管理的任务，就在于通过战略制定、战略实施和日常管理，在保持这种动态平衡的条件下，实现企业的战略目标。

由此，可以将企业战略管理定义为：企业确定其使命，根据组织外部环境和内部条件制定企业的战略目标，为保证目标的正确落实和实现进行谋划，并依靠企业内部能力将这种谋划和决策付诸实施，以及在实施过程中进行控制的一个动态管理过程。

运作实例 3-1

英国航空公司与战略名词

各公司，尤其是上市公司，在其年度报表和公共文件中经常提到一些战略名词。英国航空公司(British Airlines)在其年度会计报表中清晰地向投资人及公众阐述了英国航空公司的使命和目标。

使命：努力成为航空业中最成功的企业。

目的：全球航空业的领导者；
保持现有全球航空运输市场占有率；
优质服务。

目标：保持业务的增长率，同时积极扩张；
预测乘客需求与竞争者的行动，并快速进行应对；
股东权益回报率不低于10%；
有益于社区与社会。

战略：专注于核心业务；
竞争在加剧，因此，成功的前提是控制成本；
在盈利潜力大的市场建立营销联盟；
维持服务质量，加剧本地化的服务。

行动：1987年与美国联合航空公司结成营销联盟；
与新英格兰航空公司在新加坡、香港等航线上进行合作；
投资3.5亿英镑收购Sabena世界航空公司70%的股份。

奖励：实施员工投股计划。

(资料来源：Gerry Johnson，Kevan Scholes. 公司战略教程. 华夏出版社.)

思考题：分析英国航空公司的战略名词。

提　示：根据战略管理的内涵进行分析。

2. 企业战略管理的特征

概括起来，企业战略管理具有如下特征。

(1) 战略管理具有全局性。企业的战略管理是以企业的全局为对象，根据企业总体发展的需要而制定的。它所管理的是企业的总体活动，所追求的是企业的总体效果。虽然这种管理也包括企业的局部活动，但是这些局部活动是作为总体活动的有机组成部分在战略管理中出现的。具体地说，战略管理不是强调企业某一事业部或某一职能部门的重要性，而是通过制定企业的使命、目标和战略来协调企业各部门的活动。在评价和控制过程中，战略管理重视的不是各个事业部或职能部门自身的表现，而是它们对实现企业使命、目标、战略的贡献大小。这样也就使战略管理具有综合性和系统性的特点。

(2) 主体是企业的高层管理人员。由于战略决策涉及一个企业活动的各个方面，虽然它也需要企业中下层管理者和全体员工的参与和支持，但企业的最高层管理人员介入战略决策是必须而且非常重要的。这不仅是由于他们能够统观企业全局，了解企业的全面情况，更重要的是他们具有对战略实施所需资源进行分配的权利。

(3) 涉及企业大量资源的配置问题。企业的资源包括人力资源、实体财产和资金。实体财产和资金，或者在企业内部进行调整，或者从企业外部筹集。在任何一种情况下，战略决策都需要在相当长的一段时间内致力于一系列的活动，而实施这些活动需要有足够的资源作为保证。因此，这就需要为保证战略目标的实现，对企业的资源进行统筹规划，合理配置。

(4) 从时间上来说具有长远性。战略管理中的战略决策是对企业未来较长时期(5 年以上)内，就企业如何生存和发展等问题进行统筹规划。虽然这种决策以企业当前外部环境和内部条件为出发点，并且对企业当前的生产经营活动有指导、限制作用，但是这一切是为了更长远地发展，是长期发展的起步。从这一点上来说，战略管理也是面向未来的管理，战略决策要以经理人员所期望或预测将要发生的情况为基础。在迅速变化和竞争性的环境中，企业要取得成功必须对未来的变化采取预应性的态势，这就需要企业作出长期性的战略计划。

(5) 需要考虑企业外部环境中的诸多因素。现今的企业都存在于一个开放的系统中，企业影响着这些因素，但更通常的是受这些不能由企业自身控制的因素所影响。因此在未来竞争性的环境中，企业要使自己占据有利地位并取得竞争优势，就必须考虑与其相关的因素，这包括竞争者、顾客、资金供给者、政府等外部因素，以使企业的行为适应不断变化中的外部力量，企业能够继续生存下去。

3.1.2 战略管理的过程和构成要素

1. 战略管理的过程

追求企业持续的竞争力即是战略管理的核心，也是设计应用战略管理过程的核心。一个规范性的、全面的战略管理过程可大体分解为 3 个阶段，它们分别是：战略分析阶段，战略选择及评价阶段，战略实施及控制阶段。但在进行战略分析之前，首先要确立或审视企业的使命。这个战略管理的过程可用图 3.1 来表示。

1) 战略分析

战略分析指对企业的战略环境进行分析、评价，并预测这些环境未来发展的趋势，以及这些趋势可能对企业造成的影响及影响方向。一般来说，战略分析包括企业外部环境分析和企业内部环境或条件分析两部分。企业外部环境一般包括下列因素或力量：政府法律因素，经济因素，技术因素，社会因素及企业所处行业中的竞争状况。企业外部环境分析的目的是，适时地寻找和发现有利于企业发展的机会，以及对企业来说存在的威胁，做到“知彼”，以便在制定和选择战略中，能够利用外部条件所提供的机会避开对企业的威胁因素。企业的内部环境即是企业本身所具备的条件，也就是企业所具备的素质，它包括：企业的有形资源和无形资源，企业的财务能力、营销能力、生产管理能力、组织效能、企业文化等企业能力，企业核心竞争能力等。企业内部条件分析的目的是，发现企业所具备的优势或弱点，以便在制定和实施战略时能扬长避短，有效地利用企业自身的各种资源，发挥出企业的核心竞争力。

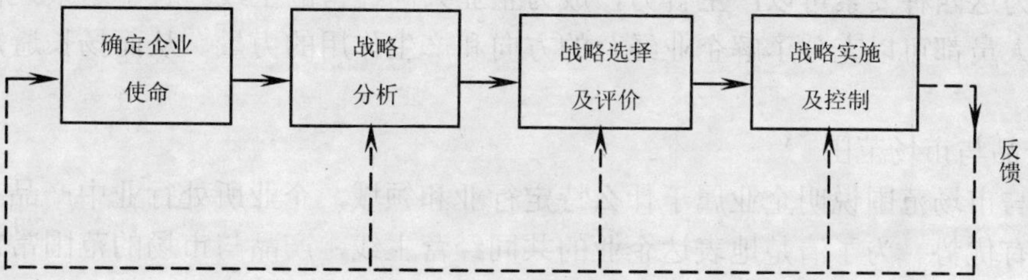

图 3.1　战略管理的过程

2) 战略选择及评价

战略选择及评价过程实质就是战略决策过程，即对战略进行探索、制定以及选择。通常，对于一个跨行业经营的企业来说，它的战略选择应当解决以下两个基本的战略问题：一是企业的经营范围或战略经营领域，即规定企业从事生产经营活动的行业，明确企业的性质和所从事的事业，确定企业以什么样的产品或服务来满足哪一类顾客的需求；二是企业在某一特定经营领域的竞争优势，即要确定企业提供的产品或服务，要在什么基础上取得超越竞争对手的优势。

一个企业可能会制定出达成战略目标的多种战略方案，这就需要对每种方案进行鉴别和评价，以选出适合企业自身的方案。目前对战略的评价已有多种评价方法和管理工具，如波士顿咨询集团的市场增长率——相对市场占有率矩阵法、行业寿命周期法等。这些方法已广泛地在跨行业经营的企业中得到应用。

3) 战略实施及控制

一个企业的战略方案确定后，必须通过实际行动，才能实现战略及战略目标。一般来说可在 3 个方面来推进一个战略的实施：其一是确定企业资源的规划和配置方式，包括公司级和战略经营单位级的资源规划与配置；其二是对企业的组织机构进行构建，以使构造出的机构能够适应所采取的战略，为战略实施提供一个有利的环境；其三是要使领导者的素质及能力与所执行的战略相匹配，即挑选合适的企业高层管理者来贯彻既定的战略方案。

在战略的具体化和实施过程中，为了使实施中的战略达到预期目的，实现既定的战略目标，必须对战略的实施进行控制。这就是说将经过信息反馈回来的实际成效与预定的战略目标进行比较，如二者有显著的偏差，就应当采取有效的措施进行纠正。当由于原来分析不周、判断有误，或是环境发生了预想不到的变化而引起偏差时，甚至可能会重新审视环境，制定新的战略方案，进行新一轮的战略管理过程。因此，从图 3.1 中也可以看出，战略管理是一个动态的和循环往复的不间断过程。

2. 战略管理的构成要素

战略管理一般由四种要素构成，即产品与市场范围，增长向量，竞争优势和协同作用。安索夫认为这四种要素可以产生合力，成为企业共同经营的主线。有了这条经营主线，企业内外的人员都可以充分了解企业经营的方向和产生作用的力量。从而扬长避短，发挥优势。

1) 产品与市场范围

产品与市场范围说明企业属于什么特定行业和领域，企业所处行业中产品与市场的地位是否占有优势。为了清楚地表达企业的共同经营主线，产品与市场的范围常常需要分行业来描述。因为大行业的定义往往过宽，其产品、使命和技术涉及很多方面，经营的内容过于广泛，用它来说明企业的产品与市场范围，企业共同经营主线仍不明确。分行业是指大行业内具有相同特征的产品与市场、使命和技术的小行业，如饮料行业中的果汁饮料分行业，机械行业中的机床分行业等。

2) 增长向量

增长向量又可称为成长方向，它说明企业从现有产品与市场结合向未来产品与市场组合移动的方向，即企业经营行动的方向，而不涉及企业目前产品与市场的态势。下面通过表 3-1 来说明增长向量。

表 3-1 企业增长向量矩阵

产品 使命	现有产品	新产品
现有使命	市场渗透	产品开发
新使命	市场开发	多种经营

(1) 市场渗透是指通过目前的产品的市场份额的增长达到企业成长的目的。

(2) 市场开发是指为企业产品寻找新的消费群，使产品承担新的使命，以此作为企业成长的方向。

(3) 产品开发是指创造新的产品，以逐步替代现有产品，从而保持企业成长的态势。

(4) 多种经营则独具特色，对于企业来讲，它的产品与使命都是新的。换言之，企业步入了一个新的经营领域。

在前 3 种选择中，其共同经营主线是明晰和清楚的，或是开发新的市场营销技能，或是开发新产品和新技术，或是两者同时进行。但是在多种经营中，共同经营主线就显得不够清楚了。

应该看到，增长向量指出了企业在一个行业里的方向，而且指出企业计划跨越行业界线的方向，以这种方式描述的共同经营主线是对以产品与市场范围来描述主线的一种补充。

3) 竞争优势

竞争优势说明了企业所寻求的、表明企业某一产品与市场组合的特殊属性，凭借这种属性可以给企业带来强有力的竞争地位。一个企业要获得竞争优势，或寻求兼并，谋求在新行业或原行业中获得重要地位；或者设置并保持防止竞争对手进入的障碍和壁垒；或者进行产品技术开发，产生具有突破性的产品，以替代旧产品。图 3.2 所示为美国战略学家迈克尔·波特(Machel Porter)的竞争优势实证研究成果。

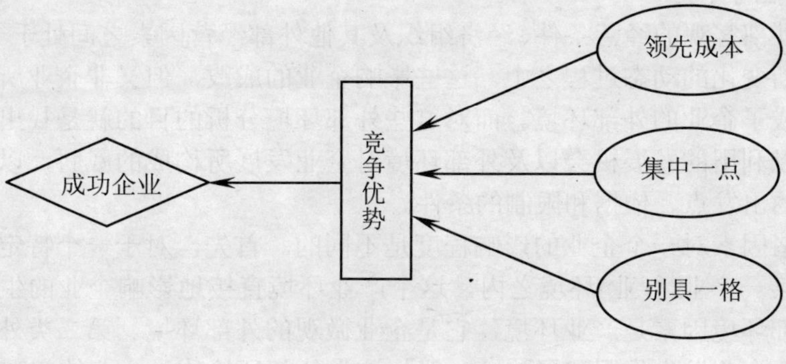

图 3.2　波特竞争优势模型图

上述 3 种要素描述了企业在外部环境里的产品与市场道路，而第四种要素则是从企业内部的协调考虑的。

4) 协同作用

协同作用指明了一种联合作用的效果，协同作用涉及企业与其新产品和市场项目相配合所需要的特征。在管理文献中，协同作用常常被描述为 1+1＞2 的效果，这意味着企业内各经营单位联合起来所产生的效益要大于各个经营单位各自努力所创造的效益总和。

安索夫又进一步将协同作用分成：销售协同作用，即企业各种产品使用共同的销售渠道、仓库等；运行协同作用，即企业内分摊间接费用，分享共同的经验曲线；管理协同作用，即在一个经营单位里运用另一个单位的管理经验与专门技能。当然，如果协同作用使用不当，也会产生负的协同作用，这就是所谓的内耗，即产生 1+1＜2 的结果。

协同作用是衡量企业新产品与市场项目的一种变量。如果企业的共同经营主线是进攻型的，该项目则应运用于企业最重要的要素，如销售网络、技术等；如果经营主线是防御型的，该新项目则要提供企业所缺少的关键要素。同时，协同作用在选择多种经营战略上也是一个关键的变量，它可以使各种经营形成一种内在的凝聚力。

共同经营除了具有上述的意义外，还有更深一层的含义，即企业应考虑如何提高获利能力。产品与市场范围指出寻求获利能力的范围；增长向量指出这种范围扩展的方向；竞争优势指出企业最佳机会的特征；而协同作用则挖掘企业总体获利能力的潜力，提高企业获得成功的能力。这四个要素相辅相成、互不排斥，共同构成了企业战略管理的内核。

3.2 战略分析与战略选择

3.2.1 外部环境与内部因素分析

1. 外部环境分析

1) 外部环境的分类

企业与其外部客观的经营条件、经济组织及其他外部经营因素之间处于一个相互作用、相互联系、不断变化的动态过程之中。这些影响企业的成败，但又非企业所能全部控制的外部因素就形成了企业的外部环境。而对这些外部环境分析的目的就是找出外部环境为企业所提供的可以利用的发展机会以及外部环境对企业发展所构成的威胁，以此作为制定战略目标和战略的出发点、依据和限制的条件。

外部环境诸因素对一个企业的影响程度是不同的。首先，对于一个特定的企业来说，它总是存在于某一产业(行业)环境之内，这个产业环境直接地影响企业的生产经营活动。所以第一类外部环境因素是产业环境，它是企业微观的外部环境。第二类外部环境因素是间接或潜在地对企业发生作用和影响，一般将这类外部环境称为企业的客观外部环境。

运作实例 3-2

环境变化对公司战略的影响

20 世纪 30 年代，当福特(Ford)汽车公司的“T 型车”风靡整个美国市场时，对于美国汽车行业中的各大公司来说，战略环境却在悄悄变化。福特公司当时所奉行的是成本领先战略，它通过大规模的生产组织，标准化的产品生产，低的研究开发(R＆D)的投入，低的广告促销费用的支出，使生产成本大大降低，并获得极大成功。而实施这种战略的基础是广大消费者的收入不高，福特公司通过减低成本使广大普通消费者也能购买汽车，使汽车走入普通家庭，从而拓展了市场。但是，随着人们生活水平的提高，实行成本领先的战略基础被动摇了。人们越来越不满足于购买与使用千篇一律的“T 型车”，愿意为产品的差异付出一定的额外费用。汽车市场上这种需求的变化给通用(GM)公司带来了机会，通用公司果断采取产品差异性战略，以不同的产品品种满足市场上的不同需求，从而一跃成为世界最大的汽车公司。由这个例子可以看出，当消费者收入发生变化时，汽车市场上的需求也就随之变化，从而对汽车公司产生了全局性的重大影响，这一环境要素就属于战略环境的构成要素。

(资料来源：上海交通大学管理案例研究中心.)

思考题：分析环境变化对福特汽车公司的公司战略有何影响？

提　示：企业与其外部客观经营因素之间处于一个相互作用、相互联系、不断变化的动态过程之中。外部客观经营因素的变化在给企业带来机会的同时，也带来了威胁。

2) 宏观环境因素分析

构成企业宏观环境的因素是指对企业经营与企业前途具有战略性影响的变量。这些因素可以分为四大类型，它们是：政治法律，经济，社会文化和技术。经济领域因素的变化显然对企业战略具有最重要的影响，但其他领域的影响也非常重要。当然，某一个因素的变化对不同行业的企业的影响程度是不同的。

(1) 政治法律环境因素。政治法律因素是指对企业经营活动具有现存的和潜在作用与影响的政治力量，同时也包括对企业经营活动加以限制和要求的法律和法规等。具体来说，政治因素包括：国家和企业所在地区的政局稳定状况，执政党所要推行的基本政策及这些政策的连续性和稳定性。这些基本政策包括：产业政策、税收政策、政府订货及补贴政策等。就产业政策来说，国家确定的重点产业总是处于优先发展的地位。因此，处于重点行业的企业增长机会就多，发展空间大。那些非重点发展的行业，发展速度就较缓慢，甚至停滞不前，因而处于这种行业的企业很难有所发展。另外，政府的税收政策影响到企业的财务结构和投资决策，资本持有者总是愿意将资金投向那些具有较高需求，且税率较低的产业部门。

政府因素对企业行为的影响是比较复杂的。有些政府行为对企业的活动有限制性的作用，但有些政府政策对企业有指导和积极的影响。政府有时以资源供给者的身份出现，如政府对自然资源(森林、矿山、土地等)和农产品国家储备的政策和立场，将对一些企业的战略选择产生重大的影响。另一方面，政府有时以顾客的身份出现，扮演消费者的角色。例如，政府订货对军事工业、航空航天等国防工业有重大的影响，同时也间接地影响着其他工业的消费走向。此外，政府贷款和补贴对某些行业的发展也有着积极的影响。

一些政治因素对企业的行为有直接的影响，但一般来说，政府主要是通过制定一些法律和法规来间接地影响企业的活动。为了促进和指导企业的发展，国家颁布了经济合同法、企业破产法、商标法、质量法、专利法和中外合资企业法等法律。此外，国家还有对工业污染程度的规定，卫生要求，产品安全要求，对某些产品定价的规定等，而这类法律和法规对企业的活动都有着限制性的影响。

(2) 经济环境因素。经济环境因素是指国民经济发展的总概况，国际和国内经济形式及经济发展趋势，企业所面临的产业环境和竞争环境等。

在众多的经济因素中，首先要分析的是宏观经济的总体状况。企业所在国家或地区的经济发展形势，是属于高速发展还是低速发展，或者处于停滞或倒退状态。一般说来，在宏观经济大发展的情况下，市场扩大，需求增加，企业发展机会就多。如国民经济处于繁荣时期，建筑业、汽车制造、机械制造以及轮船制造业等都会有较大的发展。而上述行业的增长必然会带动钢铁业的繁荣，增加对各种钢材的需求量。反之，在宏观经济低速发展或停滞或倒退的情况下，市场需求增长很小，甚至不增加，这样企业发展机会也就会变少。反映宏观经济总体状况的关键指标是国内生产总值(GDP)的增长率。比较高的、健康的国内生产总值增长率表明国民经济的良好运行状态。而经济的总体状况通常受到政府赤字水平以及中央银行货币供应量这两者相互关系的重大影响。

除上述宏观经济总体状况以外，企业还应考虑中央银行和各专业银行的利率水平、劳动力的供给(失业率)、消费者收入水平、价格指数的变化(通货膨胀率)等。这些因素将影响企业的投资决策、定价决策以及人员录用政策等。值得指出的是，从2003年开始，我国中央政府的宏观调控目标主要集中在4个方面：①国内生产总值的增长速度；②物价总水平；③城镇失业率或就业水平；④国际收支平衡状态。

(3) 社会文化环境因素。社会文化因素是指一定时期整个社会发展的一般状况。主要包括社会道德风尚、文化传统、人口变动趋势、文化教育、价值观念和社会结构等。

社会阶层通常指在一个社会中存在着相对持久的和类似的人的组合。在一个阶层，个人和家庭具有大致相同的价值观、生活方式、兴趣和行为规范。一般依据一个人的职业、收入来源和教育水平来决定一个人属于哪一个社会阶层。一个清洁工与一个文艺工作者的收入或许相同，但由于职业不同，两个人的消费特点就不同。划分社会阶层可以更准确地判断和测定消费者的购买意向和购买行为。

文化通常特指人类创造的精神财富，它包括文学、艺术、教育、科学等，是人们的价值观、思想、态度等的综合体。文化因素的确立影响着人们的购买决策和企业的教育行为。不同的国家有着不同的文化传统，因而也有着不同的亚文化群、社会习俗和道德观念，从而会影响人们的消费方式和购买偏好。企业若要通过文化因素分析市场，必须了解行为准则、社会习俗和道德态度这些文化因素，并对它们加以分析。

此外，生活方式的演变，消费者保护运动的开展等，也是构成社会文化环境的重要组成部分。

(4) 技术因素。技术因素不但指那些引起时代革命性变化的发明，而且还包括与企业生产有关的新技术、新工艺、新材料的出现，发展趋势及应用前景。

技术的变革在为企业提供机遇的同时，也对它构成了威胁。因此，技术力量主要从两个方面影响企业战略的选择。

① 技术革新为企业创造了机遇。这表现在：第一，新技术的出现使得社会和新兴行业增加对本行业产品的需求，从而使得企业可以开辟新的市场和新的经营范围；第二，技术进步可能使得企业通过利用新的生产方法、新的生产工艺过程或新材料等各种途径，生产出高质量、高性能的产品，同时也可能会使得产品成本大大降低。例如，连铸技术的出现，简化了钢铁加工工艺过程，提高了生产效率，也节约了大量的能源，从而降低了产品成本；互联网技术的广泛应用可以使企业在全球范围内实现最优成本采购和全球物流配送，同时也可使企业在不同的地点完成产品研发、设计、生产、销售和售后服务等不同的活动，以寻求产品的不断增值。

② 新技术的出现也使企业面临着挑战。技术进步会使社会对企业产品和服务的需求发

生重大变化。技术进步对某一个产业形成了机遇，也可能会对另一个产业构成威胁。塑料制品业的发展就在一定程度上对钢铁业形成了威胁，许多塑料制品成为钢铁产品的代用品。此外，竞争对手的技术进步可能使得本企业的产品或服务陈旧过时，也可能使得本企业的产品价格过高，从而失去竞争力。在国际贸易中，某个国家在产品生产中采用先进技术，就会导致另一个国家的同类产品价格偏高。因此，要认真分析技术革命对企业带来的影响，认清本企业和竞争对手在技术上的优势和劣势。

3) 行业环境的战略分析

企业战略环境的范围很广，既有社会的因素，又有经济的因素。但是，企业所面临的一个直接环境因素就是企业所在的行业。行业环境的战略分析属于外部环境分析中的微观环境分析，它的内容主要是分析本行业中的企业竞争格局以及本行业和其他行业的关系。行业的结构及竞争性决定着行业的竞争原则和企业可能采取的战略，因此行业环境的战略分析是企业制定战略最主要的基础。按照波特(M.E.Porter)的观点，一个行业中的竞争，远不止在原有竞争对手中进行，而是存在着 5 种基本的竞争力量，它们是：潜在的行业新进入者，替代品的威胁，购买商讨价还价的能力，供应商讨价还价的能力以及现有竞争者之间的竞争，如图 3.3 所示。

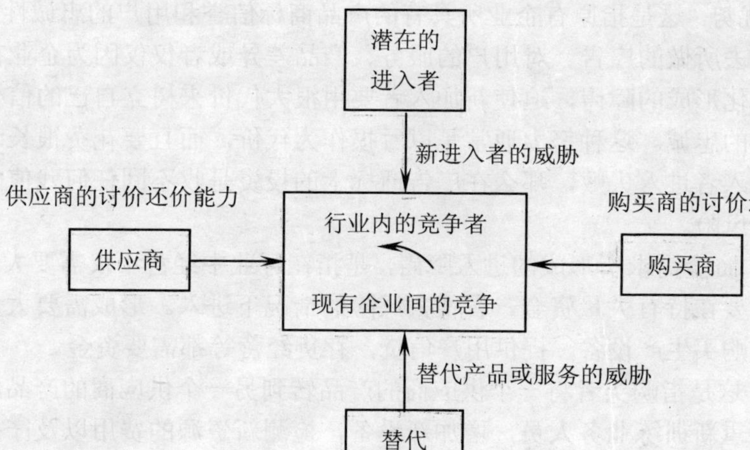

图 3.3 波特的 5 种竞争力模型图

这 5 种基本竞争力量的状况及其综合强度，决定着行业的竞争激烈程度，从而决定着行业中获利的最终潜力。在竞争激烈的行业中，不会有一家企业能获得惊人的收益。在竞争相对缓和的行业中，各企业普遍可以获得较高的收益。行业中竞争的不断进行，会导致投资收益率下降，直至趋近于竞争的最低收益率。若投资收益率长期处于较低水平，投资者将会把资本投入其他行业，甚至还会引起现有企业停止经营。在相反情况下，就会刺激资本流入和现有竞争者增加投资。所以，行业竞争力量的综合强度还决定资本向本行业的流入程度。这一切最终将决定企业保持高收益的能力。现将五种竞争力量分述如下。

(1) 行业新加入者的威胁。这种威胁主要是由于新进入者加入该行业(如钢铁行业)会带来生产能力的扩大，带来对市场占有率的要求，这必然引起与现有企业进行激烈竞争，使产品价格下跌；另一方面，新加入者要获得资源(如钢铁生产中的矿石和焦炭)进行生产，从而可能使得行业生产成本升高。这两方面都会导致行业的获利能力下降。

新加入者威胁的状况取决于进入障碍和原有企业的反击程度。如果进入障碍高，原有企业激烈反击，潜在的加入者难以进入该行业，加入者的威胁就小。决定进入障碍大小的主要因素有以下几个方面。

① 规模经济。这是指生产单位产品的成本随生产规模的增加而降低。规模经济的作用是迫使行业新加入者必须以大的生产规模进入，并冒着现有企业强烈反击的风险；或者以小的规模进入，但要长期忍受产品成本高的劣势。这两种情况都会使加入者望而却步。在钢铁行业中是存在规模经济的，大企业的生产成本要低于小企业的生产成本，这就有了进入障碍的客观条件。

② 产品差异优势。这是指原有企业所具有的产品商标信誉和用户的忠诚性。造成这种现象是由于企业过去所做的广告、对用户的服务、产品差异或者仅仅因为企业在该行业历史悠久。产品差异化形成的障碍，迫使新加入者要用很大代价来树立自己的信誉和克服现有用户对原有产品的忠诚。这种努力通常是以亏损作为代价，而且要花费很长时间才能达到目的。如果新加入者进入失败，那么在广告商标上的投资是收不回任何残值的。因此这种投资具有特殊的风险。

③ 资金需求。资金需求所形成的进入障碍，是指在行业中经营不仅需要大量资金，而且风险大。加入者要在持有大量资金，冒很大风险的情况下进入。形成需要大量资金的原因是多方面的，如购买生产设备，提供用户信贷，存货经营等都需要资金。

④ 转换成本。这是指购买者将一个供应商的产品转到另一个供应商的产品所支付的一次性成本。它包括重新训练业务人员，增加新设备，检测新资源的费用以及产品的再设计等。如果这些转换成本高，那么新加入者必须为购买商在成本或服务上做出重大的改进，以便购买者可以接受。

⑤ 销售渠道。一个行业的正常销售渠道，已经为原有企业服务，新加入者必须通过广告合作、广告津贴等来说服这些销售渠道接受他的产品，这样就会减少新加入者的利润。产品的销售渠道越有限，它与现有企业的联系就越密切，新加入者要进入该行业就越困难。

⑥ 与规模经济无关的成本优势。原有的企业常常在其他方面还具有独立于规模经济以外的成本优势，新加入者无论取得什么样的规模经济，都不可能与之相比。它们是专利技术、独占最优惠的资源、占据市场的有利位置、政府补贴、具有学习或经验曲线及政府的

某些限制政策等。

(2) 现有竞争者之间的竞争程度。现有竞争者之间采用的竞争手段主要有价格战、广告战、引进产品以及增加对消费者的服务和保修等。竞争的产生是由于一个或多个竞争者感受到了竞争的压力，或看到了改善其地位的机会。如果一个企业的竞争行动对其对手有显著影响，就会招致报复或抵制。如果竞争行动和反击行动逐步升级，则行业中所有企业都可能遭受损失，使处境更糟。在如下情况下，现有企业之间的竞争会变得很激烈。

① 有众多或势均力敌的竞争者。当行业中的企业为数众多时，必然会有一定数量的企业为了占有更大的市场份额和取得更高的利润，而突破本行业规定的一致行动的限制，采取打击、排斥其他企业的竞争行为。这势必在现有竞争者之间形成激烈的竞争。即便在企业为数不多的情况下，若各企业的实力相当，由于它们都有支持竞争和进行强烈反击的资源，也会使现有企业间竞争激化。

② 行业增长缓慢。在行业增长缓慢的情况下，企业为了寻求发展，便将力量放在争夺现有市场的占有率上，从而使现有企业的竞争激化。而在行业快速增长的条件下，行业内各企业可以与行业同步增长，而且企业还可以在增长的过程中充分地利用自己的资金和资源，竞争就不会激烈。

③ 行业具有非常高的固定成本或库存成本。当行业固定成本较高时，企业为降低单位产品的固定成本，势必采用增加产量的措施，结果又往往导致价格迅速下跌。与固定成本高有关的一个问题是产品的库存问题。如若行业生产的产品库存起来非常困难或费用极高，在这种情况下，企业就容易为尽快把产品销售出去而遭受降价的损害。

④ 行业的产品没有差别或没有行业转换成本。当产品或劳务缺乏差异时，购买者的选择是价格和服务，这就会使生产者在价格和服务上展开竞争，使现有企业之间的竞争激化。同样，转换成本低时，购买者有很大的选择空间，也会产生相同的作用。

⑤ 行业中的总体生产规模和能力大幅度提高。新的生产规模不断扩大，就必然会经常打破行业的供需平衡，使行业产品供过于求，迫使企业不断降价销售，激化了现有企业之间的竞争。

⑥ 竞争者在战略、目标以及组织形式等方面千差万别。企业如果把市场当作解决生产能力过剩的出路，它就会采取倾销过剩产品的办法。多种经营的企业，若把某行业经营的产品视为厚利产品，它就会采取扩大或巩固销售量的策略，尽力促使该行业的稳定。小型企业为了保持经营的独立性，可能情愿取得低于正常水平的收益来扩大自己的销路，所有这些都会引起竞争的激化。

⑦ 行业对企业兴衰至关重要，如果取得成功的可能性大，那么行业中企业之间的竞争就会更加激烈。例如，一个多样化经营的公司可能将成功的重点放在某一特定产业中，以推动公司整体战略的成功。或者，一个外国公司为了树立全球声望或技术上的优势，可能会强烈地认为需要在某一外国市场上建立稳固的市场地位。在这样的情况下，这些公司的

目标可能不仅是多样化，而且更加带有突破性，因为它们只求扩张并含有牺牲其利润的潜在意向。

⑧ 退出行业的障碍很大。当退出障碍高时，经营不好的企业只得继续经营下去，这样使现有企业间的竞争激化。退出障碍的主要来源有：具有高度专门化的资产，其清算价值低或转换成本高；退出的费用高，如较高的劳动合同费、安置费、设备备件费；战略的协同关系，如果企业某一经营单位退出，就会破坏这种协力；感情障碍，如退出行业经营影响职工的忠诚，对个人事业前途充满畏惧等；政府和社会的限制，政府考虑到失业问题、地区经济问题的影响，有时会出面反对或劝阻企业退出该行业。

(3) 替代产品的威胁。替代产品是指那些与本行业的产品有同样功能的其他产品。替代产品的价格如果比较低，它投入市场就会使本行业产品的价格上限只能处在较低的水平，这就限制了本行业的收益。替代产品的价格越是有吸引力，这种限制作用也就越大，对本行业构成的压力也就越大。正因为如此，本行业与生产替代产品的其他行业进行的竞争，常常需要本行业所有企业采取共同措施和集体行动。下述的替代产品应引起该行业的注意。

① 替代产品在价格和性能上优于该行业的产品。

② 替代产品产自高收益率的行业。

在后一种情况下，如果替代产业中某些发展变化加剧了那里的竞争，从而引起价格下跌或其经营活动的改善，则会使替代产品立即崭露头角。

(4) 购买商讨价还价的能力。购买商可能要求降低购买价格，要求高质的产品和更多的优质服务，其结果是使得行业的竞争者们互相竞争残杀，导致行业利润下降。在下列情况下，购买商们有较强的讨价还价能力。

① 购买商们相对集中并且大量购买。如果购买商们集中程度高，由几家大公司控制，这就会提高购买商们的地位。如果销售者行业急需补充生产能力的话，那么大宗的购买商就更处在特别有利的竞争地位。

② 购买的产品占购买商全部费用或全部购买量中很大的比重。这时，购买商愿意花费必要的资金购买，购买商讨价还价的能力就大。反之，只占购买商全部费用的一小部分，那么购买商通常对价格不很敏感，无需讨价还价。

③ 从该行业购买的产品属标准化或无差别的产品。购买商在这种情况下确信自己总是可以找到可挑选的销售者，可使销售者之间互相倾轧。

④ 购买商的行业转换成本低。高的转换成本将购买商固定在特定的销售者身上。相反，如果转换成本低，购买商讨价还价能力就大。

⑤ 购买商的利润很低。这样，他们会千方百计地压低购买费用，要求降低购买价格。高盈利的购买商通常对价格不太敏感，同时他们还可能从长计议，考虑维护与供应商的关系。

⑥ 购买商们有采用后向一体化对销售者构成威胁的倾向，他们宁愿自己生产而不去购买。

⑦ 销售者的产品对购买商的产品质量或服务无关紧要。如果销售者的产品对购买商的产品质量影响很大，购买商一般在价格上不太敏感。

⑧ 购买商掌握供应商的充分信息。这样，购买商便会在交易中享有优惠价格，而且在受到供应商威胁时进行有力地反击。

(5) 供应商讨价还价的能力。供应商的威胁手段一是提高供应价格，二是降低供应产品或服务的质量，从而使下游行业利润下降。在下列情况下，供应商有较强的讨价还价能力。

① 供应行业由几家公司控制，其集中化程度高于购买商行业的集中化程度。这样，供应商能够在价格、质量的条件上对购买商施加相当大的影响。

② 供应商无需与替代产品进行竞争。如果存在着与替代产品的竞争，即使供应商再强大有力，他们的竞争能力也会受到牵制。

③ 对供应商们来说，所供应的行业无关紧要。在供应商向一些行业销售产品且每个行业在其销售额中不占很大比例时，供应商更易于应用他们讨价还价的能力。反之，如果某行业是供应商的重要主顾，供应商就会为了自己的发展采用公道的定价、研究与开发、疏通渠道等援助活动来保护购买商的行业。

④ 对买主们来说，供应商的产品是很重要的生产投入要素。这种投入对于买主的制造过程或产品质量有重要的影响，这样便增强了供应商讨价还价的能力。

⑤ 供应商们的产品是有差别的，并且使购买者建立起很高的转换成本。这样，购买者便不会设想“打供应商的牌”。

⑥ 供应商对买主行业来说，构成前向一体化的很大威胁。这样，购买商行业若想在购买条件上讨价还价，就会遇到困难。例如矿石公司想要自己用铁矿石炼铁，则对炼铁公司来说构成很大的威胁。

2. 内部因素分析

1) 企业资源分析

所谓资源是企业在创造价值过程中的各种投入，是可以用来创造价值的资料。企业资源按其是否容易辨识和评估来划分，可以分为有形资源和无形资源。

(1) 有形资源。是指可见的、能量化的资产。有形资源不仅容易被识别，而且也容易估计它们的价值，如厂房、设备、资金等。许多有形资源的价值可以通过财务报表予以反映。有形资源包括 4 类：财务资源、组织资源、实物资源、人力资源。其中人力资源是一种特殊的有形资源，它体现在企业的知识结构、技能、决策能力、团队使命感、奉献精神、团队工作能力，以及组织整体的机敏度。因而许多战略学家把企业人力资源称为“人力资本”。

(2) 无形资源。是指那些根植于企业的历史，长期积累下来的、不容易辨识和量化的资产。如企业的创新能力、产品和服务的声誉、专利、版权、商标、专有知识、商业机密等均属无形资源。无形资源可归为两大类：技术资源和声誉资源，见表 3-2。与有形资源相比，无形资源更具潜力。目前在全球经济中，相对于有形资源，企业的成功更多取决于知识产权、品牌、声誉、创新能力等无形资源。

表 3-2　企业资源的分类与特征

资源		主要特征	主要的评估内容
有形资源	财务资源	企业的融资能力和内部资金的再生能力决定了企业的投资能力和资金使用的弹性	资产负债率、资金周转率、可支配现金总量、信用等级
	实体资源	企业装置和设备的规模、技术及灵活性，企业土地和建筑的地理位置和用途，获得原材料的能力等决定企业成本、质量、生产能力和水准的因素	固定资产现值、设备寿命、先进程度、企业规模、固定资产的其他用途
	人力资源	员工的专业知识、接受培训程度决定其基本能力。员工的适应能力影响企业本身的灵活性。员工的忠诚度和奉献精神以及学习能力决定企业的运作方式与方法	员工知识结构、受教育水平、平均技术等级、专业资格、培训情况、工资水平
	组织资源	企业的组织结构类型与各种规章制度决定企业的运作方式与方法	企业的组织结构以及正式的计划、控制、协调机制
无形资源	技术资源	企业专利、经营诀窍、专有技术、专有知识和技术储备、创新开发能力、科技人员等技术资源的充足程度决定企业工艺水平、产品品质，决定企业竞争优势的强弱	专利数量和重要性、从独占性知识产权所得收益，全体职工中研究开发人才的比重、创新能力
	商誉资源	企业商誉的高低反映了企业内部、外部对企业的整体评价，决定着企业的生存环境	品牌知名度、美誉度、品牌重购率、企业形象，对产品质量、耐久性、可靠性的认同度，供应商、分销商认同的有效性、支持性的双赢的关系、交货方式

企业资源分析旨在确定企业资源状态，企业在资源上表现的优势和劣势，以及相对未来战略目标存在的资源缺口等。企业的成功源于对资源的成功开发和利用，因而必须做好企业资源分析。进行企业资源分析，关键是要确定企业的资源强势和弱势。

① 资源强势。指的是企业所特有的能提高企业竞争力的资源。往往表现为：重要的专

门技能(低成本制造诀窍、独特的广告和促销诀窍)，宝贵的有形资产(现代化生产工厂和设备、遍布全球的分销网络)，宝贵的人力资源(经验丰富、能力强的劳动力，积极上进、学习能力强的员工队伍，关键领域中的特殊人才)，宝贵的组织资源(高质量的计划体系和控制体系)，宝贵的无形资源(品牌形象、企业声誉、职员忠诚度、积极的工作环境和强大的企业文化)。资源强势是形成企业核心能力的重要基础。

② 资源弱势。指的是某种企业缺少或做得不好，使企业在竞争中处于劣势的资源。往往表现为：缺乏有着重要竞争意义的有形资产、人力资源、组织资源、无形资源。资源弱势会制约企业竞争优势的形成，限制企业的战略发展空间。

2) 企业能力分析

企业能力是指整合企业资源，使价值不断增加的技能。一般而言，资源本身并不能产生竞争能力和竞争优势，竞争能力和竞争优势源于对多种资源的特殊整合。例如，一支足球队可能会因为获得了最优秀的前锋而获益，但这种获益只有在其他队员与之配合默契、大家共同按一套正确的进攻战略来踢球，充分发挥出团队的竞争优势时，才能实现。回到企业的命题上，道理也是一样：企业的竞争优势源于企业的核心竞争力，核心竞争力又源于企业能力，而企业能力源于企业资源。换言之，企业可持续性的竞争优势是由企业在长期运行中，将具有战略价值的资源和能力进行整合，升华而形成的核心竞争力所产生的。这样一个整合过程正是企业素质的提升过程，也是一个以资源为基础的战略分析过程。

在识别、判定一个企业的核心竞争力之前，首先要弄清一个企业的基本能力状况。对企业基本能力状况的分析，应包括以下几方面：财务能力分析，营销能力分析，生产管理能力分析，组织效能分析，企业文化分析。

一个企业除非具备行业一般能力，否则无法取得行业平均利润，求得生存。然而企业要更好地生存，做长寿企业，还必须在一般能力的基础上找到一根能撬动市场，赢得竞争的杠杆——核心能力。企业的核心能力是持久竞争优势的源泉。从本质上来讲，核心能力就是企业发展独特技术、开发独特产品和创造独特营销手段的能力。它具有3个明显特征：能够为用户带来巨大的价值，能够支撑多种核心产品，竞争者难以复制或模仿。

3.2.2 确定企业宗旨和目标

1. 确定企业宗旨

企业的宗旨，又被称为企业的使命，是指企业存在的理由和目的。绝大多数的企业使命是高度抽象的，企业使命不是企业经营活动具体结果的表述，而是为企业提供了一种原则、方向和哲学。过于明确的企业使命会限制在企业功能和战略目标制定过程中的创造性；宽泛的企业使命会给企业管理者留有细节填补及战略调整的余地，从而使企业在适应内、外环境变化中有更大的弹性。

确定企业的宗旨，就是根据企业内、外部环境分析，判断企业应该从事什么业务，它的顾客是谁，它要向自己的顾客提供什么样的产品和服务。简而言之，确定了企业的宗旨，就确定了企业应该从事哪一行业。企业的宗旨可以反映一个企业的经营观念。例如，一家家具公司的宗旨表述为："我们是一家向一切愿意购买的顾客出售家具的公司。"而另一家家具公司的宗旨则表述为："我们是以合理的价格为希望有一个舒适的家庭室内环境的顾客提供周到服务的公司，我们提供的不仅是家具产品，我们还提供令顾客感到幸福和舒适的服务。"这两个企业的经营观念大相径庭，前者仍然属于生产型观念，以企业为中心；而后者则属于营销型观念，以顾客为中心开展生产经营。

确定企业的宗旨是企业战略管理过程最重要，同时也是最困难的工作。一般来说，企业宗旨的表述必须把企业的性质、特点和目的描述清楚，既不能把企业宗旨界定过窄，也不能把企业宗旨界定过宽，过窄的企业宗旨会限制企业的行动，使企业不能灵活地适应外界环境的变化，过宽的企业宗旨则因包罗万象而使企业无所适从，实现不了指导企业经营管理的目的。

一个恰当的企业宗旨定义，为企业战略的制定和实施提供了明确的指导方针，使企业既不至于在面临的多种发展机会与方向面前无所适从，又不至于在复杂的环境中迷失方向。

一个企业的宗旨是指向外部的，而不是指向内部的。换言之，企业的宗旨必须定位于企业的外部。因为顾客是企业生存的基础，一个企业只有为自己的产品和服务找到足够的顾客，它才能够生存下去。因此，企业必须根据它所服务的顾客和顾客的需要来确定自己的宗旨。

运作实例 3-3

宜家的独特定位

总部设在瑞典的全球家具零售商——宜家家居(Ikea)制定了非常明确的战略定位。它瞄准的客户是那些年轻的消费者，他们崇尚格调但又不愿付高价。将这一营销概念转化为战略定位的则是那些为特定客户群特别设计的运营活动，正是这些运营活动使上述营销概念得以实施。宜家家居选择了与竞争对手完全不同的方式来实施自己的经营活动。

在普通家具店里，展示厅里摆放着一些家具样品。其中一块区域可能摆放了 25 张沙发，另一块区域则可能陈列着 5 张餐桌。但是，这些只是众多可供顾客选择的家具中的一小部分。为了方便顾客从数千种产品中进行挑选，家具店内还可能陈列着记事本包括面料样本、木料样本或其他家具式样在内的展览册。销售人员跟在顾客的后面，回答他们的提问，并在顾客难于抉择时为他们指点迷津。一旦顾客做出选择，订单就被转发给第三方制造商。如果一切顺利，家具就会在 6~8 个星期内送到顾客家里。由此形成的一条价值链，虽然可以为不同顾客提供最好的专业服务，但是成本偏高。

与普通家具店相反，宜家家居所服务的对象是那些愿意为降低成本而牺牲服务的顾客。因此，它不需要销售人员来引领顾客，而是依靠明确的店内展示实现自助服务。此外，宜家家居并不完全依赖于第三方制造商，而是自行设计低成本、便于安装、标准尺寸的组合家具，这显然与公司的战略定位是一致的。在超大面积的商场中，宜家家居将各种待售商品摆放在样品中间，如此一来，顾客就不需要装修设计人员帮助他们想象如何把这些东西摆放在一起。仓储区邻近家具展示厅，各种各样的产品打包堆放在货架上。顾客需要自己提货、自己负责运输，宜家家居甚至可以将车顶架也一起卖给你，当你下次光顾时，可以将车顶架还回得到退款。

虽然宜家家居的低成本大多来自顾客的"自己动手"，但是它也提供了许多竞争对手没有提供的服务。店内照看孩子就是其中的一项，另一项服务是延长营业时间。这些服务都是根据特定顾客的需求而设立的。逛宜家的人大都是年轻还不富有、可能有孩子但没有保姆的顾客。他们大多为了生计而奔忙，只是在闲暇时才会去购物。

(资料来源：迈克尔·波特. 什么是战略. 哈佛商业评论. 2004年1月.)

思考题：根据宜家家居的独特定位分析它的企业宗旨？

提　示：宜家企业遵循营销型的经营观念，以顾客为中心开展生产经营。

2. 确定企业战略目标

企业的战略目标就是企业在遵循自己的宗旨时所要达到的长期的特定地位，它可以看作是企业活动在一定时期所要得到的结果。企业宗旨为企业高层管理者选择要达到的战略目标提供了方向和范围。

一般来说，企业的战略目标与企业的一系列外部和内部因素相关。从企业的外部因素看，企业战略目标与企业在总体环境中的位置、形象、商誉相联系；从企业内部因素来看，企业战略目标与企业追求的经营管理成果即市场份额、增长速度、盈利水平、现金流量、投资收益、竞争能力、经营方向、多种经营的程度等一系列指标相联系。

战略目标的确定是企业战略规划中至关重要的一步，只有明确战略目标，企业才能合理地根据实现目标的需要，合理地分配各种资源，正确地安排经营活动的优先顺序和时间表，恰当地指明任务和职责。不确定企业的战略目标，企业的宗旨就可能成为一纸空文。

在确定企业的战略目标时，要注意四个方面的问题。

(1) 一个战略目标应该有一个明确的、特定的主题，不应该是模糊不清，过于抽象的。如"我们的战略目标就是要使本企业成为一家更有进取的企业。"这个战略目标就十分不明确。

(2) 目标应该是可以测量的，只要有可能，战略目标就应该用定量指标来描述。

(3) 设定目标的同时要有一个实现目标的明确期限。

(4) 目标应该是积极进取的，具有挑战性，同时又具有现实性和可操作性。

运作实例 3-4

战略目标设定时的常见错误列举

在我国企业战略规划实践中，由于存在模糊认识，战略目标设置时经常出现明显的错误，这使得战略规划往往流于形式，无法取得其应有的效果。战略目标设定时的常见错误列举如下。

(1)本企业的战略目标是实现利润的大幅增长。

分析：究竟增长多少才是大幅增长？需要多少时间实现利润增长？

改进：本企业未来3年的战略目标是实现利润总额增长50%。

(2)本企业未来3年的战略目标是改善目前较落后的市场地位。

分析：市场地位改善到什么样的程度才能称得上是改善？

改进：本企业未来3年的战略目标是将市场占有率提高到10%。

(3)本企业在2003年度的战略目标是增加促销支出20%。

分析：促销活动只是一种活动而不是一种结果，战略目标应是经营活动的一个结果。

改进：本企业在2003年度的战略目标是通过增加促销费用支出20%，使我们的市场占有率由2%上升到6%。

(4)本企业的战略目标是在未来10年内跻身世界工业企业500强。

分析：由于该企业目前只在国内处于中流水平，制定此战略目标失之虚夸，对员工激励作用不大。

改进：本企业未来10年的战略目标是跻身国内工业企业500强。

(5)本企业未来五年的战略目标是成为本行业的领导者。

分析：究竟是市场领先者，还是技术领先者，还是两者兼而有之？不明确。

改进：本企业未来3年的战略目标是成为本行业技术方面的领先者。

(资料来源：www.yuloo.com/BBS/archiver/tid-593235.html.)

思考题：企业在制订战略目标时应考虑哪些问题？

3.2.3 战略选择

1. 3种主要的战略态势

对于一个大型的公司来讲，有多种战略选择。一般来说，企业及其战略业务单位可以采用以下3种主要的战略态势：稳定型战略、增长型战略和紧缩型战略。

1) 稳定型战略

稳定型战略是在企业的内外部环境约束下，企业准备在战略规划期使企业资源分配和经营状况基本保持在目前状态和水平上的战略。按照稳定型战略，企业目前所遵循的经营方向及其正在从事经营的产品和面向的市场领域、企业在其经营领域内所达到的产销规模和市场地位大致不变或以较小的幅度增长或减少。稳定型战略主要依据于前期战略。它坚持前期战略对产品和市场领域的选择，以前期战略所达到的目标作为本期希望达到的目标。因而，实行稳定型战略的前提条件是企业过去的战略是成功的。

一般来说，奉行稳定型战略的企业都集中于单一产品或服务。企业的增长和发展依赖于在稳定增长的市场上维持它们的一定的市场占有率，或依靠缓慢地提高市场占有率，或增加新的产品或服务(但仅在广泛的市场研究之后才做出)，或扩大企业市场所覆盖的地理范围。稳定型战略的风险比较小，对处于稳定增长中的行业或稳定环境中的企业来说，它是非常有效的战略选择。公用事业、运输、银行和保险等部门的企业，许多都采取稳定型战略。事实上对许多企业来说，稳定型战略可能是最合逻辑、最适宜和最有效的战略。

2) 增长型战略

增长型战略是一种使企业在现有的战略基础水平上向更高一级的目标发展的战略。它以发展作为自己的核心内容，引导企业不断地开发新产品、开拓新市场、采用新的生产方式和管理方式，以便扩大企业的产销规模，提高竞争地位，增强企业的竞争实力。从企业发展的角度来看，任何成功的企业都应当经历长短不一的增长型战略实施期，因为本质上来说只有增长型战略才能不断地扩大企业规模，使企业从竞争力弱小的小企业发展成为实力雄厚的大企业。

虽然增长型战略是一种最流行、使用最多的战略，但它具有相应的利弊，在实施决策前要充分地加以权衡。从增长型战略的类型来看，又可以分为以下 3 类：集中生产单一产品或服务战略、一体化战略和多样化战略。

3) 紧缩型战略

紧缩型战略是指企业从目前的战略经营领域和基础水平收缩和撤退，且偏离战略起点较大的一种经营战略。与稳定型战略和增长型战略相比，紧缩型战略是一种消极的发展战略。一般地，企业实行紧缩型战略只是短期性的，其根本目的是使企业捱过风暴后转向其他的战略选择。有时，只有采取收缩和撤退的措施，才能抵御对手的进攻，避开环境的威胁和迅速地实行自身资源的最优配置。可以说，紧缩型战略是一种以退为进的战略态势。

根据紧缩的方式和程度不同，紧缩型战略可以分为抽资转向战略、放弃战略和清算战略。企业的资源是有限的，既然企业采取了各种方式进入新的产业或是扩大了业务范围，它们就需要在必要时退出某些业务；而且企业的经营环境在不断变化，原本有利的环境在经过一段时间后会变得不那么有吸引力了；原来能容纳许多企业发展的产业会因进入衰退阶段，而无法为所有企业提供最低的经营报酬，或是企业为了进入某个新业务领域需要大量的投资和资源的转移等。所有上述情况的发生都会迫使企业考虑紧缩目前的经营，甚至于目前的业务或实施公司清算，即考虑紧缩型战略态势。

2. 战略态势选择的影响因素

公司战略态势的选择会对未来战略实施产生重大影响，因而这一决策必须是非常慎重的。但往往在经过对各种可能的战略态势进行全面评价后，企业管理者会发现好几项方案都是可以选择的。在这种情况下，会有一些因素对最后决策产生影响，这些因素在不同的企业和不同的环境中起到的作用是不同的。但了解这些因素对企业战略管理者制定合适的战略方案来说是非常必要的。

(1) 企业过去的战略。对大多数企业来说，过去的战略常被作为战略选择过程的起点。这样，一个很自然的结果是，进入考虑范围的战略方案的数量会受到基于企业过去的战略的限制。由于企业管理人员是过去战略的制定者和执行者，因此他们也常常倾向于不改动这些既定战略，这就要求企业在必要时撤换某些管理人员，以削弱目前失败的战略对未来战略选择的影响，因为新的管理层更少受到过去的战略的限制。

(2) 管理者对风险的态度。企业和管理者对风险的态度影响着战略态势的选择。风险承担者一般采取一种进攻性战略，以便在被迫对环境的变化作出反应之前主动地作出反应。风险回避者则通常采取一种防御性战略，只有在环境迫使他们对环境变化作出反应时它们才不得不这样做。风险回避者相对来说更注重过去的战略，而风险承担者则有着更为广泛的选择。

(3) 企业对外部环境的依赖性。企业总是生存在一个受到股东、竞争者、客户、政府、行业协会和社会影响的环境之中。企业对这些环境力量中的一个或多个因素的依赖程度也影响着其战略选择过程。对环境的较高的依赖程度通常会减少企业在其战略选择过程中的灵活性。例如，美国克莱斯勒汽车公司对联邦贷款委员会贷款协议的依赖极大地限制了公司 20 世纪 80 年代早期的战略选择。公司提前归还贷款的决定在很大程度上是为了减少对外部环境的依赖，提高公司战略的灵活性。

(4) 企业文化和内部权势关系。任何企业都存在或强或弱的企业文化。企业文化和战略态势的选择是一个动态平衡、相互影响的过程。企业在选择战略态势时不可避免地要考虑企业文化对自身的影响。企业未来战略的选择只有充分考虑到与目前的企业文化和未来预期的企业文化相互包容和相互促进的情况下，才能被成功地实施。

另一方面，企业中总存在着一些正式和非正式组织。由于种种原因，某些组织成员会共同支持某些战略，反对另一些战略。这些成员的看法有时甚至能左右战略的选择，因此在现实企业中，战略态势决策不可避免地或多或少要打上这些势力的烙印。

(5) 时期性。时期性首先是指允许进行战略态势决策的时间限制。时限压力不仅减少了能够考虑的战略方案的数量，而且也限制了可以用于评价方案的信息的数量。事实表明，在时限压力下，人们倾向于把否定性因素看得比肯定性因素更重要一些，因而往往做出更有防御性的决策。

时期性的第二点包括战略规划期的长短，即战略的时期着眼点。战略规划期长，则外界环境的预测相对更为复杂，因而在做战略方案选择时不确定性因素更多，这会使战略方案决策的复杂性大大增加。

(6) 竞争者的反应。在战略态势的选择中，还必须分析和预计竞争对手对本企业不同战略方案的反应。例如，企业采用增长型战略的话，主要竞争者会作出什么反击行为，从而对本企业打算采用的战略有什么影响。因此，企业必须对竞争对手的反击能力作出恰当的估计。在寡头垄断型的市场结构中，或者市场上存在一个极为强大的竞争者时，竞争者的反应对战略选择的影响更为重要。例如，IBM公司的竞争行为会强烈地影响计算机行业的所有公司的战略抉择。而美国各汽车巨头也都必须紧盯其他巨头的竞争反应以确定自己的战略。

3.3 战略实施与控制

3.3.1 战略实施

企业战略的实施是借助于中间计划、行动方案、预算和一定的程序，实现企业战略和政策的行动过程。一般认为，战略实施是一项行政性的管理工作，是在企业最高管理层的监督和指导下，由企业的中下层管理人员组织执行的。然而，作为企业的最高行政领导，一个企业的总经理必须对企业的战略实施承担全部的责任。

1. 企业家的任务和战略领导的实施

1) 企业家的任务

在企业战略执行的过程中，一个企业家有下列四项重要的任务：确认实施所选择的战略对行政管理的要求，探明企业战略的执行过程中将产生的问题；协调企业战略与企业的内部组织行为，使之相互适应；推进战略执行过程；监督战略执行过程。

2) 战略领导的实施

企业家要完成战略领导工作，需要使企业的内部结构和经营活动与企业战略相适应。这种适应反映在以下几个方面：战略与企业组织结构相适应，战略与企业的技术与能力相适应，战略与企业的资源分配相适应，战略与企业的组织激励系统相适应，战略与企业的内部政策和工作程序相适应，战略与企业员工的价值观念相适应，战略与企业的预算和计划方案相适应。

2. 企业战略的执行过程

企业战略的执行过程包括制定方案、编制预算、确定工作程序等内容。

(1) 中间计划(intermediate plan)。它是介于长期战略和行动方案之间的计划。从时间上讲，它一般为1～3年。从内容上说，它包括了比行动方案更全面的内容。对于一个3年期的企业战略，中间计划就是年度计划了。

(2) 行动方案(program)。它是对完成某一次性计划的活动和步骤的陈述。例如，一个企业选择了产品开发战略，就需要在战略执行过程为开发新产品制定行动方案。

(3) 预算(budget)。它是企业在一定时期内的财务收支预计。从企业战略管理的角度来看，预算是为了管理和计划控制的目的，确定每一项战略活动方案的详细成本。预算是实现企业战略目标的财务保证。

(4) 程序(procedure)。它是规定完成某一特殊行动或任务的步骤和方法。这些活动是实现企业战略目标所必需的，因而程序必须在时间、人、财、物等方面满足战略目标的要求。为了制定最佳的工作程序，可以借助于计算机和计划评审法、关键路线法、线性规划、动态规划、目标规划等一系列科学管理方法。

3.3.2 战略控制

1. 战略控制的必要性

战略控制就是将反馈回来的实际战略实施成效信息与预定战略目标进行比较，检测二者的偏离程度，并采取有效措施进行纠正，以达到战略目标的完成。战略控制之所以必要，是因为在战略执行过程中会出现以下问题。

(1) 产生与战略目标要求不符的行动。这一般是因为个人的认识、能力、掌握信息的局限性，以及个人目标和企业目标上的不一致造成的。

(2) 有时还会出现战略计划的局部或整体已不符合企业的内外部状况。这一般是由原来战略计划制定得不当或环境发展与原来的预测不同所造成的。

运作实例 3-5

德隆系倒塌—母子公司管控之败

2004年，显赫一时的德隆系轰然倒塌，它的失败部分在于资金链的不堪重负，部分在于不谙资本游戏规则，但归根到底，在于母子公司管控之败。

德隆生存最重要的思想是：以先进的管理和资本运作为纽带，整合传统产业，激活传统产业，获取超额回报，最终达到超常规发展的目的。

其产业发展模式可概括为：投资上市公司→输出产业发展战略→战略实施与监控→整合产业→提升产业价值。

德隆战略目标是以资本运作+整合产业的思路，通过以下8个步骤达到其战略目标，其方法步骤一定程度上是具有可操作性的，是一种创新。

(1) 通过上市公司筹措资金，然后将资金注入产业，整合产业，利用产业收益带动股价上升，然后再获取进一步股市融资的资格……这种思路本身是值得借鉴的。

(2) “俱乐部式”融合不同文化，同时营造崇尚个性与创新、提倡团队合作、不为繁文缛节束缚的企业文化氛围。这一企业文化有利于消除集团各公司间的文化差异，提高集团内部凝聚力和外部竞争力。

(3) 通过资本运作获取资源的思路。德隆通过并购和合作等方式，利用国内外企业的成熟的营销网络进行集团的产品销售，不仅节省了营销成本，而且扩大了市场占有率，提高了集团的整体收益。

(4) 通过总部进行战略预算、质询，实现对子公司的战略管控。

(5) 通过总部进行稽核与偏差分析，建立对子公司的过程监控。

(6) 通过企业家俱乐部形式输入人才。

(7) 通过中企东方建立对子公司的行业分析与竞争研究。

(8) 通过强势输入管理模式、营销资源提升子公司效益。

纵观德隆的运作模式，可以发现德隆模式成功的关键在于，能否对子公司实现有效管控，达到预期目标。

而现实情况是，德隆在实施该模式时，面对众多诱惑，贪多求快，盲目扩张，以至于对一些产业的收购并没有达到预期目标。更为重要的是，企业没有解决好短、中、长期的投资比重，过度投资长期项目，占用了大量资金，给企业资金链带来了巨大压力。而不得不进行的收缩银根，又导致了德隆的产业发展失去了银行的资金支持，这样就产生了恶性循环，德隆开始出现危机。

德隆危机的实质是，在公司高速扩张的时候，只有产业整合之名，没有产业整合之实，即公司没有真正实现对整合行业的分子公司进行有效的管控，或者这些管控只是流于形式，并没产生利润，虽然有着制度上的体系，也有经营计划和偏差分析。

德隆既缺乏对产业发展战略环境层面的分析，也缺乏微观层面出现偏差后改进的有效办法。控股企业众多，随后的母子公司有效管控却没有跟进植入，陷入了资本扩张的怪圈，导致最终的悲剧。

(资料来源：德隆系倒塌：母子公司管控之败，http://finance.sina.com.cn，2005 年 10 月 19 日.)

思考题：分析德隆系倒塌的根本原因？

提　示：　德隆危机的实质是，在公司高速扩张的时候，只有产业整合之名，没有产业整合之实，即公司没有真正实现对整合行业的分子公司进行有效的管控，或者这些管控只是流于形式，并没产生利润，虽然有着制度上的体系，也有经营计划和偏差分析。

德隆既缺乏对产业发展战略环境层面的分析，也缺乏微观层面出现偏差后改进的有效办法。控股企业众多，随后的母子公司有效管控却没有跟进植入，陷入了资本扩张的怪圈，导致最终的悲剧。

2. 战略控制的基本特征

企业战略千姿百态、纷繁复杂，但其控制过程一般总具有如下一些基本要求。

(1) 适宜性。判断企业战略是否适宜，首先要判断这个战略是否具有实现公司既定的财务和其他目标的良好的前景。因此，适宜的战略应处于公司希望经营的领域，必须具有与公司道德哲学相协调的文化，如果可能的话，必须建立在公司优势的基础上，或者以某种人们可能确认的方式弥补公司现有的缺陷。

(2) 可行性。可行性是指公司一旦选定了战略，就必须认真考虑企业能否成功地实施。公司是否具有足够的财力、人力或者其他资源、技能、技术、诀窍和组织优势，换言之，是否具有有效地实现战略的核心能力。如果在可行性上存在疑问，就需要将战略研究的范围扩大，并将与能够提供所缺乏的资源或能力的其他公司或者金融机构合作等方式包括在内，通过联合发展达到可行之目的。

(3) 可接受性。可接受性所强调的问题是：与公司有利害关系的人员是否对推荐的战略非常满意，并且给予支持。一般来说，公司越大，与公司有利害关系的人员就越多。要保证得到所有的利害关系者集团的积极支持是不太可能的，但是，所推荐的战略必须经过最主要的利害关系者的同意，而且在战略被采纳之前，必须充分考虑其他利害关系者的反对意见。

(4) 整体利益和局部利益、长期利益和短期利益的不一致性。企业整体是由局部构成的。从理论上讲，整体利益和局部利益是一致的，但在具体问题上，整体利益和局部利益可能存在不一致性。企业战略控制就是要对这些不一致性的冲突问题进行调节，如果把战略控制仅仅看成是一种单纯的技术、管理业务工作，就不可能取得预期的控制效果。

(5) 不确定性和多样性。战略具有不确定性，如追踪一家公司的真实战略路线，有一点像观察一只蝴蝶飞过夏日的草地。它可能是朝着某一点飞，但它的路线看上去却像是完全没规律、没有效率和不合理的；战略是一个方向，其路途曲折多变，这时的战略也就具有多样性。同时，虽然经营战略应是明确的、稳定的且是具有权威的，但在实施中由于环境变化，战略必须被适时地调整和修正，因而也必须因时因地具体提出控制措施，这即是说战略控制具有多样性和不确定性。

(6) 弹性和伸缩性。战略控制中如果被过度控制、频繁干预，容易引起消极反应。例如，上级对下级采取高压政策，对下级来说犹如“针刺”，下级会形成一种反管理集体，对上级实行“针刺”反击。因而针对各种矛盾和问题，战略控制有时需要认真处理，严格控制，有时则需要适度的、弹性的控制。只要能保持与战略目标的一致性，就可以有较大的回旋余地，因而也就具有伸缩性。所以战略控制中只要能保持战略的正确方向，应尽可能少地干预实施过程中发生的问题，尽可能多地授权下属在自己的范围内解决，对小范围、低层次的问题更不要在大范围、高层次上解决，这样反而能取得有效的控制。

3. 战略控制的类型

企业战略控制的类型可分为以下四大类。

(1) 避免型控制。即采用适当的手段，使不适当的行为没有产生的机会，从而达到不需要进行控制的目的。如通过自动化使工作的稳定性得以保持，按照企业的预期目标正确地工作；通过与外部组织共担风险减少控制；或者转移或放弃某项战略活动，以此来消除有关的控制活动。

(2) 开关型控制。开关型控制又称为事中控制或行与不行的控制。其原理是：在战略实施控制过程中，按照既定的标准检查战略行动，确定行与不行，类似于开关的通与止。

开关型控制方法的具体操作有多种形式。

① 直接领导。管理者对战略活动进行直接指挥和指导，发现差错及时纠正，使其行为符合既定标准。

② 自我调节。执行者通过非正式、平等的沟通，按照既定标准自行调节自己的行为，以便和协作者默契配合。

③ 共同远景。组织成员对目标、战略宗旨认识一致，在战略行动中表现出一定的方向性、使命感，从而达到殊途同归、和谐一致，实现目标。

开关型控制方法一般使用于实施过程标准化的战略实施控制，或某些过程标准化的战略项目的实施控制。

(3) 事后控制。事后控制又称为后馈控制。其原理是：在战略推进和转移过程中对行动的结果与期望的标准进行衡量，然后根据偏差大小及其发生的原因，对行动过程采取校正措施，以使最终结果能符合既定的标准。事后控制方法在战略控制推进中控制监测的是结果，纠正的是资源分配和人的战略行为，根据行动的结果，总结经验教训来指导未来的行动，将战略推进保持在正确的轨道上。但是，事后控制往往由于纠偏不及时，会给战略带来一定的损失。其运用大都局限在企业经营环境比较稳定的条件下的战略实施控制。事后控制方法的具体操作主要有联系行为和目标导向等形式。

① 联系行为。即对员工的战略行动的评价与控制直接同他们的工作行为联系挂钩。他们比较容易接受，并能明确战略行动的努力方向，使个人行为导向和企业经营战略导向接轨；同时，通过行动评价的反馈信息修正战略实施行动，使之更加符合战略的要求；通过行动评价，实行合理的分配，从而强化员工的战略意识。

② 目标导向。即让员工参与战略行动目标的制定和工作业绩的评价，既可看到个人行为对实现企业战略目标的作用和意义，又可从工作业绩的评价中看到成绩与不足，从中得到肯定和鼓励，为战略推进增添动力。

(4) 事前控制。事前控制又称为前馈控制、跟踪控制。其原理是：在战略实施中，对战略行动的结果趋势进行预测，并将预测与既定的标准进行比较和评价，发现可能出现的偏差，从而提前采取纠偏措施，使战略推进始终不偏离正确的轨道，保证企业战略目标的实现。事前控制是在战略行动成果尚未实现之前，通过预测发现战略行动的结果可能会偏离既定标准。因此，管理者必须对预测因素进行分析和研究。一般有 3 种类型的预测因素。

① 投入因素。即战略实施投入因素的种类、数量和质量，将影响产出的结果。

② 早期成果因素。即依据早期的成果，可预见未来的结果。

③ 外部环境和内部条件的变化，对战略实施的制约因素。

事前控制对战略实施中的趋势进行预测，对其后续行动起调节作用，能防患于未然，因而是一种卓有成效的战略控制方法。

4. 战略控制的3种要素

1) 确定评价标准

战略评价标准是用以衡量战略执行效果好坏的指标体系，包括定性指标和定量指标两大类。

在定性评价标准方面，国外提出了以下6个标准。

(1) 战略内部各部分内容具有统一性。

(2) 战略与环境保持平衡性。

(3) 战略执行中注重评估其风险性。

(4) 战略在时间上保持相对稳定性。

(5) 战略与资源保持匹配性。

(6) 战略在客观上保持可行性和可操作性。

在定量评价标准方面，可用以下项目制订出具体指标：劳动生产率、经济效益、产品质量、新产品开发、物质消耗、市场占有率、产量、产值、资金利税率、销售利润率、利润、成本费用等。企业战略的各项定量标准，应用本行业的有关资料相比，特别是要与竞争对手的有关资料进行比较，还要与国外同行业领先者的资料对比才能确定。

2) 实际工作成果

实际工作成果是战略执行过程中实际达到目标程度的综合反映。要想掌握准确的成果资料和数据，必须建立管理信息系统，并运用科学的控制方法和控制系统。控制方法和控制系统必须满足如下要求。

(1) 它们必须是节约的。

(2) 它们必须是有实际意义的。

(3) 它们必须能适时地提供信息。

(4) 它们必须能测量出经济活动的真实特性。

(5) 它们应能够提供经济发展趋势的定性信息。

(6) 它们提供的信息要简单明了。

3) 评价工作成绩

用取得的实际成果与预定的目标进行比较，可能出现如下情况。

(1) 超过预定的目标，这种情况称为正偏差，如果是稳定、协调发展的结果，则是好的结果。

(2) 与预定目标基本上相等，偏差甚微，这也属于好的结果。

(3) 没有达到预定目标，存在明显的负偏差，这是不好的结果。

在这种情况下应及时采取有效措施进行调整，必须针对其产生的深层原因而非表层原因采取纠正措施，才能真正达到战略控制的目的。

本章小结

随着变革的加剧，人们越来越深切地感到战略管理的研究对企业未来生存和发展的重要性。本章首先对战略管理进行概述，重点阐述了企业战略管理的内涵、特征、过程和构成要素；在介绍企业战略管理基本概念的基础上，接着着重阐述了战略分析和战略选择，即在对企业的内外部环境分析的基础上，确定企业的宗旨和目标并进行战略选择；企业一旦选择了合适的战略，战略管理活动的重点就从战略选择转移到了战略实施和控制阶段，本章最后对战略实施与战略控制过程进行了分析，战略实施就是执行达到战略目标的战略计划或战略方案，就是将战略付诸于实际行动的过程，而且战略实施过程离不开战略控制。

习　题

思考题

(1) 战略管理应遵循哪些过程？
(2) 企业战略的构成要素有哪几个方面？
(3) 企业战略的外部环境分析包括哪些方面？
(4) 波特的 5 种竞争力量有哪些？应如何分析这 5 种力量？
(5) 确定企业战略目标时应注意哪些问题？
(6) 企业战略的执行过程有哪些？
(7) 如何理解战略控制的 3 种要素？

案例应用分析

案例 3-1

中国工商银行的进一步发展

中国工商银行(下文简称工商银行)是中国政府于 1984 年 1 月 1 日建立的。它的初始资产、负债、资本、运营设备、系统分支网络及员工均是由中国人民银行工商信贷管理司划拨而来的。工商银行在一开始的角色就被定位为“国有企业和集体企业运营资金贷款的主要来源”，而且要求在国家政策的基础上实行众所周知的政策性贷款。在工商银行的基础资产中存在着这种巨额的贷款，这些贷款利率低而且偿债情况不良。另一个困难是工商银行作为国有银行，有义务用自己存款的一个固定部分去购买政策性银行债券。

同时，工商银行还面临着各种内部和外部的问题。首先是缺乏受过西方银行业务训练的专业管理人才，从而影响了银行的效率、灵活性，及满足顾客需要的快速反应能力。

另一个方面的问题是储户正在向其他地方分散。一方面是因为几次政策性的调息，使股市成为难以抵御的吸引。而作为国有银行，工商银行在裁员、培训员工、选择更多的贷款、开拓新的金融业务方面的自由度较小。

此外，工商银行也在面临越来越激烈的竞争。既有国内的，也有国外的。截至 1997 年 7 月，中国大约有 20 家国内银行，其中不仅包括一些 100%的国有银行，而且包括一些股份制银行。这些银行一般比工商银行更小、更灵活。国外的银行如花旗银行、东京三菱银行等，也给工商等国有银行造成很大威胁。当然，作为中国国内第二大银行，工商银行也有其不可比拟的优势，即它具有稳定性和与政府联系方面的优越性。正因为如此，很多国外银行愿意和工商银行联合经营。这给了工商银行和西方金融机构许多必要的接触机会以及与他们交往的经验。

在 1996—1997 年，中国政府对金融部门进行了广泛的改革。这些改革要求中国工商银行在继续作为国有企业运作的同时，向以市场为导向的完全商业银行平稳过渡。尤其需要关注的是允许外国银行更容易地进入市场，这就意味着工商银行将要面临更为激烈的竞争。因此，工商银行管理高层所面临的挑战不仅是如何提高运作，而且当务之急还是如何尽快进行机构改革，如何给顾客更好的服务以使顾客满意。总之，如果工商银行要保持其竞争力，就必须进行快速而深刻的改革。

分析:

(1) 分析中国工商银行所处的内外部环境。

(2) 提出中国工商银行未来发展战略的可行性措施。

案例 3-2

伊莱克斯的战略

世界最大的电器生产商——伊莱克斯 1910 年创建于瑞典。该公司拥有 10 万员工，1998 年总销售额为 180 亿美元，通过收购、兼并四百多家公司，目前，在世界上五十多个国家拥有 500 家子公司和合资企业。1994 年投资 3 亿美元在中国合资建厂，生产电冰箱、冷冻设备、电冰箱压缩机、吸尘器、净水器等产品。

本着“顾客就是珍贵的财富”这样一种经营理念，强调协同合作、自我实现、高效而专业的工作能力这样一种文化观念，伊莱克斯每天都在同世界上以公司规模最大著称的美国企业、以市场经营最灵活著称的日本企业、以组织管理最严密著称的德国企业这样一些顶尖的公司展开激烈的竞争。伊莱克斯重视并尊重各种文化的差异，并能吸取不同文化之精华，善于利用世界各地员工的不同观念与工作方式中蕴藏的丰富的价值资源。

互联网的出现所带来的家电革命，使企业的营销观念也面临着要满足消费者个性化、人性化消费需求的重大变革。伊莱克斯为了迎合消费者的这种需求，在1999年举行的环球精品家电展中，首次提出极具超前意识的“概念产品”，如可上网冰箱、企鹅形冰箱、自选冰箱、ZOE洗衣机、顶掀式全透明洗衣机、省电奇冰冰箱、软烹饪创新烤箱等，其中的企鹅形冰箱外观模仿企鹅形象，色彩鲜艳，受到消费者的喜爱，虽然售价很高，仍十分畅销。“概念产品”传递给消费者的信息是，他们可以参与产品设计，如可上网冰箱，消费者可以根据室内装饰和家具选择冰箱门的颜色、内饰颜色、把手和内部抽屉的材质、容量以及价格的范围等。设计人员会立即设计出满足这些条件的产品，并将信息及时反馈给生产商，厂商根据消费者的要求生产。这样的冰箱从根本上做到了满足消费者的需求，这样的产品才是真正的属于消费者自己的产品。

分析：

(1) 伊莱克斯的企业宗旨是什么？它是以产品还是以市场来确定宗旨的？

(2) 伊莱克斯的战略思想是否体现了企业战略的基本特征？它是如何体现的？体现在哪些方面？

第4章 营销管理

教学目标与要求

通过本章的学习，能够掌握营销管理的基本内容，掌握营销管理理念的演进，理解市场营销过程；掌握运用市场细分的标准进行市场细分，选择适合的目标市场战略；能够采用科学的市场调查和预测方法进行营销管理；掌握市场营销组合的基本策略。

营销管理是企业生产经营活动中十分重要的一个环节，对营销工作的管理是企业管理的一个重要组成部分。随着社会主义市场经济体制改革的逐步深入，企业作为市场的主体，其市场营销工作的地位日益突出，企业管理者必须高度重视。

4.1 营销管理概述

企业市场营销，是企业为满足市场需要，实现自身经营目标而开展的商务活动过程，是生产过程在流通过程中的延续。市场营销工作是以顾客作为企业再生产过程的起点，又以顾客作为再生产过程的终点。即以顾客的需求为导向，按顾客的实际需要开发和生产适销对路的产品，并有的放矢地推销到市场实现销售，满足顾客的需要。市场营销工作是涉及企业生产经营全过程的一项重要工作。

4.1.1 市场及其分类

1. 市场的界定

营销是建立在市场基础之上的，是市场上的营销。没有市场，营销便无从谈起。在经济学当中，市场的含义比较广泛。最初的市场是指供人们进行交换的具体场所，是一个空间和时间上的概念。但随着市场经济的发展，尤其是当前金融服务、通信服务以及网络服务的发展，交换在时间和空间上的限制被打破了，并不一定需要固定的时间和地点。因此，市场不再仅指具体的交换场所，而是泛指买卖双方实现产品和服务让渡的交换关系，其包括两个相互联系、相互制约的方面，即供给和需求。

但是，市场营销学的研究视角是站在销售一方的，它所关心的市场仅指企业利润的源泉，即购买方。因此，市场营销学中的市场是指某种产品的现实购买者和潜在购买者需求的总和。所谓的潜在购买者，是指对某种产品具有一定兴趣，存在潜在的需求并且具有购买能力的组织或个人。

对于某项特定的产品，有效市场的规模和容量取决于 3 个因素：其一，需要该产品的人数；其二，每个人对该产品的需求数量；其三，每个人的购买意愿和购买能力。前两者的乘积即是市场上该产品的总需求，但其中那些对产品有购买意愿且有购买能力的人们的需求才是有效的需求，将会变成现实的市场；而那些没有购买意愿或购买能力的人们的需求即无效需求，就不能成为现实的市场。

2. 市场的类型及特点

市场作为商品或劳务交换的场所或接触点，随着交换的领域和交换对象的不断扩大，决定了现代社会的市场有多种类型。

按市场是否有形划分，市场可以是有形的场所，如商店、贸易市场、证券交易所、展销会、订货会，也可以是无形的场所，一个电话或某个场合签订的合同便可完成商品或劳务的交换，无需固定的场所；按市场范围划分，市场可以分为国际市场、国内市场和地区市场；按商品的自然性质划分，市场可以分为消费品市场、生产资料市场或生产要素市场；按商品流通方式，可以把市场分为批发市场和零售市场；按交易时间划分，可以把市场分为现货交易市场和期货交易市场；按照市场购买者的不同，将市场分为消费者市场和组织市场，后者又可分为产业市场、中间商市场和政府市场。研究市场营销活动通常按照购买者的不同对市场进行分类，下面仅就 3 种主要市场类型，即消费者市场、服务市场、产业市场进行分析研究。

1) 消费者市场及其特点

消费者市场是指为个人消费而购买物品或服务的个人和家庭构成的市场，是产业市场及整个经济活动为之服务的最终市场。与组织市场相比较，消费者市场具有下列特点。

(1) 消费者人数众多。消费者市场是最终使用者市场，人们要生存就要消费所以消费者市场通常以全部人口为服务对象。

(2) 消费者的购买属于小型多次购买。消费者是为个人最终消费而购买，通常一次购买数量较小，属于小型购买，企业经营活动常以零售为主，同时，由于一次购买量小，需多次重复购买，既节省资金，又有利于产品及时更新。

(3) 消费者属于非专家购买。消费者购买的消费品品种多，质量、性能各异，很难掌握各种商品知识，即使知道一些，也是微不足道的。由于消费者购买时易受促销宣传的影响，因此，对消费者市场开展营销活动应特别重视促销手段的合理运用。

(4) 消费品一般需求弹性大。消费者市场需求是直接需求，来源于人们的各种生活需要，对多数商品价格较敏感，需求弹性大。另一方面消费品替代性大，也使需求弹性增大。

(5) 消费者一般自主地、分散地做出购买决策。消费者做出购买决策时受多种因素影响，又属于非专家购买，所做出的决策容易发生变化。企业应注重把握消费者需求的变化，并通过有效的营销活动，引导消费者合理消费。

2) 产业市场及其特点

产业市场是组织市场的组成部分。组织市场是由各种组织机构构成的对产品或劳务需求的总和。产业市场也叫生产者市场或企业市场，是一切购买产品或服务并将之用于生产其他产品，以供销售、出租或供应给他人使用的团体或组织构成的群体。产业市场是整体市场的中间环节，是非最终使用者市场。产业市场与消费者市场相比具有以下特点。

(1) 产业市场上购买者数量相对较少。在产业市场上，购买者是企业或单位，其数量必然比个人或家庭数目少。

(2) 产业市场上购买者购买数量较大。因为购买者是为继续生产而购买，所以每个购买者的购买量相对于最终的个体消费者要大得多。

(3) 产业市场的需求是派生需求。产业市场是非最终用户市场，市场上用户对产品的需求并不来自于自身的生活基本需要，而是从消费者对最终产品和服务的需求中派生出来的，是派生需求。即当消费者对某种产品的需求发生变化时，生产该产品的企业对该产品所需原材料、零部件的需求也会随之变化。因此，生产企业在组织经营活动时不仅要了解直接用户对产品的需求状况，而且要了解最终消费者对产品的需求状况。

(4) 产业市场需求一般缺乏弹性。即产业市场需求对价格变化不敏感。产业市场需求是派生需求，只要最终消费者有需求，产业生产者就会组织生产，一般不重视价格的变化。生产者的工艺流程不能像消费者使用产品那样不断变化，也使得产业市场需求难以跟着价格不断变化。产业用户购买属于行家购买，购买者对产品规格、质量、性能、交货期、服务及技术指导等有较高的要求，对价格变化反应不灵敏。

(5) 产业市场购买决策参与者多。产业市场的购买通常由采购中心负责，参与购买的决策者较多，通常包括使用者、影响者、采购者、决定者和信息控制者，决策更加理性。

3) 服务市场及其特点

服务市场是流通领域中劳务交换行为的总和，是劳务商品所有现实或潜在购买者的集合。与实体商品市场相比，它具有以下特征。

(1) 供求矛盾具有隐蔽性。在服务市场上，服务供给表现为提供服务的能力，而不是表现为一定量的现成服务，因此，服务市场的供求关系表现为服务生产能力与消费者购买能力的关系。当供过于求时，表现为生产能力的闲置，当供不应求时，则表现为生产能力的超负荷利用或者消费者自我服务，减少需求。

(2) 服务市场上无分销过程。服务过程就是消费过程，两者之间不需要分销，只能采取直销方式。

(3) 促销困难。由于服务产品具有无形性和不可储存性，所以对服务产品的促销比较困难，必须借助于服务人员的有形展示。

(4) 需求弹性大。服务需求不仅受收入水平的影响，还受其他支出的影响，且服务具有较强的可替代性，使服务市场需求具有较强的弹性。

(5) 服务市场对服务人员技能等素质要求较高。服务产品具有无形性，受服务人员个人素质影响较大，具备高素质的服务人员才能提供较好的服务产品。同时，服务人员不仅要有较高的专业技能，而且还要有较强的人际沟通能力和良好的服务态度。

(6) 管理上以质量管理为中心。服务产品的生产和消费是同一过程，产品质量好坏直接取决于消费者参与的程度，质量标准难以统一，服务市场营销应以提高服务质量为中心，提高顾客的满意度。

4.1.2 营销管理的内容

1. 营销管理的实质

这里所说的营销管理是指企业等组织内部的市场营销管理。从理论上说，一切与市场有关的活动及一切与市场有关的组织都有营销管理问题，都需要营销管理。

所谓营销管理，按现代营销学之父菲利普·科特勒的解释就是：通过分析、计划、实施和控制，来谋求创造、建立及保持营销者与目标顾客之间互利的交换，以实现组织的目标。

在一般人的心目中，营销管理者的工作就是刺激顾客对企业产品的需求，以便尽量扩大生产和销售。事实上，营销管理者的工作不仅仅是刺激和扩大需求，同时还包括调整、缩减和抵制需求，这要依照需求的具体情况而定。简言之，营销管理的任务，就是调整市场的需求水平、需求时间和需求特点，使供求之间相互协调，以实现互利的交换，达到组织的目标。因此，营销管理实质上是需求管理。

2. 营销管理的类型

不同的需求状况有不同的营销任务，根据需求状况和营销任务的不同，可分为以下 8 种不同的营销管理。

1) 扭转性营销

扭转性营销是针对负需求实行的。如果全部或绝大部分潜在购买者对某种产品或服务不仅没有需求，而且感到厌恶，甚至愿意付钱回避它，那么这个产品市场便处于一种负需求的状态。例如，许多人对预防注射有负需求；有些旅客对坐飞机旅行有畏惧心理，也是负需求。针对这类情况，营销管理的任务是分析市场为什么不喜欢这种产品，以及能否通过重新设计产品、降低产品价格和更积极的推销手段来改变或扭转人们的抵制态度，使负需求变为正需求，即营销者必须首先了解这种负需求产生的原因，然后对症下药，采取适当措施来扭转市场的信念和态度。

2) 刺激性营销

刺激性营销是在无需求的情况下实行的。无需求是指市场对某种产品或服务既无负需求也无正需求，还没有产生欲望和兴趣。通常是因消费者对新产品或新服务项目不了解而没有需求；或者是非生活必需的装饰品、赏玩品等，消费者在没有见到之前不会产生需求。因此，营销管理的任务是设法引起消费者的兴趣，刺激需求，使无需求变为正需求，即实行刺激性营销。

3) 开发性营销

开发性营销是与潜在需求相联系的。潜在需求是指多数消费者对现实市场上还不存在的某种产品或服务的强烈需求，如吸烟者渴望有一种味道好而对身体无害的香烟；人们渴望购买更节能、环保型的汽车等。因此，开发性营销管理的任务是努力开发新产品，设法提供能满足潜在需求的产品或服务，使潜在需求变成现实需求，以获得更大的市场份额。

4) 恢复性营销

每个组织或迟或早都会面临市场对一个或几个产品需求下降的情况，因为人们对一切产品和服务需求的兴趣，都会有衰退的时候。在这种情况下，恢复性营销管理的任务是设法使已衰退的需求重新兴起，使人们已经冷淡下去的兴趣得以恢复。营销者必须分析需求下降的原因，并决定能否通过开辟新的目标市场，改变产品特色，或者采取更有效的市场沟通手段来重新刺激需求。但实行恢复性营销的前提是：处于衰退期的产品或服务有出现新的生命周期的可能性，否则将劳而无功。

5) 同步性营销

许多产品和服务的需求是波动且不规则的，即在不同时间季节需求量会有所不同，这种情况会导致生产能力不足或过剩，因而产生供给量与需求量不协调，如运输业、旅游业等都有这种情况。对此，同步性营销管理的任务是设法调节需求与供给的矛盾，使二者达到协调同步。例如，游乐场所的节假日人流量特别大，而平时营业清淡，可通过灵活的定价、广告和安排活动等办法，改变需求的时间模式，使供求趋于协调。如人多的时间，可适当提高价格；人少的时间，可适当降低价格，并多安排些吸引游人的活动，多做些广告宣传等。

6) 维持性营销

在需求饱和的情况下，应实行维持性营销。需求饱和是指当前的需求在数量和时间上同预期需求已达到一致。但是，需求的饱和状态不会静止不变，常常由于两种因素的影响而变化：一是消费者偏好和兴趣的改变，二是同业者之间的竞争。因此，维持性营销管理的任务是设法维护现有的销售水平，防止出现下降趋势。维持性营销的主要策略是保持合理售价，稳定推销人员和代理商，严格控制成本，保证产品质量等。

7) 限制性营销

当某种产品或服务需求过量时，应实行限制性营销。过量需求是指需求量超过了卖方所能供给或所愿供给的水平，即“供不应求”。这可能是由于暂时性的缺货，也可能是由于产品或服务长期过分受欢迎所致。例如，对旺季风景区过多的游人，对市场过多的能源消耗等，都应实行限制性营销。限制性营销就是长期或暂时地限制市场对某种产品或服务的需求，通常可采取提高价格、减少服务项目和供应网点、限量销售、劝导节约等措施。实行这些措施难免要遭到反对，营销者要有思想准备，做好解释工作。

8) 抵制性营销

抵制性营销是针对有害需求实行的。有些产品或服务对消费者、社会环境或供应者有害而无益，对这种产品或服务的需求，就是有害需求。抵制性营销管理的任务是抵制和消除这种需求，实行抵制性营销可以由政府禁售。抵制性营销与限制性营销不同，限制性营销是限制过多的需求，而不是否定产品或服务本身；抵制性营销则是强调产品或服务本身的有害性，从而抵制这种产品或服务的生产和经营。例如，对毒品、迷信用品、非法印刷品、盗版音像制品等，就必须坚决抵制。

针对上述各种情况，营销管理者必须掌握一定的营销理论和方法，通过系统的营销调研、分析、计划、实施与控制等活动来完成这些任务。

3. 营销管理理念

企业经营理念是企业在制定各项经营决策时所遵循的基本思想和观念，它随着社会经济的发展而不断发展。特定的社会经济水平，特定的市场经营环境，特定的企业资源状况，决定了特定的经营观念。归纳起来，曾经产生和流行过 6 种主要的经营理念：生产理念、产品理念、推销理念、市场营销理念、社会营销理念和关系营销理念。

1) 生产理念

生产理念产生于西方工业革命至20世纪20年代初之间产品供不应求的市场环境之中。当时，由于生产效率还不很高、生产成本高昂，许多商品的供应还不能充分满足市场需要。例如，当时小轿车产量很少，价格昂贵，因此，当时的工商企业把营销管理的重点放在抓生产、抓资源上，即以生产理念为导向。

所谓生产理念，就是卖方的一切经营活动以生产为中心，“以产定销”。生产理念的假设前提是：消费者喜爱那些可以随处买到、价格低廉的产品，因而企业的主要任务就是努力提高生产效率，降低成本，降低售价。例如，20 世纪初期，美国汽车大王亨利·福特的营销管理哲学就是：千方百计地增加 T 型车的产量，降低成本和价格，力求更多地占领市场，于是，1914 年福特汽车在美国的市场占有率高达 50%，获得规模经济效益，至于消费者对汽车颜色等方面的爱好，则不予考虑，他的 T 型车只有黑色的。

生产理念产生和适用的条件是：市场需求超过供给，卖方竞争较弱，买方争购，选择余地不多；产品成本和售价太高，只有提高生产效率，降低成本，从而降低售价，方能扩大市场。也就是说，当市场的主要问题是产品的有无或贵贱问题，即当人们是否买得到或买得起成为市场主要矛盾时，生产理念才适用。因此，随着科学技术和社会生产力的发展，以及市场供求形势的变化，生产理念的适用范围愈来愈小。到了 20 世纪 20 年代中期，福特的 T 型车销量锐减，至 1927 年不得不关闭了该车的生产线，市场主导地位被通用汽车所取代，汽车多样化时代开始了。

2) 产品理念

产品理念或称为产品导向。产品理念的假设前提是：消费者喜欢那些高质量、多功能和具有某些创新特色的产品，因而企业的主要任务就是努力生产优质产品，并不断地改进产品，使之日趋完善。这是一种与生产理念类似的经营管理思想。它片面强调产品本身，而忽视市场需求，以为“酒香不怕巷子深”，只要产品质量好，技术独到，就会得到顾客的青睐。这种理念在商品经济不甚发达的时代或许有一定道理，但在现代市场经济高度发达和科学技术迅速发展的条件下，则不一定适用。首先，现代市场需要变化很快，并且是多层次的，如果不适合市场需要，再好的产品也不会畅销。其次，现代市场竞争激烈，不同于小商品生产时代，如果没有适当的营销活动，再好的产品也不可能持久地占领市场。

例如，当空调普遍进入消费者家庭的时候，凉席无论多好也不会再畅销；当袖珍计算器大量上市后，再好的计算尺和算盘也无人问津。产品理念会导致“营销近视症”，它过于重视产品本身，即企业将资源都投向改善产品质量和技术性能方面，而忽视了市场需求，忽视了对产品的有效推广和分销，最终导致产品在竞争中逐渐丧失优势。

生产理念和产品理念都属于以生产为中心的经营管理思想，其区别在于：前者注重以量取胜，后者注重以质取胜，二者都没有把市场需要放在首位。

3) 推销理念

推销理念的假设是：顾客在购买时是消极和被动的，如果让顾客自行抉择，他们不会足量购买某一企业的产品。因此，该企业必须主动积极推销，利用一系列有效的促销手段去刺激消费者，他们才有可能对企业的产品产生兴趣和购买欲望，进而大量购买。

这种理念其实是生产理念的发展和延伸。20 世纪 20 年代末，西方国家的市场形势发生重大变化，1929 年开始的经济大萧条，使大批产品供过于求，销售困难，竞争加剧，人们担心的已不是生产问题而是销路问题。于是，企业特别重视推销技术，推销理念成为企业主要的指导思想。

推销理念较生产理念不同的是：后者是以抓生产为重点，通过增加产量，降低成本来获利；前者则是以抓推销为重点，通过开拓市场，扩大销售来获利。从生产导向发展为推销导向是经营管理思想的一大进步，但基本上仍然没有脱离以生产为中心、“以产定销”的范畴。因为它只是着眼于千方百计地把能够生产的东西推销出去，而不是努力去生产市场需要的产品。对于推销出去的产品，顾客是否满意，以及如何全面满足顾客需要，提高顾客满意度，并与顾客建立互利的长期关系，则不予重视。因此，忽视市场需求，在产品不能适销对路的情况下，一味地施展各种推销技巧，来刺激顾客购买，甚至不惜靠欺骗宣传和不实广告销售假冒伪劣产品，不但不会给企业带来可持续的发展，甚至可能会触犯法律。

4) 市场营销理念

市场营销理念是作为对上述诸理念的挑战而出现的一种全新的营销管理哲学，是第二次世界大战后在美国新的市场形势下形成的。市场营销理念认为，实现组织诸目标的关键在于正确确定目标市场的需要和欲望，并且比竞争对手更有效、更有利地传送目标市场所期望满足的东西。

所谓市场营销理念，是一种以顾客需要和欲望为导向的以销定产型的经营管理哲学，它把企业的生产经营活动看做是一个不断满足顾客需求的过程，而不仅仅是制造或销售某种产品或服务的过程。简言之，市场营销理念是“发现需要并设法满足它们”，而不是“制造产品并设法推销出去”；是“制造能够销售出去的产品”，而不是“推销已经生产出来的产品”。因此，“顾客至上”“顾客是上帝”“爱你的顾客而非产品”“顾客才是企业真正的主人”等口号成为现代企业家的座右铭。例如，美国 Jc Penny 百货公司提出，“我们将竭力使顾客所付出的每一元钱，都能买到十足的价值、质量和满意”。

市场营销理念取代传统理念是企业经营管理思想上一次深刻的变革，是一次根本性的转变。推销理念采用从内向外的顺序，从工厂出发，以公司现存产品为中心，并要求通过大量的推销活动来获得盈利性销售。市场营销理念采用从外向内的顺序，从明确的市场出发，以顾客需要为中心，协调所有影响顾客的活动，并通过创造顾客的满足来获利。新旧理念的根本区别如表 4-1 所示。

表 4-1　市场营销理念与推销理念的对比

区别经营理念	出 发 点	关注焦点	主要手段	目　标
推销理念	工厂	现有产品	推销和促销	通过销售获得利润
市场营销理念	市场	顾客需要	整合营销	通过使顾客满意获得利润

(1) 出发点不同。按传统的推销理念，市场处于生产过程的终点，即产品生产出来之后才开始经营活动；市场营销理念则以目标市场为出发点来组织生产经营活动，市场处于生产过程的起点。

(2) 重点不同。传统的推销理念都是以卖方需要为中心，着眼于卖出现有产品，“以产定销”；市场营销理念则强调以买方需要即顾客需要为中心，按需要组织生产，“以销定产”“以需定产”。认清顾客的需要并不是轻而易举的事，因为顾客的需要并非固定不变的，而且有些顾客对自己的需要也不一定很清楚。因此，营销者要善于发掘需要、适应需要、预知需要和创造需要。企业要比顾客走得更远些，正像索尼公司创始人盛田昭夫所说，不是服务于市场，而是创造市场。

(3) 方法手段不同。按传统的推销理念，主要是以广告等促销手段千方百计地推销既有产品；市场营销理念则主张通过整体营销的手段，充分满足顾客物质和精神上的需要，实实在在为顾客服务，以顾客满意为宗旨。

整体营销包含两方面含义：一是要使各种营销职能彼此协调一致，包括人员推销、广告、公关、产品管理和营销调研等；二是要使营销导向即顾客导向成为整个企业的导向而不仅仅是营销部门的事。为了激励企业所有各部门的协作精神，实现整体营销，企业不但要进行外部营销，还要进行内部营销，并且内部营销要先于外部营销。

(4) 目的不同。传统的推销理念以销出产品取得利润为目的；市场营销理念则强调通过顾客的满意来获得利润，因而不但要关心产品销售，而且更要重视售后服务和顾客意见的反馈。

市场营销理念的理论基础是“消费者主权论”，即决定生产何种产品的主权不在于生产者，也不在于政府，而在于消费者。在生产者和消费者的关系上，消费者起支配作用，生产者应当根据消费者的意愿和偏好来安排生产。生产者只要生产出消费者所需要的产品，就不仅可以增加消费者的福利，而且可使自己获得利润，否则产品就不会有销路。

市场营销理念的形成和在实践中被广泛地运用，对西方企业改善经营起了重要作用，取得了重大成就，如美国的迪斯尼、麦当劳、沃尔玛以及日本的索尼、丰田、佳能等公司都是运用市场营销理念并取得成功的范例。

5) 社会营销理念

20 世纪 70 年代以来，西方国家市场环境发生了很大变化，如失业增加、能源短缺、通货膨胀、消费者保护和环境保护盛行等。在这种背景下，人们纷纷对单纯的、甚至是过度的营销行为提出了怀疑和指责，认为市场营销理念没有被真正付诸实施，即使某些企业真正实行了市场营销，但它们却忽视了满足消费者个人需要同社会长远利益之间可能存在的冲突，从而造成了资源浪费和环境污染等社会弊端。如举世闻名的可口可乐、麦当劳等畅销商品，都曾受到美国消费者组织及环境保护组织的指责。上述情况的出现要求有一种新的理念来修正和代替单纯的市场营销理念。这样就出现了许多新的理念，如“人道主义营销理念”“理智消费营销理念”“生态主宰营销理念”等。菲利普·科特勒把这些新的理念概括为“社会营销理念”。

所谓社会营销理念，就是不仅要满足消费者的需要和欲望并由此获得企业的利润，而且要符合消费者自身和整个社会的长远利益，要正确处理消费者欲望、企业利润和社会整体利益之间的关系，统筹兼顾，求得三者之间的平衡与协调，这显然有别于单纯的市场营销。

社会营销理念对企业营销决策的要求有：一是不仅要迎合消费者既有的需要和欲望，而且还要发掘潜在需要，兼顾长远利益；二是要考虑社会的整体利益。因此，不能只顾满足消费者眼前的某种需要，还必须考虑个人和社会的长远利益是否有利于消费者的身心健康，是否能有效防止环境污染和资源浪费，是否有利于社会的发展和进步等。如有些洗衣粉满足了人们对清洗衣服的需要，却污染了河流，不利于鱼类生存；汽油作为主要能源，使人们得以驱车驰骋，但汽油的大量使用，污染了空气，有害于人们的健康。

6) 关系营销观念

20 世纪 60 年代以后，以满足顾客需要为中心的营销观念在发达国家和发展中国家的企业界和服务行业中得到了广泛应用。然而当众多的企业纷纷实践营销观念时，企业却发现陷入了一轮又一轮的降低成本和标新立异的竞赛中，而营销观念带来的竞争优势是有限的；同时顾客对产品或服务的期望随着选择的多样化而水涨船高。为了有效地满足顾客新的需要，越来越多的企业开始营建与顾客的长期共赢关系，并加强与其他企业的合作以赢得竞争优势。

另外，在 20 世纪 80～90 年代，信息技术得到了迅猛发展，互联网络成为现实。计算机技术在各个领域的广泛应用，给人类的生活带来空前巨大的变化，同时也对企业的生产、营销以及经营管理的方式产生了巨大的影响。互联网有力地支持了关系网络发展，对企业经营决策提供了丰富的决策支持信息，为企业维持顾客关系、改善营销管理创造了极大的方便。关系营销观念就是在这样的背景下产生的。

根据里斯琴·葛朗儒斯的定义，关系营销是“企业通过识别、建立、保持和加强与顾客和其他利益相关者的关系，履行承诺和实现交换，使各方互惠互利，实现各自目标”。与营销理念相比，关系营销理念的营销目标被大大扩展，它不仅要通过满足顾客需要，使企业盈利，而且要为包括顾客、供应商、中间商等在内的所有利益相关者贡献价值，进而实现本企业的价值。关系营销与传统的交易型营销的差别如表 4-2 所示。

表 4-2　关系营销与交易型营销对比

交易型营销	关系营销
注重单次交易	注重保持顾客
短期销售行为	长期销售行为
产品特征导向	顾客价值导向
不强调顾客服务	高度强调顾客服务
有限的顾客联系	高度的顾客联系
有限承诺顾客预期	高度承诺顾客预期
质量是生产部门的问题	质量是所有部门共同关注的问题
传统的视角看市场	用更广泛的视角看市场

关系营销在工业品和服务行业表现得最为突出。随着产品、服务中技术含量的增加，单个企业的能量日益显得有限，企业越来越需要与他人合作。工业品的供应商和客户之间是产业链中上下游的关系，他们的长期协作是降低最终产品成本的重要环节；一家企业和多家企业之间，多家垂直相关企业之间形成网络关系，使每家成员企业都能效益倍增。

服务业在营销观念的指导下不断提供人们需要的多样服务。而日益激烈的竞争又迫使企业不断以更加优质的服务来建立和保持与顾客的长期关系，赢得回头客。竞争向空间和时间的延展还引起服务企业横向和纵向的协作，如饭店管理、零售、快餐等通过有偿许可方式使用其经营体系和知名品牌，建立覆盖广泛的连锁网络。航空公司和旅行社以及饭店之间的网络关系为顾客提供了前所未有的便利服务，这些都是企业争夺市场份额、降低营销成本和实现价值的有效竞争方式。

关系营销也被大量应用到消费品营销中去，直复营销、数据库营销、网上购物等方式都有助于拉近制造商、中间商和消费者的关系，增加信息对称和交互式沟通，为顾客提供极大的便利，也有利于卖方获得顾客忠诚。

总而言之，以上 6 种理念作为社会意识形态，是随着社会生产力和市场经济的发展而发展的，是对一切市场经济都具有普遍意义的营销管理理念。

4. 企业营销管理过程

企业营销管理的目的在于使企业的营销活动与复杂多变的市场营销环境相适应，这是企业经营成败的关键。所谓营销管理过程，就是识别、分析、选择和发掘市场营销机会，以实现企业的战略任务和目标的管理过程，即企业与最佳的市场机会相适应的过程。市场营销管理过程包括分析市场机会、选择目标市场、设计营销组合、管理营销力量 4 个步骤，如图 4.1 所示。

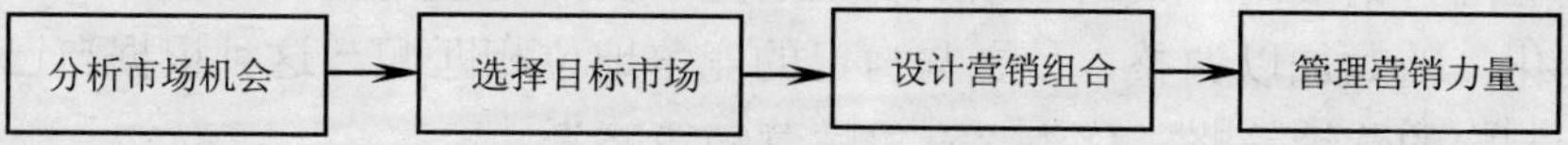

图 4.1　营销管理过程的步骤

1) 分析市场机会

分析市场机会是企业营销管理过程的起始。所谓市场机会，就是未满足的顾客需要。哪里有未满足的顾客需要，哪里就有市场的机会。在卖方市场上未满足的顾客需要即市场机会很多，但市场由卖方市场转变为买方市场后，卖方竞争激烈，有利于本企业的市场机会就很难找到。所以，为找到市场机会，企业的营销人员必须进行专门的调查研究，千方百计地寻找、发掘和识别，然后还要加以分析、评估，看是否对本企业适用，是否有利可图。因此，营销人员不但要善于发现和识别市场机会，而且还要善于分析和评估哪些只是环境机会，哪些才是适合于本企业的营销机会。市场上一切未满足的需要都是环境机会，但不是任何环境机会都能成为某一企业的营销机会。例如，市场上需要快餐，这是一个环境机会，但它不一定能成为钢铁公司的营销机会。

2) 选择目标市场

经过分析和评估，选定符合企业目标和资源的营销机会以后，还要对这一产业的市场容量和市场结构做进一步的分析，以便缩小选择范围，选出本企业准备为之服务的目标市场，这包括 4 个步骤：预测市场需求、进行市场细分、在市场细分的基础上选择目标市场和实行市场定位。

3) 设计营销组合

在选定了目标市场和确立市场定位以后，企业营销管理过程的下一个步骤是设计营销组合策略。所谓营销组合，是指企业的综合营销方案，即企业根据目标市场的需要和自己的市场定位，对自己可控制的各种营销因素，包括产品、价格、渠道和促销等的优化组合和综合运用，使之协调配合，扬长避短，以取得更好的经济效益和社会效益。

营销组合是企业可控因素多层次的、动态的、整体性的组合，具有可控性、复合性、动态性和整体性的特点。它必须随着不可控的环境因素的变化和自身因素的变化，协调地组合与搭配。企业营销管理者正确安排营销组合对企业营销的成败有重要作用，具体表现在：首先可以扬长避短，充分发挥企业的竞争优势，实现企业战略决策的要求；其次，可以增强企业的竞争能力和应变能力，使企业立于不败之地。最后，还可以加强企业内部凝聚力，实现整体营销，灵活有效地适应企业环境的变化。因此，营销组合是体现现代营销理念的一种重要手段。

4) 管理营销力量

在市场营销管理过程中，管理者不仅要考虑顾客的需要，还要考虑企业在市场竞争中的地位。企业的营销战略和策略必须从自己的竞争实力地位出发，并根据自己同竞争者实力对比的变化，随时加以调整，使之与自己的竞争地位相匹配。这种根据自己在市场上的竞争地位所制定的营销策略，称为“竞争性营销策略”。

4.1.3 市场细分与目标市场

为企业的一个业务单位或产品制定目标营销战略，在市场研究和预测的基础上进行市场细分、选择目标市场等几个步骤，这是企业营销战略的核心，也是决定营销成败的关键。

1. 市场细分

所谓市场细分，就是根据顾客的购买习惯和购买行为的差异，将具有不同消费需求的顾客群体划分成若干个子市场，它是目标营销战略的前提。

1) 市场细分的前提和必要性

满足顾客需求是企业生存和发展的基本条件，而消费者对绝大多数产品的需求存在显著的差别，如食品的口味、服装的款式、宾馆的档次等。市场细分实际上就是致力于分析、确认顾客的需求差别，按照求大同存小异的原则，将一个错综复杂的市场划分为若干个部分，使各个部分内部的异质性减少，表现出较多的同质性。特别需要指出的是，市场细分不是根据产品分类进行，而是从消费者需求的角度划分。

由此可见，市场细分是以顾客需求的异质性为前提的。世界各国的经济发展历史表明，随着社会的发展，科学技术水平的提高，市场供应的不断充足，人民生活水平的改善，市场竞争的加剧，需求的异质性越来越显著。然而，任何一个企业，即便是大企业，也不可能全面满足市场上所有的需要和欲望，更不可能为所有的购买者提供有效的服务。因此，企业应按照既定标准将市场细分成若干个子市场，评估选择适当的子市场作为自己为之服务的目标市场，并在此基础上确定本企业的竞争地位。

另外，市场细分的必要性还在于买方市场的全面形成和卖方竞争的日益激化。在充分发展的市场经济中，有厚利可图的市场越来越少，后来者要在激烈的竞争中求得生存和发展，必须依靠市场细分来找寻市场缝隙，发现其中尚未满足的需要，利用新生的营销机会。这就是市场细分日益受到普遍重视的原因所在。

2) 市场细分标准

市场是由购买者组成的，而每个购买者都有各自的特点，如收入水平、居住地区、购买习惯等方面都有所不同，这些变量都可以用来对市场进行细分。

(1) 消费者市场细分。市场细分的前提是需求的异质性，而这些使消费者产生不同需求的因素有很多，概括起来有四大类：地理区域、人口统计、消费心理和消费行为。

① 地理区域因素。它包括国别、方位、省市、城乡、气候条件、地形环境等一系列具体变量。按照地理区域细分市场是市场细分的一种传统方法。由于地理环境、气候条件、社会风俗、文化传统等方面的影响，同一地区市场上的消费者需求具有一定的相似性，不同地区市场的消费者需求具有明显的差异。这一点在饮食、服装等产品和服务上表现得尤为突出。

② 人口统计因素。人口统计因素一直是细分消费者市场的重要指标，主要包括年龄、性别、职业、教育、宗教、家庭等多个方面。一是由于人口统计变量比较稳定，获得这类资料也比较容易；二是由于人口统计因素与消费者的欲望、偏好和使用频率等有十分显著的因果关系。例如，化妆品、服饰就与消费者的性别、年龄、收入等因素密切相关；而报刊、电视节目等又在很大程度上受人们的受教育程度和职业的影响。许多企业还常把几个人口统计变量结合起来作为细分的依据。此外，按年龄细分时还应注意，随着社会经济的发展和人们物质文化生活水平的提高，生理年龄已经不能完全表明一个人的健康、工作、家庭等状况，尤其是在人们日益崇尚健康、年轻、积极向上的生活方式的今天，心理年龄发挥着越来越大的作用。

③ 消费心理因素。消费者的生活方式、购买动机、个性等心理因素对其消费需求也有重要的影响，因此也常被用作市场细分的标准。生活方式是指人们对工作、消费、娱乐等方面特定的习惯和倾向；购买动机是引起购买行为的内在推动力，购买动机不同会产生不同的需求偏好和购买行为；个性是指一个人特有的心理特征，一个个性成熟的人对其所处的环境会做出一致和稳定的反应，消费者个性的差异可以从他们对产品和品牌的偏好中表现出来。依照这些消费心理因素细分市场，企业可以更好地赋予其产品与消费者消费心理一致的品牌个性，激发消费者的购买欲望，促进销售。

④ 消费行为因素。用于市场细分的消费者行为因素包括购买时机、寻求利益、使用频率和品牌忠诚程度等行为变量。

上述几种影响市场细分的因素以及每种因素下的各个变量，是市场细分过程中必须充分加以考虑的。值得一提的是，并不是每种变量都能有效地细分市场，尤其是在市场竞争愈加激烈的今天，企业在细分市场时更倾向于同时考虑多个变量的影响。

(2) 工业品的市场细分。上述消费品市场细分的标准有很多都可以用于工业品市场的细分。但是，由于工业品市场的特殊性，其细分标准多为与客户有关的变量，如客户的地理位置、用户规模、产品用途等。同样地，在对工业品市场进行细分时，大多数情况下，也不仅依据单一的变量，而是把一系列变量结合起来进行细分。

2. 目标市场

目标市场是企业准备进入和服务的市场，企业进行市场细分的目的就是选择适合自己的目标市场。经过市场细分，企业就会发现有一个或几个子市场是值得进入的。此时，企业要做出以下战略决策：一是覆盖多少子市场；二是如何覆盖这些子市场，这就是市场覆盖战略。一般说来，有 3 种可供选择的市场覆盖战略：无差异营销战略、差异营销战略和集中营销战略。

1) 无差异营销战略

无差异营销战略是一种针对市场共性的、求同存异的营销战略。它把整个市场看做一个大的目标市场，认为市场上所有顾客对于本企业产品的需求不存在差异，或即便有差异但差异较小可以忽略不计。因此，企业只向市场推出单一的标准化产品，并以统一的营销方式销售。而且，这些产品和营销方案，都是针对大多数顾客的。例如，美国的可口可乐公司就曾经是奉行这种营销策略的典型代表。无差异营销的出发点是获取规模经济效益，由于大量销售，品种少、批量大，可节省费用，降低成本，提高利润率。

但是，这种成本优势的取得是以牺牲顾客差别需求为代价的，而顾客对绝大多数产品的需求是不会完全相同的。因此，无差异营销的缺点明显地表现为：如果许多企业同时在一个市场上实行无差异营销，竞争必然被激化，获利的机会反而不多。尤其是实力不强、资源有限的小企业，盲目追求规模效益，很难成功。此时，如果有的企业针对某些子市场的特点，推出更能满足消费者特殊需求的产品，会大大冲击无差异营销企业的成本优势。例如，20 世纪 60 年代后期，随着软饮料市场竞争的加剧，特别是百事可乐和七喜的异军突起，可口可乐公司不得不放弃传统的无差异营销策略，转而推行差异性的营销策略。

2) 差异营销战略

差异营销战略是指企业在对整体市场细分的基础上，针对每个子市场的需求特点，设计和生产不同的产品，制定并实施不同的市场营销组合策略，试图以差异性的产品满足差异性的市场需求。因此，差异营销战略比较适用于需求异质性突出的产品或服务，如化妆品、洗涤品、服装等。宝洁、联合利华、上海家化等公司都采取了差异营销策略。

采用差异营销策略，可以使企业面对多个子市场，提高适应能力和应变能力，从而大大减少经营风险。另外，由于能较好地满足各类消费者不同的需求，有利于对市场的发掘，扩大销售量。宝洁公司在同类产品下还为不同的利益追求者设计了不同的品牌，以期有效地覆盖大部分市场。

这种策略的不足之处在于，企业需要针对不同的需求特点，设计差异化的产品和营销方案，这些方案的准备和实施都需要额外的营销调研、市场预测、销售分析、分销渠道管理、产品设计和促销安排等。这使得企业各方面的成本费用大幅度增加，还可能引起企业注意力分散，顾此失彼。因此，是否采用差异营销战略，要视企业实力和市场规模而定。

3) 集中营销战略

在差异营销和无差异营销战略中，企业都是以整个市场为营销活动的范围，但集中营销却不同。为了避免分散企业的资源，企业只将实力集中于一个或少数几个子市场上，以期获取优势。采用集中营销的主要优点是，由于在较小的市场上实行生产和营销的专业化，企业既可以迅速把握市场动态，扬长避短，在竞争中处于有利地位，又大大节省了经营费用，增加盈利。另外，在必要的时候，企业还可以伺机出动，进入更多的子市场。

但是，实行这种策略，企业面临的风险比较大。由于目标市场比较单一和窄小，一旦市场情况发生某种突变，如消费者偏好转移、购买力下降或出现强大的竞争者，企业就有可能一下子陷入困境。因此，实行集中营销时，要随时准备应变措施。

上述3种市场覆盖策略各有利弊，各自适用于不同的情况。决策者要考虑企业的资源、产品的同质性、市场的同质性以及竞争者的策略等因素，选择恰当的目标营销战略。

运作实例 4-1

肯德基在中国

肯德基在进入中国前做了大量全面深入的市场调查，认为进入中国市场必须以大城市为目标市场，用100%的精力进攻北京，然后是上海、杭州等地。1987年11月12日，肯德基在北京前门开设了第一家中国肯德基餐厅，1989年上海肯德基开业。肯德基至今已在中国170多个城市开设了800家餐厅，在数量上超过了麦当劳。

肯德基的经营是很有特色的。

1. 科学选址

肯德基在开业前特别注意选址。肯德基选址分以下步骤进行：第一，商圈的划分与选择。商圈的划分，主要以吸引消费者的能量为衡量标准。即确定目前重点在哪个商圈开店，主要目标是哪些。在商圈选择的标准上，一方面要考虑餐馆自身的市场定位，另一方面要考虑商圈的稳定度和成熟度。餐馆的市场定位不同，吸引的顾客群不一样，商圈的选择也就不同。第二，聚客点的测算与选择。确定商圈内最主要的聚客点在什么地方，选址时一定要考虑人流的主要线路会不会被竞争对手拦截等。

2. 肯德基的定位

肯德基定位为炸鸡专家，实行标准化服务。肯德基的市场优势在于其鸡类食品的独特口味，肯德基把自己定位为"世界著名炸鸡专家"。"炸鸡美味，尽在肯德基"是肯德基与麦当劳定位上最大的差别。肯德基以60年炸鸡经验烹制而出的炸鸡系列产品，包括原味鸡、香辣鸡翅、香辣鸡腿汉堡、无骨鸡柳等，外层金黄香脆，内层嫩滑多汁，以口味独特鲜香广为顾客称赞。

3. 目标市场：青少年、儿童

在目标市场的选择上，肯德基以家庭成员为主要目标消费群。推广的重点是较容易接受外来文化、新鲜事物的青少年，所有的食品和服务环境设计都是就此而设定。在中国，青年人比较喜欢西式快餐轻快的就餐气氛，并希望以此影响其他年龄层家庭成员的光临。通过小孩子从小喜欢吃快餐的习惯，吸引家庭所有成员到店中共同就餐，儿童长大了，肯德基就可能会变成他们生活的一部分。

4. 标准化服务

标准化服务，即“CHAMPS”冠军计划是肯德基取得成功业绩的精髓。其内容为：C——cleanliness 保持美观整洁的餐厅；H——hospitality 提供真诚友善的接待；A——accuracy 确保准确无误的供应；M——maittenance 维持优良的设备；P——product quality 坚持高品质的产品；S——speed 注意快速迅捷的服务。

服务是产品质量的延伸，没有良好的服务就没有销售，在快餐业这点表现得尤为突出。肯德基对服务质量十分重视，只要一进餐厅，就会有热情礼貌的侍应生笑脸相迎，提供体贴周到的服务。肯德基的目标是努力给顾客留下难忘的用餐体验。良好的服务水准来自于高素质的员工。肯德基录用员工极为严格，并进行经常性的培训，提高员工的服务水平。

5. 实行特许经营，利益共享

肯德基以“特许经营”的方式在全世界拓展业务，至今已有20年的历史；肯德基(中国)1993年在西安开始特许加盟业务，目前肯德基在中国已拥有近20家加盟餐厅。

(资料来源：杨明刚.肯德基在中国的市场营销策略.中国广告，2001(8).)

思考题：

(1) 肯德基市场定位是否准确？目标市场的选择是否合理？

(2) 你认为中餐能走快餐化之路吗？

4.2 市场调查与预测

市场是不断变化的，如果不能根据市场的变化采取相应的对策，企业很难在激烈的竞争中生存和发展。对企业经营管理来说，市场调查和市场预测是为了正确把握市场状况，找出市场发展变化的规律，为企业经营决策提供依据，是把握市场机会、探测市场风险的基本手段。

4.2.1 市场调查的类型和程序

市场调查是以市场为对象的调查研究活动。具体地说，它是应用各种科学方法，搜集、整理、分析市场信息资料，对市场的状况进行反映和描述，以求认识市场发展变化的规律，为企业开展市场预测和经营决策提供依据的活动。

1. 市场调查的意义

市场是不断变化的，如果不能根据市场的变化采取相应的对策，企业很难在激烈的竞争中生存和发展。市场调查对企业经营管理来说，具有重要的意义。

(1) 通过市场调查，了解市场发展的方向，企业便可以改善经营管理，不断提高经营管理水平和竞争能力，提高总体经济效益。

(2) 通过市场调查，了解企业外部环境的变化，企业便可与外部环境保持紧密的联系，适时地调整发展战略，使自己在市场竞争中立于不败之地。

(3) 通过市场调查，企业可以了解市场的供求情况，了解和掌握消费者的需求变化情况，企业便可根据市场的供求状况和消费者的需求变化组织生产和销售，顺利实现商品价值。

(4) 通过市场调查，了解市场缺口，有利于开发新的市场，使企业的产品成功地进入市场。

2. 市场调查的类型

市场调查可以按照不同的标准进行分类，主要按照调查目的、调查方法和调查方式分为以下几种类型。

(1) 市场调查按其调查目的划分为探测性调查、描述性调查、因果性调查和预测性调查。

① 探测性调查是指当市场状况不明了的情况下，为了发现问题，找出问题的症结，明确进一步深入调查的具体内容而进行的调查。该种调查主要采用二手资料调查和专家访谈等调查方法，对市场的有关问题做初步的研究。

② 描述性调查是指为了查明事实真相，能够描述清楚客观现象而开展的市场调查。通常采用面谈访问法、观察法、邮递访问调查和实验法等，目的是查明问题的来龙去脉和相关因素，为进一步的市场研究提供信息。

③ 因果性调查又指相关性调查，是指为了探索有关现象或市场变量之间的因果关系而进行的市场调查。通常采用描述性调查获得数据，进行因果关系分析。

④ 预测性调查是指为了预测市场供求变化趋势或企业经营前景而进行的具有推断性的调查。预测性调查可以充分利用描述性调查和因果性调查的资料，并在调查内容中加入市场未来发展变化的变量，收集和分析新情况、新动态等信息。

(2) 市场调查按其调查方法分为文案调查法和实地调查法两种。

文案调查法是指通过文献查询而进行的调查。实地调查法可以具体分为观察法、询问法和实验法等。询问法可以进一步划分为电话询问、面对面访谈、问卷设置和网络调查等。

(3) 市场调查按调查方式的不同，划分为市场普查、重点调查、典型调查和抽样调查等。

① 市场普查是对市场总体，即所要认识的研究对象全体进行逐一的、普遍的、全面的调查。这是全面收集市场信息的过程，可以获得较为完整、系统的信息资料，是企业科学管理的基础。

② 重点调查是在调查对象中选定一部分重点对象进行的调查。所谓重点对象，是指在总体中处于十分重要的地位，或者在某项标志总量中占绝大比重的对象。采用这种方式，可以节省调查的成本，能够较快地分析并得出结论。

③ 典型调查是在调查对象中有意识地选择一些具有典型意义或有代表性的对象进行专门调查的方式。这种调查一般可用于调查新生事物，调查中对个别的新生事物进行深入细致的剖析，来总结经验，掌握典型事例，指导全面工作。这种调查也可用于通过对典型对象的分析，推断出总体指标的调查。

④ 抽样调查是指从市场总体中抽取出一部分样本进行调查，然后根据样本信息，推算市场总体情况的方式。在市场调查的实践中，抽样调查的方式是比较普遍的。

上述市场调查的各种种类在实际调查中往往相互结合、相辅相成，共同完成市场调查工作，为科学的经营决策提供依据。

3. 市场调查的程序

市场调查的程序如图 4.2 所示。

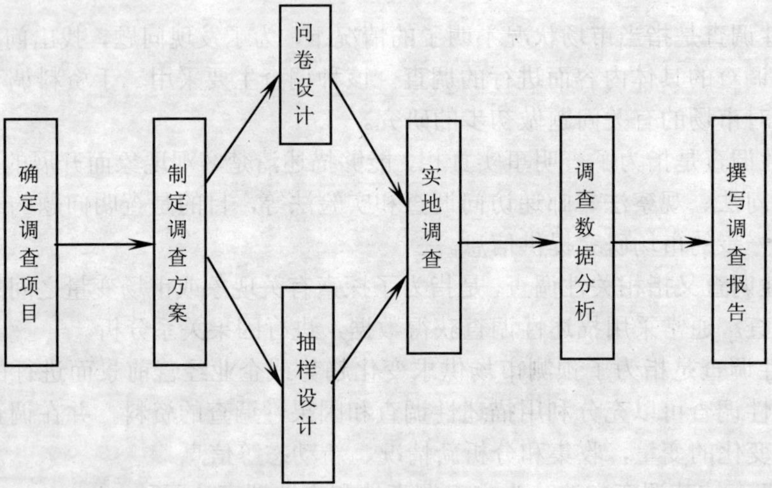

图 4.2 市场调查程序图

(1) 确定调查项目。调查项目是调查所要解决的具体问题。确定调查项目，就是要明确问题的范围和内容。对企业的管理者来说，必须明确通过市场调查需要解决的问题，并把问题准确地传达给市场调查的承担者。确定调查项目必须符合以下要求：调查切实可行，即能够运用具体的调查方法进行调查；可以在短期内完成调查，调查时间过长，调查的结果会失去意义；能够获得客观的资料，并能依据这些调查资料解决提出的问题。

(2) 制定调查方案。调查方案的内容很多，主要有：调查目的、调查对象、调查内容、调查方法、调查时间和调查费用等。此外，还要设计各种调查表格，如实验记录表、现场观察记录表等。

(3) 问卷设计。问卷设计是调查工作中一个十分重要的环节，问卷设计的好坏，直接影响到调查的质量，关系到调查的成效。

(4) 抽样设计。抽样设计是抽取样本的具体过程，抽样设计内容包括调查总体的确定、建立或选择抽样框、确定样本容量、确定抽样方法和选取样本等。

(5) 实地调查。制定出切实可行的调查方案之后，接下来就要着手进行实地调查。

(6) 调查数据分析。在调查工作结束后，需要对调查取得的资料进行处理和分析。内容包括调查数据的整理，运用适当的软件进行数据处理和必要的统计分析。

(7) 撰写调查报告。报告的主要内容为：调查目的、调查对象、调查方法的说明，调查结果的描述，调查分析的结果与建议，并附上必要的调查统计表。此外，还要对调查报告的实效进行跟踪了解，以便不断总结调查经验，提高调查水平。

4.2.2 市场调查的方法

市场调查根据不同的标准可以划分为不同的类型，下面重点介绍根据调查方法划分的市场调查类型。根据调查对象的资料类型不同，有文案调查法和实地调查法。

1. 文案调查法

文案调查又称二手资料调查或文献调研，它是查询、阅读与研究项目有关资料的过程。

文案调查法的优点：它所获得的信息比较多，获取也较方便、容易，无论是从企业内部还是企业外部，收集过程所花时间都短而且费用低。

文案调查法的局限性：资料在原来收集时的收集方法、时间等与目前的研究项目要求有区别，如何加以区别和利用这些已有资料，判断其有效性是文案调查的关键；多数文献资料是支离破碎的，并不常常能满足企业个别研究的需要，结论的可信度往往令人怀疑；某些二手资料在印刷、翻印、转载、翻译过程中，有时会出现错误。

2. 实地调查法

1) 观察法

观察法是通过跟踪、记录被调查事物和人物的行为痕迹来取得第一手资料的调查方法。

观察法的优点表现在：观察法使被调查者未觉察到自己的行动被观察，因此能保持正常的活动规律，使调查资料真实可靠；只记录实际发生的事项，不受历史或将来意愿的影响；观察者由于到现场观察，不仅可以了解事件发生和发展的全过程，而且可以身临其境，取得其他方法无法得到的体察和感悟。

观察法的不足：观察行为或间断地发生或持续时间长，成本相对较高；当人们觉察被观察时，可能会改变他们的行为或出现不正常的表现，从而导致观察结果的失真；有些事情不易观察到，特别是人的思想以及个人隐私等，无法用观察法来收集信息；观察的结果受观察者的主观影响，尤其容易被表面现象迷惑，依主观理解得出结论，使结论失真；只能观察行为结果，无法了解其原因和动机。观察法经常用来调查商品资源和库存、顾客客流量情况、营业状况等。

2) 询问法

询问法，又称访问法，指通过询问方式，向被调查者了解并收集市场情况和信息资料。具体有个人访谈(或面谈调查)、电话调查、邮寄调查(通信调查)、问卷设置调查、座谈会和电脑辅助调查等方法。其优点是较容易实施，被广泛采用；缺点是有可能被误导。

3) 实验调查法

实验调查法指在调研过程中，调研人员通过改变某些变量的值，在保持其他变量不变的情况下，来衡量这些变量的影响效果，从而取得市场信息第一手资料的调查方法。实验调查法又可以分为实验室实验与市场试验两种形式。

实验室实验是调查人员人为地模拟一个场景，通过向被实验者提问的方法进行。市场试验是将企业的产品进入某一特定市场进行试探性的销售。在市场调查中，实验法通常在商品质量、包装、设计、价格、广告宣传、商品陈列等被改变时使用。

实验调查法的优点是结果具有一定的客观性和实用性；具有一定的可控性和主动性，根据调查项目的需要，可以进行适当的设计，并进行反复研究。实验调查法的缺点是有些非实验因素不可控制，会影响实验效果；实验中的市场和真实的市场条件并不完全一致，导致结果有误差；另外实验调查法比其他方法费用高，运用难度大。

4.2.3 市场预测方法

市场预测是通过对历史资料和市场信息的分析，找出市场发展的内在规律，预见或推断市场未来发展趋势的方法。市场预测包括商品需求量、产销量、商品价格、市场占有率等预测。

市场预测的方法很多，各种方法都有各自的特点和适用条件，下面分别就定性预测和定量预测介绍几种常用的预测方法。

1. 定性预测方法

定性预测是靠人们的知识、经验和综合分析能力，对未来发展状况做出推断和描述的预测方法，又称经验判断法。

1) 德尔菲法

德尔菲法又称专家意见法，是美国兰德公司 20 世纪 40 年代开始使用的一种函询预测方法。

(1) 德尔菲法的基本过程：①主持预测的机构选定预测题目和参加预测的专家，专家一般在10人以上；②将预测题目和必要的背景材料发函给专家，分别向他们征求意见；③预测机构把专家的个人意见加以汇总、归纳、整理，计算出平均数和离差，并把综合出来的材料反馈给专家，让他们再次做出判断；④经过反复几次，意见趋于一致，预测机构就可以把全部资料综合整理成最后的意见，这就是我们所要的预测结果。

(2) 德尔菲法的特点：①匿名性。参加预测的专家互相不交流，以匿名方式进行。如此操作，他们既不受他人名气、人数和心理等因素影响，又可以随时更改自己的意见，没有心理负担。②反馈性。他与民意测验不同，进行一次就公布结果，德尔菲法要不断地将多种不同的意见反馈给专家，让他们参考各种有价值的意见，得出较为理智的预测结果。③统计性。德尔菲法经过一系列的分析和处理，最后得到一个定量的预测结果。

德尔菲法的主要优点是简明直观，并且避免专家会议的许多弊病，在资料不全或不多的情况下均可使用。缺点是该方法操作起来费时、费力，费用较大。

2) 主观概率法

主观概率法是先由预测专家对预测事件发生的概率做出主观的估计，然后计算他们的平均值，以此作为对事件预测的结论。

例如，某汽车生产厂家想预测2007年的销量增加情况，已知2006年上半年汽车销量增长6%～13%，请5位专家对2007年的销量增长情况进行预测，其结果如表4-3所示。

表4-3 专家预测概率

预计销量增长情况(%)	预测概率					
	专家1	专家2	专家3	专家4	专家5	总计
5	0.2	0.1	0.3	0.2	0.4	1.2
10	0.6	0.5	0.4	0.5	0.4	2.4
15	0.2	0.4	0.3	0.3	0.2	1.4
总计	1	1	1	1	1	5

则：2007年销量增长率=(1.2×5%+2.4×10%+1.4×15%)/5=10.2%

最后得出结果：预计2007年销量增长率为10.2%。

3) 用户意见法

用户意见法是指通过对用户进行调查征求其意见来预测市场销售量的方法。例如，出版社在出版一本新书之前，先发出新书征订通知单，根据反馈信息做出需要量的预测。如果产品属于工业生产资料，因为用户较少，可以普遍进行询问或问卷调查，预测销量。如果产品属于生活消费品，用户多而且散，则可采用抽样调查法进行预测。这种方法因为费用较低，有针对性，结果也较切合实际，所以在报刊行业和大型机器设备行业被广泛采用。但是如果用户不配合，不予以重视，预测就很难进行。所以，这种方法局限在一部分行业中，并非所有行业都适宜。

2. 定量预测方法

定量预测方法是在占有若干统计资料，并假定这些资料数据所描述的趋势对未来适用的基础上，运用数学模型预测未来的一种方法。

1) 时间序列预测法

时间序列是以时间序列所反映的经济现象的发展过程和规律性外推预测，是指把历史统计资料按年或按月排列成一个统计数列，根据其发展趋势，向前延伸进行预测的方法。与其他方法相比，时间序列预测法具有省时、节省费用、操作简便和易于掌握等优点。

(1) 平均法。平均法是求出一定观察期内预测目标时间序列的算术平均数作为下期预测值的一种方法。有简单平均和加权平均两种方法，公式如下：

简单平均法：

$$\bar{x}=\frac{\sum x_i}{n}$$

加权平均法：

$$\bar{x}=\frac{\sum x_i f_i}{\sum f_i}$$

(2) 移动平均法。采用简单平均法预测时，其平均期数随预测期的增加而增大，但事实上，当我们加进一个新数据时，远离现在的第一个数据的作用已经不大，不必再考虑。移动平均法就是这样一种改进了的预测方法。它的数据个数不变，而观察期却“连续移动”，随着预测期向前移，每组数据的观察期也向前移动。同时去掉最前面的那个数据，新增一个新数据。然后根据各组数据求得算术平均数作为预测值。

常用的移动平均法有一次移动平均法和二次移动平均法。二次移动平均是在一次移动平均的基础上再进行一次移动平均。这里我们只介绍一次移动平均法，它又分为简单移动平均法和加权移动平均法两种，公式分别如下：

简单移动平均法：

$$F_{t+1}=\frac{x_t+x_{t-1}+x_{t-2}+\cdots+x_{t-n+1}}{n}$$

加权移动平均法：

$$F_{t+1}=\frac{x_t f_1+x_{t-1}f_2+x_{t-2}f_3+\cdots+x_{t-n+1}f_m}{f_1+f_2+\cdots+f_m}$$

(3) 指数平滑法。指数平滑法是取预测对象全部历史数据的加权平均值作为预测值的一种预测方法。这里“加权平均”的意思是：近期历史数据加以较大的权数，远期历史数据加以较小的权数，而且，权数由近及远按指数规律递减。指数平滑法有一次指数平滑法和多项式指数平滑法，这里只简略介绍一次指数平滑法。一次平滑模型如下：

$$\overline{A_t}=\overline{A}_{t-1}+\alpha(A_{t-1}-\overline{A}_{t-1})=\alpha A_{t-1}+(1-\alpha)\overline{A}_{t-1}$$

式中，$\overline{A_t}$——t 期的预测值；

A_{t-1}——t-1 期实际值；

$\overline{A}_{t-1}$——t-1 期的预测值；

α——平滑系数。

指数平滑法预测结果能否符合实际的关键是平滑系数α的确定。α体现着时间序列中，各期实际水平在预测中所占的比重。平滑系数α为 0～1，越趋近于 0，就说明各年之间数量变化不大，如果看起来各期数值呈水平趋势时，α可取 0～0.5；相反，如果各期数值变化较大，α值可取 0.5～1，α越大，说明最近一期实际水平对预测结果的影响越大，模型的灵敏度越高。α的数值由预测者自己选定，如何选定，目前还没有很好的方法。

2) 回归分析法

回归分析预测法，是一种数量统计方法。它通过分析事物发展变化的原因，确定影响目标变化的主要因素，再利用数学模型描述预测目标和影响因素之间的相互联系，并借此进行预测。根据影响因素的多少，可分为一元和多元回归；根据预测目标和影响因素之间相互关系的特征，又可分为线性回归和非线性回归。

如果影响预测目标变化趋势的众多因素中，只有一个因素是主要的，即起决定性作用，并且两者之间呈线性关系，则可利用一元线性回归方程预测：

$$y=a+bx$$

式中，y ——预测值；

x ——影响因素；

a，b ——回归系数。

求得回归系数 a、b 是回归预测法的关键，利用最小二乘法可求得：

$$a=\frac{\sum y}{n}-b\frac{\sum x}{n}$$

$$b=\frac{n\sum xy-\sum x\sum y}{n\sum x^2-(\sum x)^2}$$

运作实例 4-2

再造健力宝品牌

2002 年 1 月 17 日，中国饮料业巨头广东健力宝集团宣告易主。作为中国民族饮料品牌的代表，国人赋予了健力宝极大的期望，在以可口可乐和百事可乐为主的中国饮料市场，健力宝担负着民族饮料品牌复兴的重任。作为第 22 届奥运会中国体育代表团的首选饮料，健力宝曾被海外媒体誉为“中国魔水”，在世界上享有较高的知名度。此后，健力宝与中国体育运动、全民健身、国家繁荣富强等联系在一起。18 年来，健力宝先后用于赞助体育、教育科技、赈灾及社会各项福利事业的资金达 3 亿元。

健力宝得到了各种社会荣誉，而市场份额却日渐下降，与中国饮料市场的快速发展极不相称。对于原来的健力宝品牌，研究人员从品牌、广告等方面进行了调研和评估。

1. 调查内容

(1) 品牌第一提及率。接近半数的随机受访者首先提到的品牌是可口可乐，其次是健力宝，排在第三位的是百事可乐。

(2) 广告到达率。健力宝广告到达率高的地区集中在中原、西北地区，尤以二线、三线城市为高。在这些地方，可口可乐、百事可乐这样的国际品牌的广告到达率反而较低。但在经济繁荣地区和一线城市，健力宝广告到达率明显不足。

(3) 广告喜好度。健力宝广告不太受 13～29 岁的年轻人欢迎，中选率仅在 10%左右，但受 30～55 岁的人欢迎，比例在 20%左右。这说明健力宝的忠实消费者集中在相对成熟的中年消费群，而对青少年吸引力偏低。

(4) 品牌联想度。受访者中 45.7%的受访者首先想到的是“运动/运动员”，而受访者总体当中 14.2%的人首先想到的是“李宁做过的广告”；9.2%的受访者联想到“体育运动→体育竞赛→运动性→跟体育有关→奥林匹克运动会”。

2. 调查结果

健力宝作为运动型饮品已被大多数消费者认可，李宁作为健力宝形象代言人的深刻印象虽经多年仍未更改。调查结果还显示，关于健力宝品牌的联想目前达到的最高层级是第三层级(品牌形象的联想层级，消费者基本上不能产生“品牌个性的联想”层级上)。

健力宝的现有顾客以 20～34 岁，二三线城镇为多。

顾客心态特征：消费比较理智，较少最早尝新，有一定的品牌忠诚度；喜欢有点与众不同，但并不想成为焦点；比较喜欢国货，并不太向往发达国家的生活方式。

现代城市青年如何看待健力宝：“品牌老了，跟不上时代”“最早出现，现在没有印象了”“口味单一，单调”“一想到健力宝，就想到体育、运动、比赛，中国体育明星、李宁、体操”“奥运金牌”等。

(资料来源：杰雯. 抛掉老土包袱 健力宝重塑品牌. 中国经营报，2002-08.)

思考题：

(1) 当代年轻人的消费观是什么？在营销中，如何把时尚与年轻消费者融合起来？

(2) 老品牌步入低迷后，如何重新打造品牌价值？老品牌的优势和劣势有哪些？

4.3 营销策略

所谓营销策略，就是企业营销组合策略的综合方案，是企业根据目标市场的需要和自己的市场定位，对自己可控制的各种营销因素，即产品(product)、价格(price)、渠道(place)和促销(promotion)的优化组合和综合运用，使之协调配合，扬长避短，以取得更好的经济效益和社会效益。

4.3.1 产品策略

1. 产品整体概念

所谓产品，是指能够满足人们某种需要的物品和劳务，包括实物、服务、场所和信息等一切有形和无形的东西。所谓产品整体概念，是指产品是由 3 个基本层次组成的整体，即核心产品、形式产品(有形产品)和附加产品(延伸产品)。

核心产品，是产品整体概念的最基本层次，是满足顾客需要的核心内容，即顾客所要购买的实质性的东西。核心产品为顾客提供最基本的效用和利益。消费者或用户购买产品绝不是为了获得某种产品的各种构成材料，而是为了满足某种特定的需求。核心产品向人们说明了产品的实质。营销者的任务就是要发现隐藏在产品背后的真正需要，把顾客需要的核心利益和服务提供给顾客。

形式产品，是整体产品的第二个层次，是满足顾客需要的各种具体产品形式，较产品实质具有更广泛的内容。产品的形式一般应具有 5 个方面的内容：质量水平、产品特色、产品款式、产品包装以及品牌。事实上，形式产品是向人们展示核心产品的外部特征，它能满足同类消费者的不同需求。

附加产品，是整体产品的第三个层次，是指顾客在购买产品时所得到的附加服务和利益的总和。通常指提供售后服务、产品说明书、质量保证、免费送货、安装、维修和技术培训等。现代市场营销环境中，企业销售的绝不只是特定的使用价值，而必须是反映产品整体概念的一个系统。在日益激烈的竞争环境中，附加产品给顾客带来的附加利益，已成为竞争的重要手段。

2. 产品组合策略

产品组合又称产品搭配，指企业提供给市场的全部产品线和产品项目的组合或搭配，即经营范围和结构。产品线是互相关联或相似的一组产品，可以依据产品功能上相似、消费上具有连带性、供给相同的顾客群、有相同的分销渠道，或属于同一价格范围等来划分。如化妆品、家用电器、儿童用品等都可以形成一条产品线，每条产品线内又包含若干个产品项目。产品项目是指产品线中各种不同品种、档次、质量和价格的特定产品。所有产品线和产品项目按一定比例搭配，就形成了一定的产品组合。

产品组合策略，就是根据企业的总体战略要求，对构成产品组合的宽度、长度和相关性等方面做出决策，以优化产品组合。产品组合的宽度，说明企业经营多少种产品类别，拥有多少条产品生产线等，多者为广，少者为窄。产品组合的长度是指企业经营的各种产品线内的产品项目的多少，多者为长，少者为短。产品组合的相关性是指各种产品线在最终用途、生产条件、分销渠道及其他方面相互关联的程度。

分析产品组合的宽度、长度和相关性，有利于企业更好地制定产品组合策略，对于营销决策有着重要的意义。在一般情况下，扩大产品组合的宽度，扩展企业的经营领域，实行差异性多元化经营，可以更好地发挥企业潜在的技术、资源优势，提高经济效益，并可以分散企业的经营风险；加强产品组合的长度，可以占领同类产品的更多细分市场，满足更广泛的消费者的不同需求和爱好；而加强产品组合的相关性，则可以使企业在某一特定的市场领域内赢得良好的声誉。为了优化产品组合，企业要经常对现行产品组合进行分析、评价和调整。由于产品组合状况直接关系到企业销售额和利润水平，企业必须经常对现行产品组合就未来销售额、利润水平的发展和影响做出系统的分析和评价，并决策是否增加、加强或剔除某些产品线或产品项目。

3. 产品策略的制定

产品策略是企业营销战略的重要组成部分，因为企业正是通过销售产品和服务，获取利润，才得以生存和发展的。企业在制定产品策略时，应考虑下列相关的方面。

(1) 产品质量。质量是产品的生命，是获得竞争力的源泉。企业的产品质量决策，就是要根据市场需求确定市场认可的质量水平，并在此基础上建立产品质量标准，并通过各种沟通手段将这一质量信息准确、及时地传递给目标市场。

(2) 产品设计。产品设计涉及成本、技术水平和艺术审美等多方面的问题，直接制约着产品的特色和质量，已经成为国际市场上又一个产品竞争的焦点。产品设计应该在营销调研的基础上，从顾客的需要出发，将产品的质量功能实现、使用方便舒适、外观和谐美观、加工维修便利、制造成本适度等多方面因素综合起来考虑。

(3) 品牌。品牌是产品的重要组成部分，好的品牌是企业不可缺少的无形资产。企业要制定的品牌策略包括：品牌化策略、品牌归属策略、家族品牌策略、品牌延伸/新品牌策略和多品牌策略等。

(4) 包装策略。包装是指产品的容器或包装物，也是产品的组成部分。它能够防止或减少产品在储运、销售过程中的损毁、遗失，起到保护产品，方便运输、携带和储存的作用。良好的包装具有广告和推销的功能，独特的包装还是促进产品差异化的重要手段。包装作为产品整体概念中的一部分，起着提高产品价值的作用。方便美观的包装会使顾客愿意支付更高的价格购买产品，使企业增加利润。另外，包装对环保、能耗、人类健康和消费者权益等方面的影响也日益受到社会各方面的重视。

(5) 产品线策略。产品线策略的主要内容是产品线的长度决策。一般来说，在市场竞争激烈的形势下，企业为了缓解生产能力过剩的压力，或是为了更好地适应消费者和中间商的需要，往往会增加产品项目，以扩大销售和增加利润。但是，随着产品线的加长，设计、制造、订单处理、储运和促销的成本费用也随之上升。于是，企业又不得不剔除那些得不偿失的项目，使产品线趋于缩短。产品线的这种波动现象，往往会反复出现。

(6) 服务策略。服务是整体产品的另一个重要组成部分。前面探讨的是有形产品的问题，这里主要探讨延伸产品的附加服务问题。附加服务是指纯服务性工作，如为顾客送货、安装、保养、维修以及提供产品信息、咨询和消费信贷等。这种附加服务是为了对有形产品的营销起辅助作用，与专门的服务企业服务有所不同。营销者做这种服务决策时，需要从三个方面考虑：一要决定服务组合，二要决定服务水平，三要决定服务方式。

(7) 新产品开发策略。企业要想在竞争激烈的市场中获得可持续发展的能力，必须不断研究开发新产品。新产品研发的过程通常是：营销人员根据市场需求情况多方搜集信息，帮助研发人员形成新产品的构思；在对这些构思进行分析、筛选的基础上，产生新产品的概念和与之相应的营销策略；然后对这一概念进行评估测试，对其营销策略进行商业分析。如果经过商业分析证明有开发价值，就可交付生产部门试制出样品。若样品经测试后得到满意结果，还可以投入小批量生产，上市试销。通过小规模试销，可及时发现新产品设计和营销方案中的不足之处，及时调整。试销成功的新产品，一般就可以准备投产上市了。

4.3.2 价格策略

定价策略是营销组合变量中非常重要的一部分，是竞争的重要手段。价格的合理与否直接影响产品或服务的销售，关系到企业营销目标的实现。因此，营销管理者必须掌握、了解影响定价的各种因素、常用的定价方法、价格管理和调整的策略。

1. 影响企业定价的因素

企业在定价时，要充分考虑一系列内部因素和外部因素对企业价格决策的影响和制约。内部因素主要有企业的定价目标、产品成本、产品质量状况和产品销售状况等。外部因素主要有市场供求状况、竞争者的价格和其他社会因素等。

(1) 企业的定价目标。企业定价目标即企业的价格目标，受企业整体营销目标的制约，并且为企业的整体目标服务。通常企业的整体目标都是要获取一定的收益，以维持和促进企业自身的生存和发展。与企业整体营销目标直接有关的价格目标主要有：追求最大利润，争取最大限度的市场占有率，获取一定的投资收益率，保持稳定物价，应付和防止竞争和保持良好的分销渠道等。不同的价格目标决定了不同的策略，乃至不同的定价方法与技巧。

(2) 产品成本。产品的销售价格必须能够补偿产品生产、分销和促销的所有支出，并补偿企业为产品承担风险所付出的代价，它是获利的前提，产品成本是企业制定价格的最低界限，是影响产品定价决策的重要因素。产品成本较低时，价格变动的空间较大，如果产品成本高于竞争者的成本，该产品在市场上就会处于十分不利的地位。

(3) 产品质量。产品质量是影响产品定价的重要内在因素。质量与价格的关系大体上有三种类型：按质论价、物美价廉和质次价高。在产品供大于求，人们生活水平普遍提高的情况下，消费者更注重产品质量而非价格。因此在企业定价时，一定要以质量为前提。同时，也应根据产品的类别不同，正确处理价格与质量之间的关系：有些产品高质高价；有些产品则应价低，质量也可以差一点，比如一次性使用的产品；有些产品则应物美价廉，比如生活日用品。

(4) 市场供求状况。在市场上，产品价格的高低取决于该产品的市场供求状况。当产品的需求量大于产品的供给量时，价格则上升；反之，价格则下跌。反过来，价格的高低又会影响产品的供求。产品的价格和产品供求互相影响，互相制约。

(5) 需求的价格弹性。企业在制定价格时，必须考虑需求的价格弹性，对于价格弹性大的产品(弹性系数大于1),可以通过降价来刺激需求扩大销售;对于价格弹性小的产品 (弹性系数小于 1)，可以适当提高价格，这类产品的提价不会减少销售量，提价可使单位产品的利润增加，从而增加企业利润。

(6) 竞争者的产品和价格。企业产品价格的上下限为市场的需求和企业的成本，在该幅度内，企业产品价格的具体水平则取决于竞争对手的同种产品的价格水平。如果企业的产品与竞争对手的产品十分相似，则定价应与竞争对手相近，否则销售量会受到损失。如果企业的产品不如竞争对手，则定价不能高于竞争对手的价格。如果企业产品质量较高，则定价可以高于竞争对手的价格。

2. 常用的定价方法

企业常用的定价方法主要有：①成本导向定价法，如成本加成、目标利润等方法；②市场需求导向定价法；③竞争导向定价法。不同的定价方法不仅有各自的特点和要求，而且相互补充，企业在实际营销活动中可选择采用。在当今市场竞争日趋激烈、营销活动不断深入的市场上，越来越多的企业在定价时，不仅选用一种方法，而是全面考虑产品成本、市场需求和竞争状况等多方面因素对价格的影响，采用组合定价，即根据实际情况，将上述各种定价方法结合起来使用。

3. 产品定价策略

(1) 市场撇脂定价策略。市场撇脂定价策略也称高价速取策略。企业研制出的新产品，开始推出时以尽可能高的价格投放市场，以求得最大收益，尽快收回投资。这是对市场的一种榨取，就像从牛奶中撇取奶油一样，所以被称为“撇脂定价”策略。

运用这种市场撇脂定价策略的条件是：产品的质量和特色与高价格相适应；要有足够的顾客能接受并愿意购买这种高价产品；竞争者在短期内不易打入该产品市场。市场撇脂定价策略的优点是：新产品初上市，可抓住时机迅速收回投资，再用以开发其他新产品；价格开始定高些，可使企业在价格上掌握主动权，根据市场竞争的需要随时调价；企业可根据自己的生产供应能力，用价格调节需求量，避免新产品断档脱销，供不应求；可提高产品身价，树立高档产品的形象。

(2) 市场渗透定价策略。与市场撇脂定价策略相反，市场渗透定价策略是在新产品介绍期制定比较低的价格，以吸引大量顾客，迅速占领市场，取得较大的市场份额。

采用市场渗透定价策略的条件是：目标市场必须对价格敏感，需求弹性大，即低价可扩大销售；生产和分销成本必须能随销售量的扩大而降低。市场渗透定价策略的优点是：可促使新产品迅速成长，打退竞争对手，自己则通过扩大生产，降低成本，薄利多销，来保证长期的最大利润。

(3) 价格调整策略。产品的基本价格制定后，企业还要依据市场需求和产销的具体情况，随时对基本价格进行调整，以达到营销目标。这主要有折扣和折让定价、心理定价、差别定价和地区定价等几种策略。

4.3.3 渠道策略

产品和服务只有到达消费者和用户的手中，才能真正实现其价值。因此，企业需运用一定的市场分销渠道，把生产者和消费者联系在一起，才能最终实现产品所有权的转移。分销渠道是指在某种产品从生产者向消费者或用户转移的过程中，所经过的一切取得所有权或帮助所有权转移的组织或个人，即产品从生产领域向消费领域转移所经过的通道。它的起点是生产者，终点是消费者或用户，中间环节包括各种批发商、零售商、商业中介机构(交易所、经纪人等)。在这条通道中，不仅有产品和货币的流动，同时还伴随有买卖交易的达成、信息的交流以及各类促销活动的展开。分销渠道除了完成产品编配的任务之外，还具有一些重要功能，如市场调研、谈判沟通、物流储运、资金融通、风险承担等。这些功能对任何生产企业来说都是必不可少的，关键的问题是企业是否有必要由自己承担所有这些任务。由于专业化分工，分销渠道中的中介组织的效率一般要高于生产企业。因此，使用分销渠道，从本质上说是一个相对效率和相对效益的问题。一个完善的分销渠道，能够使企业实现一定经济和市场环境下产品流通的相对高的效率和效益。

1. 分销渠道的结构

分销渠道的结构是企业产品从生产领域进入消费领域过程中经过的路线，即经历哪些商业环节。分销渠道是多种多样的，但传统的结构可分为4种基本结构类型。

(1) 直接渠道。也称零层渠道，是指生产商直接把产品卖给消费者或用户。这是一种最短、最简单的分销渠道，没有中间商，生产企业派推销员直接与顾客接触，拜访客户。如派推销员上门推销、邮寄销售、开设自销门市部、通过订货会或展销会与用户直接签约供货等形式。

(2) 一层渠道。生产商和消费者或用户之间，只通过一层中间环节，生产者把产品供应给零售商或分销商，然后再由零售商或分销商将商品销售给消费者。这在消费者市场是零售商，在产业市场通常是分销商或经纪人。

(3) 二层渠道。生产商和消费者或用户之间经过二层中间环节，即生产者把产品销售给批发商，批发商可以有几道批发环节，然后由批发商转卖给零售商，由零售商最后销售给消费者。这在消费者市场是批发商和零售商，在产业市场则可能是销售代理商与分销商。二层渠道是目前市场分销渠道最主要最基本的形式，一般销售日用消费品时被广泛采用。

(4) 三层渠道。三层渠道是指在生产者与批发商之间增加了代理商，生产者把商品委托给代理商，再由代理商把商品销售给商业部门。

以上 4 种类型，也可概括为直接渠道和间接渠道两大类。直接渠道产品从生产者流向最终消费者的过程中不经过任何中间环节；间接渠道则是在产品从生产者流向最终消费者的过程中经过一层或一层以上的中间环节。一般说来，多层次的分销渠道较少见。从生产者的观点来看，随着渠道层次的增多，控制渠道所需解决的问题会增多。

2. 分销渠道的选择

生产者在设计市场营销渠道时，须在理想渠道与可用渠道之间进行抉择。一般来讲，新企业在刚刚开始经营时，总是先采取在有限市场上进行销售的策略，以当地市场为销售对象，因该企业经营资本有限，只得采用现有中间商，说服现有的中间商来销售其产品。新企业一旦经营成功，它可能会扩展到其他地区市场。这家企业在当地市场仍利用现有的中间商销售其产品，在其他地区使用各种不同的市场营销渠道。在较小市场，他可能直接销售给零售商，而在较大的市场，他须通过经销商来销售产品。总之，生产者的渠道系统需要因时因地灵活变通，只有这样才能设计出一个有效的渠道系统。

4.3.4 促销策略

企业为取得营销活动的成功，不仅要以适当的价格，通过适当的渠道，向市场提供适当的产品，而且还要采用适当的方式促进产品的销售。由此，促销也是营销组合的要素之一。所谓促销，就是营销管理者将有关企业及其产品的信息，通过各种方式传递给消费者和用户，促进其了解、信赖并购买本企业的产品，以实现扩大销售的目的。促销的实质是营销管理者与目标市场之间的信息沟通和传递。传统的促销决策包括：确定目标受众，确定受众反应和沟通目标，设计促销信息的内容、结构和形式，选择促销信息传播媒体，收集市场反馈和根据目标受众的认知过程进行有效的信息编排等内容。

企业传播营销信息的方式多种多样，常用的主要有广告、人员推销、营业推广和公共关系四种。这四种方式的组合与搭配称为促销组合。所谓促销组合决策，是指一个企业在某一特定时期内，为促进自己产品的销售而对这四种促销方式进行选择、运用与组合搭配的过程。企业必须把总的促销预算合理地分配于各种促销方式，还必须根据产品特点、市场竞争、企业经营战略、目标市场行为等多种因素，不断调整促销组合。

1. 广告策略

广告，顾名思义是广而告之。广告是由明确的发起者以公开支付费用的做法，以非人员的形式，对产品和劳务的信息通过媒介传递到各种可能的顾客中，以达到增加信任和扩大销售的目的。

1) 广告媒体选择

广告策划人员还必须评核各种主要媒体到达特定目标受众的能力，以便决定采用何种媒体。主要媒体有报纸、杂志、直接邮寄、广播、户外广告牌、自印广告品等。

在选择媒体种类时，需了解各媒体的特性。报纸的优点是弹性大、及时、对当地市场的覆盖率高、易被接受和被信任，缺点是时效短、传阅人少。杂志的优点是可选择性强、时效长、传阅者多，缺点是广告在杂志未卖出前置留时间长、有些发行量对广告是无效的。广播的优点是覆盖面广、成本低，缺点是仅有声音效果、没有动画的可视性。电视的优点是视、听、动作紧密结合且引人注意、送达率高，缺点是企业投入广告费用高、展露瞬间即逝、对观众无选择性。自印广告品的优点是可选择性投递、无同一媒体的广告与之竞争，缺点是容易造成泛滥的现象。户外广告牌的优点是比较灵活、展露重复性强、成本低、竞争少，缺点是不能选择受众、创造力易受到局限等。

2) 影响广告媒体的选择因素

企业在选择媒体种类时，必须考虑如下因素。

(1) 目标受众的媒体习惯。例如，生产或销售玩具的企业，在把学龄前儿童作为目标受众的情况下，不应在杂志上做广告，而只能在电视台作广告。

(2) 产品特性。不同的媒体在展示、解释、可信度与色彩等各方面分别有不同的说服能力。例如，照相机之类的产品，最好通过电视媒体做广告说明；服装之类的产品，最好用鲜艳的色彩做广告。

(3) 信息类型。宣布销售活动开始前，最好在电视台做相关信息公告；如果广告信息内容含有大量的技术资料，最好在专业杂志上做广告。

(4) 成本。不同媒体所需广告费用也是企业投放广告渠道所需考虑的一个重要因素。电视是最昂贵的媒体，而报纸则较便宜。不过，最重要的不是投入的绝对成本，而是目标受众的人数构成与投入成本之间的相对关系。

近几年来，在广告业中逐渐出现了一种新兴的广告媒体形式——网络广告。企业可通过两种主要方式做广告：一是建立公司自己的网络地址，发布网页广告；二是像常规的广告一样，向某个网上的服务商购买一个广告空间。

网络广告的发展对传统的广告商带来挑战，虽然有上百万人定期到互联网上冲浪，但无法确定有多少人看网络广告。某一网址上的广告只有去搜索才能找到，而电视广告很容易传达到受众。为此，网络广告商必须绞尽脑汁开发吸引人的网络广告。

2. 人员推销策略

人员推销是指企业通过派出销售人员与可能购买的人交谈，陈述产品特性，促进和扩大销售。人员推销是销售人员帮助和说服潜在购买者购买某种产品的过程。在这一过程中，销售人员要通过自己的努力去吸引和满足购买者的各种需求，使双方能从公平交易中获取各自的利益。人员推销是一种传统的促销方式，国内许多企业在人员推销方面的费用支出要远远大于在其他促销方面的费用支出。在现代社会经济发展中，人员推销仍起着十分重要的作用。

1) 人员推销的形式

企业可以采取多种形式开展人员推销活动。

(1) 可以建立自己的销售队伍，使用本企业的销售人员来推销产品。推销队伍中的成员又称推销员、销售代表、业务经理、销售工程师。他们又可分为两类：一类是内部销售人员，他们一般在办公室内用电话、网络等联系方式洽谈业务，接待来访者；另一类是外勤推销人员，他们旅行推销，上门访问客户。

(2) 代理销售人员，如制造商的代理商、销售代理商、经纪人等，按照其代销额付给佣金。

2) 人员推销的策略

对许多顾客来说，销售人员是企业的象征，反过来，销售人员又从顾客那里给企业带回许多有用的信息。因此，企业进行人员推销决策时，就要制定针对销售队伍的营销方案，包括营销的目标、战略、结构、规模和报酬方式等内容。另外，销售人员既是企业的人力资源和财富，又需企业大笔投资。例如，企业培训一位优秀的销售人员要花费一笔可观的资金，如果这位销售人员后来因故离开该企业，会给企业造成损失。所以，企业还必须对销售人员加强管理，制定销售人员管理办法，包括销售人员的招聘、挑选、训练、指导、激励和评价等核心内容。

企业人员推销决策是指企业根据外部环境变化和内部资源条件设计和管理销售队伍的一系列过程。具体包括如下几个方面：确立人员推销在企业营销组合中的地位，为销售人员制定出适当的销售活动组合；根据企业资源条件和销售预算等确定销售队伍的规模；根据顾客、产品和销售区域分配资源；对销售目标进行激励和控制等。

3. 营业推广

营业推广是企业用来刺激需求和引起强烈的市场反应而采取的各种短期性促销方式的总称。营业推广包括多种具体形式，如优惠券、奖券、竞赛和赠品等，其特点如下。

(1) 非规则性和非周期性。营业推广常用于一定时期、一定任务的短期和额外的促销工作，因而表现为非规则性和非周期性。

(2) 灵活多样性。营业推广形式十分繁多，可以根据企业商品的不同特点，不同的营销环境灵活地加以选择和运用。

(3) 短期效果较明显。营业推广往往是为了推销积压产品，或是为了在短期内迅速收回现金和实现产品价值而采用的，它最适宜完成短期的具体目标，在短期内刺激产品销量的迅速提高，并吸引潜在顾客。因此，这种促销方式的效果也往往是短期的，如果运用不当，可能会使顾客对产品产生怀疑，不利于长期的品牌形象的建立。

4. 公共关系

公共关系是促销组合的另一个重要组成部分，它是指企业为获得公众的信赖和支持，树立良好的企业形象，增进企业与社会各界的相互了解，争取公众和社会所付出的努力，并为企业的市场营销活动创造一个良好的外部环境的一系列活动。公共关系对促销来说是一种间接的方式，不应要求直接的经济效益，但较其他方式有特殊意义。其特点如下。

(1) 可信度高。由于公共关系是由第三者进行宣传报道，大多数受众认为公共报道比较客观，比企业的广告可信程度高得多。

(2) 传达力强。许多人对广告等信息传播方式本能地反感，并有意识地回避。而公共关系活动中的宣传报道是以新闻形式出现的，所以传达能力较强，吸引力较大。

广告、人员推销、营业推广和公共关系等四种主要的促销方式各有利弊，企业营销管理人员应该结合本企业的促销目标，综合考虑各种促销方式的利弊，制定出对不同促销方式的选择、运用和搭配的策略，也就是要确定促销预算及其在各种促销方式之间如何合理分配，形成有效的组合策略。

制定促销组合是非常复杂的，许多因素会影响促销组合策略。营销管理者应了解各种促销方式的功能和特点，考虑影响促销组合决策的各种因素，以此为前提，有计划地将各种促销方式适当搭配，形成有效的促销组合并加以实施和控制。

运作实例 4-3

奥康鞋业的渠道选择

奥康鞋业作为渠道革新者，在国内主渠道成员长期固守大中商场，忽略其他渠道建立之时，奥康鞋业充分利用市场空白，建立了自己的营销模式。借助流通渠道的新局面，奥康着力发展连锁系统，挑战主渠道。奥康的革新渠道使企业的销售额每年保持了66.7%的增长速度，使企业在短期内迅速崛起，并快速超过竞争对手，使鞋业市场重新洗牌。

1. 连锁专卖和多渠道并重

皮鞋销售具有小批量、多型号、季节性强、服务性强等特点，比较适合采用专卖店的流通形式。奥康在国内鞋业销售上，借鉴麦当劳的特许经营模式建立起了奥康品牌专卖店，率先在二三级城市发展连锁专卖网络，大举圈地，实现对次级市场的占领。自1998年在浙江设立第一家连锁专卖店以来，奥康借助特许加盟模式，迅速在全国二三级城市铺开连锁网络，目前专卖店已经达到2 000多家。在一些强势品牌开始感叹坐失良机时，奥康市场不断扩大，并向竞争者渠道发起了攻击。这促使购买竞争品牌的消费者迅速实现品牌的转换，奥康市场占有率明显提高，返款及时。

在充分占领二三级城市市场的基础上，奥康把营销的重点转向了大城市，面向国内百家大型商场推出了“A计划”，其要点是商场核定年度销售任务、企业在商场选择位置，奥康根据发展需要在合作方式、品牌选择和业务培训等方面采用国际一流的操作流程与国内大型商场进行合作。奥康计划将旗下各品牌积聚起来在一个零售点出售，开设国内制鞋企业独有的“品牌超市”。

奥康把大商场作为渠道开发的新目标，具有两方面的意义：首先，实现奥康产品的全面市场覆盖，市场网络编织得尽量不留空白点，提高市场占有率；其次，挺进大商场，抢占市场制高点，锁定高收入人群，发挥广告效应，提升品牌形象。到目前为止，奥康开设的店中店已经达到800家。此外，奥康还在谋求进入新的渠道，多渠道的营销策略构筑了奥康的立体市场网络。

2. 品牌分级策略

奥康针对不同的细分市场，采取了品牌分级战略，构建全面的立体品牌组合，全面阻击竞争品牌。奥康已在国内推出了奥康、康龙、美丽佳人3个品牌，奥康针对不同品牌开始强化渠道分布的合理性，并尽量做到不同品牌的合作，优化企业资源。

(1) 奥康——定位于A、B级市场。奥康锁定的是工薪阶层，消费者量大面广，因此该品牌进攻方向以大中城市为主，零售点多设在地市级城市的繁华商业街，零售终端以连锁专卖店与店中店为主。

(2) 康龙——定位于C级市场。康龙为大众旅游休闲鞋。康龙的消费人群注重价格实惠与款式新颖。因此在渠道上采取专卖为主、代理为辅的做法，进攻方向为农村和乡镇，零售点设在一些乡镇的主要街道或城市的普通商业街上。

(3) 美丽佳人——定位于A级市场。美丽佳人的进攻方向是大的中心城市和沿海开放城市，零售点设在白领阶层经常光顾的注重品牌的繁华商业街或各大名牌商场，满足白领女性的时尚要求。

3. 终端控制

奥康采用垂直营销系统，增强终端控制力。在加强加盟店管理与支持力度的同时，充分发挥直营店对市场的影响力。

(1) 采用垂直营销系统。目前在消费品销售中，垂直营销系统已经成为一种主流的分销形式。奥康设立了营销总公司，由营销总公司在全国设立省级分公司，省级以下地区设办事处，对终端市场进行管理和供货，建立了由制造商主导的垂直营销系统。此举尽管加大了运营成本，但是明显增强了对终端市场的控制能力。

(2) 加强终端建设。奥康的连锁专卖网络由特许加盟店与直营店两部分组成。对于特许加盟者，奥康要先进行严格考察，并签订双方责任义务十分明确的合同书。在终端分布上，奥康要求选址应设在繁华商业街，设立应疏密有度。为体现连锁店的统一性，奥康要求各专卖店全面贯彻全国连锁统一形象、统一品牌、统一管理、统一服务的原则。

(3) 代理商分级管理，考核与培训结合。奥康为推动渠道的健康发展，对代理商进行 A、B、C 分级管理。企业对优秀的代理商进行奖励，并在配货与广告、促销等支持体系方面予以最大优惠。对专卖店则从位置、店堂形象、管理服务等方面进行达标管理。同时，奥康每年投入 200 万元左右用于销售人员、经销商和零售商的各类培训。

(4) 直营店开路。在奥康的连锁专卖网络，特许加盟店与直营店数量之比为 2∶1。在连锁专卖系统的快速平稳发展过程中，奥康的直营店发挥了无可替代的作用。

4. 促销组合

奥康通过以广告、公关、销售促进等为一体的强有力的促销组合，塑造品牌形象，推动产品销售，为渠道经营业绩增长助推。奥康认为，不仅消费者是品牌传播的对象，渠道也是品牌传播的对象。

(1) 塑造品牌形象，提高品牌的知名度与美誉度。1999 年 12 月 15 日，奥康将打假收缴的 2 000 双假冒奥康皮鞋在杭州焚毁，引来了 100 多家国内外新闻媒体。《12 年前一把火，烧温州人假货；12 年后火一把，温州人烧假货》成为报道的热点。奥康的策划者巧妙地将本次活动同 1987 年杭州曾发生的火烧温州制造的假冒伪劣皮鞋一事联系起来，充分体现了时代的变迁、温州鞋业浴火重生走名牌之路的创业史。从活动效果看，既有效地维护了企业的利益，塑造了品牌新形象，又着力在外界营造了“奥康是温州鞋业代表性品牌”的传播印象。

(2) 注重促销方式创新。在竞争激烈的市场中，促销成为企业普遍采用的营销手段，取得了较好的促销效果，但是促销方式的同质化现象削弱了促销的效力。在做到季节性促销不落俗套的同时，奥康引入了国际流行的累积性促销方式。例如美丽佳人时尚女鞋，通过建立消费会员制度，采取消费积分的形式，当消费者的消费积分达到一定额度的时候就可以享受优惠打折和获赠礼品的待遇，以消费者的重复购买来提升产品的销量。

(资料来源：周雷，张玫. 饱和市场——奥康卖鞋无“网”不胜. 经济日报，2002-12-12.)

思考题：

(1) 企业应如何建立适合本企业产品的营销渠道？

(2) 渠道之争已成为现在众多行业的竞争热点，如药店、超市等，在这种形式下传统的分销商应如何转型？

本章小结

本章讲授了营销管理的基础知识，进行市场调查和预测的程序和方法，以及市场营销组合策略。进行营销管理，要明确市场及市场的类型，根据需求状况和营销任务进行营销管理，认识市场营销理念，包括生产理念、产品理念、推销理念、市场营销理念、社会营销理念和关系营销理念。通过分析市场机会、选择目标市场、设计营销组合、管理营销力量这一过程实施营销管理。科学进行市场细分，选择适合企业的目标市场，选择无差异营销战略、差异营销战略和集中营销战略决策。市场调查和市场预测是为了正确把握市场状况，找出市场发展变化的规律，为企业经营决策提供依据的基本手段。市场调查有文案调查法和实地调查法，市场预测方法很多，有德尔菲法、主观概率法、用户意见法等定性预测方法和时间序列预测法、回归分析法等定量预测方法。营销组合策略包括产品策略、价格策略、分销渠道策略、促销策略等内容。

习　题

思考题

(1) 市场营销管理的类型有哪些？

(2) 营销管理理念有哪些？为什么说市场营销理念的形成是经营思想的一次根本性变革？

(3) 企业的营销管理过程包括哪些步骤？

(4) 市场是如何进行细分的？针对细分市场应采取什么样的营销策略？

(5) 市场调查的类型是如何划分的？其基本程序是什么？

(6) 市场调查有哪些方法？

(7) 市场定性预测的方法有哪些？

(8) 营销组合策略包括哪些内容？正确制定营销组合方案有什么重要意义？

(9) 如何理解整体产品概念？产品组合策略有哪些？

(10) 影响价格策略制定的因素有哪些？产品定价策略有哪些？

(11) 分销渠道有哪些？如何选择分销渠道？

(12) 促销策略有哪些类型？如何组合促销策略？

案例应用分析

案例 4-1

戴尔公司的直销模式

计算机的销售一直是通过大量的中间商这种传统的方式进行，然而，1984 年建立的以“按需配置”直销方式闻名于世的戴尔计算机公司，反其道而行之，绕过众多的中间商，采取与顾客面对面的直接销售。顾客不仅买到了优质低价的计算机，而且戴尔本人也大获成功，1999 年年底戴尔公司一举成为世界上第二大 PC 公司。

戴尔上中学时就对计算机产生了浓厚的兴趣，喜欢自己动手组装计算机。他发现组装一部个人计算机的成本与销售价格相差悬殊，利润巨大。当时，商店里的一台 IBM 的个人计算机的售价为 3 000 美元，但它的零部件有时并不都是 IBM 的原装技术，只需花费 600 ~ 700 美元就可以组装一台全部由 IBM 原装技术构成的同种型号的计算机，两者价格相差 5 倍左右。当时许多零售商用 2 000 美元购进计算机，然后转手就以 3 000 美元的价格售出，许多零售商还不提供售后服务和其他的技术支持。看到这点后，对计算机着迷的戴尔就开始买进由 IBM 支持的零件，把他的计算机升级后，再将原有的计算机卖给自己认识的人。当戴尔成为一名大学生后，他的宿舍经常有些律师和医生等专业人员进进出出，请戴尔为他们组装计算机，或把经过戴尔升级的计算机带回家。戴尔还经常用比别人低得多的价格销售自己组装的功能更高的计算机，并多次因此赢得得克萨斯州政府采购计算机的竞标。后来找他组装计算机的人越来越多，于是戴尔萌生了经营计算机的念头。1984 年中途辍学的戴尔成立了“按需配置”直接销售计算机的戴尔公司。

戴尔公司的经营理念是，根据消费者的需求组装不同的计算机，并且将计算机直接销售给消费者，去掉零售商的利润，把这些省下的钱返还给消费者。

“按需配置”直接销售计算机的模式使得戴尔公司真正变成一个以顾客为导向的公司。由于是按照顾客的需要销售计算机的，所以公司的业务是从聆听顾客意见开始的，顾客需要什么，他们就生产什么。他们经营的重点是与顾客建立直接的关系：开始是电话拜访，接着是面对面的互动，现在则借助网络进行灵活快捷的沟通。他们比竞争对手更快、更准确地了解顾客的需求。戴尔在他的回忆录中这样描述了直接模式的好处，“其他公司在接到订单时已经完成了产品的制造，所以他们必须猜测顾客想要什么样的产品。但在他们埋头苦猜的同时，我们早有答案，因为我们的顾客在我们组装产品之前，就明白地表达了需求”，“其他公司必须预估何种配置最受欢迎。但我们的顾客直接告诉我们，他们要的是一个软盘驱动器，还是两个，或是一个软驱加一个光驱，我们完全为他们量身定做”。

戴尔公司并没有以一种直销方式面对顾客，他们将美国市场细分成三个不同的市场，一是大公司市场，二是以联邦政府、州政府、教育机构和公司组成的中等规模的集团市场，三是个人消费市场。针对不同的市场制定不同的营销策略，由专门的销售人员负责。这种集中营销的策略，使销售人员可以成为一个方面销售的行家里手。市场细分使得戴尔公司与客户之间合作的整体经验更为完善。戴尔公司进入中国市场后也采取了这一策略，1998 年以前他们主要做的是大公司市场，1999 年开始做中等规模的集团市场和个人消费市场。

按单定制的直销模式使戴尔公司真正实现了“零库存、高周转”。正如戴尔所说“人们往往只把目光停留在戴尔公司的直销模式上，并把这看做是戴尔公司与众不同的地方。但是直销只不过是最后阶段的一种手段，我们真正努力的方向是追求零库存运行模式”。他的存货一年可周转 15 次。相比之下，其他依靠经销商进行销售的竞争对手，其周转次数还不到戴尔的一半。对此波士顿一位著名的产业分析家说：“对于零部件成本每年下降 15％以上的产业，这种快速的周转，意味着总利润可以多出 1.8％～3.3％。”

戴尔公司的直接销售开始是以耳朵对耳朵的电话方式为主，1996 年 7 月又通过网上销售，每天销售大约 3 000 万美元的产品与服务，每年销售额约合 110 亿美元。“按需配置”的直接销售使戴尔公司成为世界上成长最快的计算机公司，1999 年底，它在全球拥有 29 300 名员工，成为仅次于康柏公司的世界上第二大 PC 公司。

分析：

(1) 总结戴尔公司的经营理念对公司获得成功有什么重要作用。

(2) 戴尔的计算机直销模式是如何细分市场的？

(3) 假如你是一名计算机经销商，你打算采取哪些方式销售计算机？

第 5 章　新产品开发与技术管理

教学目标与要求

通过本章的学习，对新产品开发与技术管理的相关知识有一定的了解和掌握，并能够应用于企业的实际新产品开发、技术引进和技术创新工作中。

明确新产品开发的意义和策略，掌握新产品开发程序，熟知价值工程的原理和在新产品开发中的应用，了解企业技术引进与技术创新的形式和过程。

产品是企业的生命线。在市场经济条件下，面对激烈竞争的市场环境，企业要获得持续、稳定的发展，取得长远的经济效益，在很大程度上取决于能否不断开发出适销对路的新产品。而新产品开发的工作十分复杂，困难又多，成功率很低，企业就要承担较大的风险。为了减少风险，提高新产品开发的成功率，企业必须做好新产品开发及一系列技术管理工作。

5.1 新产品开发管理

企业在进行产品制造和销售时，在同一市场上不可避免地要遇到竞争对手的挑战：争夺顾客，争夺市场份额，争夺资源。从表面上看，企业是围绕产品转的，不断地重复着从制造产品到销售产品的过程。但是，制造与销售产品不是企业的最终目的，企业最终是为了生存，无论是高科技企业还是非高科技企业，产品的开发与管理对于迎接挑战，持续生存发展具有至关重要的作用。

5.1.1 新产品开发概述

1. 新产品概念

新产品是指产品在结构原理、物理性能、化学成分和功能用途方面有显著改进、提高或首创，新产品与老产品有着本质的不同。按照新颖程度划分，一般可将新产品划分为以下四种。

(1) 全新产品。即采用新材料、新工艺、新技术，运用新原理制成的前所未有的产品，它是应用现代先进的科学技术取得的最新成果。

(2) 更新换代新产品。主要是指在原有产品的基础上，采用部分新技术、新材料或新元件，在性能方面有重大突破或显著提高的产品。

(3) 改进型新产品。就是对原有产品作某些改进，使其结构更趋合理，或增加某些功能，或提高精密度和强度，或美化其外观、形状、色彩，或增加花色品种等。

(4) 仿制型新产品。就是指根据市场上现有产品的性能、工艺而仿制的产品。这类产品就市场而言已是老产品，但对企业而言却是新产品。

2. 新产品开发的意义

1) 巩固与扩大市场占有率

产品有其生命周期，或长或短根据不同产品不同市场而定，它与用户需求的变化速度有关，也与市场竞争的程度有关。现代社会的需求呈现出多样化的趋势，科学技术呈加速度发展态势，两者结合的必然结果就是企业开发产品的速度加快了，产品的生命周期变短了，一个产品一种型号能在市场上畅销几年、经久不衰已不可能了。因此，企业必须审时度势，不失时机地推出已有市场的替换产品，以巩固市场。此外，市场需求是分层次的，对同一种产品，不同的消费群体表现出不同的需求，企业可以通过开发系列产品来满足各种消费群体，以扩大市场。

2) 加速企业对新技术的应用

科学技术的飞速发展导致许多高科技新材料和生产工艺的出现，并加快了产品更新换代的速度。如光导纤维的出现，对电报、电话等信息处理设备的更新换代起了巨大的推动作用。

同时，新技术及新材料的应用也是新产品开发的重要基础。应用新技术开发的新产品不但成本低，有较高的使用价值，而且往往可以创造出顾客对该类产品的新需求。因此，这类新产品不但有较强的竞争能力，而且有更旺盛的生命力。

3) 适应个性化定制生产的需要

经营环境的变化要求企业实行个性化定制生产，这对企业的产品、服务设计提出了挑战，要求企业要有很强的产品开发能力，才能支持个性化定制生产的有效实施。

3. 新产品开发的类型

新产品开发从不同的角度来说，可以划分为不同的类型。

1) 从商业价值角度划分

(1) 独立型产品。独立型产品是指一种产品的销售状况不受其他产品销售变化的影响。以空调机和空调外机防尘罩为例，空调机的使用和销售增长会引起空调外机防尘罩的增长，但是反过来空调外机防尘罩无法带动空调机使用和销售的增长。所以，空调机对空调外机防尘罩来说，就是独立型产品。在新产品开发时，如果新产品是独立型产品，就不存在关联开发的问题，只需关注它自己的功能问题就可以了。

(2) 互补型产品。互补型产品是指两种产品的销售互为补充，即一种产品使用和销售的增加必然会引起另一种产品销售的增加。一般来说，一种产品价格的降低，如果引起另一种产品需求量的增加，这两种产品的关系就是互补关系。例如，汽车和汽油、DVD 和 DVD 光碟都是互补型产品。

对新产品开发来说，要密切关注互补型产品中的主导产品的变化。互补型产品中主导产品的开发与非主导产品相比，要有一定的难度，而非主导产品的开发往往具有更大的商业价值。例如，随着主导产品 DVD 机技术的成熟，高容量 DVD 碟片就是一个很大的开发点。

(3) 条件型产品。条件型产品是指一种产品的购买，往往以另一种产品的前期购买为条件。在这种情况下，只有那些曾购买过某种产品的购买者，才会成为另一种相关产品的潜在购买者。

例如，一个人要想购买某种软件，那么计算机就是他前期要购买的产品。计算机产品的使用和销售与某软件产品无关；而某软件产品作为条件型产品，其使用和销售状况，却直接受到计算机产品使用和销售状况的影响。

(4) 替代型产品。替代型产品是指两种产品存在相互竞争的销售关系，即一种产品销售的增加会减少另一种产品的潜在销售量。例如，牛肉和羊肉、铝门与铁门。

替代型产品与互补型产品是相互对立的概念。一种产品价格的提高会引起另一种产品需求量的增加，这两种产品就是替代品。一般来说，替代型产品在相当一段时间内都有很大的生存空间，所以，如果企业所生产的产品有替代品，在新产品开发方向上就不必向替代型产品靠拢，而应当在企业自己的产品上继续完善创新。

2) 从消费者角度划分

(1) 便利型产品。指消费者或客户通常购买频繁，一旦需要即可马上买到，并且只花最少精力时间去比较品牌、价格的消费品，例如，报纸、香烟等。

便利型产品都是非耐用品，且多为消费者日常生活所必需，因而，在进行新产品开发的时候，应使企业的产品能够让消费者一目了然，并对此产生浓厚的兴趣。

(2) 选购型产品。所谓选购型产品是指消费者或客户为了物色适当的物品，在购买前，往往要去许多家零售商店了解和比较商品特征的消费品，例如，女装、家具等。

选购型产品挑选性强，顾客不知道哪家的产品最合适，并且因其耐用程度较高不需经常购买，所以顾客有必要并花较多时间和精力去许多家商店物色合适的物品。为此，企业在对选购型产品进行开发时，要注重从“质”上进行创新。

(3) 非渴求型产品。是指顾客不知道的产品，或者虽然知道但却没有兴趣购买的产品，例如，刚上市的新产品、人寿保险、百科全书等。

非渴求型产品的性质，决定了企业必须加强广告、推销工作，使顾客对这些产品有所了解，产生兴趣。这类产品的开发方向应当是其独特的使用价值和功能。

5.1.2 新产品开发的程序和策略

1. 开发新产品的程序

新产品开发由创意与概念形成开始，而至产品在市场成功销售为止，期间包括众多不同职能单位的参与以及大量时间与金钱的投入，因此如何有效规划新产品开发程序与管理新产品开发的活动，是所有企业都关注的重要课题，一般新产品开发的程序有以下几个阶段，如图 5.1 所示。

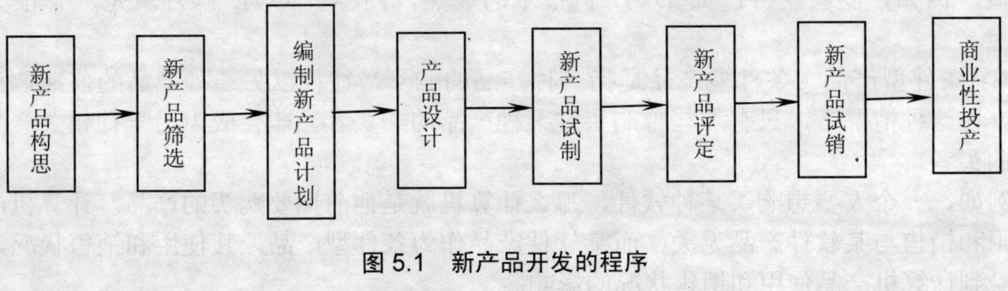

图 5.1 新产品开发的程序

(1) 新产品构思。构思是有创造性的思维活动。新产品构思实际上包括了两个方面的思维活动：一是根据得到的各种信息，发挥人的想象力，提出初步设想的线索；二是考虑到市场需要什么样的产品及其发展趋势，提出具体的产品设想方案。

新产品构思，可以来源于企业内外的各个方面，顾客则是其中一个十分重要的来源。据美国六家大公司调查，成功的新产品设想中，有 60%～80%来自用户的建议。一种新产品的设想，要提出许多的方案，但一个好的构思，必须同时兼备两个特征。

① 构思要非常奇特。富有想象力的构思，才会形成具有生命力的新产品。

② 构思要尽可能接近于可行，包括技术和经济上的可行性。

(2) 新产品筛选。从各种新产品设想的方案中，挑选出一部分有价值进行分析、论证的方案，这一过程就叫筛选。筛选阶段的目的不是接受或拒绝这一设想，而是在于说明这一设想是否与企业目标的表述相一致，是否具有足够的实现性和合理性，以保证有必要进行可行性分析。筛选要努力避免两种偏差。

① 不能放弃有开发前途的产品设想，失去成功的机会。

② 误选没有开发价值的产品设想，以致仓促投产，招致失败。

(3) 编制新产品计划书。这是在已经选定的新产品设想方案的基础上，具体确定产品开发的各项经济指标、技术性能，以及各种必要的参数。它包括产品开发的投资规模、利润分析及市场目标；产品设计的各项技术规范与原则要求；产品开发的方式和实施方案等。这是制定新产品开发计划的决策性工作，是关系全局的工作，需要企业的领导者与各有关方面的专业技术人员、管理人员通力合作，共同完成。

(4) 新产品设计。这是从技术经济上把新产品设想变成现实的一个重要阶段，是实现社会或用户对产品特定性能要求的创造性劳动。新产品的设计，直接影响到产品的质量、功能、成本、效益，影响到产品的竞争力。以往的统计资料表明，产品的成功与否，质量好坏，60%～70%取决于产品的设计工作。因而，产品设计在新产品开发的程序中占有十分重要的地位。

(5) 新产品试制。这是按照一定的技术模式实现产品的具体化或样品化的过程。它包括新产品试制的工艺准备、样品试制和小比试制等几个方面的工作。新产品试制是为实现产品大批量投产的一种准备或实验性的工作。因而无论是工艺准备、技术设施、生产组织，都要考虑实行大批量生产的可能性，否则，产品试制出来，只能成为样品、展品，只会延误新产品的开发。同时，新产品试制也是对设计方案可行性的检验，一定要避免设计与试制出来的产品分离。

(6) 新产品评定。新产品制出来以后，从技术经济上对产品进行全面的试验、检验和鉴定，这是一次重要的评定工作。对产品的技术性能的试验和测试分析是不可缺少的，主要内容包括：系统模拟实验、主要零部件功能的试验以及环境适应性、可靠性与使用寿命的试验测试，操作、振动、噪声的试验测试等。对产品经济效益的评定，主要是通过对产品功能、成本的分析，通过对产品投资和利润目标的分析，通过对产品社会效益的评价，来确定产品全面投产的价值和发展前途。对新产品的评价，实际上贯穿开发过程的始终。这一阶段的评定工作是非常重要的。它不仅有利于进一步完善产品的设计，消除可能存在的隐患，而且可以避免产品大批量投产后可能带来的巨大损失。

(7) 新产品试销。试销，实际上是在限定的市场范围内，对新产品的一次市场实验。通过试销，可以实地检查新产品正式投放市场以后，消费者是否愿意购买，在市场变化的条件下，新产品进入市场应该采取的决策和措施。一次必要和可行的试销，对新产品开发的作用是很明显的。

① 可以比较可靠地测试或掌握新产品销路的各种数据资料，从而对新产品的经营目标作适当的修正。

② 可以根据不同地区进行不同销售因素组合的比较，根据市场变化趋势，选择最佳的组合模式或销售策略。

③ 可以根据新产品的市场“试购率”和“再购率”，对新产品正式投产的批量和发展规模作出进一步的决策等。

(8) 商业性投产。这包括新产品的正式批量投产和销售工作。在决定产品的商业性投产以前，除了要对实现投产的生产技术条件、资源条件进行充分准备以外，还必须对新产品投放市场的时间、地区、销售渠道、销售对象、销售策略的配合以及销售服务进行全面规划和准备。这些是实现新产品商业性投产的必要条件。不具备这些必要的条件，商业性投产就不可能实现，新产品的开发就难以获得最后的成功。

2. 开发新产品的策略

采取正确的产品开发策略是产品开发获得成功的前提条件之一。在制定产品开发策略时，应借鉴科技发展史以及产品发展史上的经验，分析、预测技术发展以及市场需求的变化。制定产品开发策略可以确定以下几个不同的侧重点。

1) 侧重消费者需求

满足消费者需求是产品的基本功能。消费者需求可分为两种：现实需求及潜在需求。制定新产品开发策略，既要重视市场的现实需求，也要洞察市场的潜在需求。只看到现实需求，容易导致与其他企业一起竞相开发热门产品，使有些短线产品很快变成长线产品，造成生产能力过剩，甚至影响到企业的整个生存和竞争能力。所以，企业开发新产品，应该注重挖掘市场的潜在需求，以生产促消费，主动地为自己创造新的产品市场。

2) 侧重产品功能

指赋予老产品以新的功能、新的用途。调光台灯的出现就是一个很好的例子。台灯本来的功能是照明，但调光台灯不仅能照明，还可以起到保护视力和节电的作用，因此在市场上一投放就大受欢迎。

3) 侧重提高新产品竞争力

新产品在市场上的竞争力除了取决于产品的质量、功能以及市场的需求外，还受到一些其他因素的影响。例如，抢先策略，在其他企业还未开发成功，或未投入市场之前，抢先把新产品投入市场。采用这种策略要求企业有相当的开发能力以及生产能力，并达到相应的新产品开发管理水平和生产管理水平。紧跟策略，即企业发现市场上出现有竞争能力的产品时，就不失时机地进行仿制，并迅速投入市场。一些中小企业常采用这种策略，这种策略要求企业有较强的应变能力和高效率的开发组织。低成本策略，即采取降低产品成本的方法来扩大产品的销售市场。采取这种策略要求企业具有较高的生产技术开发能力和较高的劳动生产率。

运作实例 5-1

招商银行的网络银行业务

招商银行率先在国内推出网络银行，它以网络为工具使银行业务突破时间和地域限制，只要是网络和通信能够达到的地方，就可以得到个人银行、企业银行、网上支付、网上证券、网上外汇买卖、网上商城等服务。这种服务方式是金融服务的一次质的飞跃，包括更多的针对性、个性和人情味，真正成为“24小时不关门”且无处不在的银行。招商银行此举克服了传统营业网点较少的劣势，同时降低了银行经营成本，拓宽了金融服务领域，赢得了广大顾客的欢迎。招商银行通过网络银行业务，迅速地建立起了自己的竞争优势。

(资料来源：侯先荣. 企业创新管理理论与实践. 电子工业出版社，P282.)

思考题：试分析招商银行试如何建立自己的竞争优势的？

提　示：开发产品的新功能是实现产品创新的有效途径。

5.2 价 值 工 程

价值工程起源于 20 世纪 40 年代的美国。通用电气公司的工程师麦尔斯在世界物资市场战时被重新划分，物资短缺，供不应求的宏观环境中，为寻求因原料不足而带来的采购难题的解决办法，提出了价值工程学说的基点(VA，Value Analyse)。

第二次世界大战后，军工生产部分转为民用生产，原材料费用上涨，产品成本提高，各企业之间竞争更加激烈。寻求降低成本，提高竞争能力，扩大市场占有率的办法显得尤为重要。由麦尔斯领导的小组对战时应用的分析方法进行进一步研究，得出产品开发设计阶段是企业制造能够满足顾客需要物资的决定因素的结论，从而将价值分析工作重点转移到工程设计上来，价值分析也就被称为价值工程(VE，Value Engineering)。

在实践的基础上，麦尔斯经过综合归纳整理，提出了价值工程的基本理论，出版了《价值分析与价值工程之技术》一书。这种方法被公认为是一种相当成熟而且行之有效的技术。

5.2.1 价值工程的原理

价值工程(VE)，是指运用集体智慧开展有组织的活动，着重于产品(或作业)的功能分析，以最低的寿命周期成本实现产品(或作业)的必要功能，借以提高产品或作业价值的技术经济方法。与价值工程相关联的概念有：功能、寿命周期成本和价值。

1. 功能

美国国防部 IE 手册将功能定义为“具有某种意图的特定目的或用途”。我们认为，产品的功能，主要是指产品的使用效能，即产品的技术性能和质量等技术指标。任何一种产品都有其特定的功能，用户购买该产品就是为了获得它所具有的功能。例如，顾客购买灯具是为了照明。价值工程要彻底分析功能要求，排除不必要的功能，可靠地实现必要功能。

2. 寿命周期成本

价值工程中的寿命周期成本，是指产品从产生到报废整个期间的费用总和。它包括研究和生产阶段的费用构成的产品制造成本 C_1 以及在使用过程中的能源消耗、维修和管理费用等所构成的产品使用成本 C_2，C_1+C_2 就是总成本。

人们习惯上比较重视产品的购置费而忽视产品的使用费。实际生活中有许多产品的使用成本大于制造成本，如汽车的使用成本通常是制造成本的 2.5 倍，因此，忽视使用成本是不合算的。在技术经济条件已定的情况下，随着产品功能水平的提高，制造成本 C_1 提高，使用成本 C_2 下降，寿命周期成本则呈马鞍形变化，如图 5.2 所示。

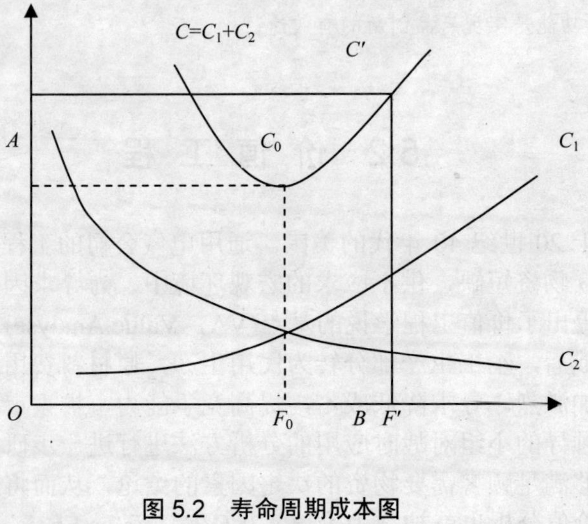

图 5.2　寿命周期成本图

由图 5.2 可以看出，只有功能、成本相适宜，才能使总成本最低。性能为 F_0、成本为 C_0 是一种理想状态。一般说来，任何现实产品或现有设计方案都不一定能够达到。若以 C' 表示现实成本，F'表示现实功能，则在 F'与 C_0 之间有一个成本可能降低的幅度 $C'-C_0=A$；在 F'和 F_0 之间存在性能可以提高的幅度 $F_0-F'=B$，我们进行价值工程活动正是要以最低成本实现产品的必要功能，即使一次 VE 不能达到，也要通过不断努力逐步达到，使企业与用户都获得最大利益。

3. 价值

价值工程的“价值”与政治经济学的“价值”含义不同，它是指作为某种产品(或作业)的功能与成本的比值，是作为评价事物有效程度的一种尺度提出来的。这种对比关系可以表示为一个数学公式：

$$V=F/C$$

式中，V——价值；

F——研究对象的功能；

C——成本，即寿命周期总成本。

价值工程以提高产品价值为目的。提高价值，既是用户的需要，又是生产经营者追求的目标，两者的根本利益是一致的。企业应当研究产品功能与成本的最佳匹配。价值工程的基本原理公式 $V=F/C$，不仅深刻地反映出产品价值与产品功能和实现此功能所耗成本之间的关系，而且为如何提高价值提供了以下六种途径。

(1) 提高功能，降低成本，即 $V\uparrow=F\downarrow/C\downarrow$。这是价值工程的主攻目标，是技术进步，产品与设备更新，生产力发展的一般规律，只有整体地、长远地符合这一规律，企业才有生命力。

(2) 在产品成本不变的条件下，通过提高产品的功能，达到提高产品价值的目的，即 $V\uparrow=F\uparrow/C$，这是将着眼点放在提高功能上。随着消费者平均收入水平的提高，消费结构不断变化，人们更加要求产品的高功能和多功能。两种产品的成本相同，价格相同，人们一定购买功能高，质量好的产品。

(3) 保持产品功能不变的前提下，通过降低成本达到提高价值的目的，即 $V\uparrow=F/C\downarrow$，这是将着眼点放在降低成本上。从用户角度讲，功能一样的两种物品，当然要买价格便宜的那种；从企业角度讲，生产的产品，用途和性能不变，降低成本就可获得较高的利润。由于成本降低，可以适当降低售价，也就是提高了产品的价值。

(4) 使产品功能有较大幅度的提高，产品成本有较小福度的提高，即 $V\uparrow=F\uparrow/C\uparrow$。虽然花费一定的投资提高了成本，但会带来产品功能的更大提高，提高了产品价值，增强了竞争能力。如花费一些钱在商品包装、装潢、商标等方面，就能大幅度提高产品的外观功能，提高市场竞争能力。

(5) 在产品功能略有下降、产品成本大幅度降低的情况下，也可以达到提高产品价值的目的，即 $V\uparrow=F\downarrow/C\downarrow$。也是将着眼点放在降低成本上，有些产品的不必要功能与过剩功能去掉是完全可以的。比如童装的制作，没有必要用高档的衣料去做，可以采用一般的布料，这样就可以大大降低成本，只要样式和花色上讲究一些照样会受欢迎。

(6) “物美价廉”是消费者与生产者共同利益的最佳结合点，既能获得高功能，又能使寿命周期成本降低，是提高价值最为理想的途径。

价值工程以功能为中心考虑问题，以消费者的功能要求出发，定性与定量方法相结合，分析产品(或作业)的功能，确定必要的功能，剔除不必要功能，功能与成本分析相结合，寻求二者的最佳结合点。以功能分析为核心，不受现有产品的约束，因而可以做出根本性的变革，促进新技术、新工艺、新产品的出现，例如，电子计算机取代算盘实现计算的功能，仅从算盘的产品结构上分析是不会诞生电子计算机的。

价值工程涉及产品开发、设计、制造、供应、使用、维修以及企业经营的各个方面，需要综合运用技术与经济多种学科的知识，所以仅靠个人决策是很不够的，只有有组织地活动，且依靠各方面集体的智慧，才能获得最佳方案和良好的运行实施。

价值工程应用的重点放在产品的研制设计阶段。因为产品的功能和成本 70%主要取决于这个阶段。一旦设计图纸付诸实践，在生产阶段改变工艺和设备、调整劳动组织等，所需的成本会成倍增长，技术经济效果必然受到严重影响，所以设计上的浪费是最大的浪费。

价值工程的工作过程，实质就是针对产品的功能和成本提出问题、分析问题、解决问题的过程。针对 VE 的研究对象，整个活动围绕 7 个基本问题展开，这 7 个问题是：①这是什么？②这是做什么用的？③其成本是多少？④其价值是多少？⑤有其他的方案能实现这个功能吗？⑥新方案的成本是多少？⑦新方案能满足要求吗？

5.2.2 价值工程的应用

1. 价值工程的实施步骤

价值工程在新产品开发中的实施步骤一般包括确定对象、收集情报、功能分析、方案的提出与评价、组织方案的实施和成果评价 5 个步骤。

1) 确定对象

选择价值工程对象是价值工程活动成败的关键。就一个企业来说，往往同时开始生产几种产品，要选择成本降低潜力较大者、销售量较大者、结构复杂或不合理者作为对象。在产品对象选定后，还要对其组成部分进行分析，选出开展价值工程活动的重点零部件。选择对象的方法如下。

(1) 成本比重法。在一个产品中，少数零件往往占产品成本的 50%以上。若能将这部分零件的成本降下来，则整个产品的价值就会得到显著提高。这种方法是把占去较多成本的那些零件选出来，作为价值工程的重点分析和评价对象。

(2) 强制确定法。它是根据各零件的功能重要程度，采取一对一的比较方法进行评分，功能重要的得 1 分，功能次要的得零分，然后将各零件的得分占产品总得分的比重作为各自功能评价系数(系数值越高，零件重要程度越大)，并按功能评价系数来分配目标成本，确定各零件的功能评价值。例如，某新设计产品有 6 个零件，按上述方法计算，结果如表 5-1 所示。

表 5-1　功能评价表

零件	对比结果						零件得分	功能评价系数	功能评价值/元
	A	B	C	D	E	F			
A	×	1	1	0	1	1	4	0.267	1 081.35
B	0	×	1	0	1	1	3	0.200	810.00
C	0	0	×	1	0	1	2	0.133	538.65
D	1	1	0	×	1	1	4	0.266	1 077.30
E	0	0	1	0	×	0	1	0.067	271.35
F	0	0	0	0	1	×	1	0.067	271.35
合计							15	1	4 050(目标成本)

2) 收集情报

收集情报是指围绕所选定对象广泛收集有关产品设计、工艺、生产、销售等方面的情报，取得价值工程活动的依据。

3) 功能分析

功能分析是价值工程的核心。功能分析包括功能定义、功能分类、功能整理和功能评价等内容。

(1) 功能定义。用准确而扼要的语言对产品及其零部件的各种功能加以描述，以确定其必要功能。

(2) 功能分类。一个产品往往有多种功能。功能可分为基本功能和辅助功能、使用功能和装饰功能、必要功能和不必要功能、合适功能和过剩功能等。

(3) 功能整理。通过功能分类并明确功能系统，找出并排除不必要的功能，补充不足功能，然后进一步明确和修正功能定义。

(4) 功能评价。计算各产品及零部件功能的价值系数和成本可望降低幅度。其数值为目标成本与必要(最低)成本之差。

4) 方案的提出与评价

价值工程的基本目标是在功能分析的基础上，提出更为合理的产品设计方案，提高其价值。因此，不论是提出新的产品设计方案，还是针对老产品设计方案，都要对以下问题进行分析评价。

(1) 此方案有没有多余或不足的功能？

(2) 除此方案外，是否还有其他方案可以实现这种功能？

(3) 实现各种方案的成本是多少？

(4) 新方案是否能实现规定的功能？

5) 组织方案的实施和成果的评价

这是价值工程的最后步骤，包括产品设计方案审批、实施和成果评价 3 个方面。

(1) 方案审批。由设计人员将优选前后的功能、成本以及其他指标整理出来，形成文件报企业领导部门审查批准后执行。

(2) 方案实施。它包括确定方案实施负责单位和个人、编制具体实施计划、明确分工进度和质量要求、制定验收标准、组织方案实施、进行详细成本核算等。

(3) 成果评价。产品设计方案的实施效果可用全年均节约额、节约百分数、节约倍数指标评价，其计算公式为。

$$\text{全年净节约额}=(\text{改进前成本}-\text{改进后成本})\times\text{年产量}-\text{价值工程活动费用}$$

$$\text{节约百分数}=\frac{\text{改进前成本}-\text{改进后成本}}{\text{改进前成本}}\times 100\%$$

$$\text{节约倍数}=\frac{\text{全年净节约额}}{\text{价值工程活动费用}}$$

节约倍数大于 1 的方案才是成功的方案，价值工程才算获得成功。

2. 价值工程的应用范围

价值工程是从解决物资短缺，采购用品开始，发展到改进设计，降低产品的事前成本，增加功能，提高价值。后来发展到改进工艺流程、作业方式、生产组织、管理体系和行政管理等方面。其原理广泛应用于机械、纺织、化工、建筑、电子、交通、农业等许多部门，归纳起来，价值工程的应用范围主要有以下几个方面。

(1) 设计过程，包括新产品的设计分析，老产品的改造分析。

(2) 制造过程，包括工艺流程、工艺方法分析，技术改造措施分析，原料、能源的利用分析。

(3) 供销过程，包括原材料、外协件的供应管理分析，产品包装分析，广告、推销分析等。

(4) 管理过程，包括机构设置分析，人事安排分析，管理方法分析等。

(5) 工程设计与施工过程，包括工程设计分析，施工分析，原材料选用分析，技术措施分析等。

总之，凡是人们需要一定的代价，取得某种功能的领域，都可以应用价值工程。

5.3 技术引进

5.3.1 技术与技术引进

1. 技术与技术引进的概念

世界知识产权组织(WIPO)1977 年出版的《供发展中国家使用的许可证贸易手册》一书给技术作如下的定义：“技术是指制造一种产品的系统知识，所采用的一种工艺，或提供的一项服务，不论这种知识是否反映在一项发明、一项外形设计、一项实用形式或者是一种植物新品种，或者反映在技术情报或技能中，或者反映在专家为设计、安装、开办、或维修一个工厂，或为管理一个工商业企业或其活动而提供的服务或协助等方面。”这个定义把“技术”这个词规定得较为完整和全面，但文字较长。这个定义可以概括为：技术是人们在生产活动中制造某种产品、应用某种方法制造产品或提供服务的系统性知识。技术的表现形式既可以是文字、语言、表格、数据、公式、配方等有形形态，也可以是实际生产经验、个人技能或头脑中的观念等无形形态。

技术引进是关于制造产品，应用生产方法或提供服务的系统知识的引进。不包括货物的单纯买卖或租赁。这个定义，首先明确了技术引进的是技术软件，即专利，专有技术、商标的使用权的转让，或以咨询、培训技术人员等技术协助的方式传授技术的知识；其次，该定义把技术引进和一般的商品贸易区别开来，单纯的机器设备等货物买卖或租赁属于商品贸易的范围，不是技术引进。技术引进不仅仅是技术的简单移植，而是技术落户后在新环境中被吸收和掌握。

2. 技术引进对企业发展的意义

(1) 技术引进为企业进步赢得了时间，提高了起点。一项重大的科研成果从酝酿、研究、试制到生产，一般需要 10 年左右的时间，而引进技术只需要 2～3 年或更短时间即可投产。如地处云南的玉溪卷烟厂通过大规模、高起点成套引进当时最先进的卷烟生产设备，使劳动生产率、产品质量都达到了国内先进水平，成为亚洲最大的卷烟企业。可见，技术引进可以大大缩短技术开发时间，使企业少走弯路，为企业赶超世界先进水平创造时机和条件。

(2) 技术引进可使企业大大节省科研试制费用，提高经济效益。研制、开发一种新技术通常要投入大量的人、财、物。相反，当某项新技术开发成功后，要吸收、掌握这项新技术所需的成本则相应要低得多。如第二次世界大战后，日本在 1950—1979 年引进国外 2 800 多项先进技术，共支出 77 亿美元，引进项目仅占这些科研投入的 1/30，日本在战后 15 年有 75%左右的工业产值增长来自技术引进，其经济效益是引进费用的 10 倍。

(3) 技术引进可以改善企业的技术经济结构，填补技术空白。在当前社会生产体系日趋国际化，科技市场发展十分迅速的环境下，没有哪个企业能够拥有发展自己经济所需要的全部先进技术，任何企业都有自己的技术空白，通过技术引进，可以取长补短。特别是在加入 WTO 后，我国企业更需要通过技术交流和技术引进来获取经济发展需要的各种技术资源，填补技术空白。我国正处在产业结构调整时期，需要引进关键技术与设备，以达到改进现有企业，加速企业技术进步的目的。

3. 技术引进的形式

1) 许可证贸易

许可证贸易是技术引进中最主要、最基本的一种形式，这种方式是技术输出方向技术引进方授予某种权利，允许按许可方拥有的技术实施、制造、销售该技术下的产品，并由被许可方支付一定数额的报酬。这里的"许可证"实际是一个合同，一个对买卖双方都有约束力的契约。和一般商品不一样，许可合同是一个长期合同，许多国家对其期限都有规定，一般有效期为 5 年至 15 年，我国规定许可合同一般为 10 年，经批准还可延长。许可合同是一种内容比较复杂的合同，条款多，涉及面广，有些是特有的技术性很强的条款。许可合同也是一种具有很强法律性的合同，合同本身要符合有关法律的规定，只有这样，它才能受到有关法律的承认与保护。

2) 技术咨询服务

技术咨询服务是指委托方与服务方之间签订技术咨询服务合同。由服务方利用自己的技术技能和经验来解答另一方的技术难题，并为另一方提供某种技术服务。技术咨询服务的范围广泛，从项目的可行性研究、技术方案的设计和审核，指标任务书的拟订、生产工艺或产品的改进、设备的购买到工程项目的监督指导或质量监督等。

3) 技术协助

在技术转让过程中，供方承担传授技术的义务。供方必须把自己所掌握的技术知识和经验传授给对方，若有些技术知识和经验难以用书面表达出来，则必须通过示范等方式来传授。使受方能够真正掌握该项技术，并且生产出合格的产品。因此，技术协助是技术转让中不可缺少的环节，它可以包括在技术转让合同中，也可以作为特定的项目签订单项合同。

4) 工程承包

工程承包的交易标的不是制造技术，而是设备，特别是成套设备。其内容包括工程设计、技术设备器材提供、厂房建筑等项目，有时还包括生产管理、产品销售、培训人员等项目，这些综合起来被称为"工程"。工程承包中由卖方全部完整出售给买方的，习惯称为"交钥匙"工程，即成套设备输出商根据协议负责设计、安装，直至建成全部工程后再完整地移交给引进方，这样，如果引进方自行负责的原料、能源、运输等相应配套工作也已完成，就可以立即开工生产，所以称为"交钥匙"。

5) 合作生产

合作生产是两个或两人以上国家的企业间签订协议，合作生产与销售某大型设备及产品。这种合作一般是技术弱方在技术强方的指导下，由对方提供专利、或商标，提供图纸、资料与技术，并派专家组指导技术弱方生产该产品的某一部件。技术弱方随着合作的发展，可以不断增加自己所生产的部分。合作双方将各自生产的部件运到指定国家组装并销售。合作生产的过程实际上就是转让技术的过程，双方各自核算、自负盈亏，技术强方提供的专利、图纸、专家等都要由技术引进方付汇购买，产品销售后双方按比例分成。近年上海飞机制造厂与美国麦道公司合作生产麦道飞机，就是这种引进方式成功的典型。

6) 国际合作经营与合资经营

一般由外国经营者向东道国提供资金、技术和设备。东道国的合作者提供土地、厂房以及劳务等，共同建立经营企业，也可以由各方派人共同经营，利润按合同规定比例分享。合同期满后，合营企业一般归东道国一方所有。由于外国合营者在合作过程中要提供专利或专有技术，因此合作经营是技术转让的一种方式。国际合资经营是指不同国家间的公司企业或其他经营组织共同投资兴办企业，各方除以现金进行投资外，还可以采取其他形式投资。东道主特别是发展中国家，一般以厂房、土地使用权、原材料作价入股；外国投资者一般以技术(专利、专有技术、商标)、机器设备作价入股。以技术作价入股时主要采取两种形式：一是将技术按许可交易方式转让给合营企业；二是将技术作为股本投资，使其在企业股本总额中占一定比例，同其他股本一样分享利润。

7) 特许经营

特许经营指一家取得成功经验的企业将其商标、商号名称、服务标志、专利、专有技术以及经营管理方法或经验的使用权转让给另一家企业的一种技术转让方式。后者由于获得了使用权，必须向前者支付一定金额的特许费作为报酬，双方签订特许经营长期合同。这种方式多运用于商业、服务业和工业。

5.3.2 技术引进的程序

1. 技术交易前的准备

引进项目的准备工作是一项跨学科的工作，需要由一个由工程技术人员、经济管理人员、财务人员等组成的班子来进行，它是在调查研究的基础上，选择引进方案，并对这些方案进行分析、预测、比较和综合平衡，从而确定引进项目的技术内容、规模及引进的方式等。我国规定，所有技术引进项目都要编制项目建议书，进行可行性研究，只有在项目可行性研究报告经过有关领导机构的审查批准以后，才能据以对外签约，以避免或减少决策的失误，真正达到引进先进适用的技术，提高我国技术水平的目的。

技术交易前的准备主要包括 3 个阶段。

(1) 项目选择阶段，又称机会研究阶段。

(2) 初步可行性研究，编制项目建议书阶段。

(3) 正式可行性研究，编制可行性研究报告阶段。

当然，对于不同的项目，由于技术转让对象不同，引进方式不同，并不是每一个项目的前期准备都包含这 3 个阶段，每一阶段工作的重点也不同。

1) 技术引进项目的选择

技术引进项目的选择是指技术引进方根据国家的有关规定，从自己的实际需要出发，通过一定的调查研究，选择拟引进的技术，以寻找最有利的投资机会。它是对引进工作进行可行性研究的第一阶段。选择适当的技术项目，是技术引进工作首先要解决的问题。技术如能选择得当，则可能以最小的花费，获得最大的效应，取得事半功倍的效果。反之，如果选择不当，或者选择失误，轻则可能花费多，吸收慢、效益差，导致引进项目的失败；重则可能会使整个企业乃至整个行业的发展都受到不良影响。

(1) 一般项目选择。项目选择分为一般项目选择和具体项目选择两种。一般项目选择是由中央和地方政府部门制定规则，提出具体的投资建议。这种研究包括三方面的内容，即地区研究、部门研究、资源研究。

(2) 具体项目选择。具体项目选择，是由国家或地方政府部门在一般项目选择的基础上，将对本地区或本行业发展有重大影响的项目落实到具体企业，或具体企业根据国家或地方政府给出的建议，结合本企业的具体技术条件和对技术的实际需要，把引进技术的内容具体化。

(3) 选择项目的原则。引进技术必须符合本国国情，充分利用本国资源、技术力量和现有的生产经营条件，才能获得经济效益。各国经济发展水平不同，工业化程度不同，国内技术条件、经济环境和自然条件也不同，选择技术的原则和标准也各有差异。一般来说，选择技术既要从宏观考虑，又要从微观考虑，具体运用主要应遵循以下几项原则和标准。

① 先进性。技术先进性是指超越本国、本行业、本企业当前的技术水平，符合该行业的发展方向和国家经济发展目标。先进性原则是有条件的、相对的，是相对于某一地区的经济技术发展水平而言的。技术按其先进程度可分为先进技术、中间技术和落后技术。先进技术中最先进的部分又称为尖端技术。

② 经济性。技术的经济性是指以最小的投资获得最大的经济效益，也即选择有利于资源的合理配置和规模经济的形成，并且与社会诸因素摩擦最小的技术，以取得预期的经济效益。

③ 适用性。技术的适用性是指引进国引进的技术能够充分发挥该国现有的生产要素和自然资源的作用，使之得到最佳配置和最有效地利用，以满足社会需要。世界银行对技术的适用性提出了衡量标准：目标的适用性、产品的适用性、工艺过程的适用性、文化和环境的适用。

(4) 技术引进合作对象——技术输出方的选择。技术贸易的供方，是指专有技术、专利、商标、计算机软件等的所有者。供方是受方的技术伙伴和贸易伙伴。伙伴资信的好坏，不仅对顺利地达成协议或合同有着重要的作用，而且对顺利完成技术转让、圆满地完成合同规定的责任和义务有着重大关系。因此在谈判之前，或在签约之前，对供方技术、资信和法律地位要进行详细调查，以便选择。

2) 初步可行性研究和项目建议书

(1) 初步可行性研究。初步可行性研究是对技术引进作可行性研究的第二阶段。在这一阶段，除要确定是否有必要进行正式的可行性研究外，还要编制项目建议书，并报有关部门批准。

初步可行性研究是指在项目选择的基础上，通过对引进项目进行初步的技术经济分析，确定该项目是否可行，是否有必要进行详细的可行性研究，以及还需要对哪些问题进行辅助性的专题研究等问题，并对拟引进的项目寻找经济、合理的选择方案。

初步可行性研究是介于机会研究与可行性研究之间的一个中间环节。它与正式可行性研究的结构基本相同，区别在于所获得的资料及形容结果的详细程度和精确程度不同，如果项目选择阶段比较细致，有关的数据和资料均较齐备，也可省略初步可行性研究，直接编制项目建议书，直接进入正式可行性研究阶段。初步可行性研究只有在厂家对项目选择感到没有把握，对投资方向或项目的经济效益有怀疑时才需要进行。

(2) 项目建议书。项目建议书是拟引进技术的单位或部门向国家有关的主管部门提交的，请求给予批准立项的初步建议。项目建议书应从宏观上分析研究项目的必要性，初步分析项目的技术来源及技术工艺、引进方式、资金来源、原料供应，以及技术产品市场需求的前景等。

项目建议书的内容包括：项目名称；项目的内容与申请理由；进口国别与厂商；承办企业的基本情况；产品的名称、简要规格及生产能力、销售方向；主要原材料、电力、燃料、交通及协作配套等条件；项目资金的估计与来源：项目所用外汇总额及其来源，国内费用的估计与来源；项目的进度安排；初步的技术、经济分析。

除上述内容外，还应提出：邀请外方来华技术交流计划、出国考察计划和可行性研究计划等。

3) 可行性研究及可行性研究报告

(1) 可行性研究的意义。可行性研究，是指通过从技术、经济、市场、环境、法律等各方面对拟引进的技术项目进行全面深入的调查研究和分析论证，确定项目投资是否可行，并从各种可行的方案中选择最佳方案。可行性研究的基本任务是进行方案规划、技术论证、经济核算和分析比较，为项目决策提供可靠的依据和建议，以减少投资风险，避免决策失误，保证技术引进能够取得预期的经济效益和社会效益。

(2) 可行性研究的内容。可行性研究的内容主要包括以下四个方面：项目的总体分析、市场需求与生产能力的分析、技术分析、财务和经济分析。

(3) 项目可行性报告的内容。项目可行性报告的具体内容包括：总说明，承办企业的基本情况与条件，物料供应规划，厂址选择，技术与设备，生产组织、劳动定员和人员的培训计划，环境污染的防治，项目实施的综合计划，资金的概算和来源，经济分析。

2. 评估与决策

项目的可行性研究完成后，就应该进行项目的评估和决策。项目的财务效益是反映项目本身有无足够的盈利，项目的经济效益是反映对经济整体的影响和贡献，项目的社会效益则是反映项目对社会整体的影响和贡献。决策人可以根据对项目的财务效益、经济效益和社会效益的综合评估作出自己选择方案的决策。

3. 技术引进合同的谈判、订立及履行

1) 谈判前的准备

要想保证谈判的质量，在谈判开始前，必须做好如下谈判的准备工作。

(1) 技术引进项目的委托。依照我国现行的外贸管理体制及有关规定，技术引进合同只能由有对外技术引进经营权的公司、企业对外签订；没有对外技术引进经营权的公司、企业或个人引进技术时，应该委托有经营权的公司、企业对外签订合同。

(2) 组织准备。技术贸易牵涉的内容很多，涉及经济、技术、商务、法律等多学科的专业知识，为了搞好谈判工作，必须建立一个强有力的谈判班子。具体来说，一般应包括以下几方面的人员：项目主持人、项目技术负责人、项目经济负责人、法律专家、翻译。

(3) 谈判的计划与方案。谈判计划就是对谈判的总体设想、谈判策略、谈判步骤、谈判内容的主次和先后顺序、所要达到的最高和最低限度目标以及对大体的时间加以安排。谈判方案是谈判计划的进一步具体化，它比较详细地拟定出谈判的方针和策略，对关键问题进行分类和排队，安排好问题的先后顺序，以及各个问题应掌握的分寸和尺度。具体包括商务谈判和技术谈判方案。

2) 技术谈判

在对技术输出方调查了解的基础上，可以邀请有意转让技术的外商到工厂参观，或是派人到外商工厂进行进一步的技术考察，相互交流转让技术的内容和要求。

技术谈判的主要内容是：落实拟引进技术的范围，提供技术的方式和途径，技术的内容、性能、参数，考核技术的时间、次数和标准，技术有效性的保证，提供技术资料和设备的清单、份数、交付时间和方式，技术服务和人员培训的安排，设备的安装、调试和验收，产品的检验方法等。

技术谈判可采用先由技术卖方对技术的性能、参数和规格、用途等提供书面描述，作为谈判的出发点，由买方提问，对技术的全面内容逐项澄清，决定取舍，再拟一份技术贸易清单，作为商务谈判的基础。

3) 对外询价

询价是技术引进方向所选国外公司或企业提出所需技术条件、商务条件等交易的探询，要求国外公司或企业据此提出愿意转让的条件、方式、价格等的一种初始交易行为。

由于国际技术贸易的特殊性，询价不能采取口头形式，必须采取正式、完整的书面形式，即“询价书”。

4) 报价

外商在接到询价书后，一般要向引进方正式提出报价。报价书上详细规定技术贸易的内容、条件、价格，双方的权利义务及报价有效期，表示其有签订合同的意愿。报价是一种法律行为，在报价有效期内，提出报价的外商要受报价内容的约束。

5) 比价

比价是指引进方收到国外企业的报价以后，将其中的技术条件和商务条件换算为同一基础加以比较，同时与本身掌握的资料进行比较，以确定报价的合理程度、条件优劣、价格高低的一种平衡选择过程。比价工作是在引进方内部进行的。在这项工作中，应紧紧围绕引进技术的总目标，采用科学的、实事求是的方法，切忌主观片面和个人好恶，否则比价就毫无实际价值。

常用的比价方法有直观法、类比法、经济效益评价法 3 种。

(1) 直观法，又称简易比价法，是把各国外企业的报价换算为统一的基础，直接对比各报价的价格高低、条件优劣，从中选出价格低、技术条件优者作为商谈的对象。

(2) 类比法，是指利用历史资料或其他类似技术协议条件，与现有的报价进行对比。这种做法通常用于拟引进技术只有一家可提供的条件下。由于类比法使用的资料差距较大，不便进行直接比较。因此要求国外企业报价时，应该把拟引进技术分解为若干技术单元，分项进行报价，这样再将其与历史资料或类似技术的引进合同进行对比，找出可比内容或条件的价格水平，也可以得出报价条件优劣和价格高低的一般概念。

(3) 经济效益评价法，是指报价中估计的经济效益与引进方本身估计的经济效益或本身研究拟引进技术估计的投资进行对比，得出报价是否合理，能否作为谈判基础的结论。这种比较是一种比较彻底的方法。前两种方法只能使引进方选择可能的国外供方，而后一种方法才能真正决定有无引进品种的实际可能，以及可能的许可方的报价降低到什么程度才能达成交易。

【例 5.1】 引进方目前每件产品成本为 9 美元。利用新技术后，可使生产成本每件降低 2 美元。如年产产品 1 万件，可获增值利润 2 万美元，如合同期为 6 年，可得增值利润总额

12 万美元，如把其中 20%作为使用费给许可方，则应支付 2.4 万美元。而现得到的报价为 6 年提成率 5%。引进方能否接受，实际差距又是多大呢？

解：现利用提成率的公式：

$$R=\frac{S\cdot\left(C-C_1\right)}{C}$$

式中，R——提成率；

S——许可方占被许可方新增利润的比率；

C——原生产成本；

C_1——利用引进技术估计成本。

求许可方在 5% 提成的条件，在被许可方新增利润中的份额：

$$5\%=S\cdot\frac{9-7}{9}$$

$$S=\frac{5\%}{0.22}$$

$$S=22.7\%$$

1 20 000 美元×22.7%＝27 240 美元

这说明报价提成率 5%，许可方在新增利润中占 22.7%，比原估计的 20%多 2.7 个百分点。实际使用费比原预计 24 000 美元多 3 240 元。这就说明许可方的报价是基本可以接受的，可以作为谈判的基础。

6) 商务谈判

商务谈判是在技术谈判所确定的技术转让内容的基础上，进一步洽谈有关商务条款。商务谈判涉及的内容有价格、支付方式、税费、适用法律、仲裁、保证和索赔、产权保护、不可抗力、合同生效、运用和保险等。因转让的技术的性质不同，合同条款也会有很大的差异。商务谈判的中心环节是价格谈判。在明确可供转让的技术之后，成交价格是个关键。

7) 合同的签订和履行

在经过反复洽谈和协商，双方对合同的主要条款达成一致意见后，便要履行签订合同手续。合同一经双方签字并呈报当事双方的主管当局批准后，即具有法律效力，合同双方必须全面履行合同规定的义务。为了表示对合同的重视和合作的诚意，合同双方首席代表或更高层次的主管应出席签字仪式，郑重地签约。

技术贸易合同主要指有关技术开发、技术转让、技术咨询和技术服务 4 种由社会公证机构认可的法律文件。从本质上说，技术贸易合同与一般的买卖购销等商务合同是一致的，但由于技术商品的特殊性，无论是在合同内容还是在形式上，技术贸易合同都比一般的商务合同更为复杂。

签订合同之后就是履约，履约既是一项繁杂的工作，也是技术贸易中取得成效的阶段。

技术引进的消化、吸收不是目的，其最终目的在于在引进技术的基础上，不断创新，生产出技术水平更高的，有竞争力的新产品，扩大出口，赚取更多的外汇，实现更高层次的技术引进，以实现技术引进的良性循环，从而提高社会的整体技术水平。

运作实例 5-2

一个成功的范例

G集团以前利用传统工艺试制成功中国最早的彩釉砖，深受市场欢迎，但经济效益不佳。他们在充分调查了解后，以补偿贸易的方式从意大利引进了一条年产30万平方米的彩釉砖自动生产线，并由意方承包产量、质量和能耗3项主要指标。后来，又从意大利引进了一条釉面砖自动生产线。这回却没有全线引进，素烧隧道窑，自己能设计制造，就先引进电脑控制部分；釉烧双层辊道窑我国还没有，引它进来以便消化吸收；大型球磨机和喷雾干燥塔自己已能制造，就不引进原料加工车间设备。

还在安装调试引进设备时，就成立了安装消化吸收小组。没有全盘照搬外国的设计，而是根据我国国情，取其精华，为我所用。相继研制成功了半隔焰燃油辊道窑、大型机械制动湿式球磨机等，填补了国内空白。还在世界上首家采用冷等净压成型工艺技术生产高科技产品——精细陶瓷辊棒。这一成果，令各国同行瞩目。德国、日本等国家多次派人前来洽谈技术转让和合作生产的意向。

(资料来源：周占文. 新编企业管理学. 重庆大学出版社，*P*139.)

思考题：通过G集团对生产线及技术的引进，分析技术引进对企业发展的意义。

提　示：通过技术引进，实现技术创新，生产出更有竞争力的产品，从而提高整个社会的技术水平。

5.4 技术创新

5.4.1 技术创新概述

1. 技术创新的特征

中共中央、国务院《关于加强技术创新、发展高科技、实现产业化的决定》对技术创新作了概括性的定义：“技术创新是指企业应用创新的知识和新技术、新工艺、采用新的生产方式和经营管理模式，提高产品质量，开发、生产新的产品，提供新服务，占领市场并实现市场价值。企业是技术创新的主体，技术创新是发展高科技、实现产业化的重要前提。”

技术创新与技术发明的区别：技术发明是一种技术性的创造，是一项新的技术，而技术创新不仅是新技术的发明，计划时是要将技术发明的成果纳入经济计划，形成商品并取得市场成功，进而培育新的经济增长点。一项技术创新可以看作是一项技术发明的应用，即发明是最初事件，技术创新是最终结果。所以，一项技术发明能否发展成为技术创新，取决于该项技术发明能否投入生产、投放市场并取得经济效益。

技术创新是科技与经济的结合，是以技术为手段达到满足市场需求和促进经济发展的目的。技术创新具有的鲜明特征是强调最终结果，也就是强调技术创新的市场实现程度和获得商业利益的程度，并以此作为检验和评价技术创新成功与否的标准。

2. 技术创新的贡献

从技术创新的概念分析中不难看出，技术或者依附于物质产品而存在，或者是为物质产品的实体形成而服务。因此，不论是何种内容的技术创新，最终都会在一定程度上促进产品竞争力的提高、从而提高企业的竞争力。

产品竞争力和企业竞争力的强弱从根本上来说取决于产品对消费者的吸引力。消费者对某种产品是否感兴趣，不仅受到该产品的功能完整和完善程度的影响，还取决于这种或这些功能的实现所需的费用总和。功能块的完整和完善程度决定着消费者能否从该种产品的使用中获得不同于其他产品的满足，功能实现的费用(包括产品的购买费用和使用、维修费用)则决定着消费者为获得此种产品而需付出的代价。因此，产品的竞争力主要表现为产品的成本竞争力与产品的特色竞争力。

技术创新促进企业竞争力的提高便是通过影响产品的成本和特色而起作用的。材料的创新不光为企业提供了以数量丰富、价格低廉的原材料去取代价格昂贵的稀缺资源的机会，而且有可能通过材质的改善而促进企业产品质量的提高；产品创新既可使企业为消费者带来新的满足，亦可使企业原先生产的产品表现出新的吸引力；工艺创新既能为产品质量提供更可靠的保证，亦可能降低产品的生产成本；物质生产条件的创新则直接带来劳动强度的下降和劳动生产率的提高，从而直接促进产品生产成本的下降和价格竞争力的增强。

综合起来看，技术创新一方面通过降低成本而使企业产品在市场上更具价格竞争优势，另一方面通过增加用途、完善功能、改进质量以及保证使用而使产品对消费者更具特色吸引力，从而在整体推动着企业竞争力不断提高。

3. 技术创新类型

技术创新主要有 3 种分类方法：按创新对象不同，可以分为产品创新和工艺创新，按技术变化程度，可分为根本性创新和渐进性创新，按创新的方式先后，可分为率先创新和模仿创新。

1) 产品创新和工艺创新

产品创新是指在产品技术变化基础上进行的技术创新。它包括在技术较大变化的基础上推出新产品，也包括对现有产品进行局部改进而推出改进型产品。广义的产品包括服务(无形产品)，因此，产品创新也包括服务创新，如提供新的服务种类，改进服务方法，提高服务效率等。

工艺创新也称过程创新，是指产品的生产技术的变革，包括新工艺、新设备和新的组织管理方式。

2) 根本性创新和渐进性创新

根本性创新又称重大创新，是指在技术上有重大突破的技术创新，它常伴随着一系列渐进性的产品创新和工艺创新，并在一段时间内引起产业结构的变化。

渐进性创新又称改进性创新，是指对现在技术的改进引起的渐进的持续的创新。在现实的经济技术活动中，大量的创新是渐进性的。

3) 率先创新与模仿创新

按照企业创新策略的不同，技术创新可分为率先创新和模仿创新。

率先创新又称自主创新，是指企业依靠自身的努力和探索产生技术突破，攻破技术难关，并在此基础上推动创新的后续环节，完成技术商品化，获取商业利润，达到预期目标的创新活动。

模仿创新是指企业通过学习模仿率先创新者的创新思路和创新行为，并在此基础上进一步研究和开发的创新活动。

4) 3 种分类的结合

按照技术变化量的大小，产品创新可分为重大的产品创新和渐进的产品创新。产品用途及其应用原理有显著变化者可称为重大产品创新。重大的产品创新通常是与技术上的重大突破相联系的，因此，如果没有在基础研究上处于比较先进的地位或者得到相关机构的支持，就很难进行根本性的产品创新。渐进性的产品创新是在技术原理无重大变化的情况下，基于市场需要对现有产品所作的功能上的扩展和技术上的改进。如由火柴盒、包装箱发展起来的集装箱，由收音机发展起来的组合音响等。市场上的绝大多数产品创新都是渐进性的技术性创新。按照企业创新策略的不同，产品创新又可分为率先型产品创新和模仿型产品创新。

过程(工艺)创新同样也有重大和渐进之分。如炼钢用的氧气顶吹转炉，钢铁生产中的浇铸系统以及现代的计算机集成制造系统等，都是重大的过程创新。另外，也有很多渐进性的过程(工艺)创新，如对产品生产工艺的某些改进，提高生产效率的措施以及降低生产成本的方法等。按照企业创新策略的不同，过程(工艺)创新也可分为率先型工艺创新和模仿型工艺创新。

5.4.2 技术创新的过程

1. 技术创新过程的模式及选择

不同类型的技术创新有不同的模式。在这里我们主要讨论技术创新过程的一般模式。技术创新过程的两种最基本的模式如下。

(1) 以研究与发展为基础的技术创新过程模式。其基本形态如下。

研究→试验发展→生产工程→试制试销→批量生产→销售及售后服务

这是一种自主开发的技术创新模式。主要用于全新创新、重大突破型技术创新。它需要有很大的资源投入，较大的研究与发展资金和研究与发展力量投入。运用这种模式，必须有较雄厚的技术力量，特别是研究与发展的力量，并具有较多的技术积累。企业为在竞争中取得领先地位，须采用这种模式。

(2) 以引进、消化吸收先进技术为基础的二次创新模式。这种模式的基本形态如下。

技术选择→技术引进→消化吸收→技术改进→技术的再创新→技术服务

这种以引进消化为基础的二次技术创新的模式，适用于技术力量尤其是研究与发展的资金不足的情况，可在有限资金和技术力量条件下尽快地满足经济发展的需要，并在较短期限内通过引进与消化吸收，积累技术能力，提高研究与发展水平，以便在不久的将来，迎头赶上发挥后发优势。一般来说，发展中国家大多采用这种二次创新的模式。

两种模式各有其优缺点和不同的应用条件，企业须根据自身条件，选择合适的模式，尽快达到能够自主地进行技术创新的水平。两种模式虽有不同的起点，但殊途同归，最终都将达到技术创新的目的，如图 5.3 所示。

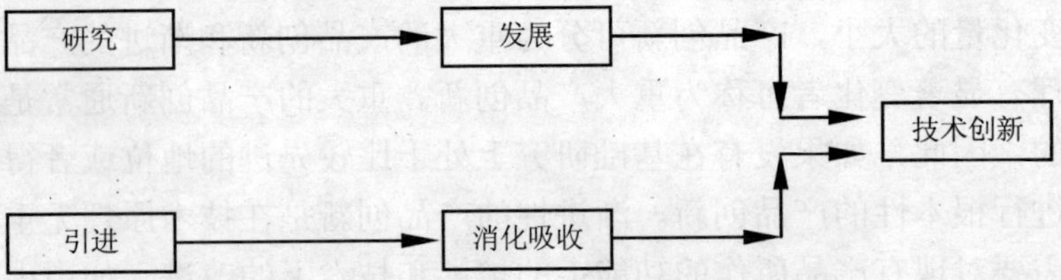

图 5.3 两种技术创新过程模式

2. 技术创新过程的阶段

技术创新可分为 6 个阶段。

(1) 确认机会的阶段，即弄清社会和市场需要的阶段。成功的创新是从一个新的思想开始的，这种新的思想必须把社会和市场需求与技术上的可能正确地结合起来。技术上的可能是指当前存在的先进技术或技术知识的储备，必须具有实现的可能性。与此同时，创新者的新思想还必须基于对当前社会与经济环境的正确分析，从中认识到现有的需求或潜在的需求。现有的需求与潜在的需求是有很大差别的，后者需要经过诱发才能产生。

(2) 思想形成阶段。在这个思想形成过程中，所认识到的需求与技术上的可能性，在一个设计思想中融为一体，这是一个把两方面因素联系起来的创造活动。如果单纯考虑技术上的先进，那么其成果可能是社会需要的，也可能是社会不需要的；同样，单线性考虑需求而不考虑技术上的先进性与可行性，其产品可能受到社会和用户欢迎，也可能出现相反情况。因此，必须将两者结合起来。

(3) 问题的求解阶段。思想形成与设计概念的产生，提出需要解决的问题，要求投入人力、物力、财力，寻求解决办法，这就进入了问题求解阶段。在有些情况下，解决问题所需的信息已经具备，技术条件也已成熟，这样，问题容易得到解决。但有些情况恰好相反，于是要求进行大量的研究和发展。在研究和发展过程中，往往出现不少预计不到的问题，于是要不断地寻求新的解决方法或采用折中的解决办法，并且，在很多情况下，会遇到一时克服不了的困难，工作不得不因此而中断或终止。

(4) 问题得到解决的阶段。如果问题得到了成功解决，可能得到属于创新性质的专利。另一种情况是采用别人的发明或已有的技术来解决存在的问题。那么这种技术创新就属于应用已有创新的性质，即模仿或仿造。

(5) 批量生产的开发阶段。虽然在解决问题的阶段验证了设计思想，或是对原有目标进行了某些修改，但仍然存在许多未解决的问题与缺点，特别是进行批量生产所必须解决的问题。于是，便需要在这个阶段中把创新活动引向解决生产工艺、批量生产、降低成本、满足市场需求等方面。以上三、四、五阶段，即求解和开发阶段，就是研究与发展管理所要研究的重点。

(6) 新技术的应用与扩散阶段。在这个阶段，新技术、新产品首次得到应用，并向市场扩散。并不是所有新产品都能在这个阶段中得到成功，往往只有不到半数的新产品能畅销和顺利地收回花在技术创新上的投资。在这个阶段中，大量资金耗费在制造前的准备、市场的开拓和分配渠道上。这些费用往往大大超过解决问题阶段所花去的费用。同产生新思想、新概念的早期阶段相比，现阶段的不确定性已大大降低，由于投资而引起的风险则大幅度增加。

3. 单项技术创新过程

企业技术创新过程不仅是一个将知识、技能和物质转化成顾客满意的产品的过程，也是知识产生、创造、应用的进化过程。企业技术创新过程涉及创新构思产生、研究开发、技术管理与组织、工程设计与制造、用户参与及市场营销等一系列活动。了解技术创新的过程有助于对创新过程进行有效的决策、组织和管理。但创新过程并不是一种固定不变的模式，随着时代的推进，发生了很大的变化。从 20 世纪 60 年代以来，技术创新过程共经历了五代的变化。

1) 线性模型

线性模型认为技术创新是由前一环节依次向后一环节推进的过程。由于起始环节不同，又分为两种模型。

(1) 技术推动模型。该模型认为，技术创新是由科学发现和技术发明推动的，因而研究开发是创新的主要来源。研究开发产生的成果在寻求应用过程中推动创新地完成，市场是创新成果的被动接受者。在现实中不乏这样的例子，特别是当出现重大技术突破时，会出现大量符合这种类型的创新。

(2) 需求拉动模型。20 世纪 60 年代中期，通过对大量技术创新的实际考察，人们发现大多数技术创新不是由技术推动引发的，而是需求拉动起了更重要的作用，于是建立了需求拉动模型。该模型认为，技术创新是市场需求和生产需要激发的。市场的开拓与扩展及节省相对昂贵的原材料和其他消耗成为创新的最重要的动力。有关研究表明，就数量来说，60%～80%的创新是由市场需求引发的。因此，对企业来说，需求拉动创新更为重要。

2) 交互模型

很多人认为线性模型这种由前一环节向后一环节单向推进的过程过于简单化，同时又对创新的激发过程过于绝对化。于是20世纪70年代末到80代初，在综合前两种模型的基础上又提出了交互模型。该模型认为，技术创新是由技术和市场共同引发的；同时，创新过程中各环节之间及创新与市场需求和技术进展之间不存在交互作用的关系。上述三个模型的共同特点是：着重于技术创新的引导机制，因而十分重视创新过程的启动环节，而对中间过程的描述都比较粗略。可以说，这些模型是过程描述模型，更是诱导机制模型，如图5.4所示。

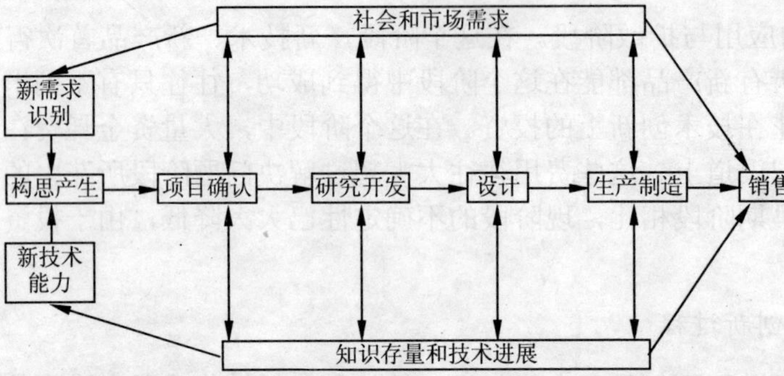

图 5.4　交互模型

3) 一体化模型

20世纪80年代后期出现的一体化创新过程模型将技术创新看作是同时涉及创新构思、研究开发、设计制造以及市场营销的并行的过程，也就是说技术创新过程中的这几个部分是相互融合、同时进行的，如图5.5所示。

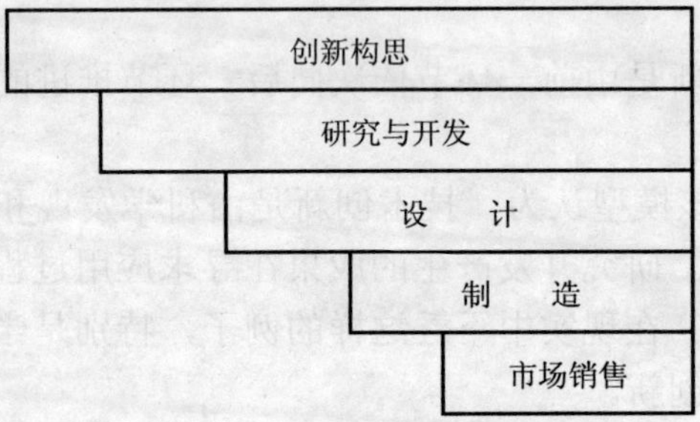

图 5.5　一体化创新过程模型

4) 技术创新过程综合模型

以上 3 类模型是对创新过程的抽象描述，基本上不涉及企业技术创新管理过程。技术创新过程综合模型是考虑了企业外部环境的创新发展过程模型。该模型表明了技术和市场这两个最重要的外部环境与创新过程的联系，以及企业内部两个关键部门(研发、销售)与创新过程的联系；该模型还将创新过程划分为若干阶段，指出了各阶段创新实施者及相应的实施或管理任务。因此这一过程模型更侧重于过程管理，如图 5.6 所示。

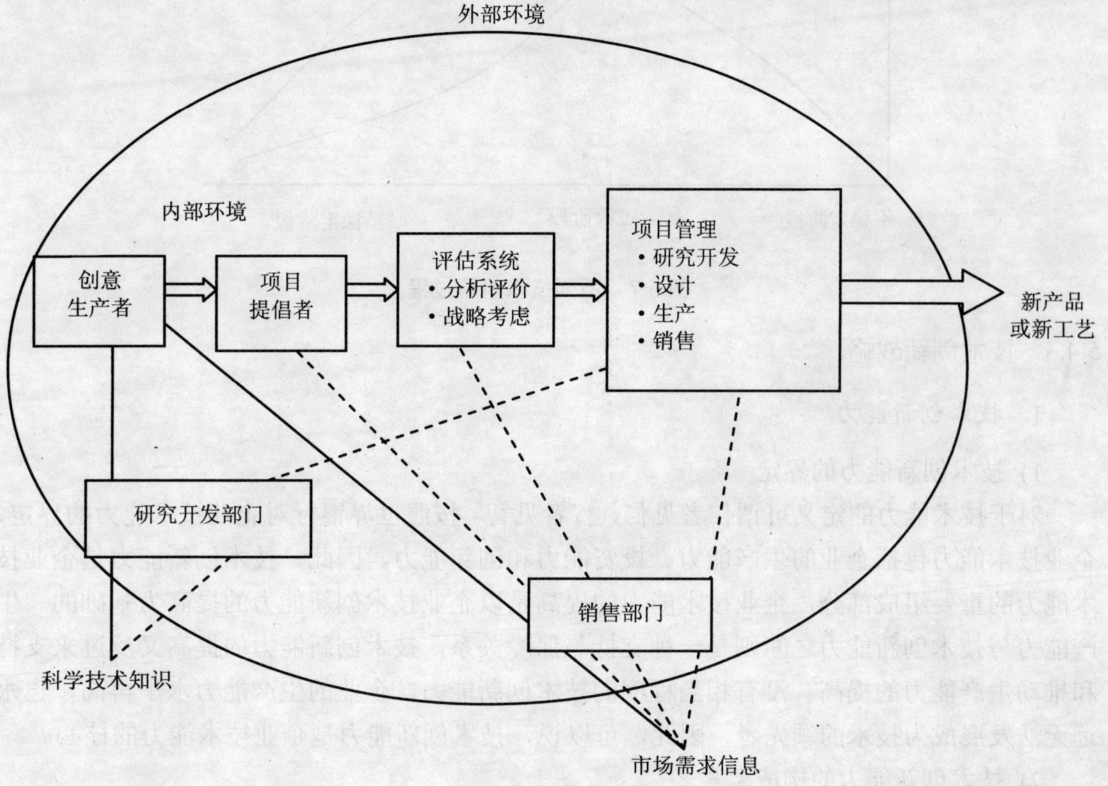

图 5.6　综合模型

4. 系列技术创新过程

一项重大创新出现之后，往往会有一系列后续的创新跟随其后，形成创新群，从而引起新产业的成长或老产业的演变。因此，围绕某一领域的系列创新对产业发展有重大的影响。系列创新过程可分为 3 个阶段：不稳定阶段、过渡阶段和稳定阶段。在这 3 个阶段的产品创新和工艺创新频率分布呈现一定的规律性，如图 5.7 所示。

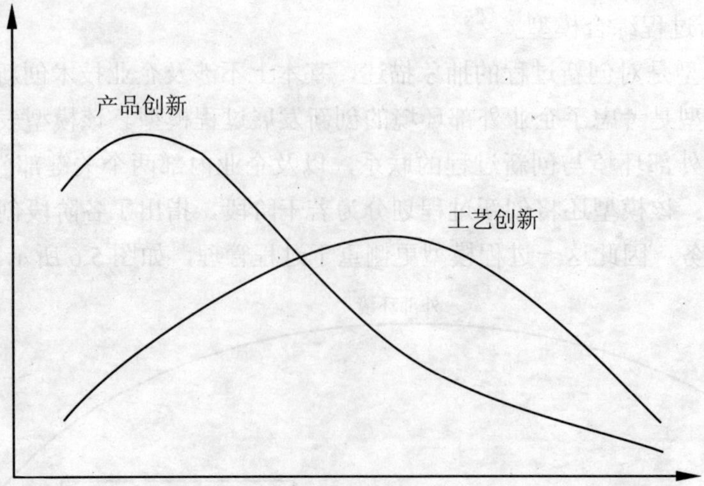

图 5.7　系列技术创新过程

5.4.3　技术创新战略

1. 技术创新能力

1) 技术创新能力的界定

对于技术能力的定义可谓仁者见仁，智者见智。按照世界银行对企业技术能力的界定，企业技术能力包括企业的生产能力、投资能力和创新能力。因此，技术创新能力是企业技术能力的重要组成部分，企业技术能力的提高是以企业技术创新能力的提高为基础的。生产能力与技术创新能力之间则是一种支持与保障关系，技术创新能力的提高又反过来支持和推动生产能力的提高。没有相当程度的技术创新能力，企业的生产能力水平再高，也永远无法发展成为技术的领先者，因此，可以说，技术创新能力是企业技术能力的核心。

2) 技术创新能力的构成要素

将技术创新能力基于过程和因素分解为创新投入能力、创新管理能力、创新实施能力、创新实现能力、创新产出能力和创新核心能力 6 个构成要素。

(1) 创新投入能力。技术创新是一种资源重新组合以获得效益的行为，而创新的投入则是启动创新和维持创新的基础。创新投入能力是指企业技术创新活动中的投入资源的数量和质量。按照国际通行的方法，将企业技术创新投入分为 R&D 投入和非 R&D 投入。其中前者投入能力集中体现在资金投入和人员投入上，后者投入能力集中体现在企业的技术引进与消化吸收投资和技术改造投资上。

(2) 创新管理能力。创新管理能力是企业发现和评价创新机会，进行创新决策，组织管理技术创新活动的能力。创新管理能力主要体现在技术创新战略管理能力、技术创新机制的建立与动作能力、技术创新过程管理能力3个方面。

(3) 开发创新实施能力。创新实施能力是指在保证创新投入的前提下，企业将创新设想变成设计原型和生产原型的能力，主要包括研究开发能力和生产能力。

(4) 创新实现能力。技术创新活动最终必须实现商业化，这样能使所有创新投入转化为现实的经济效益和社会效益。创新实现能力是指企业将创新成果推向市场实现创新成果商业化的能力。创新实现能力主要包括市场营销能力。

(5) 创新产出能力。创新产出能力是指技术创新使企业降低成本、创造市场、产生收益的能力，反映企业技术创新给企业带来的经济效益和技术进步。创新产出能力主要包括新产品收益能力、新产品销售能力和新产品的市场占有能力。

(6) 创新核心能力。创新核心能力对于企业而言就是能真正帮助企业形成长久竞争优势的能力，创新核心能力主要包括企业家的创新倾向、员工的知识和技能、技术体系、管理体系、企业文化和企业精神。

2. 技术创新战略的制定

企业要进行技术创新，首先要解决的是企业的创新战略问题，企业技术创新战略是指企业进行技术创新经济活动的总的谋划。企业技术创新战略主要解决企业技术创新的基本原则、基本目标和主要规划等企业技术创新活动中一些带有全局性、长远性和方向性的问题。

制定创新战略对企业十分重要。正确的企业创新战略，有如企业发展的指南针，指明企业创新的方向，促进企业形成自己的鲜明特色；正确的企业创新战略，有如企业发展的生命线，利用有限的创新人力资源和技术资源获得更多的创新收益；正确的企业创新战略，有如企业发展的黏合剂，协调企业内部各职能部门，向一个共同的、明确的核心目标迈进。

企业技术创新战略是企业经营战略的有机组成部分。随着经济和社会的发展，企业技术创新战略正越来越成为企业经营战略体系中的核心内容，并在很大程度上决定着企业经营战略的性质、方向和成败。

由于区别标准的选定和分析角度的不同，企业技术创新战略有不同的分类标准。

(1) 从技术开发的角度分类。从技术开发的角度而言，企业技术创新可分为自主创新、模仿创新和合作创新3种基本战略类型。

(2) 从面向市场的表现分类。就企业面向市场的表现而言，企业创新战略包括进攻型战略、防卫型战略和模仿型战略。

本章小结

新产品开发是企业技术管理的核心内容，产品创新是技术创新的重点。新产品开发可以从不同的角度划分为不同的类型，开发过程一般包括：新产品构思、新产品筛选、编制新产品计划书、产品设计、新产品试制、新产品评定、新产品试销和商业性投产等八个阶段；价值工程是进行新产品开发的一种有效的技术经济方法；企业应适时地引进国外的先进技术，缩短自身的研发时间。可根据需要选择不同的技术引进形式，并按照一定的程序引进；技术创新包括新思想的产生、解决问题和进行开发、实现和应用三个阶段。选择何种产品进行开发以及采取何种技术创新策略，要根据企业自身资源条件和外部环境来确定。

习 题

思考题

(1) 什么是新产品？
(2) 进行新产品开发应主要考虑哪些因素？
(3) 试述产品开发的程序。
(4) 讨论服务业新产品研究与开发的特点。
(5) 技术引进有哪几种形式？
(6) 简述单项技术创新过程的模型。
(7) 简述企业技术创新战略的含义。

案例应用分析

实例 5-1

长虹的技术战

谁掌握了行业标准的制定，谁就赢得了市场的先机。长虹深谙其中真谛。业绩曾有大幅下滑的长虹在2001年开始回升，此乃长虹先发制人的战略在起作用。2001年9月20日，长虹“精显王”背投彩电通过国家级技术鉴定，成为唯一一家获得信息产业部背投电视生产许可证的国内企业，此举提高了竞争门槛，延缓了竞争对手的入场速度。同时，长虹也拿到了国内唯一一张等离子彩电“准生证”，为以后残酷的市场竞争埋下了伏笔。近年来，长虹在背投彩电技术上的异军突起，在价格战占主导的彩电市场搭起了一条强大的技术缓冲带，这一缓冲带不仅使长虹远离了价格战的战壕，也再一次成为长虹阻击洋品牌的杀手锏。

2001年，大连东芝准备增加投资，扩大背投彩电的产能；同年，日立、索尼、松下、LG等跨国公司也将中国作为重点市场进行开拓。面对洋品牌咄咄逼人的攻势和背投彩电良好的市场前景，长虹再次率先向洋品牌发起了挑战。与20世纪90年代中期不同的是，这一次反击的武器不再是传统的价格，而是更为尖端的技术。2001年7月代表世界最高技术水平的第三代长虹“精显王”背投彩电全面上市，2002年初，长虹又率先推出了第四代逐行扫描精显背投。作为世界上技术最先进的背投，此项技术不仅确立了长虹在背投彩电领域的优势地位，也使长虹再一次拿到了话语权。据调查，消费者在选购耐用家电时更注重产品的技术含量，其次才是质量和价格。

长虹在背投彩电技术上的异军突起使人们认识到，在国货与洋货技术之巅的背后，值得关注的是我国的家电企业逐步实现核心技术的完全自主开发。

比别人先一步思考、创新和构想，企业才能发现市场中的机会并抓住它。

讨论：

(1) 你认为案例中技术创新战略及其选择有哪些？

(2) 结合长虹的案例，分析企业进行技术创新，采取先发制人战略可以使企业在哪些方面受益。

第6章 生产管理

教学目标与要求

通过本章的学习，明确现代企业生产过程、组织的概念与要求；掌握企业生产类型的内容；对生产过程的空间与时间组织有深入认识；熟悉批量标准的类型；对企业先进生产运作方法有进一步了解。

了解企业生产管理的相关概念及相关理念，基本掌握生产过程、生产类型、生产作业计划的编排以及网络计划法的具体应用。

生产是人类最基本的活动，人们通过生产活动创造财富、创造人类所需要的一切。就基本形式而言，生产是将输入(生产要素)转化为输出(产品或服务)的过程，或创造产品或服务的过程。生产管理就是对这一过程进行计划、组织和控制。生产管理是企业管理中基本的、也是重要的组成部分。

为完成生产经营计划，企业必须合理配置生产资源，即通过对各种生产要素和生产过程的不同阶段、环节、工序的合理安排，使其在时间上、空间上平衡衔接，紧密配合，构成一个协调的系统，使产品在行程最短、时间最省、耗费最小的条件下，按计划确定品种、质量、数量、交货期等，生产出市场需要的产品。简而言之，生产管理的目的就在于高效、低耗、灵活、准时地生产合格产品或提供令顾客满意的服务。

6.1 生产管理概述

6.1.1 生产过程

1. 生产过程的定义

企业中任何产品的生产，都必须经过一定的生产过程，它是指从原材料投入生产开始到产品制造出来为止的全部过程。它的基本内容是人的劳动过程，即劳动者利用劳动工具作用在劳动对象上，使其按照预定的目的改变产品的形状、结构、性质或位置的过程。准确地说，生产过程是劳动过程和自然过程的有机结合，因为在某些情况下，生产过程还需要借助于自然力的作用，使劳动对象发生物理或化学的变化，如自然冷却、自然干燥、自然发酵等。在自然过程中，劳动过程部分或全部停止。

2. 生产过程的组成

由于产品结构和工艺特点的不同，工业企业生产过程的性质和构成也不完全相同。就其对产品形成所起作用来看，主要分为生产技术准备过程、基本生产过程、辅助生产过程、生产服务过程等。

(1) 生产技术准备过程。是指在产品投入生产前所进行的一系列技术准备过程。主要包括：产品设计，工艺设计，工艺装备设计和制造，材料消耗定额和工时消耗定额的制定与修订，调整劳动组织和设备布置等。

(2) 基本生产过程。是指直接改变劳动对象的物理和化学性质，使之成为企业主要产品的过程。如机械制造企业的铸造、锻压、切削加工、装配产品；冶金企业的炼铁、炼钢、轧钢；汽车企业的零件加工、装配过程等。

(3) 辅助生产过程。是指为保证基本生产正常进行所从事的各种辅助性生产活动和过程。如动力生产、工具制造、设备维修等。

(4) 生产服务过程。是指为保证基本生产过程和辅助生产过程所从事的各种生产服务活动。如原材料、半成品、工具的保管与发放、厂内运输等。

此外，有的企业还有附属生产过程，它是指为基本生产提供附属材料的生产过程。如提供产品包装用的包装箱的生产过程。

工业企业产品生产过程的组成中，最核心的组成部分是基本生产过程。基本生产过程按照工艺性质特点和使用设备的不同，可以划分为若干工艺阶段，而每个工艺阶段又可分为若干工序。工序是指一个工人或一组工人，在一个工作地上，对同一劳动对象连续进行的生产活动。工序是生产过程中的基本环节。工作地是工人进行劳动的场所，每个工作地都有一定的生产面积，配备有一定的机器设备和工具。工序按作用不同分为：工艺工序、检验工序、运输工序。工艺工序是在工作地中直接改变劳动对象的形式、尺寸、性质等，即发生物理、化学或几何形状的变化；检验工序是对原材料、半成品和成品的质量进行检查的工序；运输工序是在工艺工序之间，工艺工序与检验工序之间运送原材料、半成品和成品的工序。正确划分工艺阶段和工序，便于按照工种和工人的技术水平进行合理的分工，有利于提高劳动生产率和设备利用率。

6.1.2 生产类型

1. 生产类型的划分

生产类型是影响生产过程的组织的主要因素。生产类型就是根据企业生产产品的性质、结构和工艺特点，产品品种多少、生产稳定程度、同种产品产量的大小和工作地专业化程度等因素对企业所进行的分类。划分依据不同，类型也不一样。例如，按产品结构特点，可划分为单体型生产企业和装配型生产企业；按产品实物流动特点，可划分为连续型生产企业和间断型生产企业；按用户订单性质或生产程序特点，可划分为订货型生产企业和存货型生产企业；按产品专业化程度和工作地专业化程度，可划分为大量生产企业、成批生产企业和单件生产企业。最后这种分类是目前我国加工装配式企业广泛采用的划分方法，也是所有分类中与生产过程组织密切相关的一种。

(1) 大量生产类型。生产同一种产品的产量大，产品品种少，生产条件稳定，经常重复生产同种产品，工作地固定加工一道或几道工序，专业化程度高。

(2) 成批生产类型。产品品种较多，各种产品的数量不等，生产条件比较稳定，每个工作地要负担较多的工序，各种产品成批轮番生产，工作地专业化程度比大量生产要低。成批生产按批量大小，又可分为大批生产、中批生产和小批生产。大批生产接近大量生产，因而一般称为大量大批生产；小批生产接近于单件生产，因而一般称为单件小批生产。只有中批生产才具有典型的成批生产的特点。

(3) 单件生产类型。产品品种很多，每种产品只生产单件或少数几件之后不再重复，或虽有重复但不定期，生产条件很不稳定，工作地专业化程度很低。

2. 生产类型的特点

生产类型不同会带来生产组织形式的不同，计划编制的不同，经济效益的不同。在大量生产条件下，工作地专业化程度高，可采用高效率的专用设备和工艺装备，便于组织流水生产线和自动生产线，工人操作简单，技术熟练，计划管理工作容易，具有较高的劳动生产率和较低的产品成本，经济效益好；单件生产条件下，工作地专业化程度低，一般采用通用设备和工艺装备，设备利用率和劳动生产率低，对工人的技术水平要求高，计划管理工作复杂，产品成本高，经济效益差；成批生产的经济效益介于大量生产和单件生产之间。它们之间的具体不同点如表 6-1 所示。

表 6-1　3 种生产类型的特点比较

生产类型 / 经济技术指标	大量大批生产	成批生产	单件小批生产
工作地担负的工序数目	很少，一般为 1～2 道工序	较多，一般为 11～20 道工序	很多，一般为 21～40 道工序
生产设备	多用高效专用设备	使用部分专用设备及通用设备	大多采用通用设备
生产设备布置	按对象原则排列，组成不变流水线或自动线	既按对象原则又按工艺原则，组成可变流水线或生产线	按工艺原则排列，一般不能组成流水生产线
技术工作的精确程度	产品“三化”程度高，零件互换性强	产品“三化”程度较低，零件在一定范围内互换	产品“三化”程度低，零件互换性差
工艺设备	采用高效专用的工艺装备	专用和通用的工艺装备并存	主要采用通用工艺装备
工艺装备系数	大	较大	小
工人的技术水平	高级的调整工，低级的操作工	较高	高
劳动生产率	高	较高	较低
产品生产周期	短	较长	长
计划管理工作	比较简单	比较复杂	复杂多变
设备利用率	高	较高	低
产品成本	低	中	高
管理重点	日常管理	计划协调	准备阶段及计划衔接
设备投资	大	较大	较小
适应性	差	较强	强
风险性	一般大	较小	一般小

运作实例 6-1

亨利·福特和流水线

对于100年前的生活，今天的人们是很难想象的：没有电视、没有塑料、没有自动提款机、没有DVD；一些像肺结核、白喉和肺炎这样的病是死亡的代名词。当然，人们只有在科幻小说里才会见得到克隆，更不用说电脑和互联网了。

一种革命性的制造程序使几乎每个人都能拥有一辆小汽车。亨利·福特给世界装上了轮子。

如果要挑选出那些对我们所有人的生活都产生过影响的人物来，就不能忽略亨利·福特。从现在起100年后的一位历史学家很可能会得出这样的结论：对各个地方一切制造业产生影响最大的是福特，甚至直到今天依然如此，因为他开始采用了一种新的制造汽车的方法——奇怪的是这种方法起源于屠宰场。

在20世纪初，屠宰场所使用的可以称为“拆卸线”，即将一头宰好的牛体或猪体从很多切肉工人面前移动经过，每一个切肉工人只割下特定的某个部分。福特将这一过程颠倒过来，试试是否会加速汽车上一个叫做磁石发电机的部件的生产。不让每个工人组装一台完整的磁石发电机，而是将发电机的一个部件放在传送带上，在它经过时，每个工人都给它添装上一个部件，每次都装配同样的一个部件。特拉华大学教授戴维·亨谢尔是工业发展专家，他谈起当时的情况：“前一天，完成整个组装过程的工人，平均每人每20分钟组装一台磁石发电机。可是那一天，在这条装配线上的装配组，每人平均每13分10秒钟就组装一台。”

不到一年，装配时间便减到5分钟。1913年福特改革了装配汽车的全过程：用绳子钩住的部分组装好的车辆被拖着从工人身旁经过，工人们一次只组装一个部件。不久，福特公司一年就生产出几十万辆汽车，在当时是一项极出色的成就。这一新的系统如此有效而且经济合算，以致他将自己生产出来的汽车削价一半，降至每辆260美元，使那些在此之前一直买不起汽车的人都有能力买了。不久全世界的汽车制造商都仿效起他来。事实是，他写了一本名为《今天和明天》的书介绍他的革新，来鼓励他们这样做。汽车的时代到来了。今天，在机器人和其他形式的自动化推动下，从烤面包机到香水，一切的一切，全都是在装配线上生产出来的。

埃德索尔·福特是亨利的曾孙，也是福特公司的副总裁之一。他说：“我想曾祖父对于今天制造工艺取得了如此长足的进步是会惊叹不已的。”

今天的许多项革新都来自日本，出版过很多关于制造流程的书籍的诺曼·博德克认为这一点具有讽刺意味。不久前他在访问日本时曾同丰田两位最高官员谈过话。

“当我问他们这些秘密来自何处，他们从什么地方获得这些想法以采用完全不同的制造方法时，他们笑了，并且说，“唉，我们只不过是从亨利·福特在1926年写的那本书《今天和明天》里读到的。”

他说他的公司已再次发行了这本书，因为各地的制造商今天仍然可以向亨利·福特学习。

(资料来源：http://www.ensalon.com/ensource/culture/history/people/200612/46355.html.)

思考题：流水线适用于什么样的制造业？

提　示：品种单一，产量大，生产重复程度高。

3. 生产方式的发展趋势

20世纪60年代以前，大量生产管理模式一直占据着主导地位，其作用在美国和二战后的日本经济发展中发挥得淋漓尽致。但是伴随着20世纪60年代前后西方发达国家工业化进程的完成，物质极大的丰富，消费者的需求结构普遍向高层次发展，人们认识到生产管理还应追求多品种、适应性、对消费者需求迅速反应等更高的目标。显然，大量生产模式的刚性与此目标是相背离的，或者说是大量生产模式的弊端在新的形势下暴露无遗。因此，以多品种、灵活性、适应性为目标的生产管理技术和模式的发展与创新也就成为企业增强竞争力、寻求生存和发展的必然之举。

从20世纪50年代中期前苏联最早提出成组技术(GT)以后，世界各国针对大量生产模式的不足对生产管理技术和模式进行了众多的创新，具体包括准时生产(JIT)、制造资源计划(MRPⅡ)、柔性生产系统(FM)、敏捷制造(AM)、供应链管理(SCM)和企业资源计划(ERP)等。

与大量生产方式相对应的是精益生产方式，这种生产方式旨在突破“批量小、效率低、成本高”的生产管理逻辑，废弃了大量生产的“提高质量则成本升高”的惯例，使得成本更低，品种更多，适应性更强。对于手工生产方式、大量生产方式和精益生产方式的特点进行比较，如表6-2所示。

表6-2　3种生产方式的比较

项目＼生产方式	手工生产方式	大量生产方式	精益生产方式
产品特点	完全按顾客要求	标准化，品种单一	品种规格多样化，系列化
加工设备和工艺装备	通用，灵活，便宜	专用，高效，昂贵	柔性高，效率高
分工与工作内容	粗略，丰富多样	细致，简单，重复	较粗，多技能，丰富
操作工人	懂设计制造，具有高操作技艺	不需专门技能	多技能
库存水平	高	高	低
制造成本	高	低	更低
产品质量	低	高	更高
权利与责任分配	分散	集中	分散

6.2　生产组织

工业企业的生产过程，既要占用一定的空间，又要经历一定的时间。因此，合理组织生产过程，就需要将生产过程的空间组织与时间组织有机地结合起来，充分发挥它们的综合效率。

6.2.1 空间组织和时间组织

1. 生产过程的空间组织

生产过程的空间组织主要是研究企业内部各生产阶段和各生产单位的设置和运输路线的布局问题，即厂房、车间和设备的布局设置。布局的结果将会影响企业生产过程的物流、生产周期、生产成本等相关问题。企业的生产过程是在一定的空间场所，通过许多互相联系的生产单位进行的。所以，必须进行总体规划和工厂设计，配置一定的空间场所，建立相应的生产单位(车间、工段、班组)和其他设施(仓库、运输路线、管道和办公室等)，并在各个生产单位配备相应工种的工人和机器设备，采用一定的生产专业化形式。企业内部基本生产单位的设备布置，通常有工艺专业化设备布置、对象专业化设备布置和混合式设备布置 3 种基本形式。

(1) 工艺专业化。工艺专业化也叫工艺原则。它是按照生产过程的工艺特点建立生产单位的形式。在工艺专业的生产单位内，配置同种类型的生产设备和同工种的工人，对企业生产的各种产品零件，进行相同工艺方法的加工。每一个生产单位只完成产品生产过程中部分的工艺阶段或部分工序的加工任务，而不是独立地生产产品。它的优点是对产品品种适应性强，有利于充分利用机械设备，便于进行专业化的技术管理等。缺点是半成品运输路线长，运输劳动量较大；产品生产过程中停顿等待时间较多，生产周期较长；占用流动资金较多；生产单位之间的协作关系和相应的组织计划工作较复杂。这种组织形式比较适用于单件小批生产类型。

(2) 对象专业化。对象专业化也叫对象原则。它是按照产品零件、部件的不同来设置生产单位的形式。在对象专业化的生产单位里，配置了为制造某种产品所需的各种不同类型的生产设备和不同工种的工人，对其所负责的产品进行不同工艺方法的加工。其工艺过程基本上是封闭的，能独立地生产产品、零件、部件。它的优点是可以缩短运输路线，节约运输设备和人力；便于采用流水线、生产线、成组加工等先进生产组织形式组织生产；缩短生产周期，减少流动资金占有；可以简化生产单位之间的协作关系和相应的管理工作，加强责任制度。缺点是设备专业性强，设备的生产能力难以被充分利用；不便于对工艺进行专业化的管理和指导；对产品变化的适应能力差。这种方法适用于产品品种较稳定的大量大批生产类型。

(3) 混合形式。混合形式也叫混合原则、综合原则。它是把工艺专业化和对象专业化形式结合起来设置生产单位的形式。它有两种组织方法：一种是在对象专业化的基础上，适当采用工艺专业化形式；另一种是在工艺专业化的基础上，适当采用对象专业化形式。这种形式灵活机动，综合了工艺专业化和对象专业化的优点。因此，许多生产单位采用这种形式来设置。

企业应采用哪一种形式来设置生产单位，必须从企业的生产特点和本身的生产条件出发，全面分析不同形式的技术经济效果，考虑自己单位的长远发展目标和目前的生产需要。

2. 生产过程的时间组织

合理组织生产过程，不仅要求企业各生产单位、各工序之间，在空间上密切配合，而且要求劳动对象在生产过程的时间上紧密衔接，使人、机、料有效组合和运行，实现有节奏的连续生产，以达到提高设备利用率，缩短产品生产周期，加速流动资金周转，提高劳动生产率和降低产品成本的目的。生产过程组织在时间上要求生产单位之间、各工序之间能互相配合、紧密衔接，保证充分利用设备和工时，尽量提高生产过程的连续性，缩短产品生产周期。

在这里着重介绍劳动对象在各工序之间、在时间上的衔接方式，即产品(零件)从一个工作地到另一个工作地之间的移动方式。它与制造的产品数量有关，如果制造的产品只有一件，那么就只能在加工完一道工序后，再送到下一个工作地加工下一道工序，这时在工序之间的时间衔接方式没有选择的余地。如果同时制造一批相同的产品，则各工序之间在时间上的衔接方式主要有以下三种。

(1) 顺序移动方式。这是指一批零件在前工序全部加工完成以后，才整批地运送到下道工序加工。如果把工序之间的运输、停放、等待时间略而不计，则该批零件的加工生产周期，等于该批零件在全部工序上加工时间的总和。用公式表示如下：

$$T_{顺} = n\sum_{i=1}^{m} t_i$$

式中，$T_{顺}$——顺序移动方式下一批零件的生产周期；

n ——零件批量；

m ——工序总数；

t_i ——零件在第 i 道工序上的单件作业时间。

采用这种方式有利于减少设备的调整时间，并可简化管理工作。但是产品都有等待加工运输的时间，因而生产周期长，资金周转慢。这种方式多在批量不大和工序时间短的情况下采用。

(2) 平行移动方式。这是在一批在制品中，每一个零件在上一道工序加工完毕后，立即转移到后道工序继续加工，使得各个零件在各道工序上平行地进行加工作业。这种移动方式的加工周期的计算公式如下：

$$T_{平} = \sum_{i=1}^{m} t_i + (n-1)\sum t_{长}$$

式中，$T_{顺}$——平行移动方式下一批零件的生产周期；

$t_{长}$——单件作业时间最长的工序。

在平行移动方式下，零件在各道工序之间逐个运送，很少有停歇时间，因而整批零件生产周期最短。但是，运输工作频繁，特别在前、后两道工序的单件加工时间不相等时，会出现等待加工或停歇的现象。如果前道工序的单件作业时间比后道工序长，则在后道工序上会出现间断性的设备停歇时间，这些时间短而分散，不便于利用。如果前道工序的单件作业时间比后道工序短，则在后道工序上会出现零件等待加工的现象。

(3) 平行顺序移动方式。这是将前两种移动方式结合起来，取其优点，避其缺点的方式。零件在工序之间移动时有两种情况，一是当前道工序的单件作业时间大于后道工序的单件作业时间时，则前道工序完工的零件，并不立即转移到后道工序，而是积存到一定的数量，足以保证后道工序能连续加工时，才将完工零件转移到后道工序去。二是当前道工序的单件作业时间比后道工序的单件作业时间短或相等时，则在前道工序上完工的每一个零件立即转移到后道工序去加工。平行顺序移动方式的生产周期可用下面的公式表示：

$$T_{平顺} = n\sum_{i=1}^{m} t_i - (n-1)\sum t_{i较小}$$

式中，$T_{平顺}$——平行顺序移动方式的周期；

$t_{i较小}$——从第一道工序起，前后两道工序两两相比，其中最短的工序加工时间。

上述三种移动方式各有优缺点，在具体运用时，应结合企业的特点和生产条件，综合考虑以下各种因素来确定。一般来说，单件小批生产适宜采用顺序移动方式，大量大批生产则适宜采用平行或平行顺序移动方式。按对象专业化形式设置的生产单位，可以采用平行或平行顺序移动方式；按工艺专业化形式设置的生产单位，则采用顺序移动方式为宜。零件重量轻，体积不大，工序劳动量小，除有传送带等连续运输装置外，采用顺序移动方式有利于组织运输和节省运输费用；反之，如零件重，体积大，工艺劳动量也较大，则适宜采用平行移动方式。设备调整难度大的，可以采用平行顺序或平行移动方式；反之，采用顺序移动方式为宜。

总之，在实际工作中选择移动方式时，不能只考虑生产周期的长短，应结合企业的生产特点，综合考虑上述诸因素来加以选择，以达到合理组织生产的目的。

6.2.2 流水线生产组织

流水线生产是对象专业化形式的进一步发展。流水线就是劳动对象在各个不同加工阶段，都按照规定的顺序和速度，从一台设备到另一台设备，从一个工作地到另一个工作地，流水般地进行移动。流水线的主要特征如下。

(1) 组成流水线的各种工作地都固定地做一道或几道工序，工作地的专业化程度很高。

(2) 各工作地按照劳动对象加工的顺序排列。

(3) 线上各工序(工作地)的加工时间之间，规定着相等的关系或倍数的关系。

(4) 按照规定的时间间隔或节拍生产产品。

采用流水线，可以使用专用的设备和工具，提高工作效率，改善产品质量，减少在制品，缩短生产周期，取得较好的经济效果。因此，这是一种先进的生产组织形式。

1. 流水线的分类

由于具体的生产条件不同，组织流水线可以采用多种多样的形式。流水线的分类如图 6.1 所示。

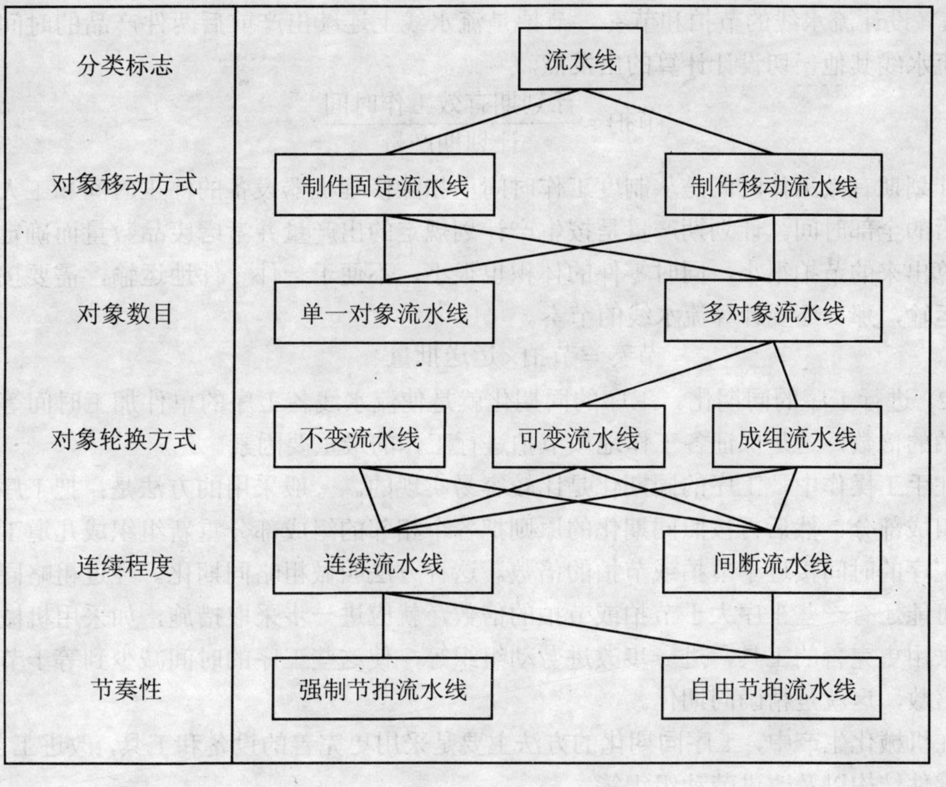

图 6.1 流水线分类图

2. 组织流水线生产的条件

(1) 零件、部件和产品的产量相当大，足以保证工作地正常负荷。流水线是和专业化、标准化密切联系的一种生产组织形式。同种零件(或产品)的生产规模，是决定能否采用流水线的重要条件。

(2) 产品结构和工艺过程相对稳定不变，并且产品的设计能够达到“结构的工艺性”。所谓“结构的工艺性”，就是产品和零件的结构能使在流水线上采用最有效和最经济的工艺程序成为可能。如果原有的产品结构和工艺过程不适合采用流水线，那么在生产规模扩大以后，还必须对原有的结构和工艺过程加以改变，才有可能采用流水线。在单件小批生产的企业，一般不宜采用流水线，但如果在零件和部件的结构方面实行标准化、通用化，以减少不必要的品种，提高零件的互换性，在工艺过程方面采用典型工艺，以减少工艺方法的不统一和不必要的多样性，那么，也就能够在相当大的程度上创造在某些小组、工段采用流水线的有利条件。

3. 流水线设计的一般原理

(1) 设计流水线的节拍和节奏。节拍是流水线上连续出产前后两件产品的时间间隔。它是流水线其他一切设计计算的出发点。

$$节拍=\frac{计划期有效工作时间}{计划期产量}$$

计划期有效工作时间是从制度工作时间里扣除修理机器设备的停工时间和工人休息时间以后的全部时间。计划期产量是按生产计划规定的出产量并考虑废品数量而确定的。如果计算出来的节拍很小，同时零件的体积也很小，不便于一件一件地运输，需要按运送批量来运输，那么还要计算流水线的节奏。

$$节奏=节拍\times运送批量$$

(2) 进行工序的同期化。工序的同期化就是使流水线各工序的单件加工时间等于节拍或节拍的倍数，这是保证各工作地按节拍进行工作的最重要因素。

在手工操作中，工序的同期化是比较容易实现的。一般采用的方法是：把工序分成更小的组成部分，然后再按照同期化的原则把各个相邻的组成部分重新组织成几道工序，使这些工序的时间接近于节拍或节拍的倍数。这种方法叫做粗略同期化。经过粗略同期化以后，可能还有一些工序大于节拍或节拍的倍数，就应进一步采取措施，如采用机械化的方法，采用更完善的工具，进一步改进劳动组织等，使这些工序的时间减少到等于节拍或节拍的倍数，这就是精确同期化。

在机械化生产中，工序同期化的方法主要是采用更完善的设备和工具，改进工艺方法，改变零件结构以及改进劳动组织等。

(3) 计算流水线所需工作地(设备)的数量。计算工作地需要数是按每道工序分别计算的。

$$某工序工作地需要数=\frac{工序单件时间}{节拍}$$

计算出的需要数可能不是整数，但实际采用的工作地数必须是整数。

(4) 计算工作地的负荷率和流水线的总负荷率。在确定了各工序实际采用的工作地数以后，就应计算它们的负荷率。

$$工作地的负荷率=\frac{计算的工作地需要数}{实际采用的工作地数}$$

流水线的总负荷率可用下式计算：

$$流水线总的负荷率=\frac{流水线各工序计算的工作地需要数总和}{流水线各工序实际采用的工作地数总和}$$

在流水线中，机床的平均负荷率不应低于 0.75～0.80。如果负荷率太低，则表明不适于采用流水线。

(5) 确定流水线的工人人数。在机械化生产中，在某些情况下，流水线所需的工人人数可以少于机器(如机床)的数目。如果机床的自动化程度较高，可以实行多机床管理，由一个工人同时看管几台机床。或者由于流水线的一部分工作地负荷率较低，为了不使工人停工，实行工人兼管工作地，流水线就成为间断的流水线。这时工人人数也少于机床数，而工人的负荷率也和机床的负荷率不一致，即机床有停工时间，而工人并不停工。

(6) 计算传送带的速度和长度。当传送带采用连续移动方式时，传送带的速度可按下列公式计算：

$$传送带的速度=\frac{流水线上两件产品间的中心距离}{节拍（分）}$$

如传送带采用脉动移动方式，即每隔一个节拍(或节奏)就往前移动一次，传送带每次移动的距离就等于传送带上两件产品间的中心距离。

传送带的长度一般可用下列公式计算：

$$传送带的长度=2\times（工作地长度之和）+技术上需要的长度$$

工作地长度之和包括工作地本身所需长度和工作地之间的距离。

(7) 进行流水线的平面布置。流水线的平面布置应使产品的运输路线最短，最有效地利用车间的生产面积，便于生产工人操作和服务部门开展工作。流水线的平面布置有许多形式，如直线形、直角形、山字形、S 形、O 形、N 形等。当工序少，每道工序的工作地又较少时，可用直线形。山字形一般适用于零件加工与部件装配相结合的情况。O 形适用于工序循环的情况，如铸造流水线。

布置流水线时，应使同类工作尽量地排在一起；应考虑原材料、毛坯的存放以及中间半成品和成品的存放；应尽量使零件加工完之后，即开始部件装配，部件装配完了，即开始总装，从而把各条流水线衔接起来，使其符合产品总的工艺流程。

自动线是流水线的进一步发展。在自动线上，加工、检验、运输等工序全由自动装置来完成，工人只是调整、监督和管理自动线。它的优点是：生产周期最短，生产效率最高，流动资金周转最快，产品质量稳定得到提高，劳动条件被彻底改善。采用自动线的条件是：产品产量要有相当大的规模，产品结构和工艺要相对稳定和比较先进。

运作实例 6-2

北安市模具生产的组织

1. 模具生产的特点

(1) 模具是属于单件生产，但可多次重复使用。如每套电视机外壳模具可生产 32 万个产品，一套收音机外壳模具可生产 140 万个产品。

(2) 要求加工的技术等级高。目前的工艺方法是粗加工由机械加工，精加工则是依靠手工。

(3) 模具往往是某些新产品试制中的关键。如某电视机厂因模具不过关影响产品的交付，每小时所支付的利息相当于一台 37cm(14 英寸)彩色电视机的价格。

(4) 模具在生产中的作用与贡献较大。一副电视机壳的塑压模价格为 5 000 元，每个产品分摊的模具费为 0.015 元；收音机外壳每个产品分摊 0.03 元；啤酒瓶价格为 0.18 元，利润 0.07 元，每个瓶子分摊的模具费为 0.01 元。

2. 目前现状

(1) 全市机械、电子、轻工行业 404 个企业都设有模具车间(或工段、小组)。但这些企业模具生产能力的利用率仅为 50%左右，本企业还可以为其他企业提出各种劳务。

(2) 一般模具可自行解决，一些关键与精密模具难以完成，还需向国外订购。据 1982—1983 年统计，该市向国外订购模具 400 余套，价值 3 273 万美元。其中电视机厂购置一套外壳模具就需支付 274 万美元。但这些模具中又可分为三种情况。

① 国内生产在精度上不能满足要求，必须外购解决。

② 不是完全不能做，只是部分工序加工不能达到要求。

③ 国内完全能够做，但需要开展厂际间的协作，可不必外购。这部分在套数上约占 50%左右。

(3) 若利用外购模具的 3 273 万美元，可以购置下列设备：坐标磨床 45 台(或加工中心 35 台)和数控仿形铣 33 台，或建立金属模具厂 6 个，或建立塑料模具厂 11 个。

3. 专业模具厂建立的体制问题

(1) 北安金属模具厂产值 400 万元，利润 50 万元，税后留利 27 万元，生产发展基金仅 7 万元。塑料模具厂产值 172 万元，税后利润留成 19 万元，生产发展基金仅 4.5 万元。由于各厂生产发展基金不足，难以对现有企业做较大的技术改造，又反过来影响承担更多的复杂、精度高的模具的生产，不得不向国外订购。

(2) 模具生产中存在着广泛协助的需要，从原材料锻造到工序间的协作都有。但协作收费较少，每小时只有 3 元，协作价格偏低。

(3) 模具加工属于辅助生产，与基本生产工人相比，模具工的奖金偏低，工人的积极性不高，加上外界以高报酬来招募，影响到模具工人队伍的稳定。

(4) 各企业都想要发展模具加工，但是目前资金有困难，从银行不易得到贷款，或贷款利率偏高。通过内、外部环境分析，应明确企业的战略发展方向，并在此基础上制定相应的业务策略和职能策略。

(资料来源：http://www.op360.com/SoftDown/ViewContent.aspx?ID=4218.)

思考题：针对北安市金属模具厂的生产问题提出对策。

提　示：问题对策应该与分析出的问题相对应。

6.2.3　生产组织新技术和新方法

20 世纪 50 年代中期前苏联最早提出成组技术(GT)以后，世界各国针对大量生产模式的不足对生产管理技术和模式进行了众多的创新，具体包括准时生产(JIT)、制造资源计划(MRPII)、柔性生产系统(FM)、敏捷制造(AM)、供应链管理(SCM)和企业资源计划(ERP)等。先进的生产运作管理方法有许多，我们这里侧重介绍其中的四种。

1. 准时生产(JIT)

1) JIT 生产方式的诞生

JIT(just in time)生产方式是丰田汽车公司在逐步扩大其生产规模、确立规模生产体制的过程中诞生和发展起来的。以丰田汽车公司的大野耐一等人为代表的 JIT 生产方式的创造者较早就意识到需要采取一种更能灵活适应市场需求，尽快提高竞争力的生产方式。

JIT 生产方式作为一种在多品种小批量混合生产条件下，高质量、低消耗地进行生产的方式，是在实践中摸索、创造出来的。在 20 世纪 70 年代发生石油危机以后，市场环境发生巨大变化，许多传统生产方式的弱点日渐显现。从此，采用 JIT 生产方式的丰田汽车公司的经营绩效与其他汽车制造企业的经营绩效开始拉开距离，JIT 生产方式的优势开始引起人们的关注和研究。

2) JIT 生产方式的含义与特点

(1) JIT 生产方式的含义。JIT 生产方式的基本思想可用现在已经广为流传的一句话来概括，即“只在需要时，按需要的量，生产所需的产品”，这也就是 just in time 一词所要表达的本来含义。这种生产方式的核心是追求一种零库存、零浪费、零不良、零故障、零灾害、零停滞的较为完美的生产系统，并为此开发了包括看板在内的一系列具体方法，逐渐形成了一套独具特色的生产经营体系。

(2) JIT 生产方式的特点。JIT 生产方式的特点是零库存，并能够快速应对市场的变化。JIT 生产方式要做到用一半的人员和生产周期、一半的场地和产品开发时间、一半的投资和少得多的库存，生产出品质更高、品种更为丰富的产品。

3) JIT 生产对生产制造的影响

(1) 生产流程化。即按生产汽车所需的工序从最后一个工序开始往前推，确定前面一个工序的类别，并依次恰当安排生产流程，根据流程与每个环节所需库存数量和时间先后来安排库存和组织物流。尽量减少物资在生产现场的停滞与搬运，让物资在生产流程上毫无阻碍地流动。

(2) 生产均衡化。即将一周或一日的生产量按分秒时间进行平均，所有生产流程都按此来组织生产，这样一条流水线上每个作业环节上单位时间必须完成多少何种作业就有了标准定额，所在环节都按标准定额组织生产，因此要按此生产定额均衡地组织物质的供应、安排物品的流动。因为JIT生产方式的生产是按周或按日平均了的，所以与传统的大生产、按批量生产的方式不同，JIT的均衡化生产中无批次生产的概念。

(3) 看板管理。即把工厂中潜在的问题或需要做的工业显现或写在一块显示板表示板上，让任何人一看表示板就知道出现了何种问题或应采取何种措施。看板管理需借助一系列手段来进行，比如告示板、带颜色的灯、带颜色的标记等，不同的表示方法具有不同的含义，以下就看板管理中有助于使库存降低为零的表示方法加以说明。

① 红条。在物品上贴上红条表示该种物品在日常生产活动中不需要。

② 看板。为了让每个人容易看出物品旋转地点而制成的表示板，该板标明什么物品在什么地方、库存数量是多少。

③ 警示灯。让现场管理者随时了解生产过程中何处出现异常情况、某个环节的作业进度、何处请示供应零件等的工具。

④ 标准作业表。将人、机械有效地组合起来，以决定工作方法的表。

⑤ 错误的示范。为了让工人了解何谓不良品，而把不良品陈列出来的方法。

⑥ 错误防止板。为了减少错误而做的自我管理的防止板。

⑦ 红线。表示仓库及储存场所货物堆放的最大值标记，以这种简便方法来控制物品的最大库存数量。

在实际生产过程中还有其他不同的手段和方式来对作业进行提示或警示。

2. 制造资源计划(MRPⅡ)

在制造资源计划中，制造资源是企业的物料、人员、设备、资金、信息、技术、能源、市场、空间、时间等用于生产的资源的统称。其中物料是为了产品出厂需要列入计划的一切不可缺少的物品的统称。

MRP Ⅱ的基本思想就是把企业作为一个有机整体，通过运用科学方法对企业各种制造资源和产、供、销、财各个环节进行有效的计划、组织和控制，使它们得以协调并发挥作用。制造资源计划中的资源，不仅包括通常所说的“人、财、物”，而且还包括时间等，这些资源都是以“信息”的形式表现。通过信息集成，对企业的各种资源进行有效的计划和利用，提高企业竞争力，这是制造资源计划的要旨。

一般认为，MRP Ⅱ管理模式具有以下几个方面的特点，每项特点都含有相辅相成的管理模式的变革和人员素质或行为变革。

(1) 计划的一贯性与可行性。

(2) 管理的系统性。

(3) 数据的共享性。

(4) 动态的应变性。

(5) 模拟的预见性。

(6) 物流、资金流的统一性。

(7) 质量保证的功能性。

3. 企业资源计划(ERP)

ERP 是由美国 Gartner Group 公司于 20 世纪 90 年代初首先提出的，它实质上仍然以 MRP Ⅱ为核心，但 ERP 至少在两方面实现了拓展：一是将资源的概念扩大，不再局限于企业内部的资源，而是扩展到整个供应链条的资源，将供应链内的供应商等外部资源也作为可控对象集成起来；二是把时间也作为资源计划的最关键的一部分纳入控制范畴，这使得决策支持系统(DSS)被看做 ERP 不可缺少的一部分，将 ERP 的功能扩展到企业经营管理中的半结构化和非结构化决策问题。因此，ERP 被认为是顾客驱动的、基于时间的、面向整个供应链管理的制造资源计划。

ERP 管理系统主要由下列 6 大功能目标组成。

(1) 支持企业整体发展战略的战略经营系统，该系统的目标是在多变的市场环境中建立与企业整体发展战略相适应的战略经营系统。

(2) 实现全球大市场营销战略与集成化市场营销，也就是实现在预测、市场规模、广告策略、价格策略、服务、分销等各方面进行信息集成和管理集成。

(3) 完善企业成本管理机制，建立全面成本管理系统，建立和保持企业的成本优势。

(4) 研究开发管理系统，保证能够迅速开发适应市场要求的新产品，构筑企业的核心技术体系，保持企业的竞争优势。

(5) 建立敏捷的后勤管理系统，强调通过动态联盟模式把优势互补的企业联合在一起，用最有效和最经济的方式参加竞争，迅速响应市场瞬息万变的需求。这种敏捷的后勤管理系统具有缩短生产准备周期，增加与外部协作单位技术和生产信息的及时交换，改进现场管理方法，缩短关键物料供应周期等功能。

(6) 实施准时生产方式，把客户纳入产品开发过程，把销售代理商和供应商、协作单位纳入生产体系，按照客户不断变化的需求同步组织生产，时刻保持产品的高质量、多样性和灵活性。

ERP 对于企业提高管理水平具有重要意义。ERP 首先为企业提供了先进的信息平台。ERP 系统软件不仅功能齐全、集成性强、稳定性好，能提供及时准确的信息，而且具备可扩展性。其次，ERP 具有规范基础管理，促进企业管理水平提高的功能。ERP 的实质就是一套规范的由现代信息技术保证的管理制度。最后，ERP 能够整合企业各种资源，提高资源运作效率。ERP 系统是面向整个供应链的资源管理，它把企业与供应商、客户有机联系起来，并将企业内部的采购、开发设计、生产、销售整合起来，使得企业能对人、财、物、信息等资源进行有效的管理与调控，以提高资源运作效率。

4. 敏捷制造(AM)

敏捷制造是一种以先进生产制造技术和动态组织结构为特点，以高素质与协同良好的工作人员为核心，采用企业间网络技术，从而形成的快速适应市场的社会化制造体系，它被称为是21世纪的生产管理模式。敏捷制造与MRP Ⅱ、ERP等20世纪末的先进生产管理模式相比，更具有灵敏、快捷的反应能力。具体而言，敏捷制造这种未来生产模式在以下几方面具有较大的创新。

(1) 市场方面。对市场需求反应快速灵敏，变一般的市场导向为消费者参与的市场导向。敏捷制造能灵活快速地提供丰富的品种、任意的批量、高性能、高质量、顾客十分满意的产品和服务。

(2) 生产方面。以具有集成化、智能化、柔性化特征的先进制造技术为支撑，建立完全以市场导向、按市场需求任意批量而快速灵活制造产品、实行并行工程、能支持顾客参与生产的灵敏生产系统。该系统既能实行多品种大批量，又能实现无损耗的精益生产和绿色无污染制造。

(3) 产品设计和开发方面。积极开发、利用计算机过程模拟技术和并行工程的组织形式，既可实现产品、服务和信息的任意组合，从而极大地丰富品种，又能极大地缩短产品设计、生产准备、加工制造和进入市场的时间，从而保证对消费者需求的快速灵敏的反应。

(4) 企业组织方面。以企业内部组织的柔性化和企业间组织的动态联盟为其组织特征，虚拟企业是其理想形式，但不一定是必需形式。敏捷制造企业的组织既能保证企业内部信息达到瞬时沟通，又能保证迅速抓住企业外部的市场做出灵敏反应。

(5) 企业管理方面。以灵活的管理方式达到组织、人员与技术的有效集成，尤其强调人的作用，充分发挥各级人员的积极性和创造性，在管理理念上具有创新和合作的突出意识，在管理方法上重视全过程的管理。

敏捷制造作为一种21世纪生产管理的创新模式，能系统全面地满足高效、低成本、高质量、多品种、及时迅速、动态适应、极高柔性等现在看来难以由一个统一生产系统来实现的生产管理目标要求，无疑是未来企业生产管理技术发展和模式创新的方向。

6.3 生产作业计划

生产作业计划是企业生产计划的具体执行计划，即把企业的年度、季度生产计划中规定的月度生产计划以及临时性生产任务，具体分配到各车间、工段、班组以至每个工作地和个人。生产作业计划，对协调企业各个部门，各个生产环节的活动，保证均衡地完成国家计划和订货合同规定的任务具有重要作用。

6.3.1 生产作业计划

1. 期量标准

期量标准是对生产作业计划中的生产期限和生产数量，经过科学分析和计算而规定的一套标准数据。期量标准实质上反映了各个生产环节在数量和时间上的互相联系。有了期量标准就可以准确地确定各种产品在各个生产环节的投入、出产的具体时间和数量，有利于均衡、经济地完成计划任务。

由于企业的生产类型、产量大小和生产组织形式不同，采用的期量标准也不相同。大量生产一般采用节拍、节奏、流水线工作指示图表、在制品定额等；成批生产一般采用批量和生产间隔期、生产周期、在制品定额、生产提前期等；单件小批生产一般采用生产周期、生产提前期、产品装配指示图表等。

1) 批量和生产间隔期

批量就是一次投入(或出产)同种制品的数量。生产间隔期也叫生产重复期，是指前后两批同种制品投入(或出产)的间隔时间。批量和生产间隔期之间的关系，可以用下面的公式表示：

$$批量=生产间隔期\times 平均日产量$$

$$生产间隔期=\frac{批量}{平均日产量}$$

从上式可以看出，当生产任务确定以后，批量加大，生产间隔期就会相应延长；相反，批量减少，生产间隔期就会缩短。它们之间的变化成正比例关系。

鉴于批量和生产间隔期的这种关系，确定批量和生产间隔期可以用以下三种方法。

(1) 经济批量法。这是一种根据费用来确定合理批量的方法。这种方法不只是着眼于效率，而是更着重经济效益。生产批量的大小主要与两种费用有关：一是设备调整费用。批量越大，设备调整次数越少，分摊到单位产品中的调整费用就越小；反之，批量越小，设备调整次数就多，分摊到单位产品中的费用就越大。二是库存保管费用。它随着批量的增大而增多，随着批量的减少而减少。合理的批量应该是上述两种费用之和最小的批量。其计算公式为：

$$Q=\sqrt{\frac{2AN}{C}}$$

式中，Q——经济批量；

A——设备调整一次所需的费用；

N——年计划产量；

C——单位制品的年平均保管费用。

(2) 最小批量法。这是以保证设备被充分利用为主要目标的一种批量计算方法。这种方法着眼于充分利用设备和提高劳动生产率两个因素综合考虑，通过计算求出最小批量。其计算公式如下：

$$\text{最小批量}=\frac{\text{设备调整时间}}{\text{单间工艺工序时间定额}\times\text{设备调整允许损失系数}}$$

一般规定设备调整允许系数为 0.02～0.12，系数可以按大、中、小批生产类型的不同，并考虑零件价值对流动资金的影响进行选择。

(3) 以期定量法。这是先确定生产间隔期，然后再确定批量的一种方法。采用这种方法，当产量变动时，只需调整批量，不必调整生产间隔期。企业常采用的生产间隔期有季、月、旬、日等，这样既能考虑经济效益，又简化了生产管理。

2) 生产周期

生产周期是指某种产品从原材料被投入生产开始，到制成品出产为止的整个生产过程所需要的全部时间。以机械工业产品为例，生产周期包括毛坯准备、零件加工、部件装配，一直到成品装配、油漆、包装入库为止的全部时间。生产周期是编制生产作业计划的重要期量标准之一，是确定产品在各工艺阶段的投入期和出产期的主要依据。生产周期的长短，反映企业的工艺技术水平和生产管理水平，对劳动生产率、流动资金、产品成本等都有影响。

在成批生产中，生产周期的制定比较复杂，通常要计算一批制品的工序周期、各工序阶段周期和一批成品的总周期。

(1) 工序周期。它是指一批制品在某道工序上加工制造的时间。

$$\text{工序周期（天）}=\frac{\text{工序单件工时定额}\times\text{批量}}{\text{一个工作日平均有效工作时间}\times\text{执行该工序的工作地数}\times\text{定额完成系数}}$$

(2) 工艺阶段周期。它是指一批制品在某一个工艺阶段(如毛坯制造、零件加工、部件装配、成品装配等)的周期，它除了各工序周期以外，还要考虑工序之间的中断时间、设备调整时间、跨车间协作工序的时间、自然时效时间和各工序之间的平行系数等。

$$\begin{array}{c}\text{一批制品加工}\\\text{的生产周期}\end{array}=\left(\begin{array}{c}\text{车间内部各道}\\\text{工序周期之和}\end{array}\times\begin{array}{c}\text{工序之间的}\\\text{平行系数}\end{array}\right)+\begin{array}{c}\text{各道工序设备}\\\text{调整时间之和}\end{array}+\left(\begin{array}{c}\text{车间内部制品}\\\text{加工的工序数}\end{array}\times\begin{array}{c}\text{平均各道工序}\\\text{的中断时间}\end{array}\right)+\begin{array}{c}\text{跨车间协作}\\\text{工序时间}\end{array}+\begin{array}{c}\text{工艺规定的}\\\text{自然有效时间}\end{array}$$

式中，工序之间的平行系数，根据制品在工序间的移动方式而定，顺序移动方式为 1，平行移动和平行顺序移动方式约为 0.6～0.8。

工序间的中断时间，是指转移运输、检验和等待加工时间，可根据统计资料分析确定。

(3) 产品生产周期。它是各工序阶段生产周期及保险期之和。为了能够清楚、准确地反映产品生产过程各个工艺阶段以及各道工序在时间上的衔接，便于有效地组织生产活动，单个产品生产周期一般用图表法，即在分别按车间计算的各种制品生产周期的基础上，根据装配系统图及各工艺阶段生产周期平衡衔接关系来绘制。

3) 在制品定额

在制品是指从原材料投入到成品入库前，处于生产过程尚未制造完毕的产品。在制品定额是指在一定的组织技术条件下，为保证生产正常进行，生产过程各环节所需占用的最低限度的制品数量。在制品定额是协调和控制在制品流转交接，组织均衡生产活动的依据。合理的在制品定额，既能保证生产的正常需要，又能使在制品的占用量保持适当的水平。在制品定额按在制品存放地点和加工状况，可分为车间在制品定额和库存半成品定额。

$$车间在制品定额=车间平均每日生产量\times车间的生产周期(日)$$

$$库存半成品定额=平均每日需用量\times库存定额日数+保险储备量$$

式中，车间平均每日生产量，可根据产品(零件)的月产量和一个月的工作日数来确定，平均每日需用量是指需用这种半成品的车间平均每日领用量，大量生产可按需用车间投入批量和投入间隔期来确定；

库存定额日数，可根据经验或用统计资料来分析确定。

保险储备量，一般根据经验或统计来分析判断确定。

4) 生产提前期

生产提前期是指产品(毛坯、零件)在各工艺阶段(车间)投入或出产的时间，比成品出产的时间所要提前的时间。生产提前期是以产品最后完工的时间为起点，根据各工艺阶段的生产周期、保险期和生产间隔期，按工艺阶段的逆顺序进行计算的。正确制定生产提前期，对于保证各工艺阶段的生产活动，使时间紧密衔接，缩短生产周期，减少在制品占用量，保证按期交货等有重要意义。每一种在制品在每一个生产环节都有投入和出产之分，因此，提前期也分为投入提前期和出产提前期。制定生产提前期有两种不同的情况。

(1) 在前后工序车间的生产批量相等的情况下，提前期的确定。最后工序车间的投入提前期等于该车间的生产周期。任何一个车间的投入提前期都比该车间出产提前期提早一个该车间的生产周期。因此，出产提前期还要考虑保险期。提前期可按下列公式计算：

$$某车间投入提前期=本车间出产提前期+本车间生产周期$$

$$某车间出产提前期=后车间投入提前期+本车间保险期$$

式中，保险期，指为防止可能发生出产误期而预留的时间，以及办理交库、领用、运输等所需要的时间。

(2) 当前后两车间生产批量不等时，提前期的确定。当前后车间批量不相等时(前工序车间的批量为后工序车间的批量的若干倍)，各车间的投入提前期的计算与上述公式相同。但是出产提前期的计算则有所不同。由于前后两车间生产批量不等，造成前后两个车间生产间隔期不等，前车间出产一批可供后车间几批之用。因此，出产提前期计算公式为：

$$\text{某车间出产提前期}=\text{后车间投入提前期}+\text{本车间保险期}+\left(\text{本车间生产间隔期}-\text{后车间生产间隔期}\right)$$

2. 生产作业计划的编制方法

这里主要介绍厂部分配车间生产任务的方法。厂部分配车间生产任务的方法，主要取决于车间生产组织形式和生产类型。如果是对象专业化的车间，可将生产任务直接分配给各车间；如果是工艺专业化的车间，应根据生产类型不同，采取以下几种方法。

1) 在制品定额法

它是运用在制品定额，结合在制品实际结存量的变化，按产品反工艺顺序，从产品出产的最后一个车间开始，逐个往前推算各车间的投入、出产任务。它适合于大量大批生产企业。其计算公式如下：

$$\text{某车间出产量}=\text{后车间投入量}+\text{本车间半成品外销量}+\left(\text{库存半成品定额}-\text{期初预计半成品库存量}\right)$$

$$\text{某车间投入量}=\text{本车间出产量}+\text{本车间计划品外销量}+\left(\text{本车间在制品定额}-\text{期初本车间在制品预计结存量}\right)$$

最后车间出产量和车间半成品计划外销量，是根据市场需要确定的。车间计划允许废品量按预先规定的废品率计算，最后车间出产量等于计划期任务量。

2) 累计编号法

它是根据预先制定的提前期标准，规定各车间出产和投入应达到累计号数的方法。累计号数可以从年初或从开始生产这种产品起，按生产的先后顺序累计确定。它适用于成批轮番生产企业。其计算公式如下：

$$\text{某车间出产累计号数}=\text{最后车间成品出产累计号数}+\text{本车间出产提前期}\times\text{最后车间平均日产量}$$

$$\text{某车间投入累计号数}=\text{最后车间成品出产累计号数}+\text{本车间投入提前期}\times\text{最后车间平均日产量}$$

各车间在计划期应完成的当月出产量和投入量可按下式计算：

$$\text{计划期某车间出产(或投入)量}=\text{计划期末本车间出产(或投入)累计号数}-\text{计划期初本车间已出产(或投入)累计号数}$$

按上式计算各车间出产(或投入)量以后，还应按零件的批量进行修正，使车间的投入或出产任务与批量成整倍数关系。

3) 生产周期法

它是根据预先制定每类产品中代表产品的生产周期标准和合同交货期限要求，用反工艺顺序依次确定产品在各车间投入和出产时间的方法。它适合于单件小批生产企业。应用这种方法确定各车间生产任务的步骤是：首先根据各项订货合同规定的交货日期，以及事先编好的生产周期标准，制定各种产品的生产周期图表；其次根据各种产品的生产周期图表，编制全厂各种产品投入和出产综合进度计划表，以协调各种产品的生产进度和平衡车间的生产能力。在安排车间任务时，只要在综合进度计划中摘录属于该车间当月应当投入和出产的任务，再加上上月结转的任务和临时承担的任务，即得出当月各车间的生产任务。

4) 订货点法

它适用于规定标准件、通用件车间的生产任务。使用这种方法通常要为每种标准件、通用件规定合理的批量，一次集中生产一批，等到它的库存储备量减少到“订货点”时，再提出制造下一批的任务。订货点是提出订货时的库存量，其计算公式如下：

$$订货点=平均每日需要量\times订货周期+保险储备量$$

运作实例 6-3

草籽娃娃

草籽娃娃迅速成为夏天风行一时的新产品。从4月中旬开始生产以来，Seiger Marketing 已经两次搬迁和扩建他的草籽娃娃生产分厂及仓库。即使这样，现在的生产水平仍然使它们于安大略省的多伦多工厂的设备生产能力达到了其物理极限。

现在，一切都是不确定的。然而，草籽娃娃的合伙人，也是西方商学院的新近毕业生安顿·拉比和龙能·哈拉里，却不愿意给草籽娃娃的生产主管他们的商学院同学本·瓦拉蒂任何实质性建议，只是会说：“保持弹性，我们也许会拿到10万件的订单，但是如果这些订单没有来，我们将保持现有人员，并不承担巨大的库存。”基于这种不确定性的背景，本正在寻求提高生产能力的方法，这些方法的实施是不能以牺牲弹性和提高成本为代价的。

当草籽娃娃的主人把它们从盒子里取出时，他们会发现一个光秃秃的惹人喜爱的人头状的小东西，这个小东西的直径大约8厘米。在水中浸泡后，把草籽娃娃放在潮湿的环境中呆上几天，它就会长出一头漂亮的绿发。草籽娃娃主人的创造力能够通过发型的变化表现出来。草籽娃娃的销售工作是从多伦多地区的花店和礼物商店开始的，但由于产品获得广大顾客的普遍欢迎和认可，分销工作通过沃尔玛这样的商店在全国范围内开展。到7月中旬，有10万多草籽娃娃在加拿大出售，向美国的出口工作也已经开始。

草籽娃娃通过一个混合批量流水生产过程加工出来。六个填充机操作员同时工作，把锯末和草籽装进尼龙袋子里，这样就制成了基本的球形体。操作员把球形体放入塑料的装载盒里，每盒可装25只。在另一个批量作业地，一个操作工人把带有塑料外衣的电线在一个简单的模具上缠绕一下就制成了草籽娃娃的眼镜。接下来的作业过程是一个由人工组成的流水线：三个塑形工把球形体从装载盒拿出来，通过加工使球形体看起来更像人头，这包括为它们塑造出鼻子和耳朵，并把两只塑料的小眼睛用胶水粘在镜框里；经过塑形和组装的草籽娃娃都转交给一个工人，他负责用织物染料给它画上一个红红的嘴巴，画完后把它们放在一个晾架上，经过5个小时的晾干以后，两个包装工人把草籽娃娃放进盒子，然后再把它们装入便于运输的箱子里。

为了分析、研究生产能力，本和他的日常监管鲍勃·韦克莫对草籽娃娃的各加工工序及转移时间做了估计。估计的时间如下：填充——1.5分钟；塑形——0.8分钟；制作眼睛—0.4分钟；构造眼镜——0.2分钟；涂染——0.25分钟；包装——0.33分钟。除去不可避免的拖延和休息时间，本得出他可以对一个8小时班次按7小时计算实际工作时间。

(资料来源：http://www.op360.com/SoftDown/ViewContent.aspx?ID=4218.)

思考题：从案例来看，草籽娃娃的成功源自何处？

提　示：合理的安排流水线上的加工顺序，通过装配线平衡，找出最少的工作地数量，提高整体流水线的效率，避免瓶颈作业对整体加工的影响。

6.3.2　网络计划技术的应用

1. 网络图的构成要素和绘制方法

1) 网络图的构成要素

网络图是网络法的基础。它是为完成某个预期目标，而按照这一目标的各项活动(各道工序)及其所需要时间的先后次序和衔接关系建立起来的整个计划图。网络图由活动、事件、线路3个部分组成。这3个组成部分便是构成网络图的三要素。

(1) 活动。它是指一项工作或一道工序。活动需要消耗一定的资源和时间，而有些工作不需要消耗资源，但要占用时间，这在网络图中也应作为一项活动。活动一般用箭线表示，箭线的上部标明工作的名称，箭线的下部标明所需的时间(以小时、天、周等表示)，箭头表示活动前进的方向，如图6.2所示。

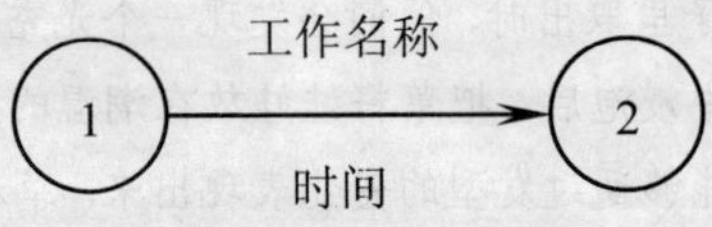

图6.2　活动要素示意图

在实际工作中，有些活动不需要消耗资源和时间，只表明一道工序和另一工序之间的相互依存和制约的关系，这种活动叫做虚活动，以虚箭线表示，即②……>③。

(2) 事件。网络图中两个或两个以上的箭线的交点(节点)标志着前项活动的结束和后项活动的开始，这些节点就被称为事件。事件和活动不同，它是工作完成的瞬间，它不需要消耗时间和资源。事件用图圈表示，并编以号码，任何活动可以用前后两个事件的编码来表示，如图6.3所示。

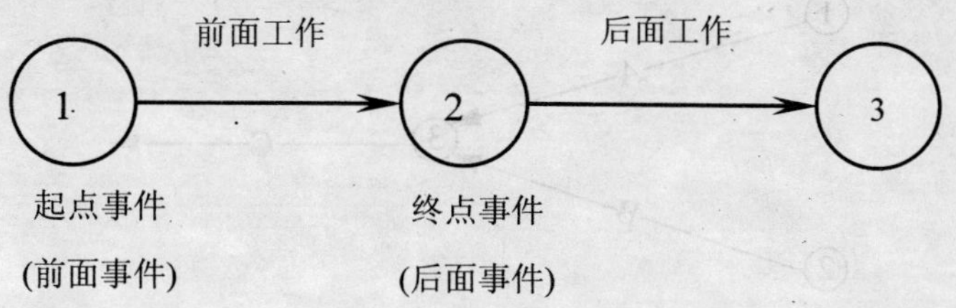

图6.3 事件要素示意图

(3) 线路。它是指从起点事件开始，顺着箭头方向，连续不断地到达终点事件为止的一条通道。一条线路上各工序的作业时间之和称为路长。在一个网络图中，有很多条线路，每条线路的路长不一，其中最长的一条线路，叫做关键线路，或称主要矛盾线。网络分析主要是找出生产(工程)中的关键路线，它对整个生产周期有着直接影响。

2) 网络图的绘制方法

要绘制一个网络图，必须对预定项目的3件事情调查清楚。即一项产品包括的所有作业；各个作业之间的衔接关系；完成每个作业所需的时间。根据这个要求，可以总结出绘制网络图的步骤如下。

(1) 划分作业项目。制造任何一个产品，都是由若干个作业项目所组成的。画网络图，首先要把这些项目划分开来，把一个产品分解为若干个作业。

(2) 分析和确定作业之间的相互关系。将划分的全部作业，分析和确定各个作业之间的工艺和组织的相互联系及相互制约的关系，以确定作业之间的先后顺序。

(3) 开列作业明细表。根据各个作业的衔接顺序，由小到大编排节点的号码，确定作业的代号，列出工作周期的衔接关系。

(4) 绘制网络图。根据作业明细表资料，就可以绘制初步的计划网络图。绘制网络图的规则如下：①不允许出现循环线路。网络图是有向图，从左到右排列，不应有回路。②事件号不能重复。网络图中的每一项活动都应有自己的节点编号，号码不能重复使用。③箭头必须从一个节点开始，到另一个节点结束。前一箭线的活动(工序)必须完成，后一箭线的活动(工序)才能开始。箭线中间不能列出箭线。如图6.4所示，工序C必须在工序A、B完成之后才能开始，A、B为紧前工序，C为紧后工序。④遇到有几道工序平行作业和交叉作业时必须引进虚工序。虚工序是指作业时间为零的一项虚任务。⑤两个节点之间只能画出一条线，但进入某一节点的线可以有很多线。⑥每个网络图至少有一个网络始点事件，不能出现没有先行作业或没有后续作业的中间事件。如在实际工作中发生了这种情况，应将没有先行(或后续)作业的节点同网络始点(或终点)事件连接起来。

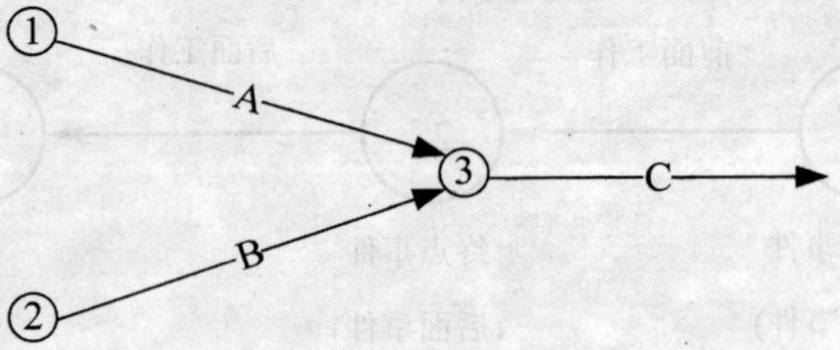

图 6.4 网络图

(5) 作业时间的计算。作业时间是编制网络计划的主要依据。主要由两种方法来制定作业时间：①工时定额法。按肯定可靠的工时编制作业时间。②三点估计法。在没有肯定可靠的工时定额时，只能用估计时间来确定，一般采用三点估计法，即先估计三种时间，然后求其平均值。可以用下列公式求得：

$$t_e = \frac{a+4m+b}{6}$$

式中，a—— 最小的估计工时，称为最乐观或最先进时间；

b—— 最长的估计工时，称为最保守的时间；

m—— a、b 二者之间的估计工时，称为最可能的时间；

t_e—— 作业时间。

这实际上还是一个估计值。用概率的观点来衡量估计，偏差是不可避免的，但这种方法还是有参考价值的。

(6) 网络图的计算与关键路线分析。网络计划时间的计算，包括工作最早开始的可能和最迟开始的时间计算、时差计算，以及关键线路时间的计算。

① 节点最早开始时间，用符号 ES 表示，指从该点开始的各工序最早开始工作的可能时间。一个工序的最早开始时间等于该作业紧前那个工序的最早结束时间。若节点前面有几条箭线，选其中最早开始时间与工序时间之和的最大值。计算节点的最早开始时间应从网络始点开始，自左向右，顺着箭线方向逐一计算，计算公式如下：

$$T_{ES}^{i} = \max_{i<j}\left\{T_{ES}^{i} + T_{E}^{ij}\right\}$$

式中，T_{ES}^{i}——箭头节点 j 的最早开始时间；

T_{ES}^{i}——箭尾节点 i 的最早开始时间；

T_{E}^{ij}——工序 i-j 的作业时间；

max——取大括号中各和数的最大值。

例如，某项活动有 7 个节点、9 道工序，各工序的作业时间和相互关系如图 6.5 所示。

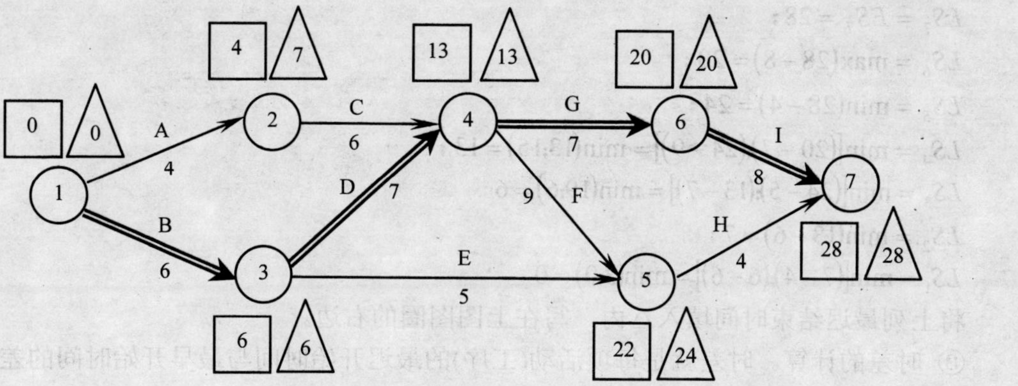

图 6.5　作业时间和相互关系图

各节点的最早开始时间可按上列公式计算如下：

$ES_1 = 0$；

$ES_2 = \max(0+4) = 4$；

$ES_3 = \max(0+6) = 6$；

$ES_4 = \max[(4+6);(6+7)] = \max(10;13) = 13$；

$ES_5 = \max[(13+9);(6+5)] = \max(22;11) = 22$；

$ES_6 = \max(13+7) = 20$；

$ES_7 = \max[(20+8);(22+4)] = \max(28;26) = 28$。

将上列最早开始时间填入□内，写在上图图圈的左边。

② 节点最迟开始时间，用符号 LS 表示，指以该节点为结束的各工序最迟开始工作的可能时间。箭尾终点(i)的最迟开始时间，也是其紧前各工序最迟结束时间(用符号 LF 表示)。一个工序的最迟开始时间，即等于该工序最迟结束时间减去该工序的作业时间。若节点后面有几条线时，选其中最迟开始时间的最小值。计算公式是：

$$T_{LS}^{i} = \min_{i<j}\left\{T_{LF}^{j} + T_{E}^{ij}\right\} \qquad (i = n-1,\ n-2,\ n-3,\ \cdots,\ 1)$$

$$T_{LS}^{n} = T_{ES}^{n}$$

式中，T_{LS}^{i}——箭尾节点 i 的最迟开始时间；

T_{LF}^{j}——箭头节点 j 的最迟结束时间；

T_{E}^{ij}——工序 i-j 的作业时间；

min——取括号中各差数的最小值。

现以上图为例，各节点的最迟开始时间可计算如下：

$LS_7 = ES_7 = 28$；

$LS_6 = \max(28-8) = 20$；

$LS_5 = \min(28-4) = 24$；

$LS_4 = \min[(20-7);(24-9)] = \min(13;15) = 13$；

$LS_3 = \min[(24-5);(13-7)] = \min(19;6) = 6$；

$LS_2 = \min(13-6) = 7$；

$LS_1 = \min[(7-4);(6-6)] = \min(3;0) = 0$。

将上列最迟结束时间填入△内，写在上图图圈的右边。

③ 时差的计算。时差就是每项活动(工序)的最迟开始时间与最早开始时间的差数，也叫做机动时间或松动时间。时差计算公式如下：

$$S_{ij} = LS - ES = LF - ES - TE$$

式中，S_{ij}——工序 i-j 的时差；

LS——工序 i-j 的最迟开始时间；

LF——工序 i-j 的最迟结束时间；

ES——工序 i-j 的最早开始时间；

TE——工序 i-j 的作业时间。

④ 关键路线的确定。确定关键路线的方法有两种：一是最长路线方法。从开始点顺箭头方向到终点，有许多可行路线，其中需要时间最长的路线为关键路线。如图 6.5 中有四条路线，其中第三条路线为 6+7+7+8=28，这条路线为关键路线。二是时差法。计算每个作业的总时差，在网络图中，总时差等于零的作为关键作业，这些关键作业连接起来的可行路线，就是关键路线。如图 6.5 中①→③→④→⑥→⑦为关键路线。

2. 网络图的构成要素和绘制方法

在此，结合实例来说明网络图在生产计划中的具体应用。例如，某矿山机械厂生产的液化支架中的关键部件液压筒，主要零件有缸体、活塞杆、导向套。每月要求完成液压筒 600 只。由于液压筒是常规生产，而且定额管理已经基本健全，所以，在运用网络图时，属于肯定型。安排液压筒生产作业计划过程有排出工序表和绘制网络图两部分。

(1) 排出液压筒工序明细表。先把液压筒分解为 16 道工序，列出工序流程图。根据工艺流程确定各工序作业时间，排出工序明细表，如表 6-3 所示。

表 6-3 工序明细表

	工序名称	作业时间(分)	工序代号	工序名称	作业时间(分)
A	丝口倒角	30	I	小圆螺母去毛	10
B	活塞杆抛光	30	J	缸盖焊接缸筒	45

续表

	工序名称	作业时间(分)	工序代号	工序名称	作业时间(分)
C	导向套去毛	25	K	试压泵水	40
D	缸筒钻孔	20	L	挡圈割开	2
E	缸盖清洗	10	M	活塞杆组装	20
F	活塞头组装	15	N	缸筒清洗	30
G	缸筒外壳泵水	30	O	活塞杆去毛	20
H	筒孔口去毛	10	P	总装	30

(2) 绘制液压筒生产网络计划图(如图 6.6 所示)。① 根据工序明细表提供的资料，计算出各结点的最早开始时间和最迟开始时间。② 根据所得的时间值计算总时差，如表 6-4 所示。

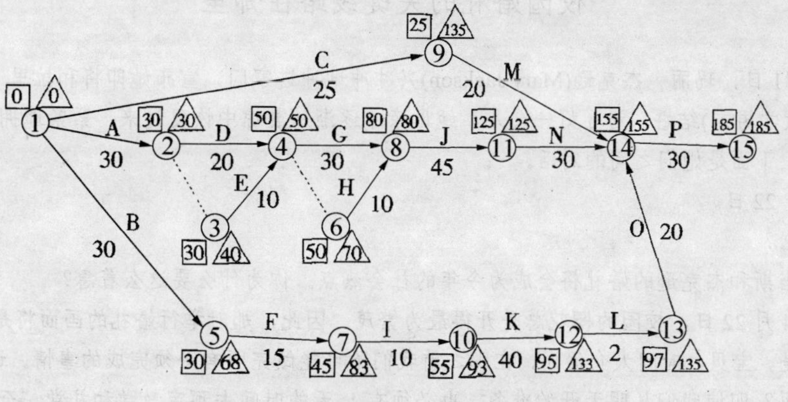

图 6.6 液压筒生产网络计划图

表 6-4 总时差表

工序代号	总时差	工序代号	总时差	工序代号	总时差
A	0	F	38	K	38
B	38	G	0	L	38
C	110	H	20	M	110
D	0	I	38	N	0
E	10	J	0	O	38
				P	0

(3) 把总时差表中等于零的工序连接起来，就可定为关键路线，即①→②→④→⑧→⑪→⑭→⑮。这条关键路线的总工时为：30+20+30+45+30+30=185(分)。

(4) 分析运用网络图后的效果。从网络图来看，关键路线是缸体①→②→④→⑧→⑪→⑭→⑮，非关键路线活塞杆①→⑤→⑦→⑩→⑫→⑬→⑭→⑮，导向套①→⑨→⑭→⑮。生产活塞杆、导向套的加工工序有潜力可挖，可在保证满足缸体总装需要的前提下，把多余的人力支援生产缸体的各道工序，保证计划完成。在排网络图前，液压筒每只需工时 367 分，每月要完成 600 只，就需要 457.8 工，而根据现有人员可提供 390 工，这就是说一个月内完不成任务。安排网络图后，每只液压筒的总工时 185 分，600 只液压筒只要 231.2 工，每月可节省 282 工。采用网络计划图安排生产，对完成生产任务，节约劳动力，降低成本，都起到了明显的效果。

运作实例 6-4

校园婚礼的关键线路在哪里

去年 3 月 31 日，玛丽·杰克逊(Mary Jackson)兴冲冲地冲进家门，宣布她即将和拉里·亚当斯(Lary Adams，她的大学男友)结婚。过了好一会儿，她母亲才逐渐从震惊中恢复过来，紧紧地拥抱着她，并问："什么时候？" 下面是她们之间的对话。

玛丽：4 月 22 日。

母亲：什么？

父亲：亚当斯和杰克逊的婚礼将会成为今年的社会热点。你为什么要这么着急？

玛丽：在 4 月 22 日，校园的樱花总是开得最为繁茂。因此，那时举行婚礼的画面将是非常美丽的。

母亲：但是，宝贝，时间太仓促了，在那之前我们不可能做完所有必须完成的事情。还记得你姐姐婚礼的详细情形吗？即使我们从明天开始准备，也必须有 1 天的时间去预定教堂和礼堂，至少要 17 天的时间发布公告。这些都必须在我们装饰教堂之前进行。而装饰教堂又需要 3 天。不过，如果我们周日愿意多支付 100 美元的话，可能将公告由 17 天减少为 10 天。

父亲：哦！

玛丽：我想让简·萨摩斯(Jane Summers)当我的伴娘。

父亲：但她现在在吉特玛拉(Guatemala)的和平公司(Peace Corps)，是吧？她要用 10 天时间去准备并开车过来。

玛丽：可我们可以让她乘飞机回来，那只要 2 天的时间，也仅仅会多花 500 美元，她必须按时到这儿准备她的礼服。

父亲：哦！

母亲：还要准备酒宴！这要花费两天时间挑选蛋糕和桌布，杰克酒店至少要在准备宴会(婚礼的前一天晚上举行)前 10 天预定。

玛丽：我可以穿你的结婚礼服吗，妈妈？

母亲：当然，但我们最好换一些带子，我们可以在订购伴娘礼服料子时从纽约顺道订购。收到这些东西需要8天时间。礼服的式样提前选好，这也要用3天时间。

父亲：如果我们多付25美元空运过来的话，只要5天就可以收到。

玛丽：我希望礼服由沃特森(Watson)太太来制作。

父亲：但那需支付每天120美元手工费！

母亲：如果我们自己完成所有的缝纫工作，就需要11天。如果有沃特森太太的帮助，那么可以减少到6天，但每天要付120美元。

玛丽：我只要她一个人来做！

母亲：还要有两天的试衣时间。正常的话，完成洗熨要两天，不过市里有一种新型清洗机可以在1天内完成这些工作，但要多花30美元。

父亲：所有这些工作都必须在准备宴会前结束，但是从现在算起也只有21天的时间了。

母亲：我们还忘记了一件事——发邀请函。

父亲：我们应该从鲍博(Bob)厂订做邀请函，这通常需要12天。但如果我们肯多花35美元的话，我敢打赌，只要5天就可以做完。

母亲：在发邀请函前，还要用3天时间来确定邀请函的式样，我们希望能在信封上印有回函地址。

玛丽：哦，太棒了！

母亲：邀请函必须在婚礼前10天发出。如果再晚，我们的一些亲戚可能会因为没有及时拿到而耽误了参加婚礼，这会使他们大发其火的，我敢打赌，如果我们在婚礼前8天还没有把它们寄出的话，伊泽尔(Ethel)姑姑就拿不到它了。她送的结婚礼物也会打上200美元的折扣。

父亲：哦！

母亲：我们必须把它们拿到邮局去寄，这要用1天，写地址要用4天，除非我们雇一些人帮忙，但这项工作也只有等到邀请函印好后才能开始。如果雇人的话，可能会节约两天的时间，但我们要为此支付每天25美元的费用。在写邀请函之前，我们得列出要邀请的客人名单。这要用4天时间，而且只有我才能理清我们的通讯录。

玛丽：啊，妈妈，我太兴奋了，我们可以让我们的每一个亲戚来分担一项工作。

母亲：宝贝，我不明白我们怎样才能做完这些事情。我们要挑选邀请函的式样，要与教堂预约。

父亲：天哪！你为什么不带着1 500美元一走了之呢？你姐姐的婚礼只花了我1 200美元，她不需要有人从吉特玛拉飞回来，不必另外雇人，不需要支付空运费，以及其他类似的费用。

(资料来源：http://www.op360.com/SoftDown/ViewContent.aspx?ID=4218.)

思考题：校园婚礼的关键路线在哪里？

提　示：画出整个婚礼的网络计划图。

本章小结

本章着重讲解了现代企业生产管理在企业管理系统中所担任的生产准备、组织、生产计划的制定及完成生产计划任务所应该进行的管理工作等内容，并重点阐述了生产组织、生产计划的编制。要求学生能在掌握现代企业生产管理基础理论知识的前提下，掌握提高现代企业生产效率的网络计划技术，从而科学地组织现代生产，合理调配企业有限的资源，挖掘生产潜力，以最经济方式，最低成本实现现代企业的生产经营目标。

习题

思考题

(1) 比较分析工艺专业化和对象专业化的优缺点，并说明它们在企业中的应用条件。

(2) 什么是期量标准？企业一般应制定哪些期量标准？如何制定？

(3) 试比较先进的生产运作管理方法与传统的生产管理方法的区别。

(4) 某流水线，计划日产量 500 件，每天两班生产，每班工作 8 小时，每班有 20 分钟的休息时间，计划废品率为 3%，试计算流水线的节拍。

(5) 流水线计划年产 A 零件 40 000 件，该流水线每天工作两班，每班 8 小时，工作时间有效利用系数为 0.95。试计算流水线的平均节拍。如果把废品率定为 1.0%，那么流水线的实际节拍应该是多少？

练习题

根据表 6-5 所列某工程各项作业间的关系和相关数据进行网络计划分析。

表 6-5　作业间的关系及数据

作业名称	A	B	C	D	E	F	G	H	I	J	K	L
后续作业	C	D	E	F	G、H	G、H	I	J	K	K	L	—
作业时间	6	3	4	1	1	1	12	6	6	6	4	8

要求：

(1) 绘制网络图；

(2) 确定关键路线；

(3) 计算总工期。

案例应用分析

案例 6-1

电池厂的生产管理问题

某沿海地区电池厂，现有职工 1 000 多人，主要为 18～22 岁之间的女工。生产组织分为 20 个班组，日均产能在 40 万 PCS(锂电池)，基本上纯手工，关键工序计件，其他工序计时。目前该工厂在生产管理中存在如下问题。

(1) 基层管理素质参差不齐，大多数处于指示执行型，深层次的管理方式无法有效执行。

(2) 中层管理为 3 个车间主管，主管 A 由最底层员工做起，操作和专业上很熟练，但是在管理思维上只是停留在上级指示执行型，或者就是现场指挥型；主管 B 大专学历，公司元老，工作能力一般，但是患得患失，在公司管理圈内名声不太好；主管 C 是一名工商管理专业本科毕业生，3 年工作经验，工作积极，但管理能力有限。

(3) 车间员工流失率大，每月至少有 25 名以上员工自离。原因主要集中在工作时间长，计时员工工资低。

(4) 基础数据管理薄弱，组长以下有专门处理数据的多能工。但每个班组每个班次涉及的数据种类、物料种类繁多，而执行者的素质不高。

(5) 整个公司的管理比较薄弱，特别是纪律方面比较松散。

(6) 操作的标准化。目前各工序有工艺制定的作业指导书，但执行起来纯手工难度不小。

分析：

请就上述生产管理中存在的问题给出一个解决方案。

(资料来源：http://cache.tianya.cn/publicforum/content/no100/1/31325.shtml.)

第 7 章 物资与设备管理

教学目标与要求

通过本章的学习，对现代企业物资与设备管理的理念、方法和技巧有一定的认识，具备基本的现代企业物资与设备管理的实践技能。

了解物资与设备管理的相关概念、意义、任务、方针，明确物资与设备日常管理与维护保养工作的内容，熟悉物资与设备管理的影响因素与管理制度，掌握物资与设备管理的具体方法。

物资与设备是现代企业运作的物质基础。为了保证生产过程能连续均衡地进行，就要做好物资的采购、运输、供应、保管、合理使用等各项物流管理的组织工作；同时，为了能顺利地进行生产经营活动，满足职工的物质文化生活需要，需要各种属于固定资产的机械、机器、装备、工具、仪器、仪表等设备。因此，对物资与设备的管理是现代企业管理不可或缺的内容。

7.1 物资管理

7.1.1 物资管理概述

企业物资管理是对企业物资供应、保管、合理使用等一系列工作的管理。它主要包括物资供应计划的编制、物资采购的确定、物资消耗定额的制定和管理、物资储备量的控制等。

1. 物资管理的任务

1) 掌握物资的供需信息

在市场经济条件下，只有全面、及时、准确地掌握物资供需的信息及其变化规律，才能使我们在物资管理工作中提高自觉性，具有主动性。因此，企业必须深入调查有关物资的需求信息，一方面要掌握生产经营中需要什么物资、需要多少、什么时候需要；另一方面要掌握消费品市场、生产资料市场、技术市场等物资供应的数量、质量、价格、品种以及供应来源和供应渠道等信息。

2) 保证供应

企业的物资供应部门，要以最佳的服务水平，保质、保量、按品种、按时间、成套齐备、经济合理地满足企业生产经营中所需的各种物资，保证生产经营活动顺利地进行。

3) 合理使用和节约物资

企业应在保证产品质量的前提下，尽量选用资源充足、价格低廉的物资和代用品，有效地利用物资和降低产品成本。同时要做到管供、管用、管节约；制定合理的物资消耗定额；实行集中下料和限额发料；搞好物资的综合利用和修旧利废；并督促一切物资使用部门，努力降低物资消耗。

4) 经济合理地确定物资储备

企业在进行库存决策中，应根据物资的供需情况和运输条件，全面地分析哪些物资需要库存，哪些物资不需要库存。对于需要库存的物资，要制定合理的储备定额。

5) 加速流动资金周转

物资流通的时间，主要由产需衔接时间和运输时间所决定。流通时间越短，占用资金就越少，从而物资作为生产资料的功能也越大。因此，企业应根据就地就近原则，避免远距离运输，千方百计地缩短流通时间，加速物资周转，节约流动资金。

6) 实行物资管理岗位责任制

物资的选购、搬运、保管储存、发放和使用等都要制定标准工作岗位责任制，并根据工作成绩与失误予以奖罚，以调动职工的积极性。

2. 物资的分类

为了便于加强管理，合理组织采购和供应，严格控制资金占用，提高经济效益，企业需要对各种物资进行科学合理的分类。下面我们按物资在生产中的作用进行分类。

(1) 主要原料和材料：指经过加工后构成产品主要实体的原料和材料，如炼铁用的铁矿石，纺织用的棉毛麻丝和人造纤维，制糖用的甘蔗和甜菜等。

(2) 辅助材料：指用于生产过程，有助产品形成，但不构成主要实体的材料，如使主要材料发生物理或化学变化的辅助材料，与机器设备使用有关以及和与劳动条件有关的辅助材料等。

(3) 燃料：指用于工艺制造、生产动力、运输和调节温度等方面的煤炭、汽油、木柴等。

(4) 动力：指用于生产和管理等方面的电力、蒸汽、压缩气等。

(5) 工具：指生产中消耗的各种刀具、量具、卡具等。

7.1.2 物资消耗定额

物资消耗定额是指在一定的生产技术组织条件下，制造单位产品消耗物资的数量标准。一定的生产技术组织条件，是指执行该定额时的具体生产管理水平与条件。单位产品、单位工作量和单位时间是计量生产任务量的三种迟度标志，也表明了物资消耗定额是以完成单位生产任务计量的。

1. 物资消耗定额的组成

物资消耗定额由3部分构成。

(1) 构成产品(零件)净重的物资消耗是构成消耗定额的主要部分。

(2) 工艺性损耗量是指在加工装配过程中不可避免的损耗。

(3) 非工艺性损耗量是指工艺性损耗以外的其他不可避免的消耗。

在实际工作中，把产品净重、工艺性损耗量之和称为工艺消耗定额(技术定额)；工艺消耗定额与合理的不可避免的非工艺性损耗量之和称为物资消耗定额。

2. 物资消耗定额的作用

(1) 物资消耗定额是编制物资供应计划的重要依据。供应计划的物资需要量(申请量)

是生产计划量乘以消耗定额。没有消耗定额就无法计算需要量。

(2) 物资消耗定额是物资供应管理的基础。物资供应中的限额发料，物资核销、合理储存等工作都要以消耗定额为依据。

(3) 物资消耗定额是开展增产节约的重要措施。消耗定额从制度上规定了耗用物资的数量标准，能促进物资的节约使用，降低单耗，从节约中求得增产。

(4) 物资消耗定额是开展经济核算的工具。消耗定额是编制成本计划和计算产品成本的依据，有了定额才能进行成本核算。

(5) 物资消耗定额有利于企业生产技术和管理水平的提高。先进合理的消耗定额是考虑先进的技术、工艺和管理经验等因素而制定的。定额的执行，能够提高生产技术管理水平。

3. 物资消耗定额的制定

物资消耗定额制定的原则，主要是以保证产品质量为前提，要以国内供应为前提，要采用生产效率高、损耗少的材料，要考虑材料的综合套裁。定额应以实用、合理、先进、完整为原则。

物资消耗定额制定的依据，主要是产品、零件设计图纸及有关技术资料，加工工艺规程文件，加工余量标准，下料公差标准等技术参数；物资的国家标准、部颁标准、工厂技术标准和有关材料目录；历年材料消耗定额及执行情况的统计分析资料。

1) 物资消耗定额制定的一般方法

(1) 经验统计法。它包括经验估算法、统计法和统计分析 3 种具体方法。以有关人员的经验或有关资料为依据，通过估算制定出物资消耗定额叫经验估算法。根据统计资料制定出物资消耗定额叫统计法。在分析研究统计资料并考虑有关影响因素的基础上制定出物资消耗定额叫统计分析法。经验统计法是一种经济的方法，其优点是简单易行，容易掌握，适用的范围也很广。该方法在制定主要材料和辅助材料的物资消耗定额时都可以采用。

(2) 写实查定法。它是指根据现场消耗物资的条件，在对物资消耗进行实际查定的基础上制定出物资消耗定额的方法。采用此方法的关键是选择好合适的对象，一般适用于生产技术先进，劳动组织合理，物资消耗水平较稳定的先进典型产品。该种方法的优点是真实可靠，缺点是受生产技术水平和查定人员水平等因素限制，可能把生产和管理工作中的某些与物资有关的缺点保留下来。

(3) 技术计算法。它包括 3 种方法：①根据产品设计和生产工艺等计算出物资消耗定额的计算方法；②根据产品设计和选择最合理的下料方案来制定物资消耗定额的方法；③根据实验计算出生产单位产品或完成单位工作量的物资消耗定额。这 3 种方法结合起来使用，取长补短，相互验证，适用于大批量、稳定性生产。

2) 主要原材料消耗定额(*H*)的制定方法

主要原材料就是指那些构成产品主要实体的原材料，其消耗特征通常能够明显地区分出有效消耗(C_x)与多种工艺损耗(C_y)，其和是：

$$H = C_x + C_y$$

对于有效消耗值需要逐项查定其合理性，查定的方法应当以现行设计图纸、具体产品、设备技术状况、生产工艺以及所使用物资的技术要求为基础，并用近期能够被采用的国内外节约代用物资的先进工艺，经验来进行修正。工艺性消耗视作该产品生产工艺所包含的各种工艺加工损耗的内容，如切削等。

如果多种工艺损耗查定后，又将它们加总折算成有效消耗的百分率，或求得原材料的利用率，其公式为：

$$H = C_x(1+r) \text{ 或 } H = \frac{C_x}{K}$$

式中，r——工艺损耗占有效消耗的百分率；

K——原材料利用率。

3) 辅助材料消耗定额的制定方法

辅助材料消耗量不构成产品的实体，但参加了产品的形成，不易区分出有效消耗和工艺损耗，因此，其消耗定额的制定多采用统计分析法和现场写实法。如果采用统计分析法来制定辅助材料消耗定额，其方法是：①要确定定额所用历史消耗资料的统计期；②整理、分析、处理和修正材料消耗历史资料；③确定这同一统计期内的生产任务完成量；④分析计划期较报告期的生产、技术条件和物资技术要求的变化，并确定可能的变化情况来计算具体的变化系数；⑤按以下的通用公式来计算消耗定额数值：

$$H = F \times \frac{Q}{N}$$

式中，Q——修正后的某时期的物资历史时期消耗量；

N——同一时期的生产任务完成量；

F——计划期较统计期的物资消耗变化系数；

H——物资消耗定额。

7.1.3 物资供应计划

1. 物资供应计划的编制

编制年度物资供应计划，主要是确定物资需要量与物资采购量两个指标。然后根据确定的物资需要量填制各类材料需要核算表，根据物资采购量编制材料采购计划。

1) 确定物资需要量

物资需要量是指计划期内保证生产经营活动正常进行所必须消耗的物资数量。因为物资供应计划中的物资储备量和物资采购量都是以物资需要量为基础来确定的。所以正确地确定物资需要量直接决定着物资供应计划的质量。

物资需要量的确定方法一般可分为直接计算法和间接计算法。

(1) 直接计算法(又称定额计算法)。它是直接根据计划任务和物资消耗定额计算物资需要量的方法。现以产品主要材料为例，其基本计算公式如下：

$$Q_{\mathrm{d}} = Q_0 \times D_{\mathrm{s}} - Q_2$$

式中，Q_{d}——某种产品对某种材料的需要量；

Q_0——计划产量；

D_{s}——物资供应定额；

Q_2——计划回收废料数量。

(2) 间接计算法(又称比例计算法)。它是用于不便于制定消耗定额的物资，按一定比例或系数对上年实际消耗量进行修正，以此确定物资需要量的方法。其计算公式如下：

$$Q_{\mathrm{d}} = \frac{Q_{\mathrm{s}}}{Y_0} \times Y_j \times (1 \pm k)$$

式中，Q_{s}——上年实际消耗量；

Y_0——上年实际产值；

Y_j——计划年度产值；

k——千元产值消耗量的变动率。

2) 确定物资采购量

物资采购量是根据物资需要量，同时考虑计划初期可利用资源和计划期末物资储备量等因素而确定。计算公式如下：

$$Q_{\mathrm{g}} = Q_{\mathrm{d}} + Q_{\mathrm{c}} - Q_1 - L$$

式中，Q_{g}——某种物资的采购量；

Q_{d}——物资需要量；

Q_{c}——计划期末库存量；

Q_1——计划期初预计物资结存量；

L——企业内部可利用的资源。

公式中的计划期末库存量是为保证下一计划年度开始时生产经营活动正常进行所储备的物资。一般计算方法如下：

$$Q_c = \frac{D_j}{2} + D_b$$

式中，Q_c——计划期末库存量；

D_j——经常储备量；

D_b——保险储备量。

公式中的计划期初预计物资结存量按以下公式计算：

$$Q_1 = Q_x + Q_y - Q_z$$

式中，Q_1——计划期初的预计结存量；

Q_x——编制计划时的实际库存量；

Q_y——报告期末的预计进货量；

Q_z——报告期末的预计消耗量。

由于企业一般是在计划期开始之前2～3个月即着手编制物资供应计划，因此，对计划初期的实际库存只能按上式预计。

2. 物资供应计划的组织实施

1) 物资的订货采购

物资的订货采购主要应做好市场供应情况的调查和预测，这是保证订货采购工作质量的前提；其次，正确地选择供货单位，缜密地考虑供货单位在质量、价格、运费、数量、交货期限、供应方式、销售服务等方面对本企业是否有利，以及其生产能力、技术水平与本企业的发展相适应的程度；再次，在保证质量的前提下，合理地确定采购价格，加强订货合同管理，合同中应明确规定供应物资的品种、规格、质量、数量、包装、交货时间、地点、运输方法、检验办法、价格、货款支付方式以及违反合同追究经济责任的处理方式等；最后，选定有效的订货方式。

运作实例 7-1

阿里巴巴的网上采购

近日，阿里巴巴公布了最新调查报告。调查显示：通过阿里巴巴进行网上采购，可把一般采购周期缩短75%。阿里巴巴的会员认为，通过阿里巴巴找到合适的交易伙伴并在网上洽谈一项交易，平均仅需3个星期，远比一般3.3至4.2个月的采购周期短。

阿里巴巴国际市场及业务发展部副总裁李博达表示："网上采购的时代终于来临，阿里巴巴已成为采购专业人士及企业家的首选采购途径，因为它是寻找高素质供货商和产品的最简单、最有效方式。我们通过一个简单易用的平台，把数以万计位于不同地域、不同时区的产品与供货商联系起来，从而缩短采购时间。"

在李博达看来，很多公司利用互联网的便利，安排与在阿里巴巴网站上找到的买家或供货商在贸易展中会面，这是贸易展组织者与网上市场可以携手合作为买家及供货商服务，并使彼此业务得到增长的有力例证。

研究表明，搜索阶段即买家搜寻卖家的过程是采购周期内最花费时间和成本的阶段。像阿里巴巴一类的网上市场可以全年不间断地提供全球的商品及供货商信息，从而大大缩短搜索阶段所需的时间。早在2001年，Aberdeen Group 就曾预言，全球企业如通过采用高效的电子采购策略，将共可节省1.7亿美元的成本。5 年后，随着阿里巴巴的出现，这节省成本的预言正逐步实现。

位于美国加州洛杉矶的成衣进出口商 Sales Managers Unlimited 的总裁 Richard Price 说："在全球时装采购界，我认为阿里巴巴比黄页要好得多——只需手指动动，一切便可办妥。过去采购要花上几个星期甚至几个月，现在通过阿里巴巴只需几个小时甚至几分钟即可完成。"

(资料来源：北京商报，2006.09.)

思考题：如果你负责公司的采购工作，你将如何节省资金成本和时间成本呢？

提　示：现代网络技术、信息通信技术的高速发展为采购工作创造了空前有利的平台，包括采购信息收集的便捷及时性，交易的公平透明度，竞价机制的科学性，网上结算的即时性都是空前未有的。因此现代采购利用譬如像"阿里巴巴"这样的采购网站进行采购是个明智的选择；若采购业务量很大，可以根据公司采购特点建立自己的采购网站及网上竞价系统会使采购工作更有针对性。

2) 物资协作与调剂

做好同其他企业的物资调剂工作，互通有无、调剂余缺、串换品种、解决急需，是满足生产需要，避免积压浪费和加速物资周转的重要途径。

3) 物资供应计划执行情况的统计分析

通过对物资的收入、支出、存放的动态变化，分析物资供应、消耗、库存之间的平衡关系，对可能出现的问题，及时处理，做出决策，以保证企业生产经营，提高经济效益。

7.1.4 库存管理

1. 库存管理的目的

企业的物资库存是指企业生产经营所需的原材料、在制品和产成品的库存。科学合理的物资库存管理是企业顺利进行生产经营活动的必要条件之一。

企业的物资库存管理的目的：一是满足生产和用户的需要；二是降低费用，提高经济效益。前者要求合理的库存量，保证生产和销售的需要；后者则要求在满足生产需要的前提下使库存费用最少。库存费用包括订购费用和保管费用，两者之和最小时的库存量即为经济合理的库存量，即最佳的库存方案。

2. 库存管理的方法

1) 经济批量法

经济批量法是确定合理的库存量最常用方法。这是侧重从企业本身的经济效益确定物资储备量的方法。在全年物资需用量一定的情况下，每次订购数量越少，订购次数越多，相应的库存量越小，库存物资保管费用越低，而订购费用增加，反之亦然。由此可见，订购费用随着每次订购量的增加而减少，库存物资保管费用则随着库存量的增加而增大。节省这两类费用的要求是矛盾的。经济订购批量正是为求得这两类费用之和为最小的订购数量，即是经济合理的最佳库存水平。根据以上分析，得出批量与各项费用之间的关系，如图 7.1 所示。

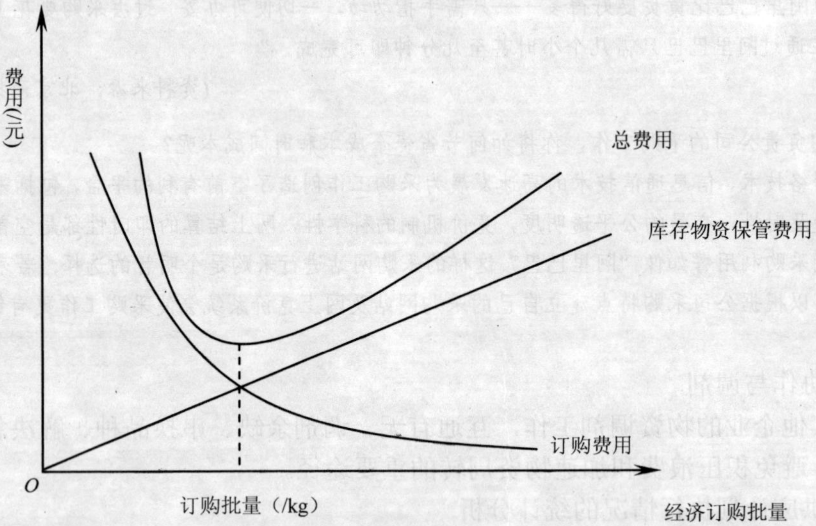

图 7.1　经济订购批量分析图

从图 7.1 可以看出，订购费用随订购批量(形成库存量)增大而减小；相反，保管费用随订购批量增大而增加，两者之和的总费用曲线的最低点(即库存物资保管费用和订购费用相等所对应的点)所对应的批量，即为经济订购批量。根据经济批量的分析图(图 7.1)，得出经济批量的计算公式为

$$经济订购批量=\sqrt{\frac{2\times 每次订购费用\times 全年物资需要量}{单位物资的年保管费用}}$$

2) ABC 分类法

ABC 分类法是库存物资控制管理方法，又叫做重点管理法。其基本原理是将企业品种、规格繁多的库存物资，按其重要程度、消耗数量、价值大小、资金占用等情况，进行分类排列，分清主次，抓住重点，分别采用不同的控制方法。这是抓住事物主要矛盾的一种定量的科学分类管理技术。实行 ABC 分类法，既可以加强对重点物资的控制，又可以简化物资管理工作。

ABC 法具体实施时，主要是根据物资的品种和占用库存储备资金的比例来划分。即将库存物资的所有品种、规格，根据品种数和占用资金的大小顺序排列，并计算出累计金额，以及各品种、规格、金额累计数对总品种、规格数、总金额的比例，然后制成表和图，如表 7-1 和图 7.2 所示。

从表 7-1 和图 7.2 可知，A 类物资品种少而占用资金最多，是物资库存管理的重点，即关键的少数，对物资库存应严加控制，尽量缩短采购周期，增加采购次数，尽可能按经济批量组织订货采购，以利于加速资金周转。在保证生产顺利进行的前提下，最大限度地节约和减少资金的占用，一般采取定期订购的库存控制方式。C 类物资占用资金不多，品种规格很多，为简化管理可适当放宽控制，采购周期可以长一些，一般采用定量订购的库存控制方式。B 类物资介于 A、C 两类之间，可根据品种和占用资金等情况，采用介于 A 类与 C 类之间、或近于 A 类、或近于 C 类的方法进行控制。

表 7-1 ABC 分类表

物资分类	占全部品种的百分比	占用全部资金的百分比
A 类物资	5%～10%	70%～80%
B 类物资	20%～30%	10%～20%
C 类物资	60%～75%	10%左右
合计	100%	100%

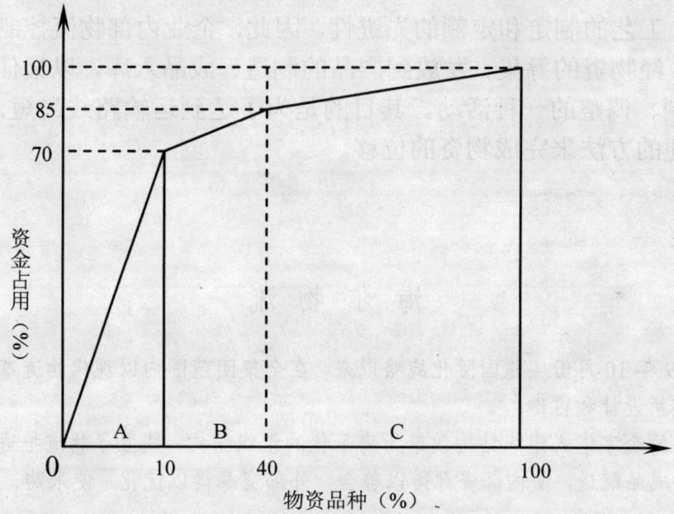

图 7.2 ABC 分类示意图

3) 库存物资的日常管理

库存物资的日常管理主要指对物质的验收、保管、发放的管理。

验收是指对到库存物资在入库前按照一定的程序和手续进行数量和质量上的检验。它是做好物质保管的基础。验收工作要做到“四不收”，即凭证不全不收、手续不齐不收、数量不符不收、质量不合格不收。

物质保管维护工作，主要是通过合理存放，妥善维护，加强账、卡、物的管理，实现物质入库及领用方便，保持物资完整，减少自然损耗，杜绝积压浪费，降低仓库费用的目的。对物质保管要做到“三清、两齐、三一致”。“三清”即数量清、材质清、规格清；“两齐”即库容整齐、堆码整齐；“三一致”即账、卡、物一致。概括起来说就是：合理存放、科学管理、妥善维护。

物资的发放要做到保证生产经营活动的正常运行，并能有效地节约使用物资。为了做好这项工作，首先，要建立定额供料制，即根据不同工种、不同的工作需要，规定领用物资的发放额。这样就使供料工作有计划有准备，有利于贯彻物资消耗定额和节约物资。其次，要完善出库手续，即出库单据和手续必须符合要求，根据限额发放单、提货单、经核对无误，才予以发货，对非正式凭证一律不发货。最后，要及时记账记卡，即发出的物资都应该当面点交清楚，物质发出后，及时记账记卡，并统计有关基础资料。

7.1.5 物流控制系统

1. 物流控制的含义

企业物流控制主要是指对物资流转的各个环节的控制，而企业内部的物流控制的关键在于产品的设计、工艺的制定和定额的先进性。因此，企业内部物流控制是指从产品设计、工艺的制定开始，经物资的筹集、发放到产品的制造、成品入库，以最佳的运行路线流转，并进行组织、控制、调整的一种活动。其目的是为了达到运输路线最短，停留时间最少，以最迅速、最方便的方法来完成物资的位移。

运作实例 7-2

海 尔 物 流

海尔集团自1999年10月份实施国际化战略以来，在全集团范围内以现代物流革命为突破口，对原来的业务流程进行了重新设计和再造。

海尔集团将原来的金字塔式组织结构改革为扁平化的组织结构，成立了物流推进本部，统一采购、统一原材料配送、统一成品配送，使内部资源得以整合，外部资源得以优化。使采购、生产支持和物资配送实现战略一体化。

1. 采购整合

物流整合的第一步是整合采购。集团将原来与供应商的买卖关系转变成为战略合作伙伴关系，将采购管理向资源管理推进。《财富》500强中有近50家成为海尔集团的供应商。集团在黄岛和胶州(与总部生产基地相距2小时以下汽车里程)建立了工业园，为国内外战略合作伙伴建厂并为其采用JIT创造条件。

2. 整合原材料配送

为了提高原材料配送的效率，“革传统仓库管理的命”，集团建立了两个现代智能化的立体仓库及自动化物流中心。通过ERP物流信息管理手段对库存进行控制，实施JIT配送模式。从物流容器的单元化、集装化、标准化、通用化到物料搬运机械化，到车间物料配送的“看板”管理系统、定置管理系统、物耗监测和补充系统，进行了全面改革，实现了“以时间消灭空间”的物流管理目标。

3. 优化成品分拨物流

在对采购和原材料配送进行物流改造的同时，集团对成品分拨和配送物流系统也进行了大的改进。改进后的海尔成品分拨物流系统包括分布在全国的42家分拨中心，迪拜和汉堡港的分拨物流中心，自有的200余辆运输车、可动用的1.6万辆运输车等，每天可配送50 000余件产品。为解决车辆运输过程中的回空问题，海尔物流还成了日本美宝集团、乐百氏、雀巢集团、伊力奶粉等的物流运输代理。

4. 成果

海尔集团对物流系统进行改造取得的成果如下：

(1) 采购成本下降，采购品质量提高。海尔集团一年需要采购15 000个品种、150亿元的生产和运作投入，它们来自于2 000多家供应商。通过整合，供应商数目减少到900多家，集团采购人员减少1/3，成本每年环比降低5%左右。与供应商的战略伙伴关系保证了集团产品技术的领先性和技术含量，还使集团新产品开发和商品化周期大大缩短。

(2) 库存和运转成本大为降低。以前，海尔集团平均库存时间长达30天，仅青岛本部企业的外租仓库就达到20余万平方米。“仓库革命”之后，平均库存周转时间减少了3/5，集团仓库占地面积仅为2.6万平方米。ERP的采用有效地缩短了订单响应时间，使集团2001年前5个月的订单量比2000年同期增加了50%以上。

(3) 成品分拨效率提高。目前，海尔集团已经能够做到物流中心城市6~8小时配送到位，区域配送24小时到位，全国主干线配送平均4天到位。通过汉堡港物流分拨中心，向欧洲客户的供货时间缩短了一半以上。

(4) 付款效率改善。通过物流改造和电子商务信息技术的应用，公司的网上付款率达到80%以上，付款及时率达100%，杜绝了“三角债”，提高了公司的信誉。通过网上支付，每年为供应商节约费用达上千万元。

(资料来源：中外管理，“订单牵拉与海尔物流再造”.)

思考题：上述案例给你什么启示?

提　示：海尔集团是个多角化经营的跨国公司，物流系统触及世界各个地区。如此庞大的业务系统却运行得井井有条，无疑必须仰赖于其科学的物流管理系统。首先，海尔物流是建立在供应链基础上的大物流系统，通过供应链物流的整合，与供应商建立战略伙伴关系，提升了整体供应链的竞争力；其次，海尔物流利用现代信息管理技术，使传统的仓储物流有了革命性的改变，物流效率也大大提高；同时，海尔还利用优势资源进行物流外包，大大降低了物流成本。

2. 物流控制的内容

在企业内部，整个物流过程按时间可分成三个流转阶段。抓住这三个不同阶段物资的时间和数量管理，就可以实现最佳控制。

(1) 生产前的材料储备量控制。生产前的储备量控制是对物资储备量变化动态的掌握和调整。企业的物资储备量是在经常变动的，为了贯彻物资储备定额，使储备量保持合理水平，就要进行储备量控制，使储备量经常保持在合理的范围内，满足生产对物资的需要，并根据储备量变化动态，及时地采取调整措施(提出订购或处理超储积压)。这一阶段物流控制的目标是：存量要少，发出要快，最大限度地减少物资的停留量和停留时间。

(2) 生产阶段的在制品控制。为了保证生产的连续均衡，生产必须建立在制品占用量定额和储备量。为了既不影响生产的正常进行，也不造成物流的涨大而占用过多的资金，就要对生产阶段的在制品占用量和储备量进行控制。

生产的类型不同，车间在制品占用量和储备量也就不同。按不同生产类型采用相应的方法制定合理的在制品储备量，搞好在制品管理是搞好物流控制的最重要环节，因此要求对在制品的投入产出、使用、发放、保管、周转做到有数、有据、有手续、有制度、有秩序，一般采用加工路线单和零部件配套明细表进行控制。

(3) 成品的销售工作。成品的销售工作是物流控制的核心。及时将产品销售出去，收回资金，不仅可以减少物资的占用，且可提高资金的利用。

3. 物流控制系统的构成与设计

从系统角度看，物流是一个过程，这个过程是存货的流动和储存的过程，是信息传递的过程，是满足客户需求的过程，也是若干功能协调运作的过程。因此，从物流生产过程和生产活动环节分析，物流控制系统的组成部分参见图 7.3。

- 物流系统
  - 实物流动
    - 物流基础设施的建设
    - 运输
    - 储存和保管
    - 装卸搬运
    - 包装
    - 流通加工
    - 配送
  - 信息流动
    - 物流信息设施的建立
    - 物流信息的收集
    - 物流信息的加工和传输

图 7.3 物流控制系统的构成图

1) 运输子系统

运输是物流业务的中心活动。运输过程不改变产品的实物形态，也不增加其数量，物流部门通过运输解决物资在生产地点和消费地点之间的空间距离问题，创造商品的空间效用，实现其使用价值，满足社会需要，所以是极为重要的环节。在进行运输系统设计时，应根据其担负的业务范围、货运量的大小及与其他各子系统的协调关系，考虑以下几个方面的问题：①运输方式的选择；②运输路径的确定；③运输工具的配备；④运输计划的制定；⑤运输环节的减少；⑥运输时间的缩短；⑦运输质量的提高；⑧运输费用的节约；⑨作业流程的连续性；⑩服务水平的良好。

2) 储存子系统

储存保管是物流活动的一项重要业务，通过储存保管货物解决生产与消费在时间、数量上的差异，以创造物品的时间效用。仓库是物流的一个中心环节，是物流活动的基地。对储存系统进行设计时，应根据仓库所处的地理位置、周围环境及物流量的多少、进出库频度，考虑以下几个方面的问题：①仓库建设与布局合理；②最大限度地利用仓库容积；③货物堆码、存放的科学性；④有利于在库物品的保养防护；⑤加强入库验收、出库复核；⑥加快出、入库时间；⑦降低保管费用；⑧加强库存管理，合理存储，防止缺货与积压；⑨进出库方便；⑩仓库安全。

3) 装卸搬运子系统

装卸搬运是各项物流过程中不可缺少的一项业务活动。特别在运输和保管工作中，几乎都离不开装卸搬运(有时是同步进行的)。装卸本身虽不产生价值，但在流通过程中，货物装卸好坏对保护货物使用价值和节省物流费用有很大影响。装卸搬运系统的设计，应根据其作业场所、使用机具及物流量的多少，考虑以下几个方面的问题：①装卸搬运机械的选择；②装卸搬运机械化程度的确定；③装卸搬运辅助器具的准备；④装卸搬运的省力化；⑤制定装卸搬运作业程序；⑥配合其他子系统协同作业；⑦节约费用；⑧操作安全。

4) 包装子系统

在整个物流过程中，包装也是一个很重要的环节。包装分工业包装和商业包装，以及在运输、配送当中，为了保护商品所进行的拆包再装和包装加固等业务活动。对包装系统进行设计时，应根据不同的商品，采用不同的包装机械、包装技术和方法，并考虑以下几方面的问题：①包装机械的选择；②包装技术的研究；③包装方法的改进；④包装标准化、系列化；⑤节约包装资材；⑥降低包装费用；⑦提高包装质量；⑧方便顾客使用。

5) 配送子系统

配送是物流活动中接触千家万户的重要作业。从批发企业或物流中心、配送中心到零售商店和用户的货物转移称为配送服务。配送属于二次运输、终端运输。配送系统设计时，应根据其配送区域、服务对象和物流量的大小，考虑以下几个方面的问题：①配送中心地址的选择；②配送中心作业区的合理布置，包括：收货验收区、货物保管区、加工包装区、分货拣选区、备货配送区；③配送车辆的配置；④装卸搬运机械的选用；⑤配送路线的规划；⑥配送作业的合理化；⑦制定配送作业流程；⑧配送及时性；⑨收费便宜；⑩高服务水平。

6) 流通加工子系统

流通加工，主要是指在流通领域的物流过程中的加工，是为了销售或运输，以及提高物流效率而进行的加工。通过加工使物品更加适应消费者的需求。如大包装化为小包装，大件物品改为小件物品等。当然，在生产过程中也有一些外延加工，如钢材、木材等的剪断、切割等。流通加工系统的设计，应根据加工物品、销售对象和运输作业的要求，考虑以下几个方面的问题：①加工场所的选定；②加工机械的配置；③加工技术、方法的研究；④制定加工作业流程；⑤加工物料的节约；⑥降低加工费用；⑦提高加工质量；⑧加工产品适销情况的反馈。

7) 物流信息子系统

物流信息系统既是一个独立的子系统，又是为物流总系统服务的一个辅助系统。它的功能贯穿于物流各子系统业务活动之中，物流信息系统支持着物流各项业务活动。通过信息传递，把运输、储存、包装、装卸搬运、配送、流通加工等业务活动联系起来，协调一致，以提高物流整体作业效率，取得最佳的经济效益。

当然，物流信息系统又有一些分支系统，如运输信息系统、储存信息系统、销售信息系统等，都分别配合该系统的业务进行活动，发挥其应有的作用。

在设计物流信息系统时，应考虑以下 3 方面的问题：系统的内容、系统的作用和系统的特点。为了组织好物流，必须采用一系列基础设施、技术装备、操作工艺和管理技术，并不断加以改造更新。物流大系统的环境影响了物流信息系统的内容、作用与特点。

4. 企业物流发展的趋势

伴随着经济增长的全球化趋势，企业物流将会得到极大发展，根据国内外物流发展情况，可以将 21 世纪企业物流的发展趋势归纳为信息化、自动化、网络化、智能化、柔性化、供应链管理。下面分别加以简要说明。

1) 信息化

现代社会已经步入了信息时代，物流的信息化是整个社会信息化的必然需求。物流信息化表现为物流信息的商品化、物流信息收集的数据库化和代码化、物流信息处理的电子化和计算机化、物流信息传递的标准化和实时化、物流信息存储的数字化等。因此，条形码技术、数据库技术、电子订货系统(EOS，Electronic Ordering System)、电子数据交换(EDI，Electronic Data Interchange)及快速回应(QR，Quick Response)、有效的顾客回应(ECR，Effective Customer Response)等技术与观念在未来的物流中将会得到普遍采用。信息化是一切的基础，没有物流的信息化，任何先进的技术装备都不可能用于物流领域，信息技术及计算机技术在物流中的应用将会彻底改变企业物流的面貌。

2) 自动化

自动化的基础是信息化，自动化的核心是机电一体化，自动化的外在表现是无人化，其效果是省力化。物流自动化的效果还有：扩大物流作业能力、提高劳动生产力、减少物流作业的差错等。物流自动化的设施非常多，如条码/语音/射频自动识别系统、自动分拣系统、自动存取系统、自动导向车、货物自动跟踪系统等。这些设施在发达国家已经普遍使用于物流配送中心，在我国，这些自动化技术的普遍应用还需要相当长的时间。

3) 网络化

物流领域网络化的基础也是信息化，这里指的网络化趋势有两层含义：一是物流配送系统的计算机通信网络，包括物流配送中心与供应商或制造商的联系要通过计算机网络，另外与下游顾客之间的联系也靠计算机网络通信，比如物流配送中心向供应商提出订单这个过程，在未来就会使用计算机通信方式，借助于增值网(VAN，Value-Added Network)上的电子订货系统(EOS)和电子数据交换(EDI)来自动实现，物流配送中心通过计算机网络收集下游客户的订货的过程也可自动进行；二是组织的网络化，比如中国台湾的电脑业在 20 世纪 90 年代创造出了“全球运筹式产销模式”，这种模式的基本打算是按客户订单组织生产，生产采取分散形式，即将全世界的电脑制造资源都利用起来，采取外包的形式将一台电脑的所有零部件、元器件、芯片外包给世界各地的制造商去生产，然后通过全球的物流网络将这些零部件、元器件、芯片发往同一个物流配送中心进行组装，由该物流配送中心将组装的电脑迅速发送给订户。这一过程需要有高效的物流网络支持，当然物流网络的基础是信息、电脑网络。

物流的网络化是物流信息化的必然，当今世界 Internet 等全球网络资源的可用性及网络技术的普及为物流的网络化提供了良好的外部环境，物流的网络化势不可挡。

4) 智能化

这是自动化、信息化的一种高层次应用，物流作业过程涉及大量的运筹和决策，如库存水平的确定、运输(搬运)路径的选择、自动导向车的运行轨迹和作业控制、自动分拣机的运行、物流配送中心经营管理的决策支持等问题都需要借助大量的知识才能解决，在物流的自动化进程中，物流的智能化是不可回避的技术难题。好在像专家系统、机器人等相关技术在国际上已经有比较成熟的研究成果，为了提高物流自动化的质量，物流的智能化已经成为物流发展的一个新趋势。

5) 柔性化

柔性化本来是生产领域提出来的，但需真正做到柔性化，即真正能根据消费需求的变化来灵活调整生产工艺，没有配套的柔性化的物流系统是不可能达到目的的。20 世纪 90 年代，国际生产领域纷纷推出弹性制造系统(FMS，Flexible Manufacturing System)、计算机集成制造系统(CIMS，Computer Integrated Manufacturing System)、制造资源规划系统(MRP-Ⅱ，Manufacturing Requirement Planning)以及供应链管理的概念和技术，这些概念和技术的实质是要将生产、流通进行集成，根据需求端的需求组织生产、安排物流活动。因此物流的柔性化正是适应生产、流通与消费的需求而表现出来的一种发展趋势。这就要求企业要根据消费需求“多品种、小批量、多批次、短周期”的特色，灵活组织和实施物流作业。

6) 供应链管理

供应链管理实际上是物流管理的延伸。供应链是指将产品或服务提供给最终消费者的过程和活动的上游及下游企业组织所构成的网络。比如，衬衣制造商是供应链的一部分，他的上游是化纤厂和织布厂，下游是分销商和零售商，最后到最终消费者。这条供应链的所有企业都是相互依存的，然而纵向合并的依存方式失去了魅力，现代企业更多的是注重发挥其核心业务的优势，即除了自己的核心业务外，其他所需要的产品和业务一律从其他企业采购而来。“资源外购”成为当今企业发挥自己专长的一种策略。比如，汽车制造商以前可能生产一辆汽车所需的所有零部件，但现在则将这些零部件的生产任务包给其他专业性制造商，自己只是将这些成品零部件进行组装。

过去，供应商与下游顾客(如分销商、零售商)之间的对抗多于合作，直至今日，许多企业仍然想将自己的成本降低或利润增加计划建立在损害供应链与其他成员的利益的基础之上，这些公司没有认识到将自己的成本简单地从上游转移到下游并不能使他们自己增强竞争力，因为所有这些成本都要转嫁给最终消费者，因此世界级的公司并不这么做，他们力图通过增加整个供应链提供给消费者的价值、减少整个供应链的成本的方法来增强整个供应链的竞争力，他们知道，真正的竞争不是公司与公司的竞争，而是供应链与供应链的竞争。

运作实例 7-3

通用汽车公司的运输业务外包

通用汽车公司(General Motors)通过采用业务外包策略，把运输和物流业务外包给理斯维(Leaseway Logistics)公司。理斯维公司负责通用汽车公司的零部件到 31 个北美组装厂的运输工作，通用汽车公司则集中力量于其核心业务——制造轿车和卡车上。始于 1991 年的合作节约了大约 10%的运输成本，缩短了 18%的运输时间，裁减了一些不必要的物流职能部门，减少了整条供应链上的库存，并且在供应链运作中保持了高效的反应能力。理斯维在克利夫兰(Cleveland)设有一个分销中心处理交叉复杂的运输路线，通过电子技术排列其与通用汽车公司各北美工厂的路线，这样可以动态地跟踪装运情况，并且根据实际需求实现 JIT 方式的运输。理斯维的卫星系统可以保证运输路线的柔性化，迅速地调整运输路线的组合。

(资料来源：http://www.isoyes.com/SIX6Sigma/2519.html.)

思考题：怎么理解业务外包？你认为哪些业务可以外包？

提　示：业务外包是一种管理策略，它是某一公司（称为发包方），通过与外部其他企业（称承包方）签订契约，将一些传统上由公司内部人员负责的业务或机能外包给专业、高效的服务提供商的一种经营形式。业务外包被认为是一种企业引进和利用外部技术与人才的有效手段。

当今许多全球竞争中的成功者已经学会把精力集中在经过仔细挑选的少数核心本领上，也就是集中在那些使他们真正区别于竞争对手的技能与知识上，同时，通过业务外包把一些重要但非核心的业务或职能交给外面的专门机构去做，而所需的费用则与自己干的开支相等或减少。不仅如此，他们还往往可以省去一些巨额投资。

7.2 设 备 管 理

7.2.1 设备管理概述

1. 设备及设备管理的概念

设备是企业用来进行生产经营活动和满足职工物资文化生活需要的各种属于固定资产的机械、机器、装置、车辆、船舶、炉、工具、仪器、仪表等，总称为设备。它是企业固定资产的重要组成部分，也是企业生产的物质技术基础。从一定意义上讲，它决定着企业的生产面貌，是衡量企业生产规模和现代化水平的一个重要标志。

设备管理是指企业为了使设备寿命周期费用最经济，而对设备采取的一系列技术、经济、组织等管理活动，是对设备从研究、设计、制造、购置、安装、使用、维护、改造、更新、报废的全过程进行的综合性管理。

2. 设备的分类

可从功能上将设备划分为以下 5 种。

(1) 生产设备：用于直接改变原材料属性、形态或功能的各种机器设备，如各种机床等。

(2) 动力设备：用于生产电力、热力、风力或其他动力的各种设备，如蒸汽机。

(3) 传导设备：用于传送电力、热力、风力或其他动力和固体、液体、气体的各种设备，如电力网、输电线路、传送带、上下水道，蒸汽、煤气、石油的传导管道等。

(4) 运输设备：用于载人和运货的各种运输工具，如汽车、拖车、电瓶车等。

(5) 仪器仪表：用于测量、绘图、实验等，有一定准则的器具，如水表、电表、煤气表等。

3. 设备管理的意义

(1) 加强设备管理，有利于保证正常的生产秩序。现代企业主要的生产活动都是由机器设备直接完成的。正确使用设备，精心保养、修理设备，使设备经常处于良好状态，能够为企业建立正常的生产秩序，创造有利的条件。

(2) 加强设备管理，有利于企业提高经济效益。产品的数量和质量、原材料和能源的消耗，在很大程度上受设备技术状况的影响。及时对设备进行技术改造与更新，能够保证企业提高技术水平，增加产量，提高质量，降低消耗，降低成本，提高经济效益。

(3) 加强设备管理，有利于企业生产现代化。现代社会技术更新的周期日益缩短，机器设备日趋大型化、机电一体化、精密化、自动化，设备投资也越来越大，正确地选择设备和评价设备的投资，在设备管理工作中十分重要；用比较经济的办法，加速机器设备的现代化，提高设备管理的水平，对于促使企业现代化有着重要的作用。

4. 设备管理水平考核指标

为了避免设备维修人员与操作人员吃“大锅饭”的现象，提高作业效率，可制定一些指标对设备管理情况进行考核。一般有以下几个指标。

(1) 设备开动率

$$设备开动率=\frac{实际作业时间}{制度开动时间}\times100\%$$

(2) 设备完好率

$$设备完好率=\frac{完好设备数}{已安装投入使用数}\times100\%$$

(3) 故障停机率

$$故障停机率=\frac{故障停机时间}{制度工作台时间}\times100\%$$

(4) 维修费用率

$$维修费用率=\frac{维修费}{生产总值}\times100\%$$

(5) 设备役龄及设备新度。设备役龄是指设备生产中服役的年限。发达国家的设备役龄为10～14年。另外还可以用设备新度来表示，其计算公式为

$$设备新度=\frac{设备净值}{设备原值}\times100\%$$

7.2.2 设备的选用和维修

1. 设备的选择

设备的选择，是企业设备管理的首要环节。选择设备的目的在于为生产选择最佳技术装备。因此，设备选择的基本原则是要综合考虑企业近、远期发展规划，选择采用技术上先进、经济上合理、生产上适用的设备。

1) 设备选择的原则

(1) 设备选择应考虑企业远景开发。设备选择是一项集技术与经济为一体的系统工程。设备选择的主要依据是企业生产产品的工艺要求。对企业而言，产品可能在品种、性能、数量上发生改变，但任何设备系统对产品变化的适应性都是有限的。人们对这种适应性的期望越高，越不可能为企业目前的产品选择专门化的高生产率设备，而只能选用通用性强的设备。这种行为必然导致生产率降低。流程式的设备系统本来是为适应单一化产品而设

计的，它对于产品品种的变化几乎没有或很少有适应能力。因此，设备的选择要在通用性与专门化之间权衡。

(2) 设备生产率与企业的经营方针相适应。设备生产率要与工厂的规划、生产计划、运输能力、技术力量、劳动力水平、动力和原材料供应等相适应。如果达不到设计生产能力，单位产品的成本就会增高。设备生产率还要考虑到均衡生产和物资供应，否则会造成损失，不能发挥新设备的全部效果。

(3) 设备工艺性好。机器设备最基本的一条是符合产品工艺技术要求。如加工零件的尺寸精度，几何形状精度，表面质量要求和温度、稠度等。另外，要求设备操作轻便，控制灵活。对于产量大的设备，自动化程度要高，对于有害有毒作业的设备，则要求能自动控制及远距离监督控制。

(4) 设备具有良好的可靠性。不仅要求设备有高的生产率和满意的工艺性能，而且还要求定期保持技术性能不发生故障，同时要求零部件在规定的时期内和一定的条件下完成规定功能的能力。

(5) 设备的维修性好。维修性是指通过修理和维护保养来预防和排除系统、设备、零部件等故障的难易程度。维修性包括了易接近性、易检查性、易拆装性，零部件标准化和互换性，零件的材料和工艺方法先进性及维修人员的安全等。

(6) 设备经济上合理。设备的经济性包括：最初投资少，生产效率高，耐久性强，能源及原材料消耗少，维修和管理费用少，节省劳动力。

(7) 设备安全性和环保性好。设备要有必要的、可靠的安全防护设施，要有降低噪声和减少有害物质排放的性能，并达到国家的有关规定。

2) 设备选择的经济评价方法

选择设备不仅要考虑先进、可靠，而且还要从投资效果来分析，从多个可行方案中选择经济性最好的设备。一般的经济评价方法有以下几种。

(1) 投资回收期法。它是用年利润(或利税)和折旧额去除投资额得出的投资回收期来评价设备的经济性和作为取舍方案标准的一种方法。在其他条件相同的情况下，投资回收期越短，设备投资效果越好，该设备为最优设备。用回收期作标准评价方案时，计算的回收期应与规定的回收期标准相比较，以决定方案的取舍。

公式为

$$投资回收期=\frac{设备投资额}{净利润+设备年折旧额}$$

此种方法属于静态分析方法，优点是简单易行，但缺点是没有考虑资金的时间价值。

(2) 年费法。运用这种方法时，首先把购置设备一次支出的投资费，依据设备的寿命周期，按复利利率计算，核算成相当于每年费用的支出。然后加上每年的使用费得出不同设备的总费用。据此进行比较、分析，选择最优设备。

【例 7.1】 有两台可供选择的同类设备，其各种费用支出分别为：最初投资额，设备 A 为 8 000 元，设备 B 为 3 500 元；每年使用费用支出，设备 A 为 1 800 元，设备 B 为 2 200 元；利率(i)为 6%，估计寿命周期(n)为 10 年。试运用年费法对两台设备进行比较，选择哪一台设备更好。

资本回收系数可运用下列公式计算：

$$资本回收系数=\frac{i(1+i)^n}{(1+i)^n-1}$$

$$解：资本回收系数=\frac{i(1+i)^n}{(1+i)^n-1}=\frac{6\%(1+6\%)^{10}}{(1+6\%)^{10}-1}=0.135\,87$$

设备 A 和设备 B 每年总费用支出见表 7-2。

表 7-2 设备 A 和设备 B 每年总费用(元)

费用＼设备	A	B
每年投资费	8 000×0.135 87=1 087	3 500×0.135 87= 457.5
每年使用费	800	2 200
每年总费用	1 887	2 657.5

两台设备相比较，显然设备 A 较好，因为每年总费用设备 A 比 B 节省：2 657.5－1 887=770.5 元

(3) 现值法。这种方法与年费法比较，主要区别在于，每年使用费通过现值系数换算成相当于最初投资费的数额，而最初投资费不变，据此进行总值比较，看哪台设备 10 年内全部支出的现值费用最省。

【例 7.2】有两台设备，最初投资费用和每年成本费用支出如表 7-3 所示。

表 7-3 设备 A 和设备 B 投资费用和每年成本费用支出情况

项目＼设备	A	B
最初投资费(/元)	9 000	12 000
每年费用支出(/元)	2 500	2 000
利率(/%)	6	6
预计寿命周期(/年)	10	10

现值系数可以运用下列公式计算：

$$现值系数=\frac{(1+i)^n-1}{(1+i)^n}$$

解：现值系数 $=\dfrac{(1+i)^n-1}{(1+i)^n}=\dfrac{(1+6\%)^{10}-1}{(1+6\%)^{10}}=7.36$

设备 A 和设备 B 全部 10 年支出的现值计算见表 7-4。

表 7-4　设备 A 和设备 B 全部 10 年支出的现值(/元)

项目＼设备	A	B
最初投资费	9 000	12 000
每年使用费现值	2 500×7.36=18 400	2 000×7.36=14 720
10 年内全部支出的现值合计	27 400	26 720

两台设备比较，显然设备 B 较好，因为 10 年内全部支出的费用现值比设备 A 节省 680(27 400−26 720)元。

运作实例 7-4

制盖公司生产设备配置方案

NA 制盖公司是一家制造啤酒、饮料瓶盖的专业厂家。由于市场对啤酒饮料需求量也不均衡，预测下年度总需求量为 8.87 亿个，最大月需求量为 1.1 亿个。为满足预测的瓶盖销售需求，有以下两种设备配置方案。

方案一：充分利用现有 2 台自动冲床和 3 台模压机的生产能力，不增加设备，利用节假日进行生产，提高设备利用率。并适当利用淡季生产能力增加库存量和外协加工等进行调节，以平衡生产计划与销售需求，解决最大需求时的生产能力不足问题。

方案二：增加设备，添置 1 台自动冲床和 2 台压模机，形成 3 冲 5 模的生产规模，以保证正常情况下生产能力能满足最大的月度需求量。

如果你是企业的决策者，你应该采用哪个方案？

(资料来源：周占文. 新编企业管理学. 重庆大学出版社，2004.)

思考题：如果你是企业的决策者，你应该采用哪个方案？

提　示：可以采用经济评价方法对上述方案进行选择。首先，通过现值法求出两个方案在预期期间的支出现值，再通过销售量求出预期收入现值，从而求出预期净收入现值，最后，选择预期净收入高的方案。本案里可以通过设计具体数据来推算。

2. 设备的合理使用

设备寿命的长短、效率的高低与设备的选择、安装等都有很大的关系，其中最关键的因素是设备的使用。

1) 制约设备合理使用运行的技术因素

设备的使用，一般指设备进厂后直到报废(或调出)为止的整个使用情况。设备的使用过程是一个“人—机工程”。其中，人是主导因素，但并不是说设备的自然属性不重要。相反，任何一个操作运行的行为都受到设备技术性能的制约。这种制约表现在：

(1) 产品的工艺方案一旦确定，也就规定了某种最佳的设备结构状态，包括机型、性能、数量、布局等，这些物质形态的因素，构成了企业进行生产活动的基础，人们不能随意配置和启停。

(2) 每台设备在生产过程中所起的作用，必须与其他相关的设备和仓库、厂房、道路、起重运输、能源条件等环境设施相适应。

(3) 操作维护人员的行为规范化，这是现代化生产中设备的技术经济特点所要求的。各种使用规程与人员的岗位责任制相结合，可使人的行为规范化。所以在设备使用维护阶段，要求操作人员和其他辅助人员、管理人员都必须严格遵守设备的运行使用制度，才能保证设备系统正常地运行，维持企业各项活动的协调性。

2) 合理使用设备的基本要求

总的来说，合理地使用设备，企业要做好 5 件事情，而设备操作人员要达到“四项要求”，遵守“五项纪律”。

(1) 合理使用设备企业必须做好以下 5 项工作。

① 充分发挥操作工人的积极性。设备是由工人操作和使用的，操作工人积极性的充分发挥是用好、管好设备的根本保证。因此，企业应经常对职工进行爱护设备的宣传教育，提高其自觉性和责任心，吸收他们参与设备管理。另外，企业必须根据设备的技术要求，采取多种形式对职工进行专业理论教育，维护和操作技术教育，帮助他们熟悉设备构造和性能。新工人要经过考试合格，才允许单独上机操作。

② 企业应根据自己的工艺特点和要求，合理地配备各种类型的设备，在性能上和效率上要互相协调，使它们都能充分发挥效能。为了适应产品品种、结构和数量的不断变化，还要进行及时的调整，使设备能力适应生产发展的要求。

③ 企业应根据设备的技术要求和复杂程度配备相应的工种和熟练程度的操作者，同时也应根据设备性能、精度、使用范围和工作条件安排相应的加工任务和工作负荷，严禁超负荷运转，不允许用精设备干粗活。只有这样，才能保证设备正常运转，避免意外损失，确保生产安全。

④ 建立和健全设备的操作、安全技术、岗位责任等规章制度，作为指导工人操作、维护和保管设备的法规，以保证设备的合理使用。这些规章制度一般按各类设备分别制定，包括：设备的主要性能和最大负荷；正确操作的方法和要领；设备清扫、润滑、维护保养、

检查的方法和要求；设备与人身安全注意事项以及紧急情况的处理步骤。

⑤ 为设备提供良好的工作环境。良好的工作环境，是保证设备正常运转、延长使用期限、保证安全生产的重要条件，因此，要根据设备使用和维护的要求，安装必要的防锈、防潮、防尘、防震装置，配备必要的测量、保险用的仪器装备等。

(2) 除了对企业的要求外，对设备操作者则有更具体的规章制度作为规范性的要求。除了操作技术方面的要求外，还要求做到：整齐、清洁、润滑和安全。

设备操作者在工作中必须严格遵守“五项纪律”。

① 凭操作证使用设备，遵守安全操作规程。

② 经常保持设备清洁，按时加油。

③ 遵守交接班制度。

④ 管好工具附件，不得遗失。

⑤ 发现故障，立即停车，自己不能处理的应及时通知检查。

3. 设备的维护

1) 设备的磨损与故障

设备在日常的使用过程中，零部件和附属设施会发生磨损，这会直接影响到设备的精度、工作性能、生产效率和安全。加强设备的维护保养和修理，就可以减少设备零部件的磨损，延长设备的使用寿命。

设备的磨损有两种：一种是有形磨损(也叫物质磨损)，另一种是无形磨损(也叫精神磨损)。这里主要研究设备的有形磨损问题。

设备由于使用而发生的磨损，首先发生在设备的机械零件之间。因为设备是由许许多多不同零件组成，在设备运转情况下，零件与零件之间会产生机械磨损。在设备运转过程中，设备的磨损大致可以分为 3 个阶段，如图 7.4 所示。

(1) 初期故障期。这段时间内，故障发生的原因多数是由于设备设计、制造的缺陷；零件抱合关系不好；搬运、安装时马虎；操作者不适应等。因此对策是慎重地搬运、安装、严格验收、试运转。重点工作是细致地研究操作方法，并将设计、制造中的缺陷反馈给设备制造厂。

(2) 偶发故障期。这段时期处于设备正常运转时期，故障率最低。故障的发生，经常是由于操作者疏忽和错误。因此重点工作是加强操作管理，做好日常维护保养。

(3) 磨损故障期。这是由磨损、腐蚀引起的故障。为了降低这个时期的故障率，就要在零件达到使用期限以前加以修理。因此，重点工作是进行预防性维修和改善维修。

设备故障率的发展变化曲线的形状，很像一个澡盆的断面，因此也叫“澡盆理论”。

按照这种理论，就可针对不同时期的故障，采取相应的对策。

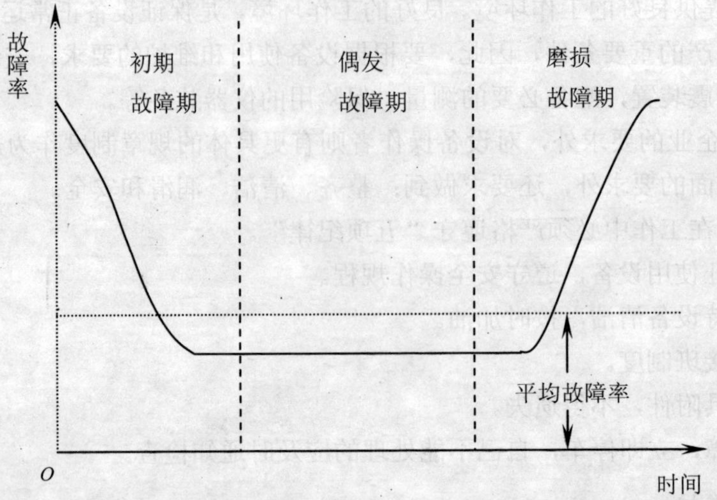

图 7.4 设备故障率变化图

2) 设备的维护与保养

设备的维护与保养是设备自身运动的客观要求。目的是及时地处理设备在运行中由于技术状态的发展变化而引起的大量、常见的问题，随时改善设备的使用状况，保证设备正常运行，延长使用寿命。

设备维护与保养的内容主要是清洁、润滑、紧固、调整、防腐、整齐、安全。

根据设备维护保养工作量的大小、难易程度，可把设备维护保养划分为几个类别，并规定其相应的作业范围。例如，对金属切削机床，一般划分为三级。

(1) 例行保养(日常保养)。主要内容是进行清洁、润滑、紧固已松动的螺丝，检查零部件的完整情况。例行保养项目的部位较少，大多数在设备外部，可由操作工人承担，在交接班中作为检查的内容。

(2) 一级保养。主要内容是：①根据设备使用情况，对部分零部件进行拆卸、清洗；②对设备某些配合间隙进行适当的调整；③清除设备表面污渍，检查调整润滑油路，保证畅通不泄漏；④清扫电器箱、电动机、电器装置，做到固定整齐，安全防护装置牢靠；⑤清洗附件和冷却装置。一级保养需在专职检修工人指导下，由操作工人承担。

(3) 二级保养。主要内容是：①根据设备使用情况，对设备进行部分解体检查和清洗；②对各传动箱、液压箱、冷却箱清洗换油，油质油量要符合要求，保证正常润滑；③修复或更换易损件；④检修电器箱、电动机，整修线路；⑤检查、调整，修复精度，校正水平。二级保养必须由专职检修工人承担，操作工人协助。

以上所述三级保养制的具体作业内容和类别划分，在各个企业中并不完全一致。

4. 设备的修理

1) 设备修理概念

设备修理是指通过修复或更换磨损零件，调整设备精度、排除故障、恢复设备原有功能的一系列技术活动，它的目的是恢复设备的精度和功能，提高效率，延长设备的使用寿命，保持设备的生产能力。

按设备维修功能，可分为恢复性修理和改善性修理。恢复性修理以恢复设备的功能、延长设备的使用寿命为主，设备修理多属此类。改善性修理主要是对设备发生故障频率高，或关键部位进行改善或改进，使故障减少直至消除的修理，它不同于设备的改装。

2) 设备修理的类别

(1) 根据修理程度来分，有 3 种方法。

① 小修，主要是通过日常检查、定期检查，对设备的部分拆卸零件进行检查、修整、更换或简单修复少量磨损件，同时通过检查、调整、紧固机件等技术手段，恢复设备的使用性质。它的工作量少，可结合日常维修和检查进行。

② 项目修理，是按设备的技术状态，对其中丧失精度或未能达到工艺要求的项目需要作针对性的修理。项目修理时设备局部要解体、修复和更换磨损件。它应和设备状态监测和故障诊断结合起来进行。

③ 大修，是对设备全面检修，一般要对设备全部解体，通常结合技术改造来进行。

(2) 根据修理日期来分，有 3 种方法。

① 标准修理法。这种方法是根据设备零件的使用寿命，在修理计划中明确规定修理日期、内容和工作量。经过规定的时间间隔，不管设备实际技术状况如何，进行强制修理，零件也需强制更换，修理时按事先拟定的标准工艺进行。

② 定期修理法。它是根据设备的实际使用情况和磨损程度的资料，大体规定出修理工作的日期、修理内容和工作量。而具体的修理日期、内容和工作量，则在每次修理前的检查中再详细确定。

③ 检查后修理法。它是根据设备零件、部件的磨损资料，事先只规定设备检查次数和时间，而每次的修理期限、类别和内容，均根据检查后的结果来确定。

(3) 根据不同的修理组织形式，修理的方法还可以分为以下几种，这些方法是比较先进的加快设备修理速度的方法。

① 部件修理法。它是将需要修理的设备部件拆下来，换上事先准备好的储备部件。

② 分部修理法。它是把整个设备分成几个独立的部分，依顺序进行修理，每次只修理其中的一部分。

③ 同步修理法。它是将在工艺上相互紧密联系而又需要修理的数台设备，在同一时间

内安排修理，实现修理同步化，以减少分散修理的停歇时间。

3) 设备修理的组织形式

(1) 集中的组织形式。这种组织形式，是把企业供修理用的主要设备、工具备用配件和修理工人集中起来，由厂部组织和领导。厂内设立机械动力部门，在其下面附设修理车间，负责整个企业的设备修理工作。

(2) 分散的组织形式。这是将全厂设备的修理工作，交各生产车间承担，由生产车间的机修工段(组)负责修理。机修车间负责大型、精密、稀有、关键设备的修理和需要专用工装才能进行的修理。

(3) 集中修理与分散修理相结合的组织形式。这是将设备的大修，或者包括中修，交给机修车间负责，设备的中修和小修，或者仅有小修，交生产车间负责。这种组织形式兼有集中和分散的优点。目前多数企业采用这种形式。

5. 设备维护和修理的管理制度

设备维护和修理的管理制度，是指为了使设备的维护保养、检查、修理等工作有秩序的协调进行，以保证取得最优的技术经济效果而采取的一系列组织技术措施的总称。目前有代表性的设备维修管理制度有以下两个。

1) 计划预防修理制度

计划预防修理制度是一项有计划地维护、检查和修理设备，保证设备经常处于完好状态的技术组织措施。

计划预防修理制度是我国从 20 世纪 50 年代开始普遍推行的一种比较科学的设备维修制度。该制度是根据设备的一般磨损规律和技术状态，有计划进行维修，在故障发生之前，有计划地修复和更换磨损零部件，以保证设备经常处于完好的技术状态。计划预防修理制度最基本的特点是预防性通过计划来实现。为了有计划地进行修理，通过试验、统计和技术经济分析为各种类型设备制定修理工作定额，作为编制设备修理计划、组织修理业务的依据。

2) 全面生产维修制

全面生产维修制是指企业全员参加，以提高设备费用效率为目标，以设备终生为对象的生产维修制。它是日本在 20 世纪 70 年代创立的。日本在学习美国生产维修制度的基础上，吸收了英国设备综合工程学的观点，结合日本企业管理的传统，逐步建立发展起来了这套设备维修管理制度。

全面生产维修制度包含三方面的含义，即全效率、全系统和全员参加，简称“三全”。“全效率”是指用最少的设备寿命周期费用的支出，保证全面地完成产品产量高、质量好、成本低、按合同保证交货期、安全生产、操作工人情绪饱满等六方面的任务。“全系统”(或称“全过程”)是指设备维修方式完整、系统；以设备从研究、设计、制造、使用、维修，直到报废为止的全过程作为管理、研究的对象。“全员”是指与设备全过程管理有关的人员都参与设备管理。全面生产维修制的主要内容如下。

(1) 采用比较完整的维修方式。全面生产维修制的维修方式，是根据不同设备在生产中的不同地位和作用，以及不同的需要，采用多种不同的维修方式，既保证设备的正常运转，又保证降低设备寿命周期费用。

① 事后维修，是在设备发生故障后再进行修理。一般是对利用率较低、有代用设备、出了故障不影响生产计划的完成、容易修理、价格便宜的那些非关键设备实行事后修理。这是从全面经济效益的提高出发，防止不分主次设备，一律实行定期计划修理而造成浪费。

② 预防维修，包括日常维护、预防性检查、定期的预防性计划修理(根据日常定期点检所取得的有关信息，在设备发生故障前，进行有计划的预防性管理)。

③ 改善维修，是为了从根本上防止设备故障的发生，设备使用厂在改造老设备时，采取措施提高设备的素质。

④ 维修预防，是指设备制造厂在设计、制造新设备时，为了从根本上防止发生故障，采取措施提高设备的可靠性和维修性。

(2) 确定重点设备以加强管理。在设备使用中，依据对生产的影响程度，采用评分的办法，选出重点设备，加强管理。确定重点设备的依据一般是：生产中的重要性，对产品质量、生产成本、合同交货期、安全和环境卫生的影响程度。并根据生产发展的变化情况，每年对重点设备进行一次调整。

对重点设备要进行预防性的定期检查和日常检查，将其作为以预防维修为中心的管理对象。其定期检查由专职维修人员负责，日常检查(包括所有设备)均由操作人员负责。对重点设备在必要的情况下，还要进行专题检查，针对一些特殊项目，不定期地进行精密细致的检查、测定和分析。

(3) 实行生产维修目标管理。生产维修目标管理，主要是确定生产维修目标工作的方向、目的以及要达到的具体程度，并衡量工作效果和分析总结工作经验。其程序包括：制定阶段、实施阶段和总结阶段，要为从公司到生产维修小组规定明确具体的目标。

为了充分调动参与设备管理人员的积极性，采取的方式是开展全面生产维修小组自主活动。这种小组和全面质量管理小组一样，是车间或管理职能部门自发组成的，以改善设备维修工作为中心，主动推行消灭设备故障的各项措施，从而提高设备综合效率。

(4) 重视维修记录及其分析研究。维修记录及其分析主要包括以下内容：完整地收集和记录设备维修实施情况的原始资料；对原始资料进行分析研究，包括各种故障原因分析、平均故障间隔时间分析等；绘制各种比较醒目的图表，编写维修月报，制定各种标准化资料，包括设备检查标准、维修作业标准等。

(5) 树立良好的工作作风。这就是开展整理、整顿、清洁、教养(或素养，指文明礼貌、遵守公共道德和规章制度)活动。该活动的核心是要养成文明生产和科学生产的良好风气与习惯，这是搞好全面生产维修制的重要保证。

(6) 管理与维修工作成果的评价。全面生产维修制的目标是实现综合效率，而最终成果的评价则限于可以定量计算的某些成果。其评价指标主要有技术成果和经济成果两个方面。

7.2.3 设备的更新和改造

1. 设备更新和改造的概念

设备更新和改造是对在技术上或经济上不宜继续使用的设备，用新的设备更换或对原有设备进行局部改造。这对于保障企业生产正常进行、促进企业技术进步和提高企业经济效益都具有重要意义。机器设备是生产的物质基础，主要的劳动手段。设备的技术水平和更新速度对一个企业的发展有着直接的影响。

2. 设备更新和改造的内容

1) 设备的现代化改装(设备改造)

这是由于新技术出现，在经济上不宜继续使用的设备进行局部的技术更新，是对设备无形磨损的局部补偿。

2) 设备更换

这是设备更新的重要形式，也就是通常所讲的狭义的设备更新。设备更换分为以下两种。

(1) 原型更新，用结构相同的新设备更换由于有形磨损严重、在技术上不宜继续使用的旧设备。这种简单更换不具有技术进步的性质，只解决设备的损坏问题。

(2) 技术更新，用技术更先进的设备去更换技术陈旧的设备，这种更换不仅恢复原有设备的性能，而且使设备技术水平提高，具有技术进步的性质。在技术发展缓慢的年代，设备更换主要是原型更换；在技术发展迅速的今天主要是技术更新。

3. 更新和改造设备应做好的工作

更新设备是对企业影响较深的活动，要保证企业设备更新取得最佳经济效果，必须做好以下几项工作。

(1) 在设备更新之前，要做好调查研究，摸清本企业现有设备的技术状况，制定更新计划。其主要内容包括：

① 主要设备的使用年限、折旧费提取情况；

② 现有设备的历次修理情况及其修理费用的累计数；

③ 因设备损坏、或虽然使用年限不长，但设备陈旧落后、给企业的生产效率、经济效果、产品质量等方面所造成的不良影响的情况；

④ 历年设备的更新情况，今后设备更新的规划和设想。

(2) 设备更新应在统筹规划、全面安排的原则下，根据可能的条件，实事求是、有步骤、有重点地进行。

(3) 应把购置新设备同自行制造新设备结合起来，充分发掘企业内部的潜力，注意设备更新中的经济效果。

(4) 要把更新同现有设备的革新和改造结合起来，同加强对现有设备的维护和修理结合起来，充分发挥现有设备的潜力。

(5) 更新设备时要注意对老设备的妥善处理。要从经济上技术上对被换下来的老设备作一系列处理工作。

4. 设备最佳更新周期的确定

(1) 设备是否需要更新，不仅是根据设备的新旧程度或使用时间的长短，而主要看经济效益如何。一般来说，凡属下列情况的设备应优先予以更新：

① 损坏严重或性能、精度已不能满足工艺要求并造成严重不利的技术经济后果的；

② 大修在经济上不如更新合算的；

③ 2～3 年之内浪费能源和原材料的价值超过购置新设备费用的。

(2) 为了使设备更新取得良好的经济效益，需要通过对机器设备经济寿命的分析和计算，确定设备的最佳更新周期。

设备的寿命可分为如下几方面。

① 自然寿命(或称物质寿命)，是由于物质磨损决定的设备的使用寿命，指设备从投入使用到因物质磨损(有形磨损)而报废为止所经历的时间。

② 技术寿命(或称有效寿命)，是指设备从开始使用到因技术落后(无形磨损)而淘汰所经历的时间。

③ 设备的经济寿命。在设备自然寿命的后期，由于设备老化，往往要依靠高额的使用费用(维修、能源消耗、设备事故停产损失、效率损失等)来维持设备的运行，这在经济上是不合算的，因此，应根据设备的使用费用(即维持费用和折旧)来决定设备是否更新。这种依据设备使用费用决定的设备寿命，就叫做经济寿命。

(3) 设备经济寿命计算方法。

一台设备的寿命周期总费用，主要包括折旧费和维持费两部分。设备使用年限越长，则年平均折旧费越少，但随着使用年限的增长，逐年的维持费用会增加；反之，则相反。将两项费用合计起来，其费用额最低(也就是总的寿命周期费用最低)的年限，即为设备最佳更新周期。

设：C 为设备费(设备原价减去设备净残值)；G 为每年设备维持费增长额；T 为设备的最佳更新周期；Y 为平均每年设备费用。

则：
$$Y = \frac{GT}{2} + \frac{C}{T}$$

若求 Y 值最小，则取

$$\frac{\mathrm{d}Y}{\mathrm{d}T} = 0$$

$$T = \sqrt{\frac{2C}{G}}$$

【例 7.3】某设备原始价值为 10 000 元，净残值为 0，若年低劣化增加值为 200 元/年，求该设备的最佳更新周期。

解：
$$T = \sqrt{2 \times 10\,000 / 200} = 10(\text{年})$$

在设备更新时，既要考虑到设备的自然寿命，也要考虑设备的技术寿命和经济寿命，以此来确定设备的最优更新期。

本章小结

广义的物资是指物质资料的简称，狭义的物资主要是指生产资料，即劳动对象及劳动资料。在工业企业中可以分为主要原料和材料、辅助材料、燃料、动力和工具。物资管理是指对企业物资供应、保管、合理使用等一系列工作的管理，主要包括物资供应计划的编制，物资的采购，物资消耗定额的制定和管理，物资储备量的控制，仓库管理，物资的节约使用及物流控制系统的建立。

设备是为某一目的而配置的成套建筑或器材等，是企业固定资产的重要组成部分，又是企业生产的物质技术基础。从功能上可将设备划分为生产设备、动力设备、传导设备、运输设备、仪器仪表等。设备管理是指围绕设备开展的一系列管理工作，包括对设备运动全过程的管理。设备管理存在着对设备两种运动形态的管理：一种是对设备的物质运动形态的管理，称之为设备的技术管理。另一种是对设备的价值运动形态的管理，称之为设备的经济管理。为了保障两种运动形态的正常运行，不可缺少对设备的日常管理工作。

习　题

思考题

(1) 什么是物资管理？物资管理的任务是什么？

(2) 物资消耗定额有什么作用？如何制定物资消耗定额？

(3) 如何编制物资供应计划？
(4) 如何进行物流控制？现代企业物流的发展趋势如何？
(5) 如何进行设备选用，评价方法有哪些？
(6) 如果你是设备经理，如何进行企业设备管理？

案例应用分析

案例 7-1

一汽大众的物流控制系统

一汽大众汽车有限公司生产汽车有几十个品种，十七八种颜色，而每辆车都有 2 000 多个零部件需要外购。从 1997 年到 2000 年年末，公司仅捷达车的年销售量就从 43 947 辆一路跃升至 94 150 辆。公司零部件居然基本处于“零库存”状态，而创造这一奇迹的就是一整套较为完善的物流控制系统。

一个占地 9 万多平方米，可同时生产 3 种不同品牌的、亚洲最大的整车车间，就是这里的“仓库”。走进整车车间的“仓库”，只见在上千平方米的“仓库”内零零星星地摆着几箱汽车玻璃和小零件，四五个工作人员在有条不紊地用电动叉车往整车车间送零件。入口处的作业人员在计算机前用扫描枪扫描着一张张纸单上的条形码——把订货单发往供货厂。

一汽大众的零部件的送货形式有 3 种。

第一种是电子看板，即公司每月把生产信息用扫描的方式通过计算机网络传送到各供货厂，对方根据这一信息安排自己的生产，然后公司按照生产情况发出供货信息，对方则马上用自备车辆将零部件送到公司各车间的入口处，再由入口处分配到车间的工位上。

第二种叫做“准时化(just in time)”，即公司按过车顺序把配货单传送到供货厂，对方也按顺序装货直接把零部件送到工位上，从而取消了中间仓库环节。

第三种是批量进货，供货厂每月对于那些不影响大局又没有变化的小零部件批量地送一至两次。过去整车车间的仓库，库里堆放着大量的零部件，货架之间只有供叉车勉强往来的过道。不仅每天上架、下架、维护、倒运需要消耗大量的人力、物力和财力，而且储存、运送过程中总要造成一定的货损货差。现在每天平均两个小时要一次货，零部件放在这里的时间一般不超过一天。订货、生产零件、运送、组装等全过程都处于小批量、多批次的有序流动当中。公司原先有一个车队专门在各车间送货，现在车队已经解散了。

该公司流行着这样一句话——在制品是万恶之源，用以形容大量库存带来的种种弊端。在生产初期，捷达车的品种比较单一，颜色也只有蓝、白、红 3 种。公司的生产全靠大量的库存来保证。随着市场需求的日益多样化，传统的生产组织方式面临着严峻的挑战。1997 年，“物流”的概念进入了公司决策层。考虑到应用德方的系统不仅要一次性投入 1 500 万美元，每年的咨询和维护费用也需数百万美元，中方决定自己组织技术人员和外国专家进行物流管理系统的研究开发。

1998 年年初，公司开发的物流控制系统获得成功并正式投入使用。如今，这个仅用了不足 300 万元人民币的系统已经受住了十几万辆车的考验。在整车车间，生产线上每辆车的车身上都贴着一张生产指令表，零部件的种类及装配顺序一目了然。计划部门按装车顺序通过计算机网络向各供货厂下计划，供货厂按照顺序生产、装货，生产线上的工人按顺序组装，一伸手拿到的零部件保证就是他正在操作的车上的。物流管理就这样使原本复杂的生产变成了简单而高效的“傻子工程”。

令人称奇的是，整车车间的一条生产线过去只生产一种车型，其生产现场尚且拥挤不堪，而如今在一条生产线同时组装两到三种车型的混流生产方式下，不仅做到了及时、准确，而且生产现场比原先节约人员近 10%。

此外，零部件的存储减少了，公司每年因此节约的成本达六七亿元人民币。同时，供货厂也减少了 30%至 50%的在制品及成品储备。先进的管理带来了实实在在的效益，也引发了一场深刻的管理革命。

随着物流控制系统的逐步完善，计算机网络由控制实物流、信息流延伸到公司的决策、生产、销售、财务核算等各个领域中，使公司的管理步入了科学化、透明化。现在公司主要部门的管理人员人手一台计算机，每个人以及供货厂方随时可以清楚地了解每一辆车的生产和销售情况。公司早已实现了“无纸化办公”。各部门之间均通过“E-mail”联系。德国大众公司每年的改进项目达 1 000 多个，一汽大众依靠计算机网络实现了与德方同步改进，从而彻底改变了过去那种对方图纸没送来就干不了活儿的被动局面。

一汽大众公司仅应用一套完善的物流控制系统，使部件基本处于“零库存”状态，依靠计算机网络实现了与德方同步改进，工作方式的改善，不仅使领导层得以集中精力研究企业发展的战略性问题，也营造了一个充满激烈竞争的环境，促使每个员工不断提高自身的业务素质。

讨论：

一汽大众完善的物流控制系统主要体现在哪些方面？

案例 7-2

戴尔公司供应链管理

戴尔公司以在线直销为世人瞩目，人们知道其产品物美价廉，但成功背后真正的原因却往往被人忽视：卓有成效的产品供应链以及零库存的经营模式导致成本的降低。戴尔公司的主要材料供应商共有 50 家，占总采购量的 95%以上。要在全球化市场中确保信息的通畅和及时交货，戴尔要求本地的供应商在戴尔生产厂附近设立零部件集散基地，方便产品的及时运抵。

同时，公司和这些供应商之间以企业外部网相连，建立了一个供应商门户网站(valuechain.dell.com)，后台采用了供应链管理系统。客户的订单情况每 2 小时更新一次，供应商可以通过定制的页面看到戴尔工厂的需求和库存信息，需要的话会立即供货。系统还可以根据目前的订单情况，制定出生产和采购计划，为戴尔的生产厂和供应商服务。目前公司有 9 成以上的采购和订单处理是在网上完成的，高效率的物流配送使戴尔存货周期为 5 天，竞争对手是 30～40 天，在 PC 配件价格变化剧烈、利润日趋微薄的今天，这自然产生了巨大的价格优势。

戴尔正在以各工厂为基础实施供应链管理系统的基础上，逐步转向全球范围的综合供应链管理。这样一来，生产工厂和供应商之间就形成了巨大的供应链体系，在全球范围内有效整合，资源配置将更趋合理和高效，成为反应敏捷的巨人。

分析:

(1) 戴尔公司的供应链管理成功的关键是什么？现代企业之间的竞争主要成为何种竞争？

(2) 从戴尔公司的案例中，如何理解在全球化浪潮中供应链管理的重要意义？

(3) 供应链管理在戴尔公司案例中的含义是什么？

(资料来源：周占文. 新编企业管理学. 重庆大学出版社，2004.
陈福生. 黄顺春. 现代企业管理教程. 上海财经大学出版社，2004.)

第8章 质量管理

教学目标与要求

通过本章的学习，对现代质量管理的理念、全面质量管理、质量管理体系和质量关系的常用方法有一定的认识，具备基本的企业质量管理的实践技能。

了解企业质量管理的相关概念及相关理念，基本掌握全面质量管理思想、质量管理方法。

从 20 世纪 60～70 十年代开始，国际上的质量竞争日趋激烈，人们越来越清楚地认识到采用价廉质次的倾销政策已难以取胜，能够制胜的最重要的法宝就是产品与服务的优良质量。正如美国质量管理专家哈林顿(H. J. Harrington)所说，这不是一场使用枪炮的战争，而是一场商业战争，战争中的主要武器就是产品质量。

8.1 质量管理概述

由于 20 世纪生产力的不断发展，特别是少数经济大国的崛起，使得国际市场的竞争日益激烈。而今质量管理界已流行“世界级质量”之说。所谓“世界级质量”也就是世界最高水准的质量。任何国家的产品和服务，如果达不到世界级质量的水准，就难以在国际市场的竞争中取胜，加入世界贸易组织的国家，在无法采用关税壁垒等保护方式的情况下，甚至难以在国内站稳脚跟。

8.1.1 质量与质量管理

随着我国社会主义市场经济的建立和完善，“企业的产品和服务质量第一”已深入人心。追求企业价值最大化的动机要求企业的管理者直接控制质量管理的运作，企业产品和服务的质量关系到企业的生存与发展。

1. 质量的概念和特征

什么是质量？世界著名的质量管理专家朱兰(Joseph M.Juran)从用户的使用角度出发，曾把质量的定义概括为产品的“适用性”(fitness for use)；美国的另一位质量管理专家克劳斯比从生产者的角度出发，曾把质量概括为产品符合规定要求的程度。在国际标准化组织 1994 年颁布的 ISO8402-1994《质量管理和质量保证——术语》中，把质量定义为：“反应实体满足明确和隐含需要的能力的特性总和。”这里的实体是指可以单独描述和研究的事物，可以是活动或过程、产品、组织、体系、人或它们的任何组合。这个定义非常广泛，可以说包括了产品的实用性和符合性的全部内涵。

还应说明的是：第一，质量定义中的“需要”，在合同环境或法规环境下，如在核安全性领域中，是明确规定的，而在其他环境中隐含的需要则应加以识别并规定；第二，需要通常可转化成用指标表示的特性。因此，产品质量的好坏和高低是根据产品所具备的质量特性能否满足人们的需要及其满足的程度来衡量的。一般有形产品的质量特性主要有以下几方面。

(1) 性能。指产品满足使用目的所具备的技术特性。如钟表的走时准确，电视机的图像清晰度等。

(2) 寿命。指产品在规定的使用条件下完成规定功能的工作总时间。如轮胎行驶磨损的里程数，电冰箱的使用年数等。

(3) 可靠性。指产品在规定的时间内，在规定的条件下，完成规定功能的能力。如电视机平均无故障工作时间，机床的精度稳定期限等。

(4) 安全性。指产品在制造、储存和使用过程中保证人身与环境免遭危害的程度。如各种家用电器在故障状态下不自燃起火。

(5) 经济性。指产品从设计、制造到整个产品使用寿命周期的成本大小，具体表现为用户购买产品的售价和使用成本。如电冰箱的耗电量、维护保养费用等。

无形产品，即服务的质量特性，一般包括功能性、经济性、安全性、时间性、舒适性和文明性等，它强调及时、圆满、准确与友好。显然，确定无形产品质量的好坏比确定有形产品质量的好坏要困难得多。因为，首先，在很多情况下，服务质量是一个比较模糊的、难以量化的概念，同一服务，不同的人对它会有不同的感知和评价；其次，对有形产品来说，用户一般只是对最终产品的好坏进行评价，而对于服务来说，顾客不但要对最终得到的服务内容进行评价，还要对服务的“生产”流程进行评价。例如，一名去餐馆就餐的顾客，他不但要对饭菜的质量进行评价，而且对餐馆服务人员的服务态度、服务方式等也会比较敏感。

2. 质量管理

所谓质量管理是指确定质量方针、目标和职责，并在质量体系中通过诸如质量策略、质量控制、质量保证、质量跟踪与质量改进使其得以实施的全部管理活动。必须认识到质量管理是各级管理者的职责，但必须由最高管理者领导。下面是对几个概念的解释。

1) 质量方针

质量方针是由企业最高管理者正式发布的该企业总的质量宗旨。

2) 质量管理体系

它是企业为实现质量管理所需的组织结构、程序、过程和资源。一般通过质量管理体系来确保产品质量合格，从而满足顾客的要求。

3) 质量策略

它是确定质量以及采用质量体系要素的最佳组合所要求的活动。它包括产品策略、管理和作业计划、质量计划编制和质量改进规定。

4) 质量控制

质量控制是指为达到质量要求所采取的作业技术活动。

5) 质量保证

它是企业为了提供足够的信誉表明实体能满足质量要求，而在其质量体系中实施并根据需要进行证实的全部的有计划和有系统的活动。质量保证有内部和外部两种目的。内部目的是向企业管理者提供信任，外部目的是向顾客或第三方提供信任。

6) 质量跟踪监督与质量改进

质量跟踪监督是在内部控制和外部控制相结合的基础上实施的质量监控方式，它有利于对产品质量的全面监控。质量改进则是企业为了满足顾客的需求和提高自身的效益在整个企业内提高产品质量的各种措施。

3. 质量管理的发展过程

质量管理的发展过程一般可划分为 3 个阶段。

1) 检验质量管理阶段(从 20 世纪初至 30 年代末)

这是质量管理的初级阶段。其主要特点是以事后检验为主。20 世纪初美国泰罗提出科学管理理论，要求按不同职能合理分工，将质量检验从生产过程分离出来，建立专职检验制度，为质量管理奠定了组织上的初步基础。同时，大量生产条件下的互换性理论和规格公差的概念也为质量检验奠定了理论基础。根据这些理论规定了产品的技术标准和适宜的加工程度，检验人员利用各种测试手段进行检查，判断零件和成品是否合格，起到了把关的作用。

2) 统计质量控制阶段(20 世纪 40～50 年代)

这一阶段的主要特点是从单纯依靠质量检验事后把关发展到工序控制，突出了质量的预防性控制和事后检验性结合的管理方式。20 世纪 20 年代以后，英国费希尔提出方差分析和实验设计等理论，美国休哈特提出统计过程控制理论并首创控制图，道奇和罗米格提出了抽样检验理论，他们把数理统计方法引入了质量管理。但因当时西方处于经济衰退时期，这些理论不受重视。直至第二次世界大战开始，由于国防工业的质量要求，才使上述理论获得广泛应用，进入统计质量控制阶段。在这一阶段里，除了定性分析以外，还强调定量分析，为严格的科学管理和全面质量管理奠定了基础。

3) 全面质量管理阶段(20 世纪 60 年代至今)

20 世纪 50 年代末，科学技术突飞猛进，各种高科技产品相继问世，并出现了系统科学。同时国际贸易竞争加剧，要求进一步提高产品质量。这些都促使全面质量管理的诞生。全面质量管理就是“三全”的管理。

(1) 全面的质量，即包括产品质量、服务质量和工作质量在内的广义质量。

(2) 全过程，即不限于生产过程，还包括从市场调研到售后服务等质量环中所包含的各环节。

(3) 全员参加，即全企业的职工都要参加。

上述“三全”是系统科学全局观点的反映。

8.1.2 全面质量管理

1. 全面质量管理的概念、特点及基本观点

1) 全面质量管理的概念

目前对全面质量管理的理解，是指在全社会的推动下，企业的所有组织、所有部门和

全体人员都以产品质量为核心，把专业技术、管理技术和数理统计结合起来，建立起一套科学、严密、高效的质量保证体系，控制生产全过程影响质量的因素，以优质的工作、最经济的办法，提供满足用户需要的产品(服务)的全部活动。简言之，就是全社会推动下的、企业全体人员参加的，用全面质量去保证生产全过程的质量的活动，而核心就在“全面”二字上。

2) 全面质量管理的特点

全面质量管理的特点就在“全面”上，所谓“全面”有以下四方面的含义。

(1) 全面质量的管理。所谓全面质量就是指产品质量、过程质量和工作质量。全面质量管理不同于以前质量管理的一个特征，就是其工作对象是全面质量，而不仅仅局限于产品质量。全面质量管理认为应从抓好产品质量的保证入手，用优质的工作质量来保证产品质量，这样能有效地改善影响产品质量的因素，达到事半功倍的效果。

(2) 全过程质量的管理。所谓的全过程是相对制造过程而言的，就是要求把质量管理活动贯穿于产品质量产生、形成和实现的全过程，全面落实预防为主的方针，逐步形成一个包括市场调研、开发设计直至销售服务全过程所有环节的质量保证体系，把不合格品消灭在质量形成过程之中，做到防患于未然。

(3) 全员参加的质量管理。产品质量的优劣，取决于企业全体人员的工作质量水平，提高产品质量必须依靠企业全体人员的努力。企业中任何人的工作都会在一定范围和一定程度上影响产品的质量。显然，过去那种依靠少数人进行质量管理是很不得力的。因此，全面质量管理要求不论是哪个部门的人员，也不论是厂长还是普通职工，都要具备质量意识，都要承担具体的质量职能，积极关心产品质量。

(4) 全社会推动的质量管理。所谓全社会推动的质量管理指的是要使全面质量管理深入持久地开展下去，并取得好的效果，就不能把工作局限于企业内部，而需要全社会的重视，需要质量立法、认证、监督等工作，进行宏观上的控制引导，即需要全社会的推动。全面质量管理的开展要求全社会推动这一点之所以必要，一方面是因为一个完整的产品，往往是由许多企业共同协作来完成的。例如，机器产品的制造企业要从其他企业获得原材料、各种专业化工厂生产的零部件等。因此，仅靠企业内部的质量管理无法完全保证产品质量。另一方面，来自于全社会宏观质量活动所创造的社会环境可以激发企业提高产品质量的积极性和认识到它的必要性。例如，通过优质优价等质量政策的制定和贯彻，以及实行质量认证、质量立法、质量监督等活动以取缔低劣产品的生产，使企业认识到，生产优质产品无论对社会还是对企业都有利，而质量不过关则企业无法生存发展，从而认真对待产品质量和质量管理问题，使全面质量管理得以深入持久地开展下去。

3) 全面质量管理的主要工作内容

全面质量管理是生产经营活动全过程的质量管理，要将影响产品质量的一切因素都控制起来，其中主要抓好以下几个环节的工作。

(1) 市场调查。市场调查过程中要了解用户对产品质量的要求，以及对本企业产品质量的反映，为下一步工作指出方向。

(2) 产品设计。产品设计是产品质量形成的起点，是影响产品质量的重要环节。设计阶段要制定产品的生产技术标准。为使产品质量水平确定得先进合理，可利用经济分析方法。这就是根据质量与成本及质量与售价之间的关系来确定最佳质量水平。

(3) 采购。原材料、协作件、外购标准件的质量对产品质量的影响是很显然的，因此，要从供应单位的产品质量、价格和遵守合同的能力等方面来选择供应厂家。

(4) 制造。制造过程是产品实体形成过程，制造过程的质量管理主要通过控制影响产品质量的六大因素，即操作者的技术熟练水平、设备、原材料、操作方法、检测手段和生产环境来保证产品质量。

(5) 检验。制造过程中同时存在着检验过程。检验在生产过程中起把关、预防和预报的作用。把关就是及时挑出不合格品，防止其流入下道工序或出厂；预防是防止不合格品的产生；预报是将产品质量状况反馈到有关部门，作为质量决策的依据。为了更好地起到把关和预防等作用，同时要考虑减少检验费用，缩短检验时间，要正确选择检验方式和方法(具体内容参见 8.3 节)。

(6) 销售。销售是产品质量实现的重要环节。销售过程中要实事求是地向用户介绍产品的性能、用途、优点等，防止不合实际地夸大产品的质量，影响企业的信誉。

(7) 服务。抓好对用户的服务工作，如提供技术培训、编制好产品说明书、开展咨询活动、解决用户的疑难问题、及时处理出现的质量事故等。

2. 全面质量管理的基本工作方法——PDCA 循环

在质量管理活动中，要求把各项工作按照做出计划、计划实施、检查实施效果、然后将成功的纳入标准，不成功的留待下一循环去解决的工作方法进行，这就是质量管理的基本工作方法，实际上也是企业管理各项工作的一般规律。这一工作方法简称为 PDCA 循环。P(Plan)是计划阶段，D(Do)是执行阶段，C(Check)是检查阶段，A(Action)是处理阶段。PDCA 循环是美国质量管理专家戴明博士最先总结出来的，所以又称戴明环。

1) PDCA 的 4 个阶段

PDCA 工作方法的 4 个阶段，在具体工作中又进一步化为 8 个步骤。

(1) P (计划)阶段有 4 个步骤。

① 分析现状，找出所存在的质量问题。对找到的问题要问 3 个问题。

(a) 这个问题可不可以解决?

(b) 这个问题可不可以与其他工作结合起来解决?

(c) 这个问题能不能用最简单的方法解决而又能达到预期的效果?

② 找出产生问题的原因或影响因素。

③ 找出原因(或影响因素)中的主要原因(影响因素)。

④ 针对主要原因制定解决问题的措施计划。措施计划要明确采取该措施的原因(why)，执行措施预期达到的目的(what)，在哪里执行措施(where)，由谁来执行(who)，何时开始执行和何时完成(when)，以及如何执行(how)，通常简称为要明确“5W1H”问题。

(2) D (执行)阶段有一个步骤，即按制定的计划认真执行。

(3) C (检查)阶段有一个步骤，即检查措施执行的效果。

(4) A (处理)阶段有两个步骤。

① 巩固提高，就是把措施计划执行成功的经验进行总结并整理成为标准，以巩固提高。

② 把本工作循环没有解决的问题或出现的新问题，提交下一工作循环去解决。

2) PDCA 循环的特点

(1) PDCA 循环一定要顺序形成一个大圈，接着四个阶段不停地转，如图 8.1 所示。

(2) 大环套小环，互相促进。如果把整个企业的工作作为一个大的 PDCA 循环，那么各个部门、小组还有各自小的 PDCA 循环，就像一个行星轮系一样，大环带动小环，一级带一级，大环指导和推动着小环，小环又促进着大环，有机地构成一个运转的体系，如图 8.2 所示。

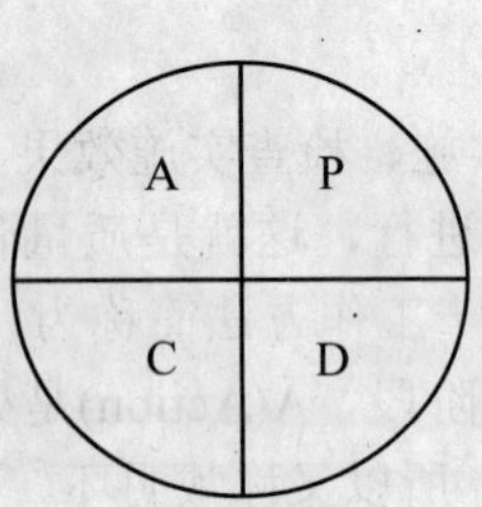

图 8.1 PDCA 循环图

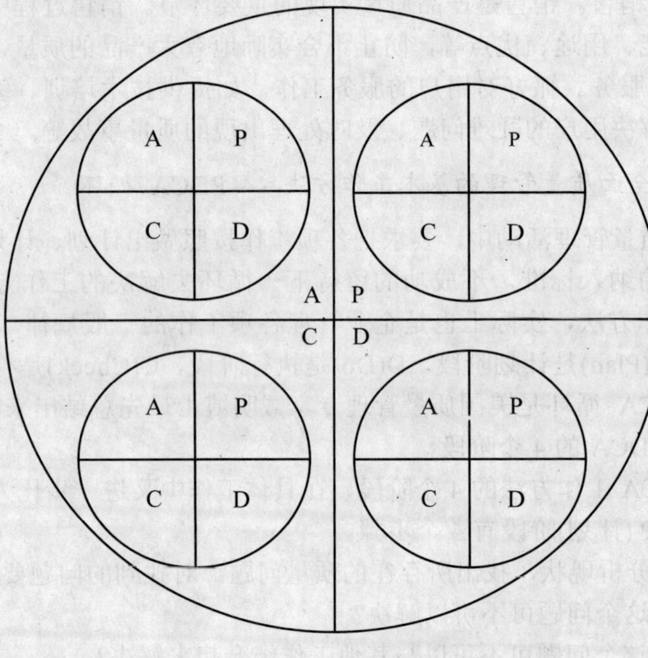

图 8.2 PDCA 再循环图

(3) 循环上升。PDCA 循环不是到 A 阶段结束就算完结，而是又要回到 P 阶段开始新的循环，就这样不断旋转。PDCA 循环的转动不是在原地转动，而是每转一圈都有新的计划和目标。犹如爬楼梯一样逐步上升，使质量水平不断提高。

PDCA 循环实际上是有效进行任何一项工作的合乎逻辑的工作程序。在质量管理中，PDCA 循环得到了广泛的应用，并取得了很好的效果，因此有人称 PDCA 循环是质量管理的基本方法。之所以称之为 PDCA 循环，是因为这四个过程不是运行一次就完结，而是要周而复始地进行。一个循环完了，解决了一部分问题，可能还有其他问题尚未解决，或者又出现了新的问题，再进行下一次循环。

在解决问题过程中，常常不是一次 PDCA 循环就能够完成的，需要将 PDCA 循环持续下去，直到彻底解决问题。问题=标准-现状。每经历一次循环，需要将取得的成果加以巩固，也就是修订和提高标准，按照新的更高的标准衡量现状，必然会发现新的问题，这也是为什么必须将循环持续下去的原因和方法。每经过一个循环，质量管理达到一个更高的水平，不断坚持 PDCA 循环，就会使质量管理不断取得新成果。

运作实例 8-1

和威集团质量方针与质量目标的改进

1. 语言表述须与专业概念基本吻合

(1) 质量方针。又叫质量政策，它是企业各部门和全体人员执行质量职能和从事质量活动所须遵守的原则和指针，是统一和协调企业质量工作的行动指南，也是落实“质量第一”思想的具体体现。从一定意义上讲：质量方针是企业质量管理理念。

(2) 质量目标。指根据质量方针的要求，企业在一定期间内所要达到的预期效果，即所规定的数量化目标。可根据达到目标的期限长短，划分为长期目标和短期目标。质量目标是企业目标体系中的组成部分，它应力求数量化，以便于统一领导层的思想，成为激励职工的动力，有利于日常的考核和评定，促进目标的实现。

2. 原有质量方针与质量目标

(1) 原有的质量方针：创百年品牌，树百年和威。

(2) 原有的质量目标：

① 全员参与，从我做起，优质一流，满意顾客；

② 饲料、精米出厂合格率 100%；

③ 种蛋、苗鸡出厂合格率 99%；

④ 肉鸡出厂合格率 99.5%以上；

⑤ 50 天以内肉鸡出栏成活率 95%以上。

“创百年品牌，树百年和威”，从更贴近的角度上讲，这是一种长期的质量目标，而不是员工从事质量活动的原则和指针，因为百年以后的和威是什么样，这一代的员工是看不到的或无法感觉得到的，对于遥远或看不到或感觉不到的理念，是难以具有激励与约束功效的，作为员工来讲也就是缺乏行动指南功能的。所以，有必要对质量方针进行修改。

原来质量目标中的“全员参与，从我做起，优质一流，满意顾客”不是数量化的表达，不是质量目标的内容，而是具有质量方针的含义。

“全员参与，从我做起”实际上是“以人为本”管理思想在质量管理工作的体现，故从和威的企业使命出发，延伸为“以人为本”，这样一来，就比较贴近和威的发展历史、今后的发展理念以及质量管理理念。

在处理质量问题与其他因素之间的关系时，和威不仅仅是追求“优质一流”的境界，更多的是还具有“质量为先”的传统做法。

考虑到“百年和威、百年品牌”更多的内在意义是企业发展须有可持续性的健康发展观念，因此可以分为短期、中期、长期的质量目标。同时要发展就必须有创新，质量方面也是具有创新的任务与要求的，故在质量方面须引入持续创新的理念。

综合上述多种因素并保留原有部分合理的基本思想，制定出新的质量方针和目标。

(3) 新质量方针：以人为本，以质为先，持续创新，客户满意。

(4) 新质量目标：

① 短期目标：2001 年内通过 ISO9002 质量体系认证(正在实施)。

② 中期目标：顾客满意率 100%；饲料、精米出厂合格率 100%；种蛋、苗鸡出厂合格率 99%；肉鸡出厂合格率 99.5%以上；50 天以内肉鸡出栏成活率 95%以上。

③ 长期目标：创百年品牌，树百年和威。

(资料来源：http://9001.0898ec.com/all_class.asp?classid=155&small_classid=165&classid_3=1124l.)

思考题：和威集团质量方针与目标改进给企业带来了什么？

提　示：设定符合当时情景的行动指南，落实“质量第一”的思想，确定企业质量管理理念。根据目标，确定企业要达到的效果，量化目标。统一企业整体领导层的思想，成为激励职工的动力，同时为日常的考核和评定提供依据，促进目标的实现。

8.2 质量体系与质量认证

8.2.1 ISO9000 族标准与质量体系

1. ISO9000 族标准的产生

在世界经济一体化进程中，为了保护民族工业和消费者的合法权益，许多国家制定了较高的市场准入制度，规定必须符合某种标准要求的商品才能进入市场。这就涉及生产厂商的合格评定问题。

任何技术标准都不能将顾客的全部期望和产品使用中的全部要求都做出明确规定，所以顾客不仅要求对产品本身进行质量认证，而且要求对孕育产品的全过程进行质量认证。因此，通过权威的认证机构对企业的质量体系进行评价，对符合质量管理和质量保证标准的供应商予以注册并发给证书，就成为企业赢得顾客占领市场的重要手段。1979 年英国、加拿大首先推出一整套质量保证国家标准，后来形成 ISO9000 族标准，并迅速被世界各国所采用。现在，生产厂商的质量体系取得 ISO9000 标准认证已成为在国际贸易中突破非关税技术壁垒和绿色贸易壁垒的重要武器。

2. ISO9000 族标准的结构

ISO9000 族标准包括基础标准、核心标准和支持性技术标准。

(1) ISO9000 族标准的基础标准。它包括两部分。

① 术语，ISO8402-94《质量管理和质量保证——术语》定义了与质量概念有关的基本术语 67 个。

② 质量管理与质量保证标准选择和实施指南，包括 ISO9000-1～ISO9000-4。

(2) ISO9000 族标准的核心标准。也包括两部分。

① 质量保证标准。ISO9001、ISO9002、ISO9003 是 3 个用于外部质量保证的质量体系要素标准。这是 3 个典型的标准模式，供不同的合同情况、第二方认定和第 3 方认证时使用。三种模式的要素和包含关系不同。ISO9001 范围最广，提供了设计、开发、生产、安装及服务全过程的质量保证模式，共 20 个要素；ISO9002 不要求设计控制，共 19 个要素；ISO9003 则仅限于最终检验和试验的质量保证要求，共 16 个要素。三者具有包容关系，如认证时按第一模式合格，则表明它也具备了按第二、第三模式认证合格的能力。

同时，3 种模式对于供方质量保证能力的要求不同。第一、第二种模式在各自范围内其保证程度是基本一致的，第三种模式除缺少上述四要素外，在管理职责、质量体系中的内容也比第一种少，其他许多相应要素的要求也都缩小到模式要求的范围。

② 质量管理标准。ISO9000 族标准中属于质量管理标准的有 4 个：ISO9004-1 为质量体系要素部分，ISO9004-2 和 ISO9004-3 分别是服务、流程性材料类产品方面的补充指南，ISO9004-4 是质量改进指南。

其中最重要的是 ISO9004-1，它是实施质量管理、建立质量体系的基础性标准。它包括两方面内容：质量管理及质量体系要素指南。它首先简要介绍搞好质量管理必须做好的工作，如质量方针和目标、质量体系等；接着就建立质量体系简要地做介绍，包括适用范围、质量体系结构、质量体系文件、质量体系审核、评审和评价、质量改进等；最后是质量体系应展开的具体质量职能活动含财务考虑、营销质量、规范和设计质量等共 15 个要素，并对其做了详细的叙述。

质量体系要素分为两大类。

一类是建立质量体系的基础——质量环(产品寿命周期各环节)，即对质量有影响的主要质量职能活动，从营销、设计和规范质量直到生产后的活动。

另一类是质量环中不包括的间接质量职能活动，如质量体系中的财务考虑、组织结构、审核和评审等。

建立质量体系，重点应解决两个问题。

一是选定适用的质量体系要素。ISO9004-1 所提出的要素度与一般生产组织都是需要的，具体选定时应本着实用、实际、有效的原则进行增加、删除、合并、分解和选择。

二是确定所采用的要素的程度，即结合自身的情况，考虑供需双方利益、成本和风险选用要素及确定采用程度，该严则严，该松则松。

(3) ISO9000 族标准的支持性技术标准。目前已制定国家标准的只有两个部分。

① 质量体系审核指南，包括 ISO10011-1～ISO10011-3；

② 测量设备质量保证要求，包括 ISO10012-1～ISO10012-2。

3. ISO9000 族标准的管理思想

(1) ISO9000 族标准着重于为满足顾客需要提供指南和要求。标准指出，任何一个组织(企业)都应持续满足所有顾客和其他受益者明确和隐含的需要，如表 8-1 所示。

表 8-1 受益者期望与需要

供方的受益者	典型的期望和需要
顾客	产品质量
员工	职业(工作)需要
所有者	投资受益
分供方	继续经营的机会
社会	认真负责的社会服务

可见各类受益者的期望和需要不同，但其基本点是相同的，即为自己或他人提供信任。本标准族着重点是为顾客满意提供“信任”，这样才能赢得市场，才有绩效，其他受益者的期望才能得到满足。向顾客提供“信任”是通过企业提供的产品来实现的，而产品的质量是依靠规定的规范来保证和评价的。如果提供产品的组织体系不完善，则规范本身也就不可能始终满足顾客的要求。可见标准是企业通过提供建立完善的组织体系(即质量体系)作为“产品技术要求的补充”而向顾客提供信任的。ISO9000 族标准便是依据满足质量体系目标来编写的。

(2) 结构体系的基础是过程，运作体系必须控制过程。质量体系是由若干要素组成的，同时质量体系又是通过过程来实现的。在一个企业内有许多过程，质量体系就是一个排列有序的过程网络。企业应以协调一致的方法来确定和展开这些过程及其相应的职责、权限、程序和资源。质量管理就是通过对各种过程进行管理来实现的。控制或管理过程取决于两方面。①产品或信息在其内部流动的过程本身的结构和运行；②在这个结构内流动的产品或信息的质量。

因此，管理过程首先要确定过程的结构、所采用过程的程度，并且要将过程展开和运作。

(3) 质量体系是以职责、权限所构成的契约型结构。质量体系是由各类人员和部门的职责和权限所构成的契约型结构，因此企业要明确各级管理人员(包括策划、管理、执行、控制及检验人员)，并规定其相应的工作要求，形成文件，使每个过程都有专人负责。

(4) 质量管理的核心是建立文件化的质量体系。文件化的质量体系分为三个层次，即质量手册、程序文件和其他质量文件。文件化的质量体系经批准后成为企业的“法规”。它是向顾客提供信任的证据，既是对现有管理活动的肯定，又为进一步的质量改造和创新奠定基础。

产品质量改进总是伴随质量体系的创新，因此必须建立一个自我完善和改进的机制。为此，必须不断进行内部质量审核和管理评审，采取纠正和预防措施，形成质量改进活动的闭环管理。这一活动的每一阶段都要依据体系文件的运作开始，以体系文件的修订结束，形成充满活力的质量体系。

4. 质量体系的建立和完善

(1) 质量体系的策划与设计。质量体系策划是企业最终建立并完善质量体系的系统全面的谋划。只有通过精心的策划，才能建立有效的质量体系，最终实现质量目标。质量体系策划的重要内容是对质量改进的策划，通过不断地对质量体系和质量管理过程的改进、评审和评估，使质量体系更加有效。

在质量文件编制之前，所要策划的内容有以下几个方面。

① 教育培训，统一认识。

② 制定质量方针和目标，使之既能反映顾客的需要和期望又能实现企业的需要和利益。

③ 组织落实，制定计划。

④ 现状调查和分析(包括产品特点、组织结构分析，企业内部单位及协作单位的状况、资源状况、管理基础工作分析等)。

⑤ 调整组织结构、配置资源。

⑥ 质量体系总体设计等。

(2) 质量文件的编制。一个有效的质量体系的前提是有一套有效的质量体系文件，使之成为开展各种质量活动的依据。质量体系文件应结合企业的质量职能分配进行编写，将质量职能按职能矩阵图逐级展开，落实到各部门岗位。对质量体系文件要制定统一规范，使表号、表名、内容、层次统一完整。

(3) 质量体系的试运行及改进。编写的质量文件是否有效，过程网络的运作是否协调，都要通过试运行来检验，试运行应抓好 4 个环节。

① 举办质量体系文件培训班，对执行层有关人员进行培训。

② 做好信息的收集、分析、传递、反馈及处理工作，对质量体系进行信息跟踪。

③ 质量体系运行中每一阶段结束后都应进行审核和评审，以检验文件的综合性和有效性。

④ 针对审核和评审中发现的问题及其原因进行调查分析，采取纠正措施，防止问题再次发生。质量体系试运行情况应首先进行内部质量体系审核(又称第一方审核)，然后，由最高管理者就质量方针和目标，对质量体系的现状和适应性进行正式的评价。这是企业建立自我改进和完善机制的重要措施，有利于质量体系持续有效和永葆活力，因此必须坚持不懈地进行。

运作实例 8-2

教育、教学行业如何实施 ISO9000

20 世纪 90 年代后，我国把教育摆在优先发展的战略地位。面向现代化、面向世界、面向未来，加快教育改革和发展，为进一步提高我国人民素质，培养大批适应社会主义市场经济建设事业发展的人才。

目前，我国已初步形成了多层次、多形式、学科门类基本齐全的教育体系，但无论是大学、中学和小学等学历教育，还是各种形式的非学历教育，都有一个提高和稳定教育与培训质量的问题，而要提高教育与培训质量，就必须宣传实施 ISO9000 族标准，建立科学有效的教育服务质量体系。

1. 教育服务质量体系及其特点

各类院校或培训中心的教育服务质量体系是实施教育质量管理所需的组织结构、程序、过程和资源。任何一个院校或培训中心，要建立教育服务质量体系，首先要建立一个科学、合理、精干、高效的组织结构，制定文件化的教育程序，完善有效的教育过程网络和师资、设施、仪器等资源。由于所有的教育活动都是通过过程来完成的，因此，在识别教育与培训需要到评定这些需要是否得到满足的各阶段教学工作中，影响教育质量的相互作用的概念模式，即教育服务质量环节的确定，成为策划教育服务质量体系，尤其是适用于院校或培训中心内部管理化教育质量管理体系的首要问题。教育服务质量体系具有下列四个特点。

(1) 院校或培训中心的“产品”是学生或学员。无论什么院校或培训单位，都是教育服务组织，其产品一般是其提供的知识和服务。但是，学生或学员既是知识的接受者，又是教育服务的对象，因此，某种意义上可以说，学生或学员就是院校和培训中心的“产品”。

(2) 院校或培训组织的直接顾客是学生(员)，但最终顾客还是学生(员)的接收或工作单位。广大学生或学员是院校或培训组织所提供产品(即软件和服务)的接受者，因此，应该把学生或学员视为顾客或直接顾客，只有充分调动其学习积极性，配合教育，才能产生良好的教育效果。但是院校或培训机构的最终顾客还是学生的接收单位和学员的工作单位，它们是院校或培训机构教育培训质量好坏的最终判定者。

(3) 院校或培训中心的教育服务质量的建立是一项复杂的系统工程。院校或培训中心的教育服务活动主要是其教师向学生或学员传授相关科学理论知识和能力的教学活动过程，教师的讲授水平、教材的适用程度、教学设施、器具等都影响着教育效果，而学生或学员吸收、消化、理解及掌握知识的过程更是一个艰苦复杂的劳动过程，影响的因素又有很多，并且都处于多变的状态，这就使教育服务质量体系的建立和有效运行成为一项复杂的系统工程。它比工业、农业及其他服务业的质量体系要复杂得多。

(4) 院校或培训机构的教育服务质量体系有效性一般要在学生(员)毕(结)业一段时间之后才能获得全面准确的评价。实践是检验真理的标准，也是检验院校培训机构教育服务质量体系有效性的重要标准之一，学生(员)知识或能力的考核既要看成绩、看证书，更要看他们在实践中的应用，包括知识能力和业绩。因此，我们把学生(员)接收或工作单位看做最终顾客。

2. 教育质量体系文件

院校或培训机构的教育质量体系由四个层次的文件所构成。

(1) 教学质量手册。简称《教学手册》。它可以是各类教学管理文件的汇编，也可以按ISO9001与ISO10013编制为一本独立的教学质量保证手册。其相应的要素为：管理职责、质量体系、注册入学和委培(进修)合同评审、教学计划和大纲的编制、教学文件和资料控制、招生与录取、委培与进修生的管理、产品标识与可追溯性、教学过程质量管理、考试、考核和发证、教学设备仪器控制、学籍管理、教学事故的处理、纠正和预防措施、毕业与结业、教学记录的控制、内部质量审核、教师进修和员工培训、跟踪与延伸服务、统计技术应用。

(2) 教学管理文件。院校或培训机构的质量体系程序文件是各类教学管理文件，如：学士学位授予工作细则、双学士学位管理规定、课程建设管理规定、教材建设管理办法、学生考场规则、学生生产实习守则、电化教学设备管理规定、科研成果管理规定、论文专著统计及奖惩办法、勤工俭学管理办法等。

对特定的培训项目或委托培养的学生，应按ISO10005编制专门的教育质量计划。

(3) 工作与学习规范。为了提高教育质量，院校或培训机构的各个岗位以及学生(学员)，都应编制岗位工作规范及学生行为规范。如：教师工作规范、图书资料员工工作规范、学生行为规范(细则)等。

(4) 教学质量记录。院校或培训机构的主要教学质量记录有：学生考试(查)成绩登记表、教学实验登记卡、学生学籍卡、教学日历、课程教学情况总结表、毕业设计(论文)任务书、教学质量评价表等。

3. 教育服务质量体系的建立和运行

各类院校和培训机构建立和实施教育服务质量体系可以提高和稳定教育质量，促进院校、培训机构提高管理水平，有利于树立良好的校风、学风和院校形象，我国已有院校和培训机构进行了成功的尝试。

青岛远洋船员学院是国家教委确认的具有普通高等学历教育招生资格的院校，设有远洋船舶驾驶、船舶轮机管理、船舶电气、船舶无线电通信、国际航运管理等专业，并为中国远洋运输集团外派船员培训基地。该院自1995年开始按ISO9001标准建立质量体系，同时又依据挪威船级社(DNV)按STCW-95公约要求制定的《航海院校认证规则》、《航海培训中心认证规则》和《航海模拟器中心认证规则》制定了质量方针：“确保培养出符合国家和国际有关法规、公约要求的优秀高级船员。”

该院还先后编制出质量手册、程序文件和业务(工作)指导书等质量体系文件，并付诸实施，在8个月内组织了14次内审，3次管理评审，终于在1996年10月通过了挪威船级社的认证审核，同时获取了ISO9001及《航海院校认证规则》等4张认证证书，成为国内第一所通过质量体系认证的高等院校。

尽管青岛远洋船员学院建立和实施教育质量体系的时间并不长，但已呈现显著的社会效益和经济效益，院内各部门工作目标明确，职责权限清晰，教学工作井然有序，教学质量和办学效益明显提高，并促进了教改和科研的发展，院外信誉大大增强，挪威、希腊、日本与中国香港等地区船东纷纷到院考察，提出合作意向，使毕业生顺利进入世界船员劳务市场，而且还带动了大连海事大学、上海海运学院、武汉交通科技大学等院校贯标认证，加快我国履行 STCW-95 公约的步伐。

深圳技术监督培训中心是在工商部门登记注册的具有独立法人地位的专业培训机构，面向社会招生，提供质量体系和环境管理体系等培训服务。该中心认真按 ISO9001 标准实施规范化管理，结合培训机构的实际情况确定质量体系要素：

(1) 合同评审，主要是对“招生通知”和“委托培训”合同(协议)的评审。

(2) 对提供方的评价具体明确为对教材、资料的提供方，教育场地及设施提供方，外聘教师及联合培训的合作方的评价和选择。

(3) 通过课堂连续评价，学员培训调查表和内审报告揭示质量问题，采取纠正措施等。

我们相信，会有更多的院校和培训机构会迈入建立和实施教育质量体系的行列。

(资料来源：http://9001.0898ec.com/all_class.asp?classid=155&small_classid=165&classid_3=1124l.)

思考题：此案例给我们哪些启示？

提　示：面对社会政治经济大格局发生的巨大变化，中国教育也将随之发生变化。我国的学校教育管理也只有与国际教育标准接轨，才能适应教育国际化发展的要求，而教育质量认证为学校教育提供了一条与国际接轨的途径。

教育、教学行业的质量认证作为一种来自学校外部的，非政府和官方的，完全按照国际互认制度设立的第三方权威机构的评价，是对学校自我评估(第一方评价)和教育主管部门对学校的评价(第二方评价)的印证，是对学校服务水平和能力的一种审视和监督，比较容易被社会接受。

8.2.2 质量审核与质量认证

1. 质量审核与质量认证的基本概念

1) 质量审核

质量审核是指为确定质量活动是否符合计划安排以及这些安排是否有效实施并到达预期目标而进行的有系统的独立检查。质量审核有质量体系审核、过程质量审核、产品或服务质量审核三种。按审核目的不同，又可分为内部质量审核和外部质量审核。

2) 质量体系审核

质量体系审核是指为确定质量体系及其各要素的活动和其结果是否符合有关标准和文件的规定，各项规定是否得到有效贯彻并适合于达到质量目标而进行的系统而独立的检查。可分为第一、二、三方审核。

(1) 第一方审核又称内部质量审核，目的是评价自身的质量体系，建立起自我诊断、自我改进的机制，并为实施第二、三方审核奠定基础。

(2) 第二方审核(由需方或其代表进行审核)的目的是：

① 在签订合同前，需方对企业的质量体系进行审核，以评定其质量保证能力，决定是否签订合同；

② 签订合同后，由需方及其代表评定供方质量体系能否持续满足规定要求；

③ 作为指定和调整合格供方名单的手段；

④ 促进供方改进质量体系。

(3) 第三方审核(由认证机构或其他独立机构进行的审核)的目的是：

① 对供方质量体系的符合性、实施性和有效性进行审核评定，决定是否可以注册认证；

② 减少重复审核，为第二方审核节省不必要的开支，为潜在用户提供合格的供方；

③ 促进供方改进质量体系。

3) 质量认证

质量认证是合格评定的主要活动之一。国际标准化组织所指的合格评定如图 8.3 所示。

- 合格评定
  - 认证
    - 产品质量认证
    - 质量体系认证
  - 认可
    - 校准（检验）机构认可
    - 认证机构认可
    - 审核机构认可
    - 审核员（评审员）资格认可

图 8.3 国际标准化组织所指定的合格评定

2. 质量体系审核准备与策划

审核方接受审核申请后，应马上着手进行质量体系审核准备与策划工作，主要包括：组织审核组、文件审查、初访和预审核、制定审核计划、编制审核文件等活动。

(1) 组织审核组。应安排一名审核组长全面负责，审核组可包括具备专业知识的专家、见习审核员或观察员参加审核。

(2) 文件审查。文件审查是对受审核的质量体系文件的初步审查。其目的是了解其质量体系的情况，了解其质量体系文件是否满足申请认证的质量体系标准的要求。

(3) 初访和预审核。初访是审核组与受审核方的第一次沟通，目的是为了了解其规模、机构、生产流程、工艺线路、产品范围等情况，并商定审核日期及资源配备等。预审核是为了检验自身质量体系运行状况，减少认证风险而由第三方进行的审核。

(4) 制定审核计划。这是对现场审核的时间、日程、方法和费用的全面安排。计划应明确规定：审核目的与范围、依据的文件、审核组成员名单与分工、审核日期和地点、受审核的全部要素等。

(5) 编制审核文件。审核文件是制定和实施审核计划所使用的工具，包括检查表、审核记录、不合格报告及审核报告等。

3. 现场审核

现场审核过程中要召开一系列会议，包括审核前准备会、首次会议、审核组内部会议、审核组与受审核方的沟通会议及末次会议等。

(1) 首次会议。首次会议的目的是介绍审核组人员，确认审核标准、范围和计划等。会议应在守时、有效、坦诚、务实、和谐的气氛中进行。

(2) 审核方式和调查方式。审核方式一般有四种：①顺着影响质量的因素追踪至结果；②从已形成的结构追溯到影响因素的控制；③以体系要素为中心进行审核；④以部门为中心进行审核。现场调查可采用抽样、面谈、观察、记录等多种方法。

(3) 不合格项和不合格报告。所谓不合格是指“没有满足某个规定要求”。规定要求可以是产品和体系标准、法律法规、合同条款等。不合格项依其性质可以分为严重不合格和一般不合格。不合格项的形成来源主要有三方面。①质量体系文件不符合质量体系标准要求；②实施状况不符合体系文件规定要求；③实施效果不符合预定质量目标要求。

然后，要以客观证据为基础，编写不合格报告。在不合格报告中，要对不合格事实进行描述，进行不合格原因分析，提出不合格处置方案及拟采取的防止再发生的纠正措施。最后进行跟踪论证，检查原因分析是否准确，处置是否有效，纠正措施是否恰当。

(4) 质量体系有效性评价。评价涉及因素很多，一般可以从三方面进行：①质量体系文件的质量状况；②不合格项统计分析状况，包括不合格项的效益、严重程度和分布状况等；③综合评价，即对受审核方质量体系建立和运行状态的总体评价。

(5) 末次会议。通过末次会议报告审核情况，宣布审核结论，提出纠正措施和验证要求，并让受审核方陈述自己的意见。

(6) 审核报告。审核报告是审核活动的全面总结，是一项十分重要的工作，包括三方面内容：①汇总整理客观证据，通过所获的事实，证明是真实的信息；②评审与沟通，对通过观察、试验或其他手段所获得的第一手资料，必须整理分析，首先应通过审核组内的审核确认，对不合格事实还应得到受审核方确认，以便促使其改进存在的问题。③不合格项统计分析，按要素分部门，利用矩阵分析表统计出不合格项的数量和性质，提出纠正措施和跟踪监督要求等。

4. 纠正措施归跟踪与认证后监督

(1) 纠正措施跟踪。在审核结论中，对于不合格项要提出纠正措施的要求，包括以下两方面内容。

① 跟踪验证方式和期限。严重不合格项再次组织现场审核，其纠正措施应在 3 个月内完成；一般不合格项纠正措施应在 1 个月内完成。

② 纠正跟踪中双方职责。审核员负责确定不合格项，受审核方负责确定和实施纠正措施，并记录实施效果。

(2) 认证后的监督。认证后的监督有 3 项内容。

① 认证后监督审核的要求。证书有效期为 3 年。第一次监督审核间隔期为半年，以后间隔期为 1 年。对体系要素可实施抽样审核，但对于产品实物质量强相关的要素，即设计控制、过程控制、检验和试验、不合格控制、纠正与预防及内部质量审核等项目须每次检查。

② 监督审核结果的处置方式。根据发现问题的严重程度，监督审核结果的处置方式有 3 种：认证暂停、认证撤销、认证注销。

③ 复评。认证证书有效期届满时，企业可重新提出认证申请，认证机构受理后重新组织认证审核称为复评。

8.3 质量管理常用方法

8.3.1 因素分析法

因素分析图又称树枝图或鱼刺图，如图 8.4 所示，是用来找出某种质量问题的所有可能原因的有效方法。

在生产过程中影响产品质量的原因是多方面的，但一般来自 6 个方面，即设备、工艺、人、材料、手段和环境因素(5M1E)，每个原因又有它产生的具体原因(中、小原因)。把这些所有能想到的原因分门别类地归纳起来，画成一张树枝状的因果分析图，就能清楚地表明各个原因之间的关系。

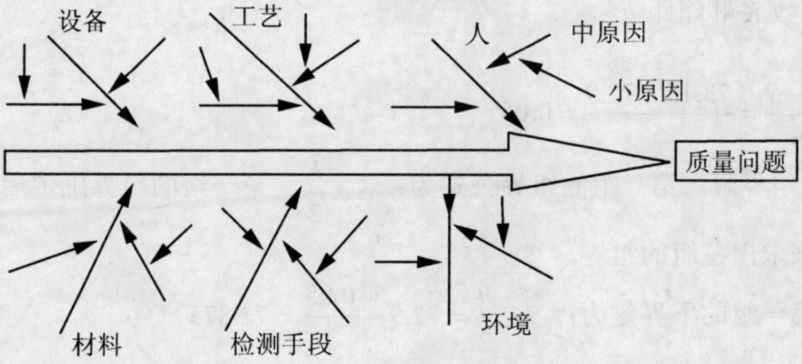

图 8.4 因素分析图

绘制因素分析图可按下列步骤进行。

(1) 明确要解决的质量问题，将其写在主干线箭头前。

(2) 将原因质量的六大因素(大原因)分别标在子枝上。

(3) 分析造成大原因的中原因和小原因，标在因果分析图上。

(4) 集中多数人的意见，从众多小原因中找出主要原因，用方框框起来。找出主要原因后，应到现场去研究确定改进的项目，订出措施加以实施。

8.3.2 直方图法

直方图又称质量分布图，是用于寻找质量随机波动规律，进行工序质量控制的主要方法之一。

1. 直方图的绘制

(1) 收集数据。在加工轴径为 73±0.2mm 的一批零件中，随机实测 50 件(取样数据应在 50 个以上)，实测单位 0.01mm，将取样数据列表，如表 8-2 所示。

表 8-2 取样数据表

73.00	72.90	72.95	73.00	73.05	73.02	73.06	73.08	73.05	73.00
72.98	73.05	72.92	72.94	72.95	73.00	73.05	73.02	73.00	73.00
73.05	73.07	73.05	73.10	72.96	72.95	73.00	73.07	73.02	72.99
72.95	72.96	73.04	73.06	73.09	73.00	72.95	73.00	73.15	73.05
73.12	73.05	72.98	73.01	73.03	72.95	72.94	72.96	72.95	73.00

(2) 找出数据中的最大值 L 和最小值 S。

L=73.15　　S=72.9

(3) 确定组数 K 和组距 h。

取 K=5

组距 $h=\dfrac{L-S}{K}=\dfrac{73.15-72.9}{5}=0.05$

(4) 确定分组界限。第一组的组界公式为：$S\pm\dfrac{h}{2}$。第一组的组界确定后，以每组之间递增一个组距来求出各组的组界。

本例中，第一组的下界定为：$S-\dfrac{h}{2}=72.9-\dfrac{0.05}{2}=72.875$

第二组下界值：72.925

第二组上界值：72.925+0.05=72.975

第三组下界值：72.975

第三组上界值：72.975+0.05=73.025

第四组下界值：73.025

第四组上界值：73.025+0.05=73.075

第五组下界值：73.075

第五组上界值：73.075+0.05=73.125

第六组下界值：73.125

第六组上界值：73.125+0.05=73.175

(5) 统计各组中数据出现的次数 f，并有 $\sum f = n$，频数分布如表 8-3 所示。

表 8-3　频数分布表

组　号	组 界 值	频率统计	频　数
1	72.875～72.925	丅	2
2	72.925～72.975	正正丅	12
3	72.975～73.025	正正正丅	17
4	73.025～73.075	正正𤴓𤴓𤴓𤴓	14
5	73.075～73.125	𤴓𤴓𤴓𤴓	4
6	73.125～73.175	一	1

(6) 绘制直方图。根据表 8-2 中的数字，以分组的组界为横坐标，分组的频数为纵坐标，画出直方图，如图 8.5 所示。

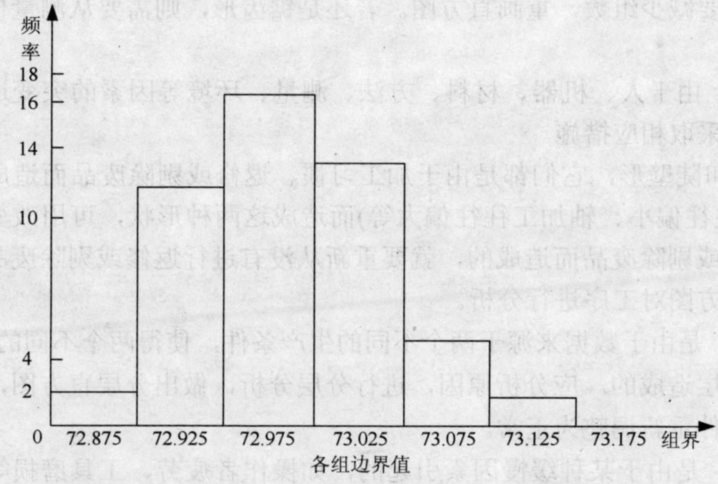

图 8.5　直方图

2. 直方图的分析、判断

工序质量分布的标准形状是正态分布，体现在直方图上应为中间高、两边低，呈对称分布。

当直方图形状不标准(异常)时，就要分析原因，以便采取相应的措施。图 8.6 为各种异常的直方图。

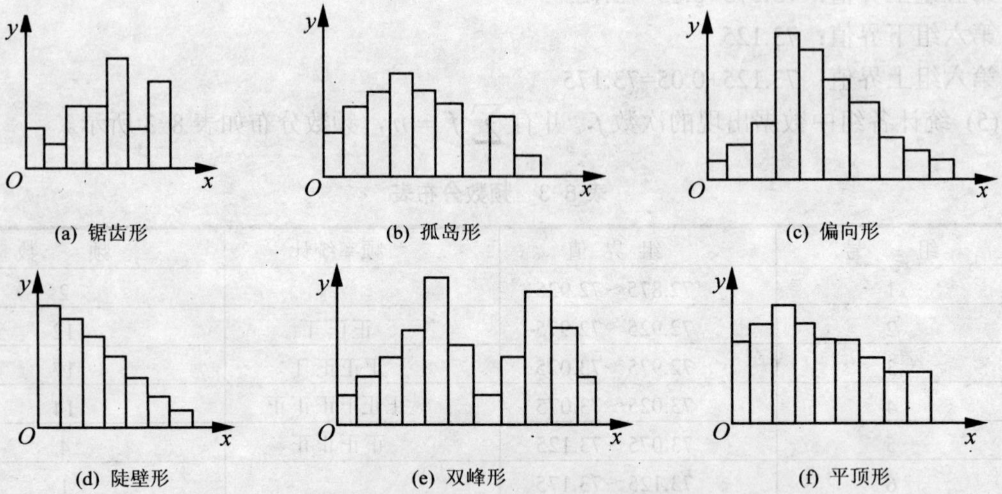

图 8.6 各种异常的直方图

(1) 锯齿形，是由于分组过多、测量方法不当或读数有问题等原因造成的。当出现锯齿形直方图时，要减少组数，重画直方图。若还是锯齿形，则需要从测量仪器或读数方面找原因。

(2) 孤岛形，由于人、机器、材料、方法、测量、环境等因素的突变造成的。应寻找产生的原因，并采取相应措施。

(3) 偏向形和陡壁形，它们都是由于加工习惯、返修或剔除废品而造成的。若因加工习惯(如孔加工往往偏小、轴加工往往偏大等)而造成这两种形状，可用改变习惯来加以纠正；若是因返修或剔除废品而造成的，就要重新从没有进行返修或剔除废品的产品中抽取数据，再画出直方图对工序进行分析。

(4) 双峰形，是由于数据来源于两个不同的生产条件，使得两个不同的分布混在一起，没有预先进行分层造成的。应分析原因，进行分层分析，做出分层直方图，最终目的是使变化了的生产条件重新调整为正常。

(5) 平顶形，是由于某种缓慢因素引起的，如操作者疲劳、工具磨损等，要采取相应措施消除其缓慢影响因素。

8.3.3 控制图法

控制图又称管理图。它是用于分析和判断生产过程是否稳定的一种图形，通过这种图形可以发现并及时消除工艺过程的失调现象，预防废品的产生，改进生产过程，提高产品质量。控制图通常以样本平均值 x 为中心线，以上下取 3 倍的标准差(x+3σ)为控制界，因此，用这样的控制界限做出的控制图叫做 3σ 控制图，是休哈特最早提出的控制图。

1. 控制图的绘制

控制图(图 8.7)有两个坐标，纵坐标反映特性值，横坐标反映样本号或时间。在图上画三条线，中心线(实线)和上下控制线(虚线)，然后在生产过程中按规定的时间间隔抽取样本，测量其特性值，把经过计算的统计量，按其大小，在图上点上点子，并根据点子的分布状态和排列情况来判断生产过程是否处于正常的控制状态下。如果点子落在控制界限内，表明生产过程正常，不会出现废品；如果点子落在了控制界限外或点子排列不正常，则说明工艺条件发生了变化，生产过程异常，即将产生废品，这就是信号，应当立即采取措施，使生产过程恢复正常。

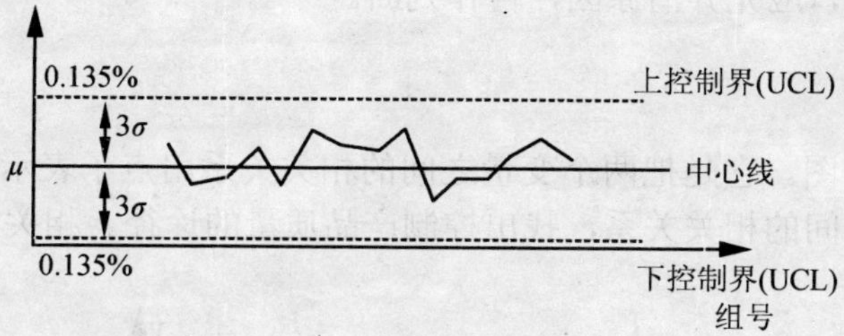

图 8.7 控制图

2. 控制图的观察分析

所谓控制图的观察分析是指工序生产过程的质量特性数据在设计好的控制图上标点后取得工序质量状态信息，以便及时发现异常，采用有效措施，使工序处于质量受控状态的质量控制活动。

(1) 工序稳定状态的判断。工序是否处于稳定状态的判断条件有二：①点子必须全部在控制界限之内；②在控制界限内的点子，排列无缺陷或者说点子无异常排列。

如果点子的排列是随机地处于下列情况，则可认为工序处于稳定状态：①连续 25 个点子在控制界限内；②连续 35 个点子，仅有一个点子超出控制界限；③连续 100 个点子仅有 2 个点子超出控制界限。

(2) 工序不稳定状态的判断。只要具有下列条件之一时，均可判断为工序不稳定：一是点子超出控制界限(点子在控制界限上按超出界限处理)；二是点子在警戒区内。

① 点子处在警戒区是指点子处在 2σ～3σ 范围之内。若出现下列情况之一，均判定工

序不稳定：

(a) 连续 8 点有 2 点在警戒区内；

(b) 连续 7 点有 3 点在警戒区内；

(c) 连续 10 点有 4 点在警戒区内；

② 点子虽在控制界限内，但排列异常。所谓异常是指点子排列出现链、倾向、周期等缺陷之一。此时，即判定工序不稳定。

(a) 连续链。连续链是指在中心线一侧连续出现点子。链的长度用链内所含点数的多少衡量。当链长大于 7 时，则判定为点子排列异常。

(b) 间断链。间断链是指多数点在中心线一侧。如连续 11 点有 10 点在中心线一侧；连续 14 点有 12 点在中心线一侧；连续 17 点有 14 点在中心线一侧；连续 20 点有 16 点在中心线一侧。

(c) 倾向。倾向是指点子连续上升或下降，如连续上升或下降点子数超过 7 时，则判定为异常。

(d) 周期。周期是指点子的变动呈现明显的一定间隔。点子出现周期性，判断较复杂，应当慎重决策。通常，应先弄清原因，再作判断。

8.3.4 相关图法

相关图又称散布图。它是把两个变量之间的相关关系用点子表示在直角坐标图上的图形，利用两个变量之间的相关关系，找出控制产品质量的途径。相关图有 6 种基本形式，如图 8.8 所示。

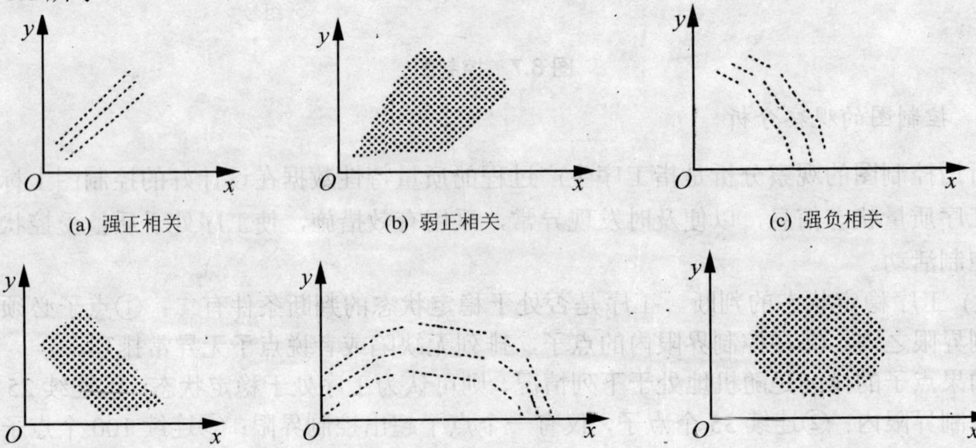

图 8.8 相关图的基本形式

做相关图一般是以横坐标 x 代表相关原因，即质量影响因素，纵坐标 y 代表相关结果，即通常为被分析的质量特性，数据点一般取30个左右。

本章小结

保证和提高产品质量，为社会提供高质量的产品，是现代企业的一项重要任务，也是提高产品竞争力的关键。本章主要针对全面质量管理的内容，具本包括质量、质量管理、全面质量管理及ISO9000质量认证体系等几个与生产管理有关的部分进行讨论。重点讨论质量管理的内涵、质量管理的重要意义，介绍质量保证、质量控制、质量体系、PDCA循环等主要内容。本章还着重讲述统计质量控制的常用方法，对直方图、控制图、排列图、因果分析图等主要统计质量控制工具进行了详细介绍。

习 题

思考题

(1) 什么是产品质量和工作质量？提高质量的意义有哪些？
(2) 什么是全面质量管理？其基本特征有哪些？
(3) 什么是PDCA循环？工作循环的四个阶段和八个步骤是什么？它有哪些特点？
(4) 什么是质量保证体系？质量保证体系的内容有哪些？
(5) 建立质量保证体系有哪些基本要求？

练习题

某厂铸造车间生产某一铸件，质量不良项目有气孔、未充满、偏心、形状不佳、裂纹、其他等项。记录一周内某班所生产的产品不良情况数据，并分别将不良项目归结为如表8-4所示的①、②项，试应用排列图法计算表中的③、④项，并绘制排列图。

表8-4 产品质量调查表

①缺陷项目	②频数	③频率	④累计频率(%)
气孔	48		
未充满	28		
偏心	10		
形状不佳	4		
裂纹	3		
其他	2		
合计	95		

案例应用分析

案例 8-1

质量稳定问题

某公司在业内一直是以技术领先和质量稳定而闻名于世。几年前考虑到中国市场的日益扩大和较低的工资成本等因素，遂于内地设厂。虽然这几年来产销量一直比预期的好，并且有很多产品返销国际市场，但一直困扰管理层的就是产品质量投诉一直居高不下，投诉量比本土生产时一般高 3～4 倍，最高时达十多倍。

管理层认为：各项管理制度或作业规范与本土并无差异(比如都执行 ISO16949)，是什么原因有如此大的差异呢？

经分析后认为，主要不同的方面有：

(1) 中方工人的学历相对较高，而且年轻；

(2) 中方人员的主动淘汰率较高，达本土工人的 10 倍或以上；

(3) 中方人员的工资水平是本土人员的 1/5～1/10 或更低。

因为几年来产品质量一直未有显著的好转，管理层曾按有关人员包括顾问公司的建议进行了种种尝试，如延长入职培训时间，制订更详尽和严厉的制度，大部分管理岗位换成本土人员等，均未如愿。

分析：

质量无法稳定的主要原因是什么？并提供切实可行的工作建议。

(资料来源：http://www.dvun.com/htm/content/20065/194244.htm.)

第9章　人力资源管理

教学目标与要求

通过本章的学习，对现代企业人力资源管理的理念、方法和技巧有一定的认识，具备基本的现代企业人力资源管理的实践技能。

了解人力资源管理的相关概念及相关理念，基本掌握岗位分析、员工招聘、员工培训、绩效管理、薪酬管理等人力资源管理的常用方法。

人力资源被称作是现代企业的第一资源。人力资源管理成为现代企业管理的核心部分，是实现企业战略目标必不可少的主要支撑。本章将介绍人力资源管理的内容及方法，包括岗位分析与岗位设计的方法；人力资源规划的制定；人员选聘与培训方法； 绩效与薪酬管理的程序和方法。

9.1 人力资源管理概述

9.1.1 人力资源与人力资源管理

1. 人力资源

1) 人力资源的概念

对于什么是人力资源，众多学者从不同的角度作了界定。我们认为人力资源(Human Resource，HR)就是指在一定区域内的人口总体所具有的体力和脑力劳动能力的总和。具体到一个企业，人力资源就是企业可利用的有利于企业预期经营目标实现的内部和外部人员的总和。

从上述定义中可以得出，人力资源既有量的含义，更有质的内涵。数量的含义是指拥有劳动能力的人的数量；质量的含义是指最能体现人的体力和脑力状况的生理素质、文化素质和能力素质。人力资源的数量和质量是密切相关的两个方面，数量是基础，质量是关键。

2) 人力资源的性质

作为一种特殊的资源形式，人力资源具有不同于自然资源的特殊方面，要想准确地理解人力资源的性质，就必须从它的本质入手。人力资源的本质就是人所具有的脑力和体力，它所有的性质都是围绕这个本质形成的。因此，人力资源的性质可以概括为以下几点。

(1) 人力资源的能动性。人力资源的能动性是指人力资源是体力和智力的结合，具有主观能动性。

(2) 人力资源的双重性。人力资源既具有生产性，又具有消费性。人力资源的生产性是指人力资源是物质财富的创造者；人力资源的消费性是指人力资源的保持与维持需要消耗一定的物质财富。

(3) 人力资源开发的持续性。人力资源开发的持续性是指人力资源是可以持续开发的资源，而不像物质资源那样形成最终产品之后就无法继续开发了。开发的持续性意味着，不仅人力资源的使用过程是开发的过程，而且培训、积累、创造的过程也是开发过程，人力资源是可以多次开发的资源。对个人而言，在其职业生涯结束之前，其所拥有的人力资源都是可以开发的资源。

(4) 人力资源的时效性。人力资源的时效性是指这种资源如果长期不用，就会荒废和退化。许多研究表明，人在工作中其现有的知识技能如果得不到运用和发挥，会导致其积极性的消退和技能的下降，并造成心理压力。

(5) 人力资源的社会性。由于每个人都生活在一定的社会环境中，不可避免地会受社会文化的影响，形成特有的价值观念和行为方式。既可能与企业所倡导的文化价值一致，也可能相互冲突，这就增加了人力资源管理的复杂性和难度。

3) 人力资源的作用

人力资源对现代企业的生存和发展有着重要意义。企业要从事经济活动，以实现其既定的目的，就必须使用各种资源作为投入。通常认为这些基本资源可分为五类，即人、财、物、信息与时间。这五类资源就其根本性质而言，还可以进一步分为人与物这两大类。财(资金)、物(设备与物料等硬件)、信息与时间都可归入“物”这一大类，因为它们都是被动的、理性的、“硬”的、“死”的；只有“人”才是能动的、感性的、“软”的和“活”的。这里理性的一词，是指它们是机械性的，是服从简单的物理性规律的，是较易界定与测量的，这是相对于人的特点来说的。人要受制于多种因素的复杂规律，其中包括心理性、感情性及价值观的因素，是难以预计、界定和测量的。一定的生产力条件下，在人与物这一对因素中，只有人的因素才是决定性的，因为“世间”的一切事物中，人是第一宝贵的资源。

(1) 人力资源是企业获取并保持成本优势的控制因素。①高素质的雇员需要较少的职业培训，从而可以减少教育培训成本支出。②高素质员工有助于提高劳动生产率，可以大大降低生产成本支出。③高素质的员工更能动脑筋，寻求节约的方法，提出合理化的建议，减少浪费，从而能够降低能耗和原材料消耗，降低成本。④高素质的员工表现为能力强、自觉性高，无须严密监控管理，可以大大降低管理成本。各种成本的降低又会使企业在市场竞争中处于价格优势地位。

(2) 人力资源是企业获取和保持产品差别优势的决定性因素。企业产品差别优势主要表现于创造比竞争对手质量更好的产品和服务，提供竞争者提供不出的创新性产品或服务。显然，对于前者，高素质的员工，包括能力、工作态度、合作精神对创造高质量的一流产品和服务具有决定性作用；对于后者，高素质的员工，尤其是具有创造能力、创新精神的研究开发人员更能设计出创新性产品或服务。二者结合起来就能使企业持续地获取和保持相对于竞争对手的产品差别优势，使企业在市场竞争中始终处于主动地位。

(3) 人力资源是制约企业管理效率的关键因素。“管理出效率，人才是关键”。这里的人才是管理人才。企业效率的提高离不开有效的管理，有效的管理离不开高素质的企业经营管理人才。例如，前述竞争优势的获取和保持，其前提条件是科学的人力资源管理，包括选人、用人、育人、培养人、激励人以及组织人、协调人等使组织形成互相配合、取长补短的良性结构和良好气氛的一系列科学管理。企业发展依赖于一大批战略管理、市场营销管理、人力资源管理、财务管理、生产作业管理等方面的高素质管理人才。

2. 人力资源管理

1) 人力资源管理的概念

人力资源管理(Human Resource Management，HRM)是指组织为实现各利益关系人的目标，而进行的工作分析、人力资源规划、员工招聘选拔、绩效考评、薪酬管理、员工培训等一系列的管理活动。

关于上述定义，我们可以从以下几个方面去进一步理解。

(1) 人力资源管理最终是为了支持组织各利害关系人的目标达成的。因此，人力资源的各项管理工作必须为这一战略目标服务。这里的利害关系人是指与组织有关的所有利益关系者，包括国家、投资人、债权人、管理者、员工、服务对象等。对于企业来讲，这些利害关系人有共同的目标，那就是企业的长期生存和发展。

(2) 为了实现对人的管理，人力资源管理需要通过运用规划、招聘、甄选、培训、考核、报酬等技术方法，达成组织的目标。

(3) 人力资源管理不仅是人力资源管理者的工作，各层管理人员，尤其是高层管理者都必须直接参与到人力资源管理的活动中来。高层管理人员需要把人力资源管理与组织的经营战略结合起来，或者在战略层面上考虑人力资源管理的问题。

2) 人力资源管理的基本内容

人力资源管理的活动主要包括人力资源战略规划、工作岗位分析与岗位设计、员工招聘与录用、绩效管理、薪酬管理、员工培训与开发、员工关系等主要内容。

3) 人力资源管理的目标

人力资源管理的总目标应该是支持组织战略目标的实现，具体可概括为以下几个方面。

(1) 人与事匹配。事得其才，人尽其用，有效使用。

(2) 人的需求与工作报酬匹配。酬适其需，人尽其力，最大奉献。

(3) 人与人的协调合作。互补凝聚，共赴事功，有团队精神。

(4) 工作与工作的协调合作。权责有序，灵柔高效，发挥整体优势。

运作实例 9-1

飞龙的失败

1990 年 10 月，飞龙集团只是一个注册资金仅有 75 万元，员工几十人的小企业，而 1991 年实现利润 400 万元，1992 年实现利润 6 000 万元，1993 年和 1994 年都超过 2 亿元。短短几年，飞龙集团可谓飞黄腾达，“牛气”冲天。但自 1995 年 6 月飞龙集团突然在报纸上登出一则广告——飞龙集团进入休整，然后便不见踪迹了。这是为什么?1997 年 6 月，消失两年的公司老总突然从地下“钻”出来了，并坦率地承认飞龙的失败是人才管理的失误。飞龙集团除1992年向社会严格招聘营销人才外，从来没有对人才结构认真地进行过战略性设计。随机招收人员、凭人情招收人员，甚至出现亲情、家庭、联姻等不正常的招收人员的现象，而且持续很久。作为已经发展成为国内医药保健品前几名的公司，外人或许难以想象，公司竟没有一个完整的人才结构，竟没有一个完整地选择和培养人才的规章。人员素质普遍偏低，人才结构不合理。从1991年开始，飞龙集团在无人才结构设计的前提下，盲目地大量招收中医药方面的专业人才，并且安插在企业的所有部门和机构，造成企业高层、中层知识结构单一。人才结构的不合理，严重地阻碍了一个大型企业的发展。1992年3月，一位高层领导的失误造成营销中心主任离开公司，营销中心一度陷入混乱。这样一来，实际上就造成了无法管理和不管理。

(资料来源：法苑论坛，BBS.laodongfa.com.)

思考题： 以上案例给你什么启示？

提　示： 案例说明人力资源管理首先应从人力资源战略规划入手，进而建立适应公司战略发展的人才结构，并使人力资源管理工作科学有序地进行。

9.1.2 人力资源规划

1. 人力资源规划的概念

人力资源规划是指，根据组织的战略目标，科学预测组织在未来环境变化中的人力资源的供给与需求状况，制定必要的人力资源获取、利用、保持和开发策略，确保组织对人力资源在数量上和质量上的需求，使组织和个人获得长远利益。

2. 人力资源规划的内容

人力资源规划的内容，也就是它的最终结果，主要包括以下两个方面。

(1) 人力资源的整体规划。它是指对计划期内人力资源规划结果的总体描述，包括预测的需求和供给分别是多少；做出这些预测的依据是什么；供给和需求的比较结果是什么；企业平衡供需的指导原则和总体政策是什么等。在总体规划中，最主要的内容就是供给和需求的比较结果，也可以称作净需求。

(2) 人力资源的业务规划。人力资源的业务规划是总体规划的分解和具体，它包括人员补充计划、人员配置计划、人员接替和提升计划、人员培训开发计划、工资激励计划、员工关系计划和退休解聘计划等内容。对这些业务规划的每一项，都应当设定出自己的目标、任务和实施步骤，它们的有效实施是总体规划得以实现的重要保证。

3. 人力资源规划的程序

人力资源规划的程序一般包括4个步骤：准备阶段、预测阶段、实施阶段和评估阶段，如图9-1所示。

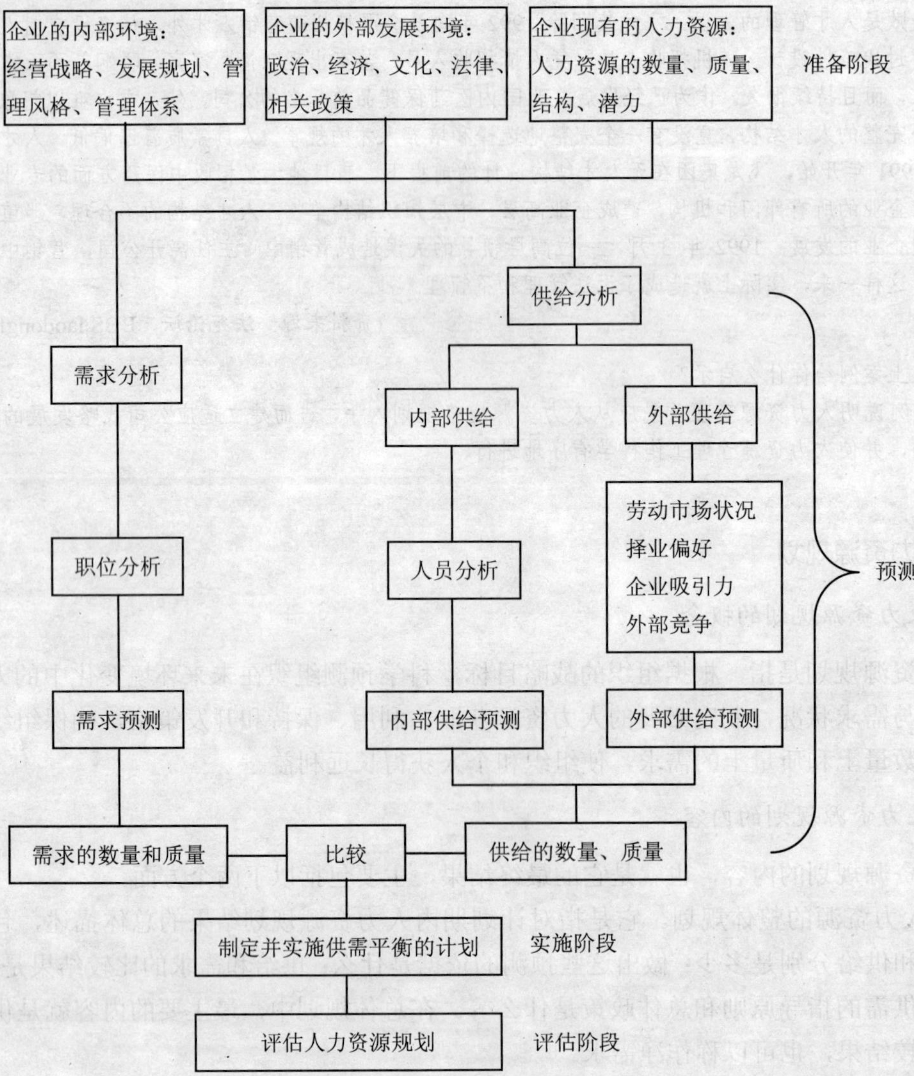

图 9.1　人力资源规划的程序

4. 人力资源需求的预测方法

人力资源需求的预测方法一般可分为两种：主观判断法与定量分析预测法。

1) 主观判断法

这是一种较为简单、常用的方法，是由有经验的专家或管理人员进行直觉判断预测，其精度取决于预测者的个人经验和判断力。由于预测者主要是这一领域的专家，所以这类方法往往也被称为“专家征询法”或“天才预测法”。在实践中被广泛使用的主要有以下几种方法。

(1) 经验推断法。经验推断法是先推断企业产品或服务的需求，然后根据产品或服务的特性、所需技术、行政支援等将需求转化为工作量，再按数量比率转为人力需求。经验推断法较适用于短期预测，长期预测因较复杂，较宜采用定量分析预测法。

(2) 团体预测法。团体预测法是集中多数专家和管理者的推断而做出的规划，主要方式有名义团体法和德尔菲法。

① 名义团体法。名义团体法也被称为头脑风暴法，是请专家坐在一起讨论，让他们敞开思想，畅所欲言，以便将所有意见列出，再逐一分析这些意见，并排列出意见的实际性和优先次序。

② 德尔菲法。德尔菲法是有步骤地使用专家的意见去解决问题，是“专家集体咨询”的方法。它根据对影响组织的内部因素的了解程度来选择多个专家，他们可以是组织内的成员，也可以来自组织外部。德尔菲法的具体做法是：首先将要咨询的内容写成若干条意义十分明确的问题寄给专家，请他们以书面的形式予以回答。专家在背靠背、互不通气的情况下回答问题。然后将他们的意见集中归纳，并反馈给他们，请每个专家对这个归纳的结果重新予以考虑。这使专家有机会修改自己的预测并说明修改的原因，再将修改结果寄回。经过三四次反馈，专家的意见趋于集中。最后通过一些数字化处理，可得出结果。由于这种方法是在每个专家均不知其他专家的任何情况下进行的，因而避免了人际关系、群体压力等对专家的影响，也解决了难以将专家在同一时间集中在同一地方的问题。这种方法由于简单可靠而被广泛应用，常用于短期(1 年内)预测问题，许多组织由于利用这种方法而大获成功。

2) 定量分析预测法

定量分析预测法是利用数学和统计学的方法进行分析预测，常用的、较为简便的方法有以下几种。

(1) 工作负荷法。工作负荷法是按照历史数据，先算出某一特定工作每单位时间(如每天)的每人工作负荷(如产量)，再根据未来的生产量目标(或劳务目标)计算出所完成的总工作量，然后根据前一标准折算出所需的人力资源数。

【例 9.1】 某公司新设一条生产线，包括注塑、修光、装配、检验 4 类工作。现拟预测未来 3 年操作所需的最低人力数。

第一步：根据现有资料得知，这 4 类工作所需的标准任务时间(单位为小时/件)为：0.5，2.0，1.5，1.0。

第二步：估计未来 3 年每一类工作的工作量(产量)，如表 9-1 所示。

表 9-1 某新设生产线的工作量估计

工作 \ 时间	第一年	第二年	第三年
注塑	12 000	12 000	10 000
修光	95 000	100 000	120 000
装配	29 000	34 000	38 000
检验	8 000	6 000	5 000

第三步：折算为所需工作时数，如表 9-2 所示。

表 9-2 某新设生产线的工作时数估计

工作 \ 时间	第一年	第二年	第三年
注塑	6 000	6 000	5 000
修光	190 000	200 000	240 000
装配	43 500	51 000	57 000
检验	8 000	6 000	5 000
合计	2 475 000	263 000	307 000

第四步：根据实际的每人每年可工作时数，折算所需人力。假设每人每年工作小时数为1 800 小时，从表 9-2 数据计算可知，未来 3 年所需的人力数分别为：138，147 和 171 人。

(2) 趋势分析法。在某些情况下，当人力资源需求与某一特定因素相联系时，则可以考虑使用趋势分析法，例如，企业的人力资源需求与销售额相联系，则可以通过趋势分析来实现对人力资源需求的预测。假设有一家企业的人力资源需求与销售额紧密联系，而且假设其劳动生产率每年以 3%的比率增加，则对其人力资源的预测可利用趋势分析法计算如表 9-3 所示。

表 9-3 趋势分析法

预测年度	销售额预测	员工数预测	调整 3%的生产率影响
2000	100 000 000	5 000	5 000
2001	120 000 000	6 000	5 825
2002	140 000 000	7 000	6 598
2003	160 000 000	8 000	7 321
2004	180 000 000	9 000	7 996
2005	200 000 000	10 000	8 626

9.2 选聘与培训管理

9.2.1 岗位分析与岗位设计

岗位分析与岗位设计为人力资源管理提供了一个平台，人力资源管理的其他所有职能活动应当说都是在此基础上进行的。由于岗位分析需要对各个职位所必需的任职资格条件作充分的分析，因此为员工招聘录用、培训、绩效考核、薪酬管理提供了基础依据。

1. 岗位分析

1) 岗位分析的概念

岗位分析，也可以叫做工作分析、职位分析，它是对组织中某个特定工作职务的目的、任务以及职责、权力、隶属关系、工作条件、任职资格等相关信息进行收集与分析，以便对该职务的工作做出明确的规定，并确定完成该工作所需的行为、条件、人员的过程。

具体来说，岗位分析就是要为管理活动提供与工作有关的各种信息，这些信息可以用6W1H加以概括。其中who，谁来完成这些工作；what，这一职位具体的工作内容是什么；when，怎样安排工作时间；where，在哪里进行这些工作；why，从事这些工作的目的是什么；fov Whom，这些工作的服务对象是谁；how，如何进行这些工作。岗位分析结果是工作说明书，也可以叫做职位说明书或者岗位说明书。

运作实例 9-2

岗位说明书

一个机床操作工把大量的液体洒在他机床周围的地板上，车间主任叫操作工把洒在地板上的液体打扫干净，操作工拒绝执行，理由是岗位说明书里并没有包括清扫的条文。车间主任顾不上去查岗位说明书上的原文，就找来一名服务工来做清扫工作。但服务工同样拒绝，他的理由是岗位说明书里同样也没有包括这一类工作，这个工作应该由清杂工来完成，因为清杂工的责任之一是做好清扫工作。车间主任威胁服务工说要解雇他，因为，这种服务工是分配到车间来做杂务的临时工。服务工勉强同意，但是干完以后立即向公司投诉。有关人员看了投诉以后，审阅了这三类人员的岗位说明书。机床操作工的岗位说明书上规定：操作工有责任保持机床的清洁，使之处于可操作的状态，但并未提及清扫地板；服务工的岗位说明书上规定：服务工有责任以各种方式协助操作工，如领取原料和工具，随叫随到，即时服务，但也没有包括清扫工作；清杂工的岗位说明书确实包括了各种形式的清扫工作，但他的工作时间是从正常工人下班以后开始。

(资料来源：余凯成，程文文. 人力资源管理. 大连理工大学出版社.)

思考题：你认为案例中出现的问题是如何产生的？

提　示：工作岗位分析的目的之一是明确工作责任，而一份工作责任不明确的岗位说明书只会带来矛盾和纠纷。所以，工作说明书要涵盖组织所有的工作任务分工，要做到这一点，需要检查是否所有的事情都在工作说明书中有安排，对于过细的工作可以用恰当的概括性语言说明要完成的工作任务及完成的时间和地点。

通过岗位分析，我们要回答或者说要解决以下两个主要的问题。

(1) “某一职位是做什么事情的？”这一问题与职位上的工作活动有关，包括职位的名称、工作的职责、工作的要求、工作的场所、工作的时间以及工作的条件等一系列内容。

(2) “什么样的人来做这些事情最适合？”这一问题则与从事该职位的人的资格有关，包括专业、年龄、必要的知识和能力、必备的证书、工作的经历以及心理要求等内容。

2) 岗位分析的过程

具体进行岗位分析时，可以分成四个阶段。

(1) 准备阶段。主要工作包括组成工作小组，制定工作进度表，确定调查和分析对象的样本。

(2) 调查阶段。主要工作包括编制各种调查问卷和提纲，根据具体的对象进行调查，收集有关工作的特征及需要的各种数据。

(3) 分析阶段。主要工作包括仔细审核已收集到的各种信息，创造性地分析、发现有关工作和工作人员的关键成分，归纳、总结出工作分析的必须材料和要素。

(4) 形成报告阶段。主要工作包括根据规范和信息编制岗位描述和工作说明书。

3) 岗位分析的方法

(1) 收集信息的方法，要进行深入而透彻的工作分析，必须收集到相关工作的足够信息，收集信息的主要方法有：问卷法、观察法、访谈法、工作日记法、工作参与法与关键事件法。

① 问卷法，是让有关人员以书面形式回答有关职务问题的调查方法。通常问卷的内容是由工作分析人员编制的问题或陈述，这些问题和陈述涉及实际的行为和心理素质，要求被调查者对这些行为和心理素质在他们工作中的重要性和频次(经常性) 按给定的方法作答。

② 观察法，是指在工作现场运用感官或其他工具观察员工的实际工作运作，用文字或图表形式记录下来，来收集工作信息的一种方法。

③ 访谈法，是与担任有关工作职务的人员一起讨论工作的特点和要求，从而取得有关信息的调查研究方法。

④ 工作日记法，使用这种方法时，让员工用工作日记的方式记录每天的工作活动，作为工作分析的资料。这种方法要求员工在一段时间内对自己工作中所做的一切进行系统的活动记录。如果这种记录记得很详细，那么经常会提示一些其他方法无法获得或者观察不到的细节。

⑤ 工作参与法，是由工作分析人员亲自参加工作活动，体验工作的整个过程，从中获得工作分析的资料。要想对某一工作有一个深刻的了解，最好的方法就是亲自去实践，通过实地考察，可以细致、深入地体验、了解和分析某种工作的心理因素及工作所需的各种心理品质和行为模型。所以，从获得工作分析资料的质量方面而言，这种方法比前几种方法的效果都好。

⑥ 关键事件法，是请管理人员和工作人员回忆、报告对他们的工作绩效比较关键的工作特征和事件，从而获得工作分析资料。

(2) 岗位说明书的编写方法。岗位说明书的编写是在岗位调查分析的基础上进行的，根据岗位调查分析所获得的岗位信息资料编写岗位说明书。岗位说明书由工作说明和工作规范两部分组成。工作说明是对有关工作职责、工作内容、工作条件以及工作环境等工作自身特性等方面所进行的书面描述，而工作规范则描述了工作对人的知识、能力、品格、教育背景和工作经历等方面的要求。岗位说明书和岗位规范书可以分成两份文件来写，也可合并在一份岗位说明书中，见第2章表2-5。

2. 岗位设计

尽管工作具有一定的静态性和稳定性，但实际上，工作总是随着时间而不断发生变化的。尤其是随着21世纪的到来，企业面临高速发展的经营环境，为提高组织的适应能力，一方面，组织可采用以适应组织文化和战略变化能力为基础的工作分析方法，把重点放在成功员工的特征上，而并不强调标准的职责和任务等。这些能力包括人际沟通能力、决策能力、解决冲突技能、适应能力和自我激励等。另一方面，由于组织总处于不断变化与完善的过程中，所以岗位设计也成为优化人力资源配置、为员工创造更能发挥自身能力，以及提高工作效率的环境保障。

1) 岗位设计的含义

岗位设计是指组织为了提高工作效率和员工的工作满意程度，而完善或重新整合修改工作描述和工作资格要求的行为或过程。一般而言，当组织出现以下情况时，就可以考虑工作的重新构筑或设计问题。

(1) 工作设置不合理。工作设置出现不十分合理的现象：有些工作量大，经常无法按时完成；有些工作量小，员工上班有很多空余时间；人力资源成本提高，同时又打破了员工之间的公平和和谐，有些员工可能会产生抵触情绪，影响工作进展。

(2) 组织计划管理变革。由于组织的发展或经营环境的变化，组织计划对现有的资源进行整合以及改革现有的管理模式时，组织必须相应进行工作的重新设置以适应新的形势的需要。

(3) 组织的工作效率下降。工作效率下降的原因很多，如果是因为员工对现有工作没有兴趣或缺乏新鲜感而产生的效率不佳，这时组织就应该对这些工作进行再设计。

2) 岗位设计的方法

为了有效地进行岗位设计，岗位设计人员必须全面了解工作的当前状态(工作分析就可达到该目的)，以及该工作在整个组织工作流程中的位置或地位(通过工作流程分析来把握)。岗位设计的方法很多，下面介绍几种常见的方法。

(1) 工作轮换。工作轮换是指在不同的时间阶段，员工在不同的岗位上进行工作，如人力资源部门的“招聘主管”工作和“薪酬主管”的工作，从事该项工作的员工可以一年进行一次工作轮换。

员工进行工作轮换的好处在于：给员工更多的发展机会，让员工感受到工作的新鲜感和工作的刺激，使员工掌握更多的技能，增进不同工种之间员工的理解，提高协作效率。

但它也存在一定的局限性：它只能限于少部分工作轮换，大多数的工作是无法进行轮换的，因为很难找到双方正好都能适合对方职务资格要求的例子；而且轮换后由于需要熟悉工作，可能会使职务效率降低。

(2) 工作丰富化。工作丰富化也称工作垂直延伸，是通过更多、更有意义的任务和责任，使员工得到工作本身的激励和成就感，以增加员工的自主性和责任，提高工作的价值。垂直工作丰富化也可以通过员工组织成团队，并给予这些团队更大的自我管理权力。

(3) 工作扩大化。工作扩大化是指扩大工作的范围。也称工作横向延伸，目的在于向员工提供更多的工作，即让员工完成更多的工作量。当员工对某项工作更加熟练时，提高他的工作量，同时相应地提高他的待遇，会让员工感到更加充实。例如，要求一个原来只操作一台机械的员工操作两台或三台机器，就赋予了他更深层次的责任。补充工作内容必须给员工赋予更多的责任。增加责任意味着赋予员工更大的工作自主权，包括做决定和对工作实施更多的自我控制。

(4) 以员工为中心的工作再设计。以员工为中心的工作再设计是一个将组织的战略、使命与员工对工作的满意程度相结合。在岗位设计中，员工可以提出对工作进行某种改变的建议，以便他们的工作更让人满意，但是他们还必须说明这些改变是如何更有利于实现整体目标的。

以上各种不同的岗位设计方法都有其特殊的用途，设计者可针对组织中不同的工作，选择适当的方法。

9.2.2 选聘的程序与选聘方法

所谓人员选聘，是指通过各种信息，把具有一定技巧、能力和其他特性的申请人吸收到企业空缺岗位的过程。

运作实例 9-3

我非常想帮他这个忙

朱丽是派瑞克制造公司的生产经理，她在给她的朋友、在人力资源部任职的李强打电话，请他帮忙。“李强，我有个朋友，想请你考虑一下安排他担任新的销售部经理。我很喜欢这个人，也会很感激你做的一切。”

“告诉我这个人的情况。”李强说。

“他刚大学毕业。获得历史学学位，我想可能是吧。他没有实际工作经验，但是我保证他能很快进入角色。他的父母是我的好朋友，我非常想帮他这个忙。”

(资料来源：根据 R · 韦恩 · 蒙迪，罗伯特 · M · 诺埃. 人力资源管理. 第六版改编.)

思考题： 如果换做你，你会怎样回答呢？

提　示： 任人唯亲的招聘方式会给企业带来无穷后患。首先，企业招聘与录用应该根据岗位说明的要求设立基本标准；其次，应按规定的招聘程序作出招聘决策，再次，除非特殊的情况，否则招聘录用应该不是一个人做出决策。

在员工选聘工作中，经常会出现运作实例 9-3 的情况，试想这样招聘来的员工能够适合岗位要求吗？

1. 选聘的程序

员工选聘一般要经过招募、考核、录用 3 个程序，如图 9.2 所示。

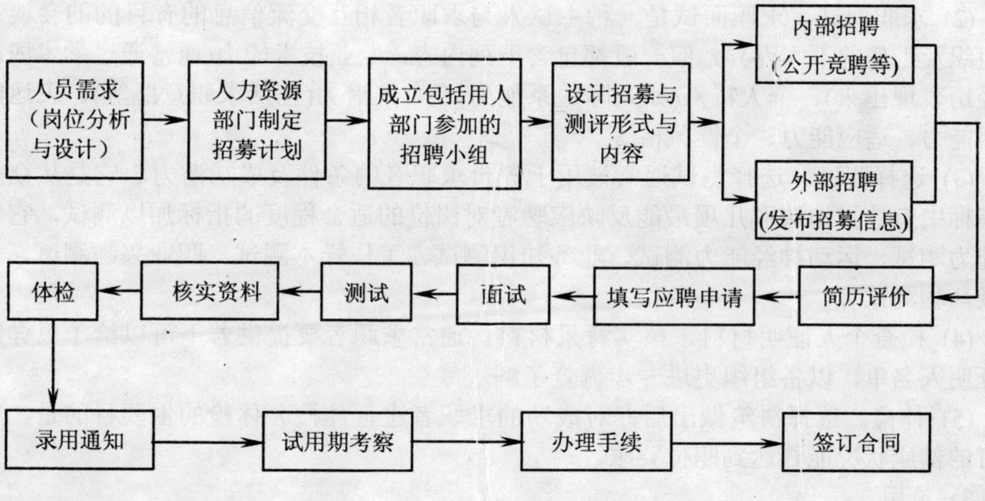

图 9.2　人员招聘录用的一般程序

1) 招募

招募阶段包括确定招聘需求、制定招聘计划、成立招聘组织、选择招聘渠道。

(1) 确定招聘需求。员工选聘首先应根据企业发展战略和岗位空缺情况确定招聘需求，用人部门和人力资源部门对招聘需求提出建议并审核。

(2) 制定招聘计划。人力资源部门应根据经审核的员工招聘需求和相应的岗位说明书制定招聘计划。招聘计划内容应包括：招聘职员的数量、招聘职员的要求、需要的时间、确定招聘区域、招聘预算等。

(3) 成立招聘组织。招聘组织一般由人力资源部门、相关部门负责人参加，并可吸收各部门人员参加，对于抽调的招聘人员要进行必要的训练，使他们掌握招聘政策及招聘技巧。

(4) 选择招聘渠道。人员招聘的渠道不外乎两个方面：即内部招聘和外部招聘。一般情况下，企业出现岗位空缺时，首先考虑内部招聘。内部招聘有许多方式：公开竞聘、内部提拔、横向调动、岗位轮换、重新聘用或招回以前的雇员等，这种招聘方式多在企业局域网、墙报、布告栏、内部报刊上发布招聘信息等。外部招聘方式也很多，比如刊登广告、举行招聘会、求助于猎头企业、借助互联网、校园招聘等。各类人力资源的来源渠道都有优缺点，企业可针对实际情况扬长避短加以利用。

2) 考核

考核是人力资源选聘的重要环节，该过程包括以下环节。

(1) 评价简历和申请表。通过查看简历或者初步面试进行初选，初选合格的求职者填写求职申请表，然后招聘人员对申请表进行评价。申请表的设计一般要求回答有关候选人的教育、技能、经验等内容，包含了招聘方所需的应聘者的基本信息。

(2) 求职面试。求职面试是一种主试人与求职者相互交流信息的有目的的会谈。内容依组织及工作的不同而异，但一般都包含下列内容：专业技术能力(通常通过学术成就和工作经历表现出来)、个人特点(如人际关系能力)及个人潜力(包括求职意愿等)、表达能力、沟通能力、适应能力、个性风格等。

(3) 选择测试。选择测试通常被用于评价求职者的条件及成功潜力。它是从众多的测试指标中有选择地选取几项最能反映应聘者对岗位的适合程度的指标加以测试，它包括认知能力测试、运动神经能力测试、业务知识测试、工作样本测试、职业兴趣测试、个性测试及药物测试等。

(4) 检查个人证明材料，核实背景材料。通常求职者要提供若干可以给予更详细信息的证明人名单，以备组织更进一步调查了解。

(5) 体检。选择决策做出后，对成功的求职者进行体检。体检的主要目的是，明确求职者的健康状况能否达到职位要求。

3) 录用

(1) 录用求职者。考核过程通过后，管理者就要做出录用决策，并发放录用通知书。

在录用通知书中，让被录用的人员了解他们的到来对于企业发展的重要意义，表明企业对人才的尊重。一般以信函的方式为佳。

(2) 员工试用安排。一般情况下，企业为了降低员工选聘风险，都安排新员工试用期，一般为1～3个月。在试用期内，企业和试用员工可以更加深入地相互了解和适应，并为最后录用决策提供依据。

(3) 办理录用手续。员工通过试用期考核后，进入正式录用程序。企业办理录用手续，向劳动行政主管部门报送录用员工登记表，经主管部门审查同意，在登记表上加盖同意录用的印章，录用手续即办理完毕。

(4) 签订劳动合同。根据《中华人民共和国劳动法》，建立劳动关系应当订立劳动合同。新聘人员必须和用人单位签订劳动合同，便于维护用人单位和被录用的员工双方的合法权益。

2. 选聘方法

企业在确定了招募渠道并发布了招募信息后，就会收到大量的应聘材料。对于众多的应聘材料，企业第一要做的事情是对这些材料进行筛选，然后确定面试对象。对面试对象进行考察后，从中挑出合格的人员进行下一轮的复试，最后从企业的职位需要出发挑选出最适合招聘岗位的人选。甄选的方法很多，常见的有：简历筛选、面试甄选、测试甄选、背景调查以及其他一些特殊的甄选办法。这里主要介绍面试和测试两种常用的方法。

1) 面试

面试是通过测试者与被试者双方面对面的观察、交谈，收集有关信息，从而了解被试者的素质状况、能力特征以及动机的一种人员测量方法。从这些信息当中，招聘者可以预测应聘者未来的工作表现。面试已成为所有测评技术中使用最广泛的一种。一项调查显示，70%的企业在招聘过程中使用了某种形式的面试技术或方法。

2) 测试

测试主要能预测申请人的能力特征及在今后特定领域的工作表现，以帮助企业选择对职位要求特别适宜的人员。它主要借助于一些技术手段和方法，对申请人的专业知识、智力、知识面、能力、个性特征等做出客观的评价。随着现代心理学、社会企业管理学及测试技术和方法的交叉结合，并大量运用到人员招募中，现代测试方法越来越多，如专业知识测试、能力测试、运动和身体能力测试、个性与兴趣测试、价值观测试、情商测试等。

9.2.3 员工培训的原则和方法

员工培训是指企业有计划地实施有助于员工学习与工作相关能力的活动。这些能力包括知识、技能和对工作绩效起关键作用的行为。

运作实例 9-4

应该做点什么

赵朗是位培训开发部经理，一天，他正研究每周的培训安排，这时有人敲门。“赵朗，能占用你几分钟吗？”生产经理张福问。

“当然可以，快请进。”赵朗说，“有什么问题？”

“你可能知道，最近我们雇用了王凯，他是一位海军陆战队退役的军官，他想在我们这开始第二份工作。王凯的军事记录十分优秀，但是我从侧面听说了他那些专横的做法时，感到很吃惊。显然他仍然认为自己还像在海军陆战队那样指挥着周围的人，当我与王凯谈话的时候，他说：‘20年来我在人员管理方面一直很成功，用的就是这些方法。’赵朗，我们应该做点什么，你有什么主意？”

(资料来源：根据R·韦恩·蒙迪，罗伯特·M·诺埃. 人力资源管理. 第六版改编.)

思考题：如果你是赵朗该怎样回答？

提　示：每个岗位都有特定的工作任务，所以需要不同特质的人与岗位要求相适应，包括知识结构、能力结构、个性特点及行为方式。这些都可能通过培训得到解决。所以，对习惯部队管理的人应该通过适当培训改变过去的思维及行为模式，如果这样做也没有得到改善，说明他不适合这份工作。

1. 员工培训的原则

日本松下电器公司有一句堪为企业界所推崇和赞赏的名言：“出产品之前先出人才。”其创始人松下幸之助更强调：“一个天才的企业家总是应该不失时机地把员工的培养和训练摆在重要的日程。教育培训是现代经济社会大背景下的杀手锏，谁拥有它就预示着成功。”这充分说明了优质的人力资源要靠员工培训。但要做好员工培训需要把握以下5个原则。

(1) 观念先行。即要树立正确的培训理念。高绩效的员工培训始于正确的培训理念，因此，从公司的高层到普通员工都必须有如下培训理念：员工培训是人力资源提升和发展的最有效手段；培训是各级主管的职责，需要各部门的大力支持和参与；培训必须全面普及，兼顾到管理、技能、知识、态度、习惯等；培训是为实现组织目标而设的，因此需要系统化、策略化；培训是企业推行新政策或进行改革的得力法宝；每个人都有再开发的潜能，都需要培训，只是需要培训的内容和方式不同而已；培训不仅要为今天服务，而且要为明天做准备。

(2) 因材施教。公司从普通员工到最高决策层，所从事的工作不同，能力和要求各不相同。因此，员工培训工作应充分考虑他们各自的特点，做到因材施教。比如，对一线员工来说，技术能力应该是其能力结构中最主要的组成部分；公司最高领导层是决定公司命运的人物，综合能力和概念能力是对其培训的重点。体现在具体的培训工作中，在内容和方法上要有所侧重和区别(参见图9.3)。

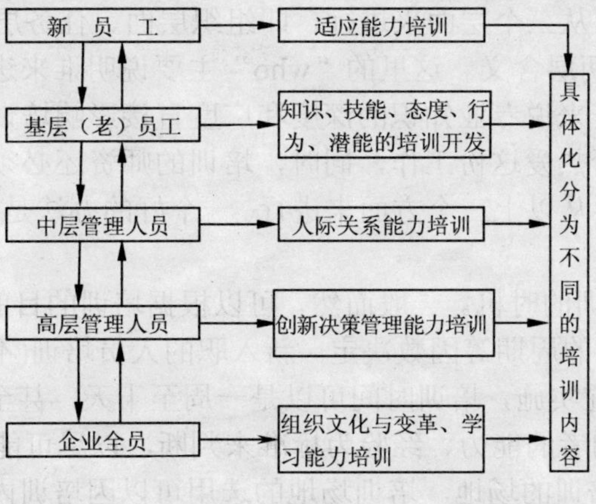

图 9.3 不同对象的人力资源培训的侧重点不同

(3) 方法多样。企业培训员工的方法很多，在具体培训工作中，要根据培训需求的分析和培训目标的确定采用适当的方法。一般来说，企业员工培训可采用案例教学法、角色扮演法、情景模拟法、研讨会法、多媒体教学、模拟训练法等。除此之外，还要在实际工作中寻找方法，如工作轮换、设置助理职务、临时职务的代理等方法，以便使受训人员能在干中学，提高学习效率。

(4) 内容丰富。内容的丰富与否是培训成败的关键因素。在培训内容上要做到“全、新、专”。“全”，是指培训的内容要全面。不但有技术知识，也要有管理知识，还应包括企业文化方面的内容。“新”，就是培训的内容要新。时代在发展，如果总是把老掉牙的一套东西向员工灌输，当然要受到员工的排斥。因此，要通过培训，使员工学习最新知识，掌握新技术，重视加强对国际国内有关本行业新情况、新趋势、新问题的研究，才能真正发挥培训的作用，即提高组织核心竞争力。“专”，就是指培训的内容要根据企业发展不同时期的需要，及行业发展的特点，结合企业不同岗位要求和员工特点，组织专门人员，开设专门课程。

(5) 循序渐进。培训是一个系统工程，不是想培训就培训，一时冷一时热，应采用系统的方法，使培训活动符合企业的发展目标。

2. 员工培训的“5W”法

(1) why：就是让员工认识到为什么要培训。首先，要做好宣传工作，使各级员工明确培训的真正目的，并将培训目的与公司的发展、员工的职业生涯紧密的结合在一起。其次，可采取必要的激励措施，如以培训的考核结果作为加薪晋级的重要依据之一。再次，用简明的语言将培训目的描述出来，使之成为培训的纲领。

(2) what：确定培训什么内容。这个环节不是“拍脑袋”就能决策的，而需要科学的培训需求分析，它是对企业员工和管理者在一定时期内是否需要培训，需要何种培训而进行的评估。培训需求分析可从三个层面来进行，即组织层面、任务层面和人员层面。

(3) who：这里包括两层含义。这里的“who”主要说明谁来进行培训，即选择适当的培训师资。对培训的师资来说专业知识的深度和广度直接影响培训效果，而工作热情同样重要，它意味着教师是否热爱这份工作，同时，培训的师资还必须具备培训技能。所以，找一个适当的培训教师要从以上三个方面来进行。一个好的办法是向他们以往的客户咨询，也可以通过试听来确定。

(4) when：选择好培训的时机。一般而然，可以根据培训的目的、讲师条件、受训者的能力、工作的时间、生产的周期等因数决定。新入职的人员培训(不论是操作工还是管理人员)，可以在实际工作之前实施，培训时间可以是一周至十天，甚至是一个月；而对在职员工的培训，则可以以培训者的能力、经验为标准来判断，以尽可能不影响工作为原则。

(5) where：选择好培训的场地。培训场地的选用可以因培训内容和方式的不同而有区别，一般可分为利用内部培训场地和利用外部专业培训机构和场地两种。内部培训场地的训练项目主要有工作现场的培训和部分技术、技能或知识、态度等方面的培训，主要是利用公司内部现有的培训场地。其优点是组织方便、节省费用。缺点是受企业内部环境和生产状况影响大，为克服这些缺点，除现场培训之外，可选择较安静、整洁、光线适合、有适当培训设施的培训场所。适于外部专业机构或场地的培训项目主要是一些需要借助专业培训工具和培训设施的培训项目，或是利用其优美安静的环境实施一些重要的专题研修等培训。其优点是可利用特定的设施，并离开工作岗位而专心接受训练，且应用的培训技巧亦较内部培训多样化。缺点是组织较为复杂，费用较大。

9.3 绩效考评

9.3.1 绩效考评的含义与目的

1. 绩效的含义及其特点

绩效是指工作成绩和效果，包括两层含义：一是组织的绩效，是指组织在某一时期内，组织目标任务完成的数量、质量、效率及盈利状况；二是员工的工作绩效，是指员工经过考评的工作行为、表现及结果。我们这里主要研究的是后者，即员工的绩效。

绩效具有多因性、多维性与动态性等特点。多因性是指绩效的优劣不是取决于单一因素，而要受制于主、客观的多种因素影响。主观影响因素包括工作技能、激励需求等，客观因素包括机会和环境等。多维性是指考评绩效需从多个维度或多个方面进行，例如，一名工人的绩效，除了产量指标完成情况外，还要对质量、原材料消耗、能耗、出勤甚至团结、服从、纪律等方面进行综合考评。动态性是指员工的绩效不是一成不变的，随着时间的推移，绩效差的可能改进转好，绩效好的可能退步变差，所以不可凭一时印象，以僵化的观点看待员工的绩效。

2. 绩效考评的目的

绩效考评是指组织对员工工作行为、表现及结果的评价过程和方法。目的是通过考核提高每个员工的工作效率及效果，最终实现企业的目标。具体而言，可概括为如下几点。

(1) 为员工的晋升、降职、调职和离职提供依据。

(2) 使员工了解自己的工作成效。

(3) 评估员工和团队对组织的贡献。

(4) 为企业薪酬决策提供依据。

(5) 对招募选择和工作分配的决策提供依据。

(6) 了解员工和团队的培训和教育的需要。

(7) 对培训和员工职业生涯规划效果进行评估。

(8) 为工作计划、预算评估和人力资源规划提供信息。

9.3.2 绩效考核的程序

绩效考核程序主要包括绩效考核计划、绩效监控、绩效评价、实施考核、绩效反馈、绩效结果应用 5 个步骤。

1. 绩效考核计划

进行绩效考核首先应制定一个绩效计划，内容应包括：确定考核内容或称考核纬度、制定考核标准、确定考核时间、找出考核参与者、制定考核方法。

1) 绩效考核的内容

绩效考核的内容，就是需要考核员工的哪些方面。因为员工绩效有多维性的特点，并且每类岗位的工作责任和内容也不同，所以每类岗位的考核内容都应该有特殊性。

绩效考评内容纬度的确定有以下几种类型。

(1) 效果主导型。这种类型考评的内容以考评结果为主，效果主导型着眼于“干出了什么”，重点在结果而不是行为。由于它考评的是工作业绩而不是工作效率，所以考评标准容易制定，并且容易操作。目标管理考评办法就是该类考评。它具有短期性和表现性的缺点，对具体生产操作的员工较适合，但对事务性人员不适合。

(2) 品质主导型。品质主导型考评的内容以考评员工在工作中表现出来的品质为主，着眼于“他怎么干”，由于此种考评需要如忠诚、可靠、主动、有创新、有自信、有协助精神等，所以很难具体掌握，操作性与效率较差。适合于对员工工作潜力、工作精神及沟通能力的考评。

(3) 行为主导型。考核的内容以考评员工的工作行为为主，着眼于“如何干”“干什么”，重在工作过程。考评的标准容易确定，操作性强，适合于对管理性、事务性工作的考评。

目前，比较流行的观点是考核不应局限于工作结果，特别是在员工个人不能全部决定工作结果的情况下，应充分地考虑员工所做的同组织目标相关的、可观测的行为或事情。

一般情况下，可以以定量的工作产出为主，辅以对工作态度和能力的考核。

2) 绩效标准的设定

在确定了考评纬度之后，还必须对这些所要达到的标准进行明确的定义，并就这些标准与员工进行沟通。这些标准应该以员工所在岗位的特定需求为基础，并立足于企业长远的发展目标，以便在实际操作过程中既起到衡量基准的作用，又发挥应有的行为引导功能。

这里应该把握的原则是：企业领导和员工要以公开民主的方式讨论并决定用哪些指标来考核以及用什么标准来考核。企业可以根据企业及工作岗位的类型及特点选择不同类型的考评纬度及考评标准。

2. 绩效监控

绩效监控即对员工绩效的监督与控制，以促进绩效计划得以实现，主要包括以下两方面的内容。

(1) 收集考核数据。很多公司的绩效考核之所以失败，就是因为员工觉得考核没有依据，太过主观。数据收集的目的就是要在绩效实施的过程中为考核收集“证据”，力图做到评估的客观、公正。

(2) 绩效辅导。员工在执行计划的过程中很可能遇到各种意想不到的情况，使得最初设立的绩效计划完成变得更加困难或不切实际，通过员工和管理人员的沟通，双方可以对绩效计划进行调整，使之更加适应环境的要求。此外，在绩效实施的阶段，管理人员更多地扮演着辅导员的角色，有责任帮助员工完成绩效目标。

3. 实施考核

1) 确定考核参与者

一般来说，参加绩效考核的人员可以包括上司、员工自己、下属、同事、外聘专家和客户等，不同的人员从不同的角度对被考核者进行考核，各有优劣。

2) 确定绩效考评的方法

国内外绩效考评的方法很多，常用的主要有以下几种。

(1) 因素评分法。第一，根据考评的目标设定各项考评的因素(或称考评的指标)，并赋予各项考评因素的权数；第二，根据实际情况界定考评度的等级标准及定义；第三，考评者针对所列的考评因素与考评度的标准及定义，就其观察衡量与判断被考评者的工作绩效，给予适当的分数；最后，将对各因素的评分进行加权汇总，就是被考评者的考评结果。考评的总分最高一般定为 100 分，90 分以上为特等，这是有突出贡献的人员；80 分以上为 A 等；70 分以上为 B 等；60 分以上为 C 等；60 分以下为 D 等，即为不及格的等级。

此法简便易行，也比较科学。但要注意的是，对不同层次的岗位，其考评因素的重要程度不同，给予的权重也应有所不同。比如“全局观”这一考评因素，对于经理、部门经理来说较为重要，权重应大一些；而对操作工人来说，则应小些甚至为零。

(2) 相互比较法。如果被考评者的人数不多，且工作性质相近，可采用相互比较法。

此法也有数种比较方法。

① 顺序排列法。该法就是将被考评者群体，按其总的绩效评价的顺序予以排列，并依次以 1，2，3，……数字标之。该顺序数字可视为绩效的指数，也可转换为某种规定范围的数字，使之含有一定的比较意义。

② 成对比较法。该法就是将被考评者群体，一对一地进行比较，根据配比的结果，排列出他们的绩效名次。这种方法的缺点是，被考评者群体的人数较多时，手续比较麻烦。

③ 强迫分配法。所谓强迫分配，就是预先规定一个有限制的范围，并将这个范围划分为若干个区域，通常是按正态分布的规律分为五个区域，从低到高分别占 10%，20%，40%，20%，10%，考评者将不同类别工作的员工，就适当的因素，尽可能地作比较，分配于限定的区域。

(3) 查核表法。查核表法就是将每项考评用文字简要叙述出来，由考评者逐项地查核并做出评判记分，记分的等级一般可分为 5 等或 7 等。此法是一种常用的传统的考评方法，缺陷是比较容易出现一些主观偏向，从而造成评判误差。

(4) 考核清单法。这种绩效考评法用得较为普遍，可分为下述两种。

① 简单清单法。此法通常只考核员工的总体状况，不再分维度考核。先将与某一特定职务履行者工作绩效优劣相关的典型工作表现与行为找出，供考评者逐条对照被考评者实际状况并进行校核，将两者一致的选出，即成为现成的评语。表 9-4 是一份预先拟定的绩效考核清单中的一部分。

表 9-4　绩效考核清单(部分)

□工作中显现出厌倦懈怠的神态与行为
□工作可靠，总能按时完成所布置的任务
□与同事合作协调，相处融洽
□掌握工作中一定方面的技能有困难
□要求多少就干多少，但从不做额外奉献
□脾气很好，从不与人争吵
□有时控制不了自己，较易发火
□工作中极少需上级的监督指导
□对领导的批评帮助能虚心接受

这个清单可以很长，工作各主要方面的好、中、劣情况都应列入。有了这一现成的备选条目清单，考评者只要照单勾选，简单易行，因此有点经验的上级不难填好这一清单。

② 加权总计评分清单法。事实上，各工作维度对绩效的作用并不相等，例如，“工作敏捷利索”与“人际关系融洽”对一线工人的绩效虽都有影响，但前者就比后者重要。此法是按各维度重要性分别给予不同权重，然后对每一维度按四级至九级中的某一尺度评分，并乘以权重，最后将得分加总。考核时各维度条目要打乱混排，使考评者不致因对被评员工某一方面印象较深而影响对其他方面评分的公正性与客观性。但最后要分别按各维度求

得小计分，再加出总分，便可既知某特定方面的情况，又知道总体状况。

4. 绩效反馈

传统的绩效考核往往在实施考核之后就宣告结束了，员工不知道自己的考核结果或者只知道考核结果，不了解自己哪些地方做得好，哪些地方需要进一步改善，从而导致员工的绩效始终停留在一个水平上。而现在考核加入了绩效反馈这一环节，绩效反馈的目的就是要让员工了解自己的工作情况，肯定员工所取得的成绩，确认仍然存在的问题，并在查清造成这些问题的原因的基础上制定出解决这些问题的行动计划。绩效反馈最主要的方式是绩效面谈。

5. 结果应用

绩效考核的结果可以作为工资等级晋升(降)和绩效工资发放的直接依据，与薪酬制度接轨；记入人事档案，作为确定职位晋升、职位调配、教育培训和福利等人事待遇的参考依据；作为调整工作岗位、脱岗培训、免职、降职、解除或终止劳动合同等人事安排的依据。

9.4 薪酬管理

9.4.1 薪酬管理概述

1. 薪酬的含义

所谓薪酬，就是指员工因为雇佣关系的存在而从雇主那里获得的所有各种形式的经济收入以及有形服务和福利，具体包括薪资、奖金、津贴、养老金以及其他各种福利及保健收入。

2. 薪酬的构成

薪酬的表现形式多种多样，主要包括工资、奖金、福利、津贴与补贴、股权等具体形式。

1) 工资

工资有多种形式，从我国目前的工资形式看，主要有如下几种。

(1) 等级工资。等级工资或岗位工资是企业应用最为广泛的工资形式。等级工资制定主要适用于企业基层人员，可以按照各工种技术水平的高低来划分等级。在每个等级中，根据工种的不同可划分出若干个级差。一般员工主要实行岗位工资。这种工资形式，不仅在企业生产线或销售网中得到使用，而且在企业综合职能部门中也得到较为普遍的使用。例如，公司总裁办、财务部、研究与开发部门以及人力资源管理部门。

企业基层员工等级和岗位工资率的决定因素主要有：①劳动技能的认定，包括教育程度、工作经历、从事专业的资历和实际工作能力等；②对岗位劳动责任、劳动强度和劳动条件的认定；③工作绩效考核。

(2) 计时工资。计时工资是根据员工的劳动时间来计量工资的数额，主要分为小时工资、日工资、周工资和月工资，钟点工、临时工分别以小时工资和日工资为主。

在具体操作中，计时工资又分两种做法：①变动计时，当员工工作时间超过某个既定指标时，就获得更高的报酬，当员工工作时间小于某个既定指标时，报酬则相应降低；②固定计时，无论工作时间多长，报酬基本不变，相对固定。

(3) 计件工资。计件工资是指先规定好计件单价，然后根据员工生产的合格产品的数量或完成一定工作量来计量工资的数额。

在具体操作中，计件工资又分为 3 种做法：①等级计件工资，当员工在规定的时间内不能完成某个既定的产品或服务数量时，就适当降低计件工资，当员工超额完成某个既定产品或服务数量时，则根据超过数量的多少获得不同的计件工资率；②单一计件工资，员工完成多少产品或提供多少服务，完全按照某个固定的计件工资率支付报酬；③保留计件制，员工在既定时间内完成或提供服务的数量低于某个临界数量时，仍然可以按照某个固定的计件工资率来支付报酬。

(4) 年薪制。它是以经营者为实施对象，以年度为考核周期，根据经营者的经营业绩、难度与风险，合理确定其年度收入的一种工资分配制度。经营者年薪制是随着现代企业制度和经理阶层的出现而发展起来的，特别是公司制企业委托代理关系的确定对经营者年薪制的形成起到了重要的推动作用。这一制度的实施，对于加速我国现代企业制度建设的步伐，提高企业经济效益，促进经济增长有深远的意义。

企业年薪制设计的主要影响因素有：年薪构成、年薪对象、年薪水平、经营者业绩评估、风险抵押等五个因素。中国企业实行年薪制中的一个关键问题是如何公平、客观地确定企业资产，其次是如何选择有效评估经营者业绩的指标。

(5) 浮动工资制。传统工资方案往往以时间、资历等因素来决定工资率，而浮动工资方案除了考虑上述因素外，更多地考虑绩效因素。浮动工资包括计件工资、奖金、利润分成、收入分成等许多具体形式。这里需要指出的是利润分成和收入分成是有区别的。利润分成，是根据公司利润制定的，按照某一特定公式来分配报酬的方法。所分配的报酬可用现金支付，也可用股权代替现金。收入分成，是在公司有了一定收入情况下进行的分成，是根据公司收入制定的某一特定公式来分配报酬的方法。二者的主要区别是分配的基础不同。利润分成是在公司盈利情况下进行分配，收入分成是在公司有了一定收入情况下进行的分成；有时甚至不考虑盈利因素。

(6) 结构工资。结构工资集中了上述工资制的某些长处，抛弃了它们的一些缺点，因此较多企业采用这种形式。结构工资主要由基础工资、工龄工资、技能工资、岗位工资和奖励工资构成。其各个组成部分均有质的规定性和量的规定性，各有其职能特点和作用方式，各个组成部分之间具有内在的结构关系，互相联系，互相制约，互相补充。结构工资既适用于公司的中级和高级管理员工，也适合于一般工人；既适用于专业化程度高、分工细的行业，也适用于技术要求高、分工粗的行业。当然，各单位应根据结构工资的各个组成部分之间具有的内在联系，在具体应用时各有侧重。

2) 奖励

我国常采用的奖励形式有奖金、佣金、计件等形式。奖励可与职工个人绩效挂钩，也可与群体(班组、科处室等)乃至整个企业效益挂钩。奖励的依据是贡献率，具有明确的针对性和短期刺激性，是对职工近期绩效的回报，故浮动多变。

3) 福利

从本质上讲，福利是一种补充性报酬，但往往不以货币形式直接支付，而多以实物或服务的形式支付，如带薪休假、子女教育津贴、廉价住房、优惠价购买本企业股票保险等。

3. 薪酬的功能

1) 薪酬对员工的功能

(1) 经济保障功能。满足员工在吃、穿、用、住、行等方面的需要，满足员工在娱乐、教育、自我开发等方面的需要。

(2) 心理激励功能。员工需求得到满足的程度越高，则薪酬对于员工的激励作用就越大；反之则可能产生消极怠工、效率低下、人际关系紧张、凝聚力下降等负面情况。

(3) 社会信号功能。薪酬水平反映员工家庭、朋友、职业、受教育程度、生活状况，同时反映员工在组织中的层次、地位和个人价值的高低，以及事业成功的程度。

2) 薪酬对企业的功能

(1) 吸引、保留和激励员工。薪酬在企业吸引和保留员工方面的重要性显而易见。如果企业支付的薪酬水平过低，企业在招募新人时将很难招募到合适的员工，而勉强招募的员工往往在数量和质量方面也不能尽如人意；同时，过低的薪酬水平还有可能导致企业中原有的员工忠诚度下降，另谋他就的可能性上升。反之，如果企业的薪酬水平比较高，则一方面企业在招募人员时较容易招募到所需人员，另一方面也可减少员工流失，激励员工努力工作保持这份工作，这也同时降低了企业的监督管理费用，有利于企业保持自身在产品和服务市场上的竞争优势。

(2) 控制经营成本。薪酬水平的高低和企业的总成本支出密切相关，尤其是在一些劳动密集型的行业和以低成本为竞争手段的企业中。在其他条件一定的情况下，薪酬水平越高，劳动力成本越高，产品或服务成本也越高，这使企业定价较高，在日趋激烈的竞争市场上，消费者对于产品的价格是较敏感的。因此，劳动力成本的控制对于企业来说是非常重要的。

恰当的薪酬策略会提高组织留住和争夺人才的能力，增强组织实力，同时还能起到控制经营成本，提高产品市场竞争能力的作用。

(3) 引导员工提高效率，改善经营业绩。适当的薪酬政策对员工的行为有强烈的企业战略目标导向性，可调节员工的行为和工作状态，引导员工实现企业经营目标，提高工作效率，增加经济效益。

(4) 塑造企业形象，强化企业文化。薪酬水平体现了企业在劳动力市场上的定位，同时也显示了企业的支付能力以及对于人力资源的态度。支付较高薪酬的企业在劳动力市场上树立了良好的形象，同时也有利于企业在产品和金融市场上的竞争，居民对高薪酬企业的产品和服务较有信心，这也鼓励了居民的购买和投资行为。

4. 薪酬管理的含义

薪酬对企业员工和企业的重要性决定了薪酬管理的重要性。薪酬管理是指一个组织针对所有员工所提供的服务来确定他们应当得到的报酬总额以及报酬结构和报酬形式的过程。在这一过程中，企业薪酬管理的主要内容包括：薪酬体系、薪酬水平、薪酬结构、薪酬形式等。

5. 薪酬管理的原则

1) 战略导向原则

战略导向原则强调企业设计薪酬时必须从企业战略的角度进行分析，制定的薪酬政策制度必须体现企业发展战略的要求。企业的薪酬不仅仅只是一种制度，它更是一种机制，合理的薪酬制度驱动和鞭策那些有利于企业发展战略的因素的成长和提高，同时使那些不利于企业发展战略的因素得到有效的遏制和消除。因此，企业设计薪酬时，必须从战略的角度进行分析，哪些因素重要，哪些因素不重要，并通过一定的价值标准，给予这些因素一定的权重，同时确定它们的价值分配，即薪酬标准。

2) 经济性原则

薪酬设计的经济性原则强调企业设计薪酬时必须充分考虑企业自身发展的特点和支付能力。

3) 体现员工价值原则

现代人力资源管理必须解决企业的三大基本矛盾，即人力资源管理与企业发展战略之间的矛盾，企业发展与员工发展之间的矛盾和员工创造与员工待遇之间的矛盾。因此，企业在设计薪酬时，必须要能充分体现员工的价值，要使员工的发展与企业的发展充分协调起来，保持员工创造与员工待遇(价值创造与价值分配)之间短期和长期的平衡。

4) 激励作用原则

在企业设计薪酬时，同样是10万元，不同的部门、不同的市场、不同的企业发展阶段支付给不同的员工，一种方式是发4万元的工资和6万元的奖金，另一种方式是发6万元的工资和4万元的奖金，激励效果完全不一样。激励作用原则就是强调企业在设计薪酬时必须充分考虑薪酬的激励作用，即薪酬的激励效果。这里涉及企业薪酬(人力资源投入)与激励效果(产出)之间的比例关系，企业在设计薪酬策略时要充分考虑各种因素，使薪酬的支付获得最大的激励效果。

5) 相对公平(内部一致性)原则

内部一致性原则是公平理论在薪酬设计中的运用，它强调企业在设计薪酬时要“一碗水端平”。内部一致性原则包含几个方面：一是横向公平，即企业所有员工之间的薪酬标准、尺度应该是一致的；二是纵向公平，即企业设计薪酬时必须考虑到历史的延续性，一个员工过去的投入产出比和现在乃至将来都应该基本一致，而且还应该是有所增长的。这里涉及一个工资刚性问题，即一个企业发给员工的工资水平在正常情况下只能看涨，不能看跌，否则会引起员工很大的不满；最后就是外部公平，即企业的薪酬设计与同行业的同类人才相比具有一致性。

6) 外部竞争性原则

外部竞争性原则强调企业在设计薪酬时必须考虑到同行业薪酬市场的薪酬水平和竞争对手的薪酬水平，保证企业的薪酬水平在市场上具有一定的竞争力，能充分地吸引和留住企业发展所需的关键性人才。

如果企业所建立的员工薪酬制度没有遵循上述原则，就会产生种种问题。

运作实例 9-5

他感到前途渺茫

李贺和他的朋友姜德在一个周六的下午打高尔夫球交谈时，发现他的部门雇佣了一位最近毕业的大学生做系统分析员，他的底薪几乎和自己一样高。虽然李贺的脾气不错，但他还是很困惑和沮丧，他花了5年的时间成为高级系统分析员，并达到他现在的工资水平。总的来说，他一直对自己的公司很满意，而且完全喜欢他的工作。

接下来星期一的早上，李贺见了人力资源经理戴强，向他询问自己所听说的是否属实。戴强抱歉的承认是实情，并努力解释公司的处境：“李贺，系统分析员市场十分紧俏，为使公司吸引合格的人选，我们不得不提供一种溢价底薪。我们实在需要再增加一名分析员，而且这是能使我们找到这种人才的唯一办法。”

李贺问他的工资是否会相应地调整。戴强说：“你的工资将在规定时间得到重新的评价，但由于你干得一直不错，我相信老板会建议加薪的。”李贺多谢了戴强，抱歉占用了他的时间，然后摇着头离开了那间办公室，他感到前途渺茫。

(资料来源：根据R·韦恩·蒙迪，罗伯特·M·诺埃. 人力资源管理. 第六版改编.)

思考题：关于此事，你认为公司应采取什么行动？

提　示：首先，该公司应重新制定薪酬体系策略，从侧重内部公平转为侧重外部公平；其次，进行人才市场薪酬调查，使薪酬与市场挂钩。

5. 影响薪酬管理的主要因素

1) 外在因素

(1) 劳动力市场的供需关系与竞争状况。本地区、本行业、本国的其他企业，尤其是竞争对手对其职工所制定的薪酬政策与水准，对企业确定自身员工薪酬的影响甚大，所以又称之为“比较规范”。倘若市场上竞争对手众多，成本控制就变得特别重要，竞争激烈使企业不能将增薪的成本转嫁到消费者身上，使产品价格大幅提升。在此情况下，非经济报酬(如晋升和培训机会等)便比实际增薪较为务实。

(2) 地区及行业的特点与惯例。这里的特点也包括基本观点、道德观与价值观。沿海与内地、基础行业与高科技新兴行业间的差异，必然会反映到其薪酬政策上来。

(3) 当地生活水平。这一因素从两层意义上影响企业的薪酬政策：一方面，生活水平高了，员工们对个人生活的期望也高了，无形中对企业造成一种制定偏高薪酬标准的压力；另一方面，生活水平高也可能意味着物价指数要持续上涨，为了保持员工生活至少不致恶化及购买力不致降低，企业往往也不得不考虑定期地向上适当调整工资。但这一因素对决定基本工资并无关键作用，只在调整时需要考虑。

(4) 国家的有关法令和法规。我国目前有关各类员工权益保护的正式法律还不算太多，但对禁止使用童工和保护妇女、残疾人及最低工资等方面，已有若干规定。随着我国法制的日趋完备，这类法律必然日益增多，这些法律法规是企业的薪酬政策必须遵守的。

2) 内在因素

内在因素方面主要包括下列几项。

(1) 本单位的业务性质与内容。如果企业是传统型的、劳力密集型的，则员工们从事的主要是简单的体力性劳动，而劳力成本可能占总成本的比重很大；若是高技术的资本密集型企业，高级专业人员比重很大，他们从事的是复杂的、技术成分很高的脑力劳动，而相对于先进的技术设备而言，劳力成本在总成本中的比重却不大。显然这对企业的薪酬政策有不同的重大影响。

(2) 企业的经营状况与财政实力。在劳动成本增加，而生产量和其他输入量不变的情况下，生产率会降低，故企业应仔细考虑如何平衡增薪与生产率的关系，同时也要考虑企业的财政能力。

(3) 企业的管理哲学和企业文化。这方面的核心要素是指企业领导对员工本性的认识及态度。那种认为员工们所要的就是钱，只有经济刺激才能让他们好好干活的企业领导，与那种认为员工们不仅从本性上有多方面的追求，钱决非唯一的动力，他们喜爱有趣的挑战性工作，而且是有自觉性的企业领导相比，两者在薪酬政策上显然是会大相径庭的。

9.4.2 薪酬体系

薪酬体系是企业确定基本薪酬的基础。目前，国际上通行的薪酬体系有 3 种：职位或岗位薪酬体系、技能薪酬体系、能力薪酬体系。薪酬体系是指，企业在确定员工的基本薪酬水平时所依据的分别是员工所从事的工作自身的价值、员工所掌握的技能水平，还是员工所具备的能力或任职资格。

1. 职位或岗位薪酬体系

1) 职位或岗位薪酬体系的概念

职位或岗位薪酬体系就是首先对职位本身的价值做出客观的评价，然后再根据这种评价结果来赋予承担这一职位的人与该职位的价值相当薪酬的一种基本薪酬制度。职位或岗位薪酬体系是一种传统的确定员工基本薪酬的制度，它的最大特点是员工从事什么样的职务或岗位工作就得到什么样的薪酬，与技能薪酬体系和能力薪酬体系相比，职位或岗位薪酬体系在确定基本薪酬的时候基本上只考虑职位或岗位本身的因素，很少考虑人的因素。

2) 职位或岗位薪酬体系的优缺点

(1) 职位或岗位薪酬体系的优点：①实现了真正意义上的同工同酬，体现了按劳分配体制；② 有利于按照职位或岗位薪酬系列进行薪酬管理，操作较简单，管理成本较低；③晋升和基本薪酬增加之间的连带性加大了员工提高自身技能和能力的动力。

(2) 职位或岗位薪酬体系的缺点：①由于薪酬与职位或岗位直接挂钩，因此当员工晋升无望时，也就没有机会获得较大幅度的加薪，其工作积极性将受挫，甚至会消极怠工或离职；②由于职位或岗位相对稳定，薪酬也相对稳定，这不利于企业对于多变的外部经营环境做出迅速的反应，也不利于及时激励员工。

3) 实施职位或岗位薪酬体系的前提条件

企业在实施职位或岗位薪酬体系时，必须首先对以下几个方面的情况做出评价，以考察本企业的环境是否适合采用职位或岗位薪酬体系。

(1) 职位或岗位的内容是否已经明确化、规范化和标准化。企业必须保证对各项工作有明确的专业知识要求、有明确的责任，同时这些职位所面临着的工作难点也是具体的、可以描述的，即必须具备进行工作分析的基本条件。

(2) 职位或岗位的内容是否基本稳定，在短期内不会有大的变化。只有这样企业才能使工作的序列关系有明显的界限，不至于因为职位或岗位内容的频繁变动而使职位或岗位薪酬体系的相对稳定性和连续性受到破坏。

(3) 是否具有按个人能力安排职位或工作岗位的机制。为了避免员工本人能力与所担任职位或岗位的能力要求不匹配而导致不公平现象发生，对按个人能力安排职位的企业不实行这种薪酬体系。

(4) 企业中是否存在相对较多的职级。实施职位或岗位薪酬体系的企业中，无论是比较简单的工作还是比较复杂的工作，职位或岗位的技术应该相当地多，从而确保企业能够为员工提供一个随着个人能力的提升从低级职位向高级职位晋升的机会。否则将损伤员工的工作积极性和进一步提高技能和能力的动机。

(5) 企业的薪酬水平是否足够高。如果企业的总体薪酬水平不高，职位或岗位等级又很多，处于职位序列最底层的员工所得到的报酬就会非常少，不能满足其基本生活需要。

4) 职位或岗位薪酬体系的设计流程

职位或岗位薪酬体系的设计步骤主要有：进行职位或工作分析；编制职位说明书；进行职位或工作评价；建立职位薪酬等级。

(1) 进行职位或工作分析。工作分析也就是指了解一种工作(或职位)并以一种格式把这种信息描述出来，从而使其他人能了解这种工作(或职位)的过程。职位或工作分析，是薪酬设计的基础，是确定完成各项工作所需知识、技能和责任的系统过程，是一种重要的人力资源管理工具。组织通过工作分析可以得到两类信息：第一类信息被称为工作(或职位)描述，它是对经过工作分析所得到的关于某一特定工作的职责与任务的一种书面记录。即阐明某种工作(或职位)的职责范围及其内容。第二类信息被称为工作规范。它是对适合从事某种工作(或职位)的人的特征所进行的描述，即任职资格的描述。

(2) 编制职位说明书。编制职位说明书也就是按照工作的实际情况对其进行确认、界定以及描述。职位说明书是职位或岗位分析活动所得到的结果，它通常分为工作描述和工作规范两个部分。

(3) 进行职位或工作评价。进行职位或工作评价也就是对职位进行价值评价。职位评价是指系统地确定职位之间的相对价值，从而为组织建立一个职位结构的过程，它是以工作内容、技能要求、对组织的贡献、组织文化以及外部市场等为综合依据的。职位评价是一个合理而公正的对职位定级的制度，它把各项职位进行比较或以预定的标准加以衡量，以确定职位在一个组织中的相对价值。职位评价是确保薪酬制度达到公平性的重要手段，其目的是：比较企业内部各个职位的相对重要性，得出职位等级名列；并为外部薪酬调查建立统一的职位评估标准。

职位评价有非量化评价法和量化评价法两种：所谓非量化方法是指那些仅仅从总体上来确定不同职位之间的相对价值顺序的职位评价方法，包括排序法、分类法等；量化方法则是试图通过一套等级尺度系统来确定一种职位的价值比另外一种职位的价值高多少或低多少。量化方法也有两种方法，包括要素比较法、要素计点法等。

(4) 建立职位薪酬等级。这个内容在9.4.3节中有阐述，在此不赘述。

2. 技能/能力薪酬体系

技能/能力薪酬体系是指组织根据一个人所掌握的与工作有关的技能、能力以及知识的深度和广度支付基本薪酬的一种报酬制度。即员工所获得的薪酬是与知识、一种或多种技能以及能力而不是与职位联系在一起的。这种薪酬制度通常适用于所从事的工作比较具体而且技能、能力能够被界定出来的操作人员、技术人员以及办公室工作人员。近年来，技能/能力薪酬体系已经广泛应用于电信、销售、银行、保险公司以及其他一些服务行业的公司。

1) 技能/能力薪酬体系的种类

从工作性质的角度看，技能/能力薪酬体系通常适用于在以下三种得分比较高的技能、能力维度上的职位类型：深度技能、广度技能、垂直技能。

(1) 深度技能。在从事这一类职位的工作时，任职者要想达到良好的工作绩效，就必须既能胜任一些简单的体力活动，同时还要从事一些需要运用较为复杂技能的活动。这些职位往往都能够为员工提供职业发展的机会。

(2) 广度技能。与深度技能不同，任职者在从事这一类职位的工作时，需要运用其上游职位、下游职位或者是同级职位所要求的多种一般性技能。这些工作往往要求任职者不仅学会在自己的职位族范围内需要完成的各种任务，而且还要掌握本职位族之外的其他职位所需要完成的那些一般性工作任务。

(3) 垂直技能。这种技能要求员工能够进行自我管理。员工在承担所任职位的工作时需要具备的所谓垂直技能可包括：时间规划、领导、群体性的问题解决、培训以及其他工作群体或员工群体之间的协调等。

2) 技能/能力薪酬体系的实施条件

调查发现，技能/能力薪酬体系在以下几类行业中较可行：一是运用连续流程生产技术的行业；二是运用大规模生产技术的行业；三是服务行业；四是运用单位生产或小批量生产技术的行业。另外，技能/能力薪酬体系的实施还取决于管理层的认识。

3) 技能/能力薪酬体系的优点

(1) 技能/能力薪酬体系向员工传递的是关注自身发展和不断提高技能的信息，它激励员工不断开发新的知识和技能，使员工在完成同一水平层次以及垂直层次的工作任务方面具有更大的灵活性和多功能性，从而有利于员工和组织适应市场上快速的技术变革。

(2) 技能/能力薪酬体系有助于让达到较高技能水平的员工实现对组织更为全面的理解。

(3) 技能/能力薪酬体系在一定程度上有利于鼓励优秀专业人才安心本职工作，而不是去谋求报酬尽管很高但是却并不擅长的管理职位。

(4) 技能/能力薪酬体系在员工配置方面为组织可提供更大的灵活性，这是因为员工的技能区域扩大使得他们能够在自己的同事生病、流动或者其他原因而缺勤的情况下替代他们的工作，而不是被动等待。

(5) 技能/能力薪酬体系有助于高度参与型管理风格的形成。

4) 技能/能力薪酬体系的缺点

(1) 由于企业往往要在培训以及工作重组方面进行投资，结果很有可能出现薪酬在短期内上涨的状况。

(2) 技能/能力薪酬体系要求企业在培训方面付出更多的投资，如果企业不能通过管理使得这种人力资本投资转化为实际的生产力，则企业可能因此无法获得必要的利润。

(3) 技能/能力薪酬体系的设计和管理都要比职位薪酬体系更为复杂，因此它会要求企业有一个更为复杂的管理结构，至少需要对每一位员工在技能的不同层级上所取得的进步加以记录。

5) 技能/能力薪酬体系的设计流程

技能/能力薪酬体系的设计步骤主要有：建立技能/能力薪酬体系设计小组，进行工作任务分析，确定技能/能力等级并为之定价，技能/能力的分析、培训与认证。

9.4.3 薪酬水平与薪酬调查

1. 薪酬水平

薪酬水平是指企业中各职位、各部门以及整个企业的平均薪酬水平，薪酬水平决定了企业薪酬的外部竞争性。在传统的薪酬水平概念上，人们更多地关注的是企业的整体薪酬水平，而在当前全球经济一体化以及竞争日趋激烈的市场环境中，人们开始越来越多地关注职位和职位之间或是不同企业中同类工作之间的薪酬水平对比，而不是笼统地企业平均水平的对比。这是因为，随着竞争的加剧以及企业对于自身在产品市场和劳动力市场上的灵活性的强调，企业在薪酬的外部竞争性方面的考虑越来越多地超过企业对于内部薪酬一致性的考虑。

企业在决定其薪酬水平时主要有以下四种类型。

(1) 领先型薪酬水平。采用这种类型薪酬水平的企业通常具有这样的特征：规模较大、投资回报率较高、薪酬成本在企业经营总成本中所占的比率较低、产品市场上的竞争者较少。具有以上特征的企业在资金、盈利上的优势为其采用高薪提供了条件，使企业获得了大量的创造性人才，这些人才又为企业持续发展奠定了基础，使企业走上了良性发展的轨道。

(2) 市场追随型薪酬水平。大多数企业在确定薪酬水平时，就是根据市场平均水平确定企业的薪酬水平，以此希望确保自己的薪酬成本与产品竞争者的薪酬成本保持基本一致，减少企业的风险。采用这种类型薪酬水平的企业应随时观测市场薪酬水平的变化，适时调整本企业的薪酬水平，使之与市场薪酬水平保持一致。

(3) 拖后型薪酬水平。对于生产规模较小、产品市场竞争激烈、产品边际利润率低、成本承受能力较弱的企业，大多属于中小企业，多实施这种拖后型薪酬水平。有时候，实施这种薪酬水平的企业，没有支付意愿是主要原因，而非没有支付能力。这样的企业一般员工的流失率较高。

(4) 混合型薪酬水平。混合型薪酬水平，是指企业在确定薪酬水平时，根据职位的类型或员工的类型来分别制定不同类型的薪酬水平。

混合型薪酬水平的最大优点是具有灵活性和针对性，对于人力资源市场上的稀缺人才及企业希望长期留住的关键职位上的员工，采取领先型薪酬水平；对于人力资源市场上的富余人员以及鼓励流动的低职位上的员工，采取追随型薪酬水平甚至拖后型薪酬水平，这既有利于企业保持在人力资源市场上的竞争力，又有利于企业合理控制薪酬成本开支。

2. 薪酬调查

薪酬调查，是通过各种正常的调查手段获取相关企业各职务或各岗位的薪酬水平及相关信息的活动。企业要吸引和留住人才，不但要保证企业薪酬制度的内在公平性，而且要保证企业薪酬制度的外在公平性，因此要组织力量开展薪酬调查。通过调查，了解和掌握本地区、本行业的薪酬水平状况，特别是竞争对手的薪酬状况，确定本企业的新的、有竞争力的薪酬制度。

通过薪酬调查(包括区域调查、行业调查和岗位调查)，可以了解当地薪酬水平并与本企业比较；了解薪酬动态与发展趋势；查找本企业内部薪酬制度的缺陷；查找本企业内部薪酬结构不合理的岗位；研究和制定新参加工作人员的起点薪酬标准。

薪酬调查的渠道较多。可通过参加同行业俱乐部或各种协会、学会，实现同行业之间的定期交流；每年向若干家公司发放工资问卷调查表，调查关键职位和一般职位的工资情况；通过和其他公司管理者非正式交流获得薪酬信息；通过政府有关部门的统计资料及对某些职位所作的定期工资调查报告掌握薪酬信息；委托专门的调查机构收集薪酬信息等。

9.4.4 薪酬结构

薪酬结构是对同一组织内部的不同职位或者技能之间的薪酬水平的比例关系所作的安排。它强调的是职位或技能/能力等级的数量、不同职位或技能/能力等级之间的薪酬差距及用来确定这种差距的标准是什么。尽管薪酬结构强调的是同一组织内部的一致性问题，但是它不是脱离外部竞争性而独立决策的一个过程，事实上，薪酬结构决策是在内部一致性和外部竞争性这两种薪酬有效性标准之间进行平衡的一种结果。内部一致性指的是组织内部不同职位或技能/能力之间的相对价值比较问题。这种相对价值的比较可以是横向的，也可以是纵向的，可以是同一个职位族内部的比较，也可以是同一个部门内部的比较。

薪酬结构的内容包括：一是薪酬的等级数量；二是同一薪酬等级内部的薪酬变动范围(最高值、最低值、中间值)；三是相邻两个薪酬等级之间的交叉与重叠关系。

企业薪酬结构设计的应该从国际国内企业竞争和本企业发展的实际出发，设计多元化的、规范化的、现代化的薪酬结构。就企业内部环境来说，往往要考虑职位等级、个人技能和资历、工作时间、个人绩效和福利待遇等 5 个因素。

本章小结

本章为体现该教材培养应用型人的目标，只对必要的人力资源管理理论进行阐述，更多的是研究人力资源管理的方法和技巧。首先直接提出了人力资源及人力资源管理的概念与作用，重点介绍了人力资源规划的内容与方法，其中较详细介绍了人力资源预测的方法。其次在第二节中介绍人力资源管理的三个方面的重点内容，包括工作岗位分析与设计的过程和方法，其中岗位分析及编写工作岗位说明书的方法是重点内容；人力资源选聘的过程和方法，其中面试的方法和技巧是重点内容；人力资源培训的过程和方法。最后介绍了绩效管理和薪酬管理，其中重点介绍了绩效考核的方法和薪酬管理的内容和方法，这部分是本章的核心。

习题

思考题

(1) 如何理解人力资源的内涵与性质？

(2) 如果你是招聘主管，你将如何做招聘工作的计划？

(3) 如果你负责招聘大学毕业生，你认为应该如何对他们进行面试和测评？

(4) 如何做员工培训工作才能更有成效？

(5) 绩效管理都包括哪些工作？如何做好绩效管理工作？

(6) 如果你是薪酬经理，你将如何制定你公司的薪酬政策？

案例应用分析

案例 9-1

飞宴航空食品公司

罗云在飞宴航空食品公司担任地区经理快1年了。此前，他在一所名牌大学得过MBA学位，又在本公司总部科室干了四年多的职能性管理工作。她分工管理10家供应站，每站有一名主任，负责向一定范围内的客户销售和服务。飞宴食品公司不仅服务于航空公司，也向成批定购盒装中、西餐的单位提供所需食品。飞宴公司雇请所有自己需要的厨房工作人员，供应站主任主要负责计划，编制预算，监控分管指定客户的销售服务员等活动。

罗云上任的头一年，主要是巡视各供应站，了解业务情况，熟悉各站的所有工作人员。通过巡视他收获不小，也增加了自信。

罗云手下的 10 名主任中资历最老的是马伯雄。他只念过一年大专，后来进入了飞宴公司，从厨房代班长干起，直到三年前当上了这个供应站的主任，老马很善于和他重视的人，包括他的部下搞好关系。他的客户都是“铁杆”，3 年来没有一个转向飞宴航空食品公司的对手去订货的；他招来的部下，经过他的指点培养，有好几位已经被提升，当上其他地区的经理了。

不过他的不良饮食习惯给他带来了严重的健康问题，身体过胖，心血管加胆囊结石，使他这一年请了三个月的病假。其实医生早给他提过警告，他置若罔闻。再则他太爱表现自己了，作了一点小事，也要来电话向罗芸表功。他给罗芸打电话的次数，超过其他 9 位主任的总和。罗云觉得过去共过事的人没有一个是这样的。

由于营业的扩展，已盛传要给罗云添一名副手。老马已公开说过，站主任中他资格最老。他觉得地区副经理非他莫属。但罗云觉得老马当他的副手，真叫她受不了，两人的管理风格太悬殊；再说老马的行为准会激怒地区和公司的工作人员。

正好年终的绩效评估到了，公正地讲，老马这一年的工作，是干得不错的。飞宴的年终绩效评估表总体是 10 级制，10 分为最优；7～8 分为良，虽然程度有所不同；5～6 分为合格；3～4 分为较差；1～2 分为最差。罗芸不知道该给老马评几分。评高了他就更认为该提升他；太低了他准会大为发火，会吵着说对他不公平。老马自我感觉良好，觉得跟别的主任比，他是鹤立鸡群。他性格豪迈，爱走访客户，也爱跟手下打成一片，他最得意的是指导部下某种新操作方法，卷起袖子亲自下厨，示范手艺。跟罗云谈过几次后，他就知道罗云讨厌他事无巨细，老打电话表功，有时一天打两三次，不过他还是想让她知道自己干的每项工作。他也知道罗云对他不听医生劝告，饮食无节制有看法。但他认为罗云跟他比实际经验少多了，只是多学点理论，到基层来干，未见得玩得转。他为自己学历不高但成绩斐然而自豪，觉得这副经理是非他莫属，而这只是他实现更大抱负的一个台阶而已。

考虑再三，罗云给他的绩效评了个 6 分。他觉得这是有充分理由的：因为他不注意卫生，病假三个月。她知道这分数远低于老马的期望，但他要用充分的理由来支持自己的评分。然后她开始给老马的各项考评指标打分，并准备怎样跟老马面谈，向他传达考评结果。

分析：

(1) 你认为罗云对老马的绩效考评是否合理？

(2) 预计老马听了罗云对他的绩效评定，会做何反应？罗云应怎样处理？

(3) 如果你是老马，对罗云的考评结果会采取怎样的态度和做法？为什么？

案例 9-2

IBM 的薪酬管理制度

在 IBM 有一句话：加薪非必然！IBM 的工资水平在外企中不是最高的，也不是最低的，但 IBM 有一个让所有员工坚信不疑的游戏规则：干得好加薪是必然的。

如何让员工相信组织的激励机制是合理的，并完全遵从这种机制的裁决，是组织激励机制成功的标志。IBM 的薪金制度非常独特和有效，其能够通过薪金管理达到奖励进步、督促平庸的目的。如今 IBM 已将这种管理发展成为了一种高绩效文化(High Performance Culture)，自己去年干得如何，都可以通过工资涨幅体现出来。IBM 的薪金构成很复杂，但里面不会有学历工资和工龄工资，IBM 员工的薪金跟员工的岗位职务、工作表现和工作业绩有直接关系，而跟工作时间长短和学历高低没有必然关系。在IBM，学历是一块很好的敲门砖，但绝不会是获得更好待遇的凭证。

IBM的薪资政策精神是：通过有竞争力的策略，吸引和激励业绩表现优秀的员工继续在岗位上保持高水平。个人收入视工作表现、相对贡献、所在业务单位的业绩表现以及组织的整体薪资竞争力进行确定。

1996年调整后的新制度以全新的职务评估系统取代原来的职等系统，所有职务将按照技能、贡献和领导能力，对业务的影响力及负责范围等三个客观条件，分为十个职等类别。部门经理根据三大原则，决定薪资调整幅度。

这三大原则是：

(1) 员工过去3年“个人业务承诺计划”成绩的记录；

(2) 员工是否拥有重要技能，并能应用在工作上；

(3) 员工对部门的贡献和影响力。

员工对薪资制度有任何问题，可以询问自己的直属经理，进行面对面沟通，或向人力资源部查询。一线经理提出的薪资调整计划，必须得到上一级经理认可。

IBM的工资与福利项目如下：

(1) 基本月薪——是对员工基本价值、工作表现及贡献的认同；

(2) 综合补贴——对员工生活方面基本需要的现金支持；

(3) 春节奖金——农历新年之前发放，使员工过一个富足的新年；

(4) 休假津贴——为员工报销休假期间的费用；

(5) 浮动奖金——当组织完成既定的效益目标时发出，以鼓励员工的工作贡献；

(6) 销售奖金——销售及技术支持人员在完成销售任务后的奖励；

(7) 奖励计划——员工由于努力工作或有突出贡献时的奖励；

(8) 住房资助计划——组织拨出一定数额的钱存入员工个人账户，以资助员工购房，使员工能在尽可能短的时间内用自己的能力解决住房问题；

(9) 医疗保险计划——员工医疗及年度体检的费用由组织解决；

(10) 退休金计划——积极参加社会养老统筹计划，为员工提供晚年生活保障；

(11) 其他保险——包括人寿保险、人身意外保险、出差意外保险等多种项目，关心员工的每时每刻的安全；

(12) 休假制度——鼓励员工在工作之余充分休息，在法定假日之外，还有带薪年假、探亲假、婚假、丧假等；

(13) 员工俱乐部——组织为员工组织各种集体活动，以加强团队精神，提高士气，营造大家庭气氛，包括各种文娱、体育活动、大型晚会、集体旅游等。

IBM的薪酬管理是众多薪酬制度中的很有代表性的一种。薪酬管理作为人力资源管理中最富挑战性的部分，需要考虑的因素很多。从理论上而言，薪酬水平的高低与市场、战略、职位、素质、绩效等几个方面有关。公平的薪酬分配与管理体制不仅仅是公正性的重要体现，而且也是使组织成员以高度的热情和努力投入到工作中去的关键因素。

分析：

(1) IBM的薪酬制度对该企业和员工都发挥了什么功能？

(2) 如果你负责你们单位的薪酬制度的设计工作，谈谈你的工作思路。

(资料来源：孙健敏. 组织与人力资源管理. 华夏出版社，2004.)

第10章 财务管理

教学目标与要求

通过本章的学习，明确企业财务管理的基本内容；能根据企业资金成本和资本结构，科学合理地选择筹资渠道和筹资方式；严格区分成本、费用界限和开支范围，正确计算和预测企业利润；利用财务分析方法对企业财务状况进行分析。

财务管理是企业管理的一部分，是有关资金的获得和有效使用的管理工作，是对企业资金的筹集、运用、耗费、回收、分配所进行的管理活动，是对企业进行的综合性理财活动。

10.1 财务管理概述

企业财务泛指财务活动和财务关系，是企业财务活动及其所体现的经济利益关系的总称。其中财务活动指企业在生产过程中涉及资金的活动，表明财务的形式特征；财务关系指财务活动中企业和各方面的经济关系。概括来讲，企业财务就是企业再生产过程中的资金活动，体现了企业和各方面的经济关系。可对财务管理定义如下：财务管理是组织企业财务活动、处理财务关系的一项经济管理工作。

10.1.1 财务管理的内容

企业财务管理的目标是一切财务活动的出发点和归宿，最具有代表性的财务管理目标有以下几种提法：一是利润最大化目标。利润最大化是西方微观经济学的理论基础，西方经济学家往往以利润最大化来分析和评价企业行为和业绩。随着我国改革开放的不断深入，将利润作为考核企业经营情况的首要指标，把职工的经济利益同企业实现利润的多少紧密联系起来，这使得利润指标逐步成为企业运行的主要目标。二是每股收益最大化。该目标将收益和股东投入资本联系起来考虑，用每股收益(或权益资本收益率)来概括企业财务管理的目标。三是股东财富最大化。股东创办企业的目的是扩大财富，他们是企业的所有者，企业价值最大化就是股东财富最大化。四是承担一定的社会责任。企业作为市场主体，不仅要为其所有者提供收益，而且还要承担相应的社会责任，如保护生态平衡、防止公害污染、支持社区文化教育和福利事业等。适当从事一些社会公益活动，有助于提高公司知名度，进而提高股票市价。但是，任何公司都无法长期单独地负担因承担社会责任而增加的成本，过分地强调社会责任而使股东财富减少，都可能导致整个社会资金运用的次优化，公司管理当局必须在各种法规约束下去追求股东财富的最大化。

财务管理活动又称理财活动，财务管理的对象是资金的循环与周转，主要内容是企业为生产经营需要而进行的资金筹集、资金运用和资金分配以及日常资金管理等活动。

1. 资金筹集

企业资金指企业再生产过程中能够以货币表现的、用于生产周转和创造物质财富的价值。企业进行生产经营活动，首先必须筹集一定数量的资金。在我国社会主义市场经济条件下，企业的资金来源包括两大部分，一部分是所有者投资，这部分投资形成企业的自有资金；另一部分是通过不同筹资渠道所形成的借入资金。资金的筹集方式具有多样性的特点，企业既可以发行股票、债券，也可以吸收直接投资或从金融机构借入资金。无论以何种形式获得的资金，企业都需要为筹资付出代价，如定期支付股息、红利以及借入资金的还本付息等。企业根据生产经营的实际需要，通过不同渠道筹集一定数量的资金，资金进入企业后，便形成了企业资金运动的起点。

2. 资金运用

资金运用是指企业通过各种资金渠道及具体筹资方式获得必要的生产经营资金后，将其转化为相应的资产，分布于生产经营的全过程，具体包括流动资产、固定资产和无形资产等。资金运用又称企业投资，企业投资可以从不同角度进行分类。

(1) 短期投资与长期投资。按投资回收时间的长短，投资可以分为短期投资和长期投资两大类。短期投资是指在一年以内能够收回的投资，通常指企业的流动资产投资，如现金、应收账款、存货、短期有价证券等方面的投资。有价证券如能随时变现也可以列作短期投资。长期投资是指回收时间超过一年的投资，主要用于厂房及办公设施、机器设备等固定资产投资，也可包括长期流动资产和长期有价证券方面的投资。由于长期投资中固定资产投资所占比重比较大，所以有时长期投资又专指固定资产投资。

(2) 直接投资与间接投资。按投资与企业生产经营的关系，可把投资分为直接投资与间接投资两大类。直接投资是指企业把投资直接投放到生产经营性资产上以获取直接经营性利润，在非金融类企业中这类投资占总投资的比重较大。间接投资又称证券投资，是指企业把资金投放于证券金融资产上，通过获取股息、债息，而使企业间接获得收益。

(3) 企业内部投资与外部投资。按投资发生作用的地点，可把投资分为企业内部投资和企业外部投资。企业内部投资是指把资金投放到企业内部，购置生产经营资产的投资；企业外部投资是指企业以现金、实物、无形资产等方式，或者以购买股票、债券等有价证券的方式向企业外部进行的投资。外部投资主要是间接投资，随着市场经济的发展，企业外部投资会显得越来越重要。

(4) 广义投资与狭义投资。按投资的范围，可把投资分为广义投资和狭义投资。广义投资包括企业经营项目投资、货币和资本市场投资，狭义投资仅仅指货币和资本市场投资。

3. 资金分配

企业销售产品取得的货币收入，在支付各项费用和扣除销售税金后，即为企业利润。企业利润应按规定缴纳所得税，然后以税后利润进行合理分配。

由此可见，在社会主义市场经济条件下，再生产过程还必须借助资金、成本、利润等价值形式进行。企业的财务活动就是指企业再生产过程的价值方面，它是因筹集、运用和分配资金而产生的，既以货币形态综合反映了企业经济活动，又是企业经济活动的一个独立组成部分。

10.1.2 财务管理的职能

一般认为，管理的最主要职能是计划和控制，所以可将财务管理的职能分为财务计划和财务控制。后来，人们对计划的认识深化了，将计划分为项目计划和期间计划。项目计划是针对企业的个别问题的，它的编制和采纳过程就是决策过程，包括对目标的描述、对实现目标的各个方案可能结果的预测，以及怎样实现目标的决策。此后，管理的职能分为决策、计划和控制。这里的计划专指期间计划。期间计划是针对一定时期的(如一年)，其编制目的是落实既定决策，明确本期间应完成的全部事项。控制是执行决策和计划的过程，包括对比计划与执行的信息，评价下级的业绩等。期间计划和控制都是决策的执行过程。

1. 财务决策

财务决策是指对有关资金筹集和使用的决策。

1) 财务决策的过程

财务决策的过程，一般可分为 4 个活动(阶段)。

(1) 情报活动。情报活动即探查环境，是寻找作决策的条件。在这个阶段中，要根据初步设想的目标收集情报，找出作决策的依据。

(2) 设计活动。设计活动即创造、制定和分析可能采取的方案。在这个阶段里，要根据收集到的情报，以企业想要解决的问题为目标，设计出各种可能采取的方案即备选计划，并分析评价每一方案的得失和利弊。

(3) 抉择活动。抉择活动即从备选计划中选择一个行动方案，或者说在备选计划中进行抉择。在这个阶段里，要根据当时的情况和对未来的预测，以及一定的价值标准评价诸方案，并按照一定的准则选出一个行动方案。

(4) 审查活动。审查活动即对过去的决策进行评价。在这个阶段中，要根据实际发展进程和行动方案的比较，评价决策的质量即主观符合客观的程度，以便改进后续决策。

事实上，这四个阶段并不是一次顺序完成的，经常需要返回到以前的阶段。例如，设计或抉择时会发现情报不充分，还要再收集情报；抉择时会发现原来设计的方案都不够好，需要修改设计。这四个阶段中的每一个，还可以细分为同样的四个小阶段，是大圈套小圈的结构。例如，收集情报阶段，包括了解收集情报的“情报”，“设计”收集情报的方案，“决定”如何收集情报，“评价(审查)”收集到的情报是否合乎需要这样四个小阶段。

2) 财务决策的价值标准

决策的价值标准，是指评价方案优劣的尺度，或者说是衡量决策目标实现程度的尺度，它用于评价方案价值的大小。

历史上，首先使用的是单一价值标准，如最大利润、最高产量；最低成本、最大市场份额、最优质量、最短时间等。单一的决策价值标准给人们带来了许多教训。例如，不顾安全生产，单纯追求产量和利润，结果发生严重事故，产量和利润反而会掉下来；单纯追求短期利润，也会使企业失去发展后劲，甚至破产。单一价值标准决策，往往会使第一步决策取得辉煌的胜利，但继续前进就会遭到客观世界的报复，走向自己的反面。历史上多次失败的教训，使人们认识到要进行多目标综合决策。

人们在解决这个问题时，最先使用综合经济目标的办法，即以长期稳定的经济增长为目标，以经济效益为尺度的综合经济目标作为价值标准。经济效益可以理解为投入和产出的关系。将各种投入和产出都货币化，然后将两者进行比较。用这种办法取代急功近利的单一短期利润目标，使人们扩大了眼界，看问题比较全面、比较长远了。

把物质目标货币化并综合在一起的做法也遇到了困难。由于社会的、心理的、道德的、美学的等非经济目标日益受到重视，它们的实现程度越来越影响人类的生活质量。尽管物质文明的建设和发展有助于精神文明的进步，但是物质文明不可能取代精神文明。人们企图把非经济目标转化为经济目标，但这只能在短期内有效，从长期来看是不行的。人们还不能把经济和非经济目标统一于一个价值标准，至少在财务领域还没有解决非经济目标的货币化问题。因此，在评价方案的最后阶段，总要加进各种非经济的或不可计量的因素，进行综合判断，选取行动方案。经济方面的决策离不开计算，但没有一项决策是仅仅通过计算完成的，总要考虑各种不可计量的因素，有时甚至成为方案被弃取的决定性因素。

3) 财务决策的准则

传统的决策理论认为，决策者是“理性的人”或“经济的人”，在决策时他们受“最优化”的行为准则支配，应当选择“最优”方案。

现代决策理论认为，由于决策者在认识能力和时间、成本、情报来源等方面的限制，不能坚持要求最理想的解答，常常只能满足于“令人满意的”或“足够好的”决策。因此，实际上人们在决策时并不考虑一切可能的情况，而只考虑与问题有关的特定情况，使多重目标都能达到令人满意的、足够好的水平，以此作为行动方案。

2. 财务计划

广义的财务计划工作包括很多方面，通常有确定财务目标、制定财务战略和财务政策、规定财务工作程序和针对某一具体问题的财务规则，以及制定财务规划和编制财务预算。狭义的财务计划工作，是指针对特定期间的财务规划和财务预算。

财务规划是个过程，它通过调整经营活动的规模和水平，使企业的资金、可能取得的收益、未来发生的成本费用相互协调，以保证实现财务目标。财务规划受财务目标、战略、政策、程序和规划等决策的指导和限制，为编制财务预算提供基础。财务规划的主要工具是财务预测和本量利分析。规划工作主要强调各部分活动的协调，因为规划的好坏是由其最薄弱的环节决定的。

财务预算是以货币表示的预期结果，它是计划工作的终点，也是控制工作的起点，它把计划和控制联系起来。各企业预算的精密程度、实施范围和编制方式常有很大的差异。预算工作的主要好处是促使各级主管人员对自己的工作进行详细、确切的计划。

3. 财务控制

财务控制和财务计划有密切联系，计划是控制的重要依据，控制是执行计划的手段，它们组成了企业财务管理循环。财务管理循环的程序如图 10.1 所示。

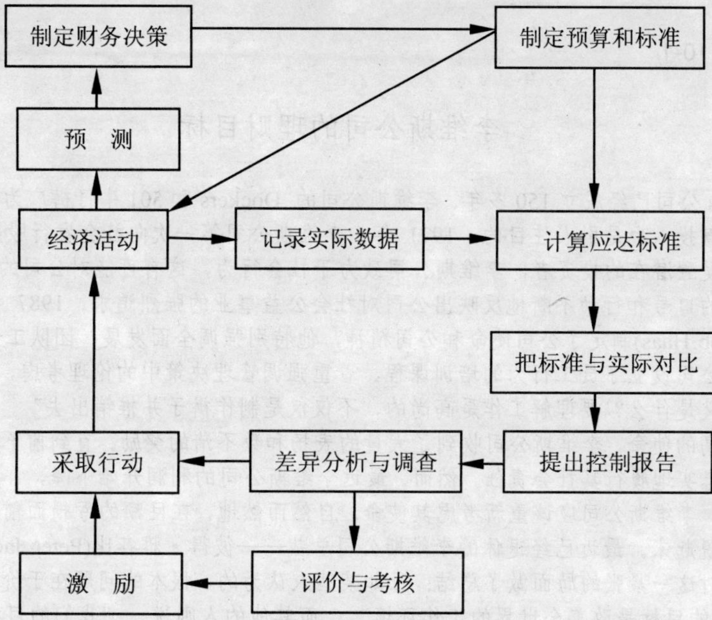

图 10.1 财务管理循环的程序

财务管理循环的主要环节包括以下内容。

(1) 制定财务决策，即针对企业的各种财务问题决定行动方案，也就是制定项目计划。

(2) 制定预算和标准，即针对计划期的各项生产经营活动拟定用具体数字表示的计划和标准，也就是制定期间计划。

(3) 记录实际数据，即对企业实际的资金循环和周转进行记录，它通常是会计的职能。

(4) 计算应达标准，即根据变化了的实际情况计算出应该达到的工作水平，例如“实际业务量的标准成本”、“实际业务量的预算限额”等。

(5) 对比标准与实际，即对上两项数额(3)和(4)进行比较，确定其差额，发现例外情况。

(6) 差异分析与调查，即对足够大的差异进行具体的调查研究，以发现产生差异的具体原因。

(7) 采取行动，即根据产生问题的原因采取行动，纠正偏差，使活动按既定目标发展。

(8) 评价与考核，即根据差异及其产生原因，对执行人的业绩进行评价与考核。

(9) 激励，即根据评价与考核的结果对执行人进行奖惩，以激励其工作热情。

(10) 预测，即在激励和采取行动之后，经济活动发生变化，要根据新的经济活动状况重新预测，为下一步决策提供依据。

运作实例 10-1

李维斯公司的理财目标

李维斯 Levi's 公司已经成立 150 多年。李维斯公司的 Dockers 和 501 牛仔裤广为人知，公司在追求社会价值方面的慷慨投入也是引人注目的。1971 年，李维斯公司第一次向社会发行股票，就采取了与众不同的步骤，公司提醒潜在的投资者，李维斯公司致力于社会行为，这有可能对公司的利润产生影响。

李维斯公司的口号和行动不断地反映出公司对社会公益事业的强烈追求。1987 年，公司的首席执行官鲍勃·哈斯(Bob Haas)制定了公司使命和公司精神，他特别强调全面发展、团队工作以及诚实信用。几年之后，李维斯公司设立了员工行为的培训课程，着重强调管理决策中的伦理考虑，并提出："你要问自己，我工作的意义是什么？要理解工作是高尚的，不仅仅是制作裤子并推销出去"。

因为怀有崇高的使命，李维斯公司收到了大量的表扬和数不清的奖励。直到前不久，公司都在维持丰厚收益的同时，忠实地履行其社会责任。然而，最近李维斯公司的利润开始下降，许多人因此而提出，如果想要继续生存，李维斯公司应该重新考虑其使命。自然而然地，在巨额的亏损面前，社会活动目标与利润目标的冲突尖锐起来。最近已经退休的李维斯公司总裁——彼得·雅各比(Peter Jacobi)在接受《财富》杂志采访时，他对这一紧张的局面做了总结：正如某些人认为的，根本的问题在于价值观本身的不同。有些人会说："我们的目标是改善全世界的工作环境"，而其他的人则说："我们的目标是赚到很多钱"。从社会利益出发思考问题的人把持有商业观念的人看做是异教徒；而以商业考虑为重的人认为从社会角度出发考虑问题的人是在宣扬巫术。

(资料来源："How Levi's Trashed a Great American Brand"，Fortune，April 12，1999，82-90.)

思考题：(1) 财务管理的基本目标是什么？

(2) 如果管理团队偏离了所有者的目标，该怎么办？

(3) 当利润目标与社会责任目标发生冲突时，如何正确处理两者之间的关系？

10.2 融资与投资管理

企业运营必须有足够的资本，如何筹措到足够的资本，是企业经营者要解决的重要问题。筹措资金的渠道主要有两条：一是股东出资，形成自有资本金；二是通过对外借款，形成借贷资金。

10.2.1 融资管理

1. 融资管理概述

企业融资是指企业向企业外部有关单位或个人融通生产经营所需资金的财务活动。按企业所需的资金不同的标志可作以下分类。

1) 权益资金和借入资金

权益资金是指企业股东提供的资金，它不需要归还，筹资的风险小，其期望的报酬率高。借入资金是指债权人提供的资金，它要按期归还，有一定的风险，但其要求的报酬率比权益资金低。

所谓资本结构，主要是指权益资金和借入资金的比例关系。一般来说，完全通过权益资本筹资是不明智的，不能得到负债经营的好处，但负债的比例大则风险也大，企业随时可能陷入财务危机。在筹资时的一个要重点研究的内容就是确定最佳资金结构。

2) 长期资金和短期资金

长期资金是指企业可长期使用的资金，通常是指占用时间在一年以上的资金，包括权益资金和长期负债。权益资金可以被企业长期使用，属于长期资金。

短期资金是指一年内要归还的资金。通常短期资金的融资主要解决临时的资金需要。例如，在销售旺季需要的资金比较多，可借入短期借款，渡过高峰后则归还借款。

长期资金和短期资金的融资速度、融资成本、融资风险以及借款时企业所受的限制有所区别。如何安排长期和短期融资的相对比重，是融资时要解决的另一个重要问题。

3) 企业筹集资金

企业筹集资金的基本要求如下。

(1) 建立资本金制度，确保资本金的安全与完整。资本金是企业在行政管理部门登记的注册资金。资本金制度是国家围绕资本金的筹集、管理和核算及其所有者的责权利所做的法律规范。其主要内容包括下列 6 条：①设立企业必须有法定的资本金，并达到国家法律规定的最低数量；②企业可以采取吸收现金、实物、无形资产等方式筹集资本；③资本金按投资主体可分国家资本金、法人资本金、个人资本金和外商资本金；④企业经营期间，除国家另有规定外，投资者不得以任何方式抽回资本金；⑤投资者按投入资本金比例分享收益和承担风险；⑥企业增加或减少注册资金数额，必须办理变更登记。

(2) 合理预测资金需要量，保持资金筹集与资金需求的平衡。确定资金需要量，是筹资的依据和前提。资金不足，会影响企业生产经营的发展，但资金过剩也会影响资金使用效果。所以融资时要做到既及时满足企业的资金需要，又不造成资金的积压。

(3) 选择筹资渠道和方式，力求降低筹资成本。企业筹资渠道和方式很多，无论采用哪一种筹资渠道和方式，都要付出一定的代价即资金成本，企业应选择资金成本低的渠道和方式。

(4) 保持合理的资金结构。即要保持权益资金和负债资金的合理比例。企业负债经营既能提高自有资金利润率，又可缓解自有资金紧张的矛盾。但负债过多会发生较大的财务风险。因此，企业应适度举债经营。

2. 企业融资的主要渠道和方式

1) 筹资渠道

筹资渠道是企业筹措资金来源的方向与通道，体现着资金的源泉。企业筹资渠道主要有以下几方面。

(1) 国家财政资金。这是国有企业的主要资金来源，以国有资产对企业的投资形成企业的国家资本金。

(2) 银行信贷资金。企业向银行通过基本建设投资贷款、流动资金贷款借款、专项贷款等形式取得的资金。

(3) 非银行金融机构资金。如信托投资企业、租赁企业、保险企业、证券企业等机构的资金。

(4) 社会资金。指企业员工和城乡居民的结余资金，以及其他企业、事业单位闲置不用的资金。

(5) 企业自留资金。如企业计提的折旧费、提取的公积金和未分配利润而形成的资金。

(6) 外商资金。如外国投资者和我国港、澳、台地区投资者投入的资金，是外资企业的重要资金来源。

2) 筹资方式

筹资方式是筹措资金时所采取的具体形式，体现着资金的属性。筹资方式与筹资渠道之间有着密切的关系，一定的筹资方式可能只适用于某些特定的筹资渠道，但同一渠道的资金可以采用不同的方式取得。企业筹资方式主要有以下几种。

(1) 吸收直接投资。指企业以协议等形式吸收国家、其他企业、个人和外商直接投入资金，形成企业资本金的一种筹资方式。它不以股票为媒介，是非股份制企业筹措自有资金的一种基本方式。

(2) 发行股票。股票是股份企业为筹资而发行的有价证券，是投资者投资入股的凭证。按权力的不同，股票可分为普通股和优先股。普通股是股份有限企业发行的无特别权利的股份，也是最基本的、标准的股份。优先股是指优先于普通股分配股利和优先分配企业剩余财产的股票，一般无表决权。

普通股筹资的优点是：①没有固定的股利负担。股利支付视企业有无盈利和经营需要而定。②没有固定的到期日，无需偿还，是企业的永久性资本。③筹资风险小，即没有固定的还本付息的风险。④能增强企业的信誉。发行普通股筹集的资本是企业最基本的资金来源，反映了企业的实力，可作为其他方式筹资的基础，可为债权人提供保障，增强企业的举债能力。

(3) 企业债券。企业债券是企业为了筹集资金，依照法定程序发行，约定在一定期限内还本付息的一种有价证券。

债券筹资的优点是：①资金成本低。由于债券利息通常低于股息，同时，债券利息在税前收益中支付，所以债券资金的成本低于权益资金的成本。②能产生财务杠杆的作用。债券的成本固定，当企业资金利润率高于债券资金成本时，多发行债券能给企业所有者带来更大的收益。③不会影响企业所有者对企业的控制权。债券持有人只是企业的债权人，无权参与企业的经营管理。

债券筹资的缺点是：①增加企业的财务风险。债券的本息是企业的固定支出，债券发行越多，负债比率越大，偿债能力就越低，破产的可能性就越大。②可能产生负财务杠杆的作用。当债券利率高于企业资金利润率时，发行债券越多，所有者的收益越少。

(4) 租赁。租赁是有偿转让资产使用权而保留其所有权的协议或行为。按性质的不同，租赁可分为经营租赁和融资租赁。经营租赁是指出租人向承租企业提供租赁设备，并提供设备维修保养和人员培训等服务。它是解决企业对资产的短期需要的短期租赁。融资租赁是指由租赁企业按照承租企业的要求购买设备，并在合同中规定的较长时间内提供给承租企业使用。出租人收取租金但不提供维修保养等服务，承租人在租赁期间对资产拥有实际的控制权，在租赁期满后可优先购买该项资产。它是集融资和融物于一身，具有借贷性质，是承租企业筹集长期资金的一种方式。

融资租赁的主要优点是：①可以避免借款或债券筹资对生产经营活动的限制，迅速获得所需资产。租赁条款对承租人经营活动限制很少。②租金分期偿付，可适当减少不能偿付的危险。③租金在所得税前支付，具有抵税作用。它的缺点主要是：资金成本高，租金总额比借款购入资产的本利和可能还要高。

(5) 银行借款。银行借款有长期借款和短期借款。其优点是：①筹资速度快。手续比发行股票、债券简单，花费时间较短。②借款成本低。借款利息在税前支付，借款利率一般低于债券利率、股息率，筹资费用少。③借款弹性较大。因为借款的期限、数量、利息可由借款双方直接商定。其缺点主要是：筹资风险较高，限制条件较多(对长期借款而言)。

(6) 商业信用。指因延期付款而行成的一种借贷关系，是企业短期资金的一种重要来源，在会计上主要形成应付账款、应付票据、应付工资、应交税金等。

(7) 企业内部积累。企业通过计提折旧、提取公积金和未分配利润而取得的资金积累。

由于同一渠道的资金往往可以采取不同的方式取得，企业应根据自身的具体情况及外部环境选择合适的筹资渠道和方式。企业的筹资渠道和方式如表 10-1 所示。

表 10-1　企业筹资方式一览表

序号	筹资方式	筹资渠道	协助单位
1	发起人投资	自有资金渠道	
2	发行股票	自有资金渠道	证券机构
3	国家财政投资	自有资金渠道	财政部门
4	外商投资	自有资金渠道	外商资本
5	其他单位投资	自有资金渠道	其他单位
6	银行借款	借贷资金渠道	银行
7	发行债券	借贷资金渠道	证券机构
8	国家财政贷款	借贷资金渠道	财政部门
9	融资租赁	借贷资金渠道	融资单位
10	商业信用	借贷资金渠道	客户
11	内部积累	自有资金渠道	

3. 资本成本和资本结构

1) 资本成本

(1) 资本成本的含义。资本成本是企业为筹措和使用资金而付出的代价。从广义来讲，企业筹集和使用任何资金，不论短期的还是长期的，都要付出代价。但我们这里讲的资本成本，仅指长期资金成本。它包括资金使用费和筹资费用两部分。资金使用费是指占有资金支付的费用，也就是支付给投资者报酬，如银行借款利息、债券利息、股票的股息等。筹资费用是指为取得资金所有权或使用权而发生的各种费用，如借款手续费，发行股票、债券需支付的广告宣传费、印刷费、代理发行费等。相比之下，资金使用费是筹资企业经常发生的，而筹资费用通常在筹措资金时一次性支付，在使用资金过程中不再发生，因此，筹资费用可视作筹资金额的一项扣除。

(2) 资本成本的表示方法。资本成本的表示方法有两种，即绝对数表示方法和相对数表示方法。绝对数表示方法是指为筹集和使用资本到底发生了多少费用。相对数表示方法则是通过资本成本率指标来表示的。通常情况下人们更习惯于用后一种表示方法。资本成本率简称资本成本，在不考虑时间价值的情况下，它指资金的使用费用占筹资净额的比率。其公式为：

$$资本成本=\frac{资金使用费用}{筹资总额（1-筹资费用率）}$$

资本成本是一个重要概念，国际上将其列为一项“财务标准”。对企业筹资来讲，资本成本是选择资金来源、确定筹资方案的重要依据，企业要选择资本成本最低的筹资方式。

对于企业投资来说，资本成本是评价投资项目、决定投资取舍的重要标准。一个投资项目只有其投资收益高于资本成本时才是可接受的。资本成本还可作为衡量企业经营成果的尺度，即经营利润率应高于资本成本，否则表明企业经营不利，业绩较差。

(3) 资本成本的种类。主要有个别资本成本综合资本成本和边际资本成本。

① 个别资本成本。指使用各种长期资金的成本，包括长期借款资本成本、债券资本成本、普通股资本成本、优先股资本成本和保留盈余资本成本。前两种为债务资本成本，后三种为权益资本成本。一般来说，权益资本成本高于债务资本成本，表现在投资者分得的利润或股利高于债券利息收入。就权益资本而言，普通股的资本成本高于优先股的资本成本。至于保留盈余，从实际支付情况来看，是不花费企业任何成本的，但对投资者而言，企业的这部分保留盈余若作为报酬分给投资者，投资者可再用其投资以获取新的利润，而这部分利润就是企业保留盈余投资者失去的机会成本。因此，企业保留盈余的资本成本可看做与普通股的资本成本相同，只是不需支付筹资费用。

【例 10.1】 某公司从银行借入长期借款 100 万元，期限为 5 年，年利率为 10%，利息于每年年末支付，到期时一次还本，借款手续费为借款金额的 1%，公司所得税税率为 25%，则该公司银行借款的资本成本为：

$$资本成本=\frac{资金使用费用\times(1-所得税税率)}{筹资总额\times(1-筹资费用率)}=\frac{1\,000\,000\times10\%\times(1-25\%)}{1\,000\,000\times(1-1\%)}=7.58\%$$

② 综合资本成本。当比较各种筹资方式时，我们使用个别资本成本，但由于受多种因素的制约，企业不只是使用某种单一的筹资方式，往往需要通过多种方式筹资，这样就需要计算、确定企业全部长期资金的总成本，即综合资本成本。综合资本成本一般是以各种资金占全部资金的比重为权数，对个别资本成本进行加权平均确定的，故又被称为加权资本成本。其计算公式为：

$$K_w=\sum_{i=1}^{n}W_iK_i$$

式中，K_w——综合资金成本；

W_i——第 i 种资金占全部资金的比重；

K_i——第 i 种个别资本成本。

【例 10.2】 某公司 2006 年 12 月 31 日资产负债表中长期借款 200 万元，长期债券 400 万元，普通股 800 万元，留存收益 200 万元，个别资本成本分别为 6%，8%，10.5%，10.37%。则该公司综合资本成本为：

$$K_w=\sum_{i=1}^{n}W_iK_i\ \frac{200}{1600}\times 6\%+\frac{400}{1600}\times 8\%+\frac{800}{1600}\times 10.5\%+\frac{200}{1600}\times 10.37\%=9.296\%$$

③ 边际资本成本。边际资本成本是指企业每增加一个单位量的资本而增加的成本，它是企业追加筹资的成本。当企业筹资规模扩大和筹资条件发生变化时，企业应计算边际资本成本以便进行追加筹资决策。

个别资本成本和综合资本成本是企业过去筹集的或目前使用的资本的成本。然而，随着时间的推移或筹资条件的变化，个别资本成本也会随之变化，综合资本成本也会发生变化。所以，在未来追加筹资时，不能仅仅考虑目前所用的资金的成本，还要考虑新筹资金的成本即边际资本成本。

2) 资本结构

(1) 资本结构的概念。资本结构，是指企业各种资本的构成及其比例关系。如某企业的资本总额 1 000 万，其中银行长期借款 100 万，债券 200 万，普通股 500 万元，保留盈余 200 万，其比例分别是 0.1、0.2、0.5 和 0.2。

企业的资本结构是由于企业采用各种筹资方式筹资而形成的。通常情况下，企业都采用债务资本和权益资本筹资的组合。所以资本结构问题基本上就是债务资本比例问题。所谓最佳资本结构，就是企业在一定时期使其综合资本成本最低，同时企业价值最大的资本结构。

(2) 资本结构中债务资本的作用主要有以下三点。

① 负债可以降低企业的资本成本。如前所述，债务利息率通常低于股票的股利率，且债务利息在税前支付，可以抵税，所以债务资本的成本明显低于权益资本的成本。这样，在一定限度内提高债务资本的比率，可以降低企业的综合资本成本。

② 使用债务资本可以获取财务杠杆利益。不论企业的利润多大，债务的利息通常都是固定的。当息税前利润增大时，每一元利润所负担的利息就会相应减少，从而可分配给企业所有者的税后利润也会相应增加，即能给每一普通股带来较多的收益。债务对所有者收益的这种影响称为财务杠杆。

③ 负债会加大企业的财务风险。企业为了取得财务杠杆利益而增加债务，必然增加利息等固定费用的负担。另外，由于财务杠杆的作用，在息税前盈余下降时，普通股每股盈余下降得更快，由借债而引起的这两种风险就是财务风险。财务杠杆作用的大小、财务风险的大小通常用财务杠杆系数表示。计算公式如下：

$$\text{财务杠杆系数}=\frac{\text{息税前利润}}{\text{息税前利润}-\text{利息费用}}$$

【例 10.3】 某公司的资本来源为：债券 100 000 元，年利率 5%；普通股 100 000 股，每股收益 10 元，所得税税率为 40%。公司当年息税前利润 20 000 元。则财务杠杆系数计算如下：

$$财务杠杆系数=\frac{20\,000}{20\,000-100\,000\times 5\%}=2.5$$

计算结果表明，该公司在息税前利润 20 000 元的基础上，财务杠杆系数每变动 1 个百分点，普通股每股收益就变动 2.5 个百分点。如果息税前利润增长 20%，每股收益就增长 50%(20%×2.5)，每股收益将由 10 元变为 15 元[10×(1+20%×2.5)]。

在资本总额、息税前利润相同的情况下，负债比率越高，财务杠杆系数越大，相应地，财务杠杆的作用也就越大。

3) 影响资本结构的主要因素

现代资本结构理论认为，企业最佳资本结构是存在的，但在实际工作中要解决这一问题却十分困难。下面就影响资本结构的主要因素做简要的定性分析。

(1) 企业的风险程度。风险对筹资方式有很大影响。企业风险越大，举债融资方式相对来说就不如发行股票来得理想，因为发行股票不需要定期支付利息，按时偿还本金。

(2) 企业的财务状况和经营状况。一般而言，获利大、财务状况好、变现能力强的企业，就越有能力担负财务上的风险。因而，举债筹资就越有吸引力。

(3) 销售的稳定性。如果企业的销售和盈余很稳定，则可以较多地负担固定的债务费用。例如，公用事业的销售较为稳定，故可使用较多的债务融资。

(4) 股东和管理人员的态度。如果股东不愿使企业的控制权失去，则可能不愿增发新股票，而尽量采用债务融资。如果管理人员讨厌风险，那么，可能会较少地利用财务杠杆，尽量减少债务资本的比例。

(5) 贷款银行的态度。大部分贷款银行都不希望企业负债比例过大，如果企业坚持使用过多债务，贷款人可能会拒绝贷款。

(6) 企业所处行业。不同行业的资本结构有很大的区别。在进行资本结构决策时，应掌握所处行业资本结构的一般水准，作为确定本企业资本结构的参照。

融资管理主要是根据企业经营的实际需要，针对现有的筹资渠道，统筹考虑筹资数额、期限、利率、风险等方面，来选择资金成本最低的方案，也即最优方案。

4. 融资结构定量分析

企业在实施大型投资项目时，往往需要多渠道、多形式地筹集资金，为降低投资风险，在此之前企业必须要对企业的筹资结构进行分析。筹资结构分析的重点是分析企业自有资金与贷款构成的比例对企业自有资金收益率和企业风险大小的影响。企业自有资金一般可以发行股票或使用留存收益，而企业贷款则可通过发行债券或向金融机构借款。

假定某项投资在几种不同状况下取得的投资收益率是可测的，各种状态出现的概率也是可知的，那么期望的投资收益率及期限离差如下：

$$期望投资收益率=\sum(投资收益率\times 概率)$$

$$\delta^2=\sum(投资收益率-期望投资收益率)^2\times 概率$$

一般投资项目风险的大小完全可以由离差来反应，离差越大，风险越大；反之亦然。企业可以根据投资项目预计收益能力、风险大小和企业承担风险的能力，选择合适的筹资战略，进行必要的风险筹资结构组合，以追求较高的投资报酬和较小的企业风险。另外，在筹资手段上，选择股票筹资或是债券、贷款筹资以建立适当的负债比例，同时根据资金市场状况，选择适当的筹资企业，以求资本成本最低。

5. 融资方式的选择

企业选择筹资方案必须有两个前提条件：一是假设所有企业都是有效经营的；二是要有比较完善的资本市场。一般来说，融资方案的选择大致有以下几种。

(1) 比较融资成本。企业在融资过程中，为获得资金必须付出一定的代价。比较融资成本时主要要考虑以下三方面的内容。

① 比较各种资金来源的资本成本。

② 比较投资者的各种附加条件。

③ 比较融资的时间价值。

(2) 比较融资机会。融资机会的比较包含三方面的内容。

① 对迅速变化的资本市场上的时机进行选择。它包括融资时间的比较和定价时间的比较，融资的实施机会选择主要由主管财务人员在投资银行的帮助下，根据当时市场的情况做出决定。

② 对融资风险程度的比较。企业融资有两方面的风险，除了企业自身经营上的风险外，还有资本市场上的风险。进行融资决策时，必须将不同的融资方案的综合风险进行比较，选择最优方案。

③ 融资成本与收益比较。融资成本与项目生产的效益进行比较，是融资决策的主要内容。如果企业融资项目的预计收益大于融资的成本，则融资方案是可行的。

10.2.2 投资管理

投资是指经济主体以预期收益为目的的资金投入及运用过程，是为了获取资本增值或避免风险而运用资金的一种活动，包括决定企业基本结构的固定资产投资和维持生产经营活动所必需的流动资产投资。

投资方式包括有形资产投资和无形资产投资。有形资产投资直接表现为物的形态的投资，无形资产作为投资手段时，必须使用价值尺度，将其转化为资金形态。

投资过程既包括资金的投入，也包括资金的运用、管理与回收。资金投入只是投资的开始，只有通过投入、运用、管理、回收这一资金运动的全过程，才能考察投资预期目的的实现程度。投资活动既是经济活动也是资金运动，离开资金运动，也就不存在投资。

1. 流动资产投资的管理

流动资产是生产经营活动的必要条件，其投资的核心不在于流动资产本身的多寡，而在于流动资产能否在生产经营中发挥作用。流动资产投资管理主要涉及以下三方面的内容，其管理目标是节约企业流动资金的使用和占用，更好地实现企业利润。

1) 现金和有价证券的管理

现金是可以立即投入流动的交换媒介。它的首要特点是普遍的可接受性，即可以有效地立即用来购买商品、货物、劳务或偿还债务。因此，现金是企业中流动性最强的资产。属于现金内容的项目，包括企业的库存现金、各种形式的银行存款和银行本票、银行汇票。有价证券是企业现金的一种转换形式。

有价证券变现能力强，可以随时兑换成现金。企业有多余现金时，常将现金兑换成有价证券；现金流出量大于流入量需要补充现金时，再出让有价证券换回现金。在这种情况下，有价证券就成了现金的替代品，获取收益是持有有价证券的原因。

企业置存现金的原因，主要是满足交易性需要、预防性需要和投机性需要。

(1) 交易性需要是指满足日常业务的现金支付需要。企业经常得到收入，也经常发生支出，两者不可能同步同量。收入多于支出，形成现金置存；收入少于支出，需要借入现金。企业必须维持适当的现金余额，才能使业务活动正常地进行下去。

(2) 预防性需要是指置存现金以防发生意外的支付。企业有时会出现料想不到的开支，现金流量的不确定性越大，预防性现金的数额也就应越大；反之，企业现金流量的可预测性强，预防性现金数额则可小些。此外，预防性现金数额还与企业的借款能力有关，如果企业能够很容易地随时借到短期资金，也可以减少预防性现金的数额；若非如此，则应扩大预防性现金额。

(3) 投机性需要是指置存现金用于不寻常的购买机会，比如遇有廉价原材料或其他资产供应的机会，便可用手头现金大量购入；再比如在适当时机购入价格有利的股票和其他有价证券等。当然，除了金融和投资公司外，一般地讲，其他企业专为投机性需要而特殊置存现金的不多，遇到不寻常的购买机会，也常设法临时筹集资金。但拥有相当数额的现金，确实为突然的大批采购提供了方便。

企业缺乏必要的现金，将不能应付业务开支，使企业蒙受损失。企业由此而造成的损失，称之为短缺现金成本。短缺现金成本不考虑企业其他资产的变现能力，仅就不能以充足的现金支付购买费用而言，内容上大致包括：丧失购买机会(甚至会因缺乏现金不能及时购买原材料，而使生产中断造成停工损失)、造成信用损失和得不到折扣好处。其中失去信用而造成的损失难以准确计量，但其影响往往很大，甚至导致供货方拒绝或拖延供货，债权人要求清算等。

但是，如果企业置存过量的现金，又会因这些资金不能投入周转无法取得盈利而遭受另一些损失。此外，在市场正常的情况下，一般说来，流动性强的资产，其收益性较低，这意味着企业应尽可能少地置存现金，即使不将其投入本企业的经营周转，也应尽可能多地投资于能产生高收益的其他资产，避免资金闲置或用于低收益资产而带来的损失。这样，企业便面临现金不足和现金过量两方面的威胁。企业现金管理的目标，就是要在资产的流动性和盈利能力之间做出抉择，以获取最大的长期利润。

2) 存货的管理

存货是指企业在生产经营过程中为销售或者耗用而储备的物资，包括材料、燃料、低值易耗品、在产品、半成品、产成品、协作件、商品等。如果工业企业能在生产投料时随时购入所需的原材料，或者商业企业能在销售时随时购入该项商品，就不需要存货。但实际上，企业总有储存存货的需要，并因此占用或多或少的资金。

首先，保证生产或销售的经营需要。实际上，企业很少能做到随时购入生产或销售所需的各种物资，即使是市场供应量充足的物资也如此。这不仅因为不时会出现某种材料的市场断档，还因为企业距供货点较远而需要必要的途中运输及可能出现运输故障。一旦生产或销售所需物资短缺，生产经营将被迫停顿，就会造成损失。因此为了避免或减少出现停工待料、停业待货等事故，企业需要储存存货。

其次，出自价格的考虑。零购物资的价格往往较高，而整批购买在价格上常有优惠。

但是，过多的存货要占用较多的资金，并且会增加包括仓储费、保险费、维护费、管理人员工资在内的各项开支。同时存货占用资金是有成本的，占用过多会使利息支出增加并导致利润的损失，各项开支的增加更直接使成本上升。进行存货管理，就要尽力在各种存货成本与存货效益之间做出权衡，达到两者的最佳结合，这也就是存货管理的目标。

3) 应收账款的管理

应收账款是指因对外销售产品、材料、供应劳务及其他原因，应向购货单位或接受劳务的单位及其他单位收取的款项，包括应收销货款、其他应收款、应收票据等。应收账款是一种商业信贷，必然要占用一定的资金。应收款投资较多，增加了资金占用和坏账风险，但同时却可以刺激销售，增加利润；反之，虽然减少了资金占用及其机会成本和坏账风险，但也会降低销售额。因此，合理的应收账款投资必须在利润与风险之间取得平衡。有的欠款超过了信用期是正常的，但到期后能否收回，要制定正确的收账政策，及时的监督仍是必要的。企业对各种不同过期账款的催收方式，包括准备为此付出的代价，就是它的收账政策。比如，对过期较短的顾客，不过多地打扰，以免将来失去这一市场；对过期稍长的顾客，可措辞婉转地写信催款；对过期较长的顾客，频繁地信件催款并电话催询；对过期很长的顾客，可在催款时措辞严厉，必要时提请有关部门仲裁或提请诉讼等。

催收账款要发生费用，某些催款方式的费用还会很高(如诉讼费)。一般说来，收账的花费越大，收账措施越有力，可收回的账款应越大，坏账损失也就越小。因此，制定收账政策，又要在收账费用和所减少坏账损失之间做出权衡。制定有效、得当的收账政策很大程度上靠有关人员的经验，从财务管理的角度讲，也有一些数量化的方法可以参照。根据收账政策的优劣在于应收账款总成本最小化的道理，可以通过比较各收账方案成本的大小对其加以选择。

2. 固定资产投资的管理

1) 固定资产投资策略

企业的固定资产投资主要有两种主要策略。

一种是市场导向投资策略，它要求固定资产投资随着市场的变化而适时地变化。但事实上，固定资产投资策略却不可能随之不停地变化，因为固定资产投资的量一般很大，它决定了企业的规模，并着眼于一定的时期。所以，在不断变化的市场环境中，适时地抓住固定资产投资的时机，使之既不会使原有的投资浪费，又尽可能地发挥新投资的效益，是这一策略的关键所在。

另一种是最低标准收益率策略，这是指在企业决定某种固定资产投资之前，首先要制定出最低标准的投资回报率，只有高于这一收益率的项目才有可能被采纳。从理论上讲，可行的最低限度收益率应该是企业的资本成本率，但在实践中，企业往往不会满足资本成本，从企业的发展愿望出发，企业对风险的估计和对利润的追求都要求项目的投资收益率要高于资本成本率。

2) 投资决策的基本方法

企业投资活动有多种，如短期投资和长期投资、直接投资和间接投资、对内投资和对外投资等，这里讲的投资决策的基本方法主要是针对直接投资中的长期投资(如固定资产投资)。

评价投资方案时使用的经济效果指标分两类。

一类是非贴现指标，即不考虑时间价值因素的指标，主要包括投资回收期、投资收益率等。这类指标方法的优点是简明、易算、易懂，主要缺点是没有考虑资金的时间价值，把不同时间点上的现金收入和支出当做毫无差别的资金进行比较，这是不科学的，有时会做出错误决策。

另一类是贴现指标，即考虑了时间价值因素的指标，主要包括净现值、现值指数、内部报酬率等。这类指标把不同时间点上的现金收入和支出按统一的折现率折算到同一时点上，使不同时期的现金具有可比性，这样才能做出正确的投资决策。

根据分析评价指标的类别，投资方案(或项目)评价分析的方法，也可以分为非贴现的分析评价方法和贴现的分析评价方法两种。

运作实例 10-2

短期负债只用来满足短期的筹资需求

企业所有者大量筹集现金来扩大企业的经营规模有时会出现重大失误。因为短期融资往往比长期融资更容易获得，他们借入短期资金，然后重新订立或延长还款期，利用这些资金来满足长期资金的需求，如多年的市场营销计划、新产品的开发以及推广等。如果长期计划的实现所花费的时间超出了预期时间，则企业在偿还无法再拖欠的短期负债方面可能会出现资金短缺的情况，并且他们的营运资金可能会遭受重大损失。

解决该问题的关键是将短期负债用作营运资金，从而产生可以用来根据贷款协议偿还贷款的资金，将长期负债用来为长期项目融资，因为这种项目产生收益的时间不确定。

(资料来源：Eugene F.Brigham and Joel F.Houston, "Fundamentals of Financial Management," 2004.)

思考题：应如何管理企业长期、短期资金？

10.3 成本、费用和利润管理

10.3.1 成本和费用管理

成本和费用的管理是企业财务管理的核心内容之一。企业应当做好与成本、费用管理有关的各项基础工作，包括建立健全原始记录，实行定额管理，严格计量验收和物资发、领、退等制度，加强对成本、费用的管理。企业财务制度中，成本的管理采用制造成本法。在计算产品成本时，只分配与生产经营关系最直接和最密切的费用，而将与生产经营没有直接关系和关系不密切的费用直接计入当期损益。按照制造成本法的要求，企业管理费用、财务费用、销售费用不需要再按一定的标准在各种产品之间、各个成本计算期之间进行分配，避免了重复分配。

1. 成本和费用管理中必须注意的问题

(1) 确定成本和费用开支的基本原则。企业应当根据《企业财务通则》、企业财务制度和有关规定，确定成本和费用的开支范围。一切与生产经营有关的支出，都应当按规定计入企业的成本和费用，具体到财务会计来说，就是直接材料、直接工资、其他直接支出、制造费用本期固定资产折旧费管理费用、财务费用、销售费用。其中直接材料、直接工资、其他直接支出和制造费用、本期固定资产折旧费构成产品的制造成本。而管理费用、财务费用和销售费用三项间接费用不计入产品的制造成本，直接作为当期费用处理。

(2) 确定成本和费用开支范围划分的界限。具体包括：①分清本期成本、费用和下期成本、费用的界限。企业要按照权责发生制的原则确定成本费用开支。企业不能任意预提和摊销费用。凡应由本期负担而尚未支出的费用，应作为预提费用计入本期成本、费用。凡是已经支出，应由本期和以后各期负担的费用，应作为待摊费用，分期摊入成本、费用。企业一次支付，分摊期限一般不超过 1 年。②分清在产品成本和产成品成本的界限。企业应当注意核实期末在产品的数量，按规定的成本计算方法正确计算在产品成本。不得任意压低或提高在产品和产成品的成本。③划清各种产品成本的界限。凡是能直接计入有关产品的各种直接成本，都要直接计入。与几种产品共同有关的成本、费用先归集，然后根据合理的分配标准，在各种产品之间正确分配。

(3) 明确不得列入成本和费用的开支。企业的下列支出，不得列入成本、费用：为购置和建造固定资产、无形资产和其他资产的支出；对外投资的支出；被没收的财物，支付的滞纳金、罚款、违约金、赔偿金及企业捐赠、赞助支出；国家法律、法规规定以外和各种费用；国家规定不得列入成本、费用的其他支出。

2. 目标成本

目标成本是指在一定时期内，为保证实现目标利润而规定的成本控制目标。公式如下：

$$目标成本=预计销售收入-应纳税金-预计目标利润$$

$$单位目标成本=\frac{目标成本}{预计产量}$$

目标成本是企业为确保实现利润目标而努力降低成本必须达到的要求。确定目标成本后，还必须制定成本降低幅度，即成本降低目标。公式为：

$$成本降低率=\frac{上年平均单位成本-单位目标成本}{上年平均单位成本}\times 100\%$$

$$成本降低率=上年平均单位成本-单位目标成本$$

为了达到降低成本目标，保证利润目标的实现，还必须预测各项主要措施对目标成本的保证程度，以便把降低成本的必要性和可能性结合起来。预测的具体方法，是通过利用有关成本核算资料，按照影响单位产品成本变动的各个因素，对照计算指标分别计算这些因素对单位产品成本中有关项目的影响程度，然后用比重法进一步计算各因素变动对单位产品成本的影响，其基本公式为

某项因素变动使成本降低率=预计该项因素变动程度×变动前该项因素占成本的百分比

3. 决策成本

决策成本是指为决策而提供的成本。决策成本是一种预测成本，它根据决策内容和要求的不同而采用各种特殊的计算方法，它是成本资料在管理中的应用。应用决策成本进行事前的预测和决策，首先要了解成本习性。成本习性可将企业的全部成本分为变动成本和固定成本两大类。凡是在一定时期和一定业务量范围内，成本总额中一部分与业务量总数成正比变动关系的部分，叫做变动成本；反之，成本总额中一部分不受业务量增减变动影响的部分，叫做固定成本。总成本是一种混合成本，它同时兼有变动与固定两种不同的性质。混合成本可以分解成变动成本和固定成本。在按成本习性将企业成本归类的基础上，就可以实际运用决策成本了。

10.3.2 营业收入的管理

营业收入是企业在生产经营过程中，对外销售商品或提供劳务等取得的各项收入，它由主营业务收入和其他业务收入构成。在市场经济条件下，企业是独立的商品生产者和经营者，为了在激烈的市场竞争中立于不败之地，必须增加营业收入，提高经济效益。营业收入管理是企业财务管理的一个重要方面，它关系到企业的生存和发展。

1. 营业收入管理的要求

企业在生产经营过程中，为了增加营业收入，必须组织好生产经营活动，加强各个经营环节的管理，做好预测、决策、计划和控制工作。一般来说，营业收入的管理应该注意以下几点。

(1) 加强对市场的预测分析，调整企业的经营战略。我国正在建立和完善社会主义市场经济体制，企业从过去传统的计划经济体制束缚中解放出来，成为自主经营、自负盈亏的独立的商品生产者和经营者，企业的生产经营活动必须以市场为导向，根据市场的需求变化来调整自己的经营活动，为此，企业必须加强对市场的预测，为企业的经营决策提供充分的依据。否则，企业不了解市场的变化，盲目地生产经营，必然会给企业造成重大的经济损失，在激烈的市场竞争中终究将被淘汰。对市场进行预测分析，不仅要预测短期的市场需求，更要预测长期的市场变化趋势，以调整企业的经营战略，这样才能使企业在激烈的市场竞争中立于不败之地。

(2) 根据市场预测，制定生产经营计划，组织好生产和销售，保证营业收入的实现。营业收入的实现是企业生产经营的一个重要目标，它是在市场预测分析的基础上制定的，为了保证这个经营目标的实现，必须加强生产经营管理，改进技术，提高产品质量，提高服务水平，以增加企业的信誉，这样才能使企业占有更多的市场份额，拥有更多的客户。企业必须根据生产经营计划的要求，协调好供、产、销各个经营环节，使预期的生产经营计划得以顺利实现。

(3) 积极处理好生产经营中存在的各种问题，提高企业的经济效益。企业在生产经营过程中，因为预测偏差、计划失误、管理不力或者市场环境发生变化等原因，可能会出现许多问题，如供应失调、产品结构不合理、存货积压等现象，这些问题都会影响企业营业收入的正常实现。因此，企业必须适应客观环境的变化，调整生产经营活动，妥善处理各种问题，以增加营业收入，保证企业经营目标的实现。处理这些问题也是一个决策过程，必须掌握充足的数据，进行全面分析，在调查研究的基础上做出合理的决策，以免造成新的失误，带来新的问题。

2. 营业收入的影响因素

在生产经营活动中，许多因素影响着营业收入的实现，通常在营业收入管理中主要应考虑以下几项影响因素。

(1) 价格与销售量。这是影响营业收入的最主要因素，营业收入实际上就是销售产品或劳务的数量与价格的乘积，因此这两个因素直接影响着营业收入的实现。其中价格因素更加敏感，如果价格定得过高，就会减少销售量，从而会影响企业的营业收入；反之，如果价格定得过低，虽然可以增加销售量，但使营业毛利下降，会影响到企业的收益，这就要求企业根据市场供求状况以及本企业产品的成本与质量，确定合理的价格。同时，深入调查和研究市场，努力做好促销工作，扩大本企业产品的市场占有份额。

(2) 销售退回。销售退回是指在产品已经销售，营业收入已经实现以后，由于购货方对收到货物的品种或质量不满意，或者因为其他原因而向企业退货，企业向购货方退回贷款。销售退回是营业收入的抵减项目，因此，在营业收入管理中，企业要尽力提高产品质量，认真做好发货工作，搞好售后服务工作，尽可能减少销售退回。

(3) 销售折扣。销售折扣是企业根据客户的订货数量和付款时间而给予的折扣或给予客户的价格优惠。销售折扣虽然也冲减营业收入，但是与销售退回相比，销售折扣是企业的一种主动行为，它往往是出于提高市场占有份额、增加营业收入的目的。

销售折扣按折扣方式可分为现金折扣和商业折扣。现金折扣是企业给予在规定日期以前付款的客户的价格优惠，这种折扣是企业为了尽快收回款项而采取的一种手段。如“1/10，*n*/30”表示，如果客户在 10 天内付款，可以享受 1%的优惠，10 天后付款则不能享受优惠，但付款期最迟不能超过 30 天。通过这种方式，可以较快地收回货款，提高资金的周转速度。商业折扣则是在公布的价格之外给予客户一定比例的价格折扣，这种折扣通常是企业出于稳定客户关系，扩大销售量的目的。例如，给予经常订货的老客户一定比例的价格优惠，给予订货数量达到某一数量的客户一定比例的价格优惠等。商业折扣不是营业收入的直接抵减项目，它对营业收入的影响往往是间接的。

(4) 销售折让。销售折让是企业向客户交付商品后，因商品的品种、规格或质量等不符合合同的规定，经企业与客户协商，客户同意接受商品，而企业在价格上给予一定比例的减让。销售折让也应冲减当期的营业收入。

3. 营业收入的控制

控制就是按照计划的要求对生产经营活动的过程与结果进行监督管理，以达到完成预定的经营目标、提高经济效益的目的。营业收入的控制主要是对销售收入的控制。在销售收入的控制过程中，要加强各个环节的监督管理，以达到增加销售收入、节约销售费用的目的。一般来说，销售控制主要包括以下几个方面。

(1) 调整推销手段，认真执行销售合同，扩大产品销售量，完成销售计划。在市场经济条件下，企业的推销手段对产品的销售有重大影响，推销手段高，可以扩大产品销售量，增加销售收入。在销售产品时，要认真执行与客户所签订的经济合同，这样不仅可以加速企业的资金周转，而且可以提高企业的信誉，为企业生产经营创造良好的环境。

(2) 提高服务质量，做好售后服务工作。质量是企业的生命，关系到企业生产经营的成败兴衰。服务质量不仅包括企业服务态度和服务水平，也包括企业产品的质量。提高服务质量可以使销售工作少出问题，减少销货退回，减少经济纠纷，增加企业的销售收入。售后服务对企业销售也至关重要，有助于提高企业信誉，增强产品竞争能力，扩大销售。

售后服务包括的内容很广泛，如为客户安装调试产品、提供技术咨询、建立维修服务网点等。售后服务是实行竞争、打开产品销路的重要手段，是一种必要的追加投资。

(3) 及时办理结算，加快货款回收。货款结算与回收一般由财务部门统一办理，但是销售部门也应该协助财务部门做好货款回收工作。货款回收关系到企业资金的周转速度，如果货款拖欠太多，以致发生坏账损失，就会影响企业经营目标的实现。为了减少坏账数量，企业在销售产品时，一定要在合同中明确双方的责任和货款结算方式，在改善本企业的商品发运工作的情况下，也要认真审查对方的信誉情况。

(4) 在产品销售过程中，要做好信息反馈工作。企业产品生产和销售必须以市场为导向，根据市场需求变化来调整自己的经营活动。企业在销售产品过程中，要了解市场情况，搜集各种信息，以使企业根据市场变化来调整计划的不合理之处，同时也为未来预测做好准备。

10.3.3 利润管理

利润集中反映企业生产经营活动各方面的经济效益，是企业最终的财务成果，是衡量企业生产经营管理的重要综合指标。

1. 利润的构成

利润是企业在一定时期内生产经营活动所取得的主要财务成果。企业实现的利润总额由营业利润、投资净收益以及营业外收支净额组成。其计算公式为：

利润总额=营业利润+投资净收益+营业外收入－营业外支出

其中：

营业利润=主营业务利润+其他业务利润－管理费用－财务费用

主营业务利润=主营业务收入－主营业务成本－主营业务费用－主营业务税金及附加

其他业务利润=其他业务收入－其他业务支出

2. 利润预测

利润预测是企业经营预测的一个重要方面，它是在销售预测的基础上，通过对产品的销售数量、价格水平、成本状况进行分析和测算，预测出企业未来一定时期的利润水平。

利润预测的方法很多，这里主要介绍最常用的量-本-利分析法。

量-本-利分析法又称损益平衡分析法，是专门研究成本、业务量、利润三者之间的依存关系的分析方法。利用它可以分析盈亏平衡点(即保本点)以及获得目标利润要达到的业务量、价格、成本水平等，从而为企业的生产经营进行预测和决策提供有关数据，它是确定利润的目标的一种有效方法。

在量-本-利分析中，按照成本与业务量的关系，可划分为变动成本和固定成本。业务量一般指企业的产销量(产销一致)或商业企业的销售量。利润是指息税前利润。在量-本-利分析中，假定单位变动成本、固定成本总额在一定的范围和时期内保持不变。因此，实际情况如果与这些假定有出入，分析结构必须做相应的调整。其基本计算公式如下：

$$\begin{aligned}\text{利润}&=\text{销售收入}-\text{变动成本总额}-\text{固定成本总额}\\&=\text{单价}\times\text{销售量}-\text{单位变动成本}\times\text{销售量}-\text{固定成本总额}\\&=(\text{单价}-\text{单位变动成本})\times\text{销售量}-\text{固定成本总额}\end{aligned}$$

在上述公式相关 5 个变量中，给定其中 4 个，便可求出另一个变量的值。如计算销售量的方程式：

$$\text{销售量}=\frac{\text{固定成本}+\text{利润}}{\text{单价}-\text{单位变动成本}}$$

【例 10.4】 某企业生产甲产品，根据成本习性，甲产品的单位变动成本为 10 元，固定成本总额为 20 000 元，市场上甲产品每件的销售价格为 15 元。要求预测该产品的保本销售量和保本销售额；目标利润为 10 000 元时的销售量和销售额。

此题是预测甲产品的保本点，保本点一般有两种表示方法，即保本销售量和保本销售额。保本点的利润应为 0，则

$$\text{保本销售量}=\frac{\text{固定成本}}{\text{单价}-\text{单位变动成本}}=\frac{20\,000}{15-10}=4\,000(\text{件})$$

$$\text{保本销售额}=\text{保本销售量}\times\text{单价}=4\,000\times15=60\,000(\text{元})$$

当目标利润为 10 000 元时，

$$\text{销售量}=\frac{\text{固定成本}+\text{利润}}{\text{单价}-\text{单位变动成本}}=\frac{20\,000+10\,000}{15-10}=6\,000(\text{件})$$

$$\text{销售额}=\text{销售量}\times\text{单价}=60\,00\times15=90\,000(\text{元})$$

从上式不难看出，企业利润的大小，主要受销售量、销售单价、单位变动成本和固定成本总额等因素的影响。在已知这些因素的情况下，就可以根据这个基本公式计算目标利润。或者，在确定了利润目标的情况下，就可以确定上述因素如何变动才能保证利润目标的实现。

运作实例 10-3

Wonder Widget 公司的利润管理

Wonder Widget 公司生产两种家用产品，两种产品具有相同的销售量。WW-1000 的售价为 425 美元，而客户定制的高级 WW-1000 售价为 575 美元。每个月，这两种产品销售收入总额可以达到 100 万美元，毛利润 250 000 美元，毛利率 25%，如表 10-2 所示。但是该公司不知道每种产品的成本，只知道高级 WW-1000 的销售情况更好，尽管该产品的制造难度较大，因此公司相信根据最终赚取的毛利润可以证明该策略是正确的。

表 10-2 Wonder Widget 公司的利润分析表

	WW-1000	高级 WW-1000	总计
单价	425	575	
销售量	1 000	1 000	
销售收入	425 000	575 000	1 000 000
单位成本			
原材料	25	25	
人工成本	40	240	
管理费(人工成本 150%)	60	360	
单位成本总计	125	625	
销售成本	125 000	625 000	750 000
毛利润	300 000	-50 000	250 000

该公司的财务顾问将它所有的销售成本分成两部分，其中包括生产高级 WW-1000 所需的额外人工。Wonder Widget 公司的所有者尴尬地发现，他们所认为的可以带来更高收入的产品事实上却导致公司产生了亏损。如果停止生产高级 WW-1000，他们就可以多收入 50 000 美元，将目前的毛利率提高 20%。

(资料来源：www.pubish.citic.com.)

思考题：企业如何进行利润管理？

10.4 财 务 分 析

财务分析是以企业的财务报告等会计资料为基础，对企业的财务状况和经营成果做出分析和评价的一种方法。财务分析是财务管理的重要方法之一，是对企业一定期间的财务活动的总结，为财务预测和财务决策提供依据。

10.4.1 财务分析的基础

财务分析的基础是企业的财务报告，财务报告是反映一定时期内的财务状况、经营成果和影响企业未来发展的重要经济事项的书面文件。企业财务报告主要包括资产负债表、损益表、现金流量表、其他报表及财务状况说明书。这些报表及财务状况说明书集中、概括地反映了企业的财务状况、经营成果和现金流量情况等财务信息，对它们进行分析，可以更加系统地揭示企业的偿债能力、营运能力、获利能力等财务状况。

为了便于说明，本节各项财务指标的计算将主要使用 M 公司作为实例，该公司的资产负债表、损益表如表 10-3 和表 10-4 所示。

表 10-3　资产负债表

编制单位：M 公司　　200×年 12 月 31 日　　单位：万元

资　产	年初数	期末数	负债及所有者权益	年初数	期末数
流动资产：			流动负债：		
货币资金	25	50	短期借款	45	60
短期投资	12	6	应付票据	4	5
应收票据	11	8	应付账款	109	100
应收账款	200	400	预收账款	4	10
减：坏账准备	1	2	其他应付款	12	7
应收账款净额	199	398	应付工资	1	2
预付账款	4	22	应付福利费	16	12
其他应收款	22	12	未交税金	4	5
存货	326	119	未付利润	10	28
待摊费用	7	32	其他未交款	1	7
待处理流动资产损失	4	8	预提费用	5	9
一年内到期的			待扣税金	4	2
长期债券投资	0	45	一年内到期的长期负债	0	50
流动资产合计	610	700	其他流动负债	5	3
长期投资	45	30	流动负债合计	220	300
固定资产：			长期负债：		
固定资产原值	1 617	2 000	长期借款	245	450
减：累计折旧	662	762	应付债券	260	240
固定资产净值	955	1 238	长期应付款	60	50
固定资产清理	12	0	其他长期负债	15	20
在建工程	25	10	长期负债合计	580	760
待处理固定资产损失	10	8	所有者权益：		
固定资产合计	1 002	1 256	实收资本	100	100
无形及递延资产：			资本公积	10	16
无形资产	8	6	盈余公积	40	74
递延资产	15	5	未分配利润	730	750
其他长期资产	0	3	所有者权益合计	880	940
资产总计	1 680	2 000	负债及所有者权益总计	1 680	2 000

表 10-4 损益表

编制单位：M 公司　　　　200×年 12 月 31 日

项　　目	上年实际(/万元)	本年累计(/万元)
一、产品销售收入	2 850	3 000
减：产品销售成本	2 503	2 644
产品销售费用	20	22
产品销售税金及附加	28	28
二、产品销售利润	299	306
加：其他业务利润	36	20
减：管理费用	40	46
财务费用	96	110
三、营业利润	199	170
加：投资收益	24	40
营业外收入	17	10
减：营业外支出	5	20
四、利润总额	235	200
减：所得税	75	64
五、净利润	160	136

10.4.2 偿债能力分析

偿债能力是指企业偿还各种到期债务的能力。偿债能力分析是企业财务分析的一个重要方面，通过这种分析可以揭示企业的财务风险。企业财务管理人员、债权人及投资者都十分重视企业的偿债能力分析。评价企业偿债能力的指标主要有流动比率、速动比率和资产负债率等指标。

1. 流动比率

流动比率是企业流动资产与流动负债的比率。用公式可以表示为：

$$流动比率=\frac{流动资产}{流动负债}$$

我们可以用表 10-3 的资产负债表中的数据，来计算该公司的流动比率。该公司 200×年年末的流动资产为 700 万元，流动负债为 300 万元，依上述公式计算流动比率为：

$$流动比率=\frac{700}{300}=2.33$$

一般认为，生产企业合理的最低流动比率在 2.0 比较合适。这是因为流动资产中变现能力最差的存货金额约占流动资产总额的一半，剩下的流动性较大的流动资产至少要等于流动负债，企业的短期偿债能力才会有保证。人们长期以来的这种认识，因未能从理论上证明，还不能成为一个统一的标准。

2. 速动比率

速动比率能够较准确地反映企业的偿债能力。企业流动资产中扣除存货后的资产叫做速动资产。速动比率是速动资产与流动负债的比值。用公式可以表示为：

$$速动比率=\frac{速动资产}{流动负债}=\frac{流动资产-存货}{流动负债}$$

我们仍然采用表 10-3 资产负债表中的数据计算速动比率，由于表中 200×年年末存货为 119 万元，则其速动比率为：

$$速动比率=\frac{700-119}{300}=1.94$$

通常认为正常的速动比率为 1，低于 1 的速动比率被认为是短期偿债能力偏低。这仅是一般的看法，因为行业不同，速动比率会有很大的差别，没有统一标准的速动比率。例如，采用大量现金销售的商店，几乎没有应收账款，大大低于 1 的速动比率则是很正常的。相反，一些应收账款较多的企业，速动比率可能要大于 1。

影响速动比率可信性的重要因素是应收账款的变现能力。账面上的应收账款不一定都能变成现金，实际坏账可能比计提的准备要多；季节性的变化，可能使报表的应收账款数额不能反映平均水平。这些情况，外部使用人不易了解，而财务人员却有可能做出估计。

3. 资产负债率

资产负债率又称负债比率，是企业负债总额除以资产总额的比率。用公式可以表示为：

$$资产负债率=\frac{负债总额}{资产总额}\times100\%$$

例如，M 公司 200×年年末负债总额为 1 060 万元，资产总额为 2 000 万元。依上式计算资产负债率为：

$$资产负债率=\frac{1\,060}{2\,000}\times100\%=53\%$$

不同的人对负债比率的要求不尽相同，债权人关心的是贷给企业款项的安全程度，如果负债比率较高，则企业的风险将主要由债权人承担，这对债权人是不利的；而产权拥有者却希望负债经营，以提高资金利润率。

10.4.3 营运能力分析

营运能力是用来衡量企业在资产管理方面效率的财务指标。营运能力指标主要包括：营业周期、存货周转率、应收账款周转率、流动资产周转率和总资产周转率。

1. 营业周期

营业周期是指从取得存货开始到销售存货并收回现金为止的这段时间。营业周期的长短取决于存货周转天数和应收账款周转天数。营业周期的计算公式如下：

$$营业周期=存货周转天数+应收账款周转天数$$

把存货周转天数和应收账款周转天数加在一起计算出来的营业周期，指的是需要多长时间能将期末存货全部变为现金。一般情况下，营业周期短，说明资金周转速度快；营业周期长，说明资金周转速度慢。

2. 存货周转率

在流动资产中，存货所占的比重较大。存货的流动性，将直接影响企业的流动比率，因此，必须特别重视对存货的分析。存货的流动性，一般用存货的周转速度指标来反映，即存货周转率或存货周转天数。

存货周转率是衡量和评价企业购入存货、投入生产、销售收回等各环节管理状况的综合性指标。它是销售成本被平均存货所除而得到的比率，或叫存货的周转次数，用时间表示的存货周转率就是存货周转天数。计算公式为

$$存货周转率=\frac{销售成本}{平均存货}$$

其中：

$$平均存货=\frac{期初存货+期末存货}{2}$$

$$存货周转天数=\frac{360}{存货周转率}$$

例如，M 公司 200×年年度产品销售成本为 2 644 万元，期初存货为 326 万元，期末存货为 119 万元。该公司存货周转率为

$$存货周转率=\frac{2\,644}{\frac{326+119}{2}}=11.88(次)$$

$$存货周转天数=\frac{360}{11.88}\approx 30(天)$$

一般来讲，存货周转速度越快，存货的占用水平越低，流动性越强，存货转换为现金或应收账款的速度越快。提高存货周转率可以提高企业的变现能力，而存货周转速度越慢，则变现能力越差。

3. 应收账款周转天数

应收账款和存货一样，在流动资产中有着举足轻重的地位。及时收回应收账款，不仅

可以增强企业的短期偿债能力，也反映出企业管理应收账款方面的效率。

反映应收账款周转速度的指标是应收账款周转率，也就是年度内应收账款转为现金的平均次数，它说明应收账款流动的速度。用时间表示的周转速度是应收账款周转天数，也叫平均应收账款回收期或平均收现期，它表示企业从取得应收账款的权利到收回款项、转换为现金所需要的时间。其计算公式为

$$应收账款周转率=\frac{销售收入}{平均应收账款}$$

$$应收账款周转天数=\frac{360}{应收账款周转率}$$

公式中的“销售收入”数据来自损益表，是指扣除折扣和折让后的销售净额。“平均应收账款”是指未扣除坏账准备的应收账款金额，它是资产负债表中“期初应收账款余额”与“期末应收账款余额”的平均数。

例如，M 公司 200×年年度销售收入为 3 000 万元，年初应收账款余额为 200 万元，年末应收账款余额为 400 万元。则应收账款周转率为

$$应收账款周转率=\frac{3\,000}{\frac{200+400}{2}}=10(次)$$

$$应收账款周转天数=\frac{360}{10}=36(天)$$

一般来说，应收账款周转率越高，平均收账期越短，说明应收账款的收回越快。否则，企业的营运资金会过多地呆滞在应收账款上，影响正常的资金周转。

4. 流动资产周转率

流动资产周转率是销售收入与全部流动资产平均余额的比值。其计算公式为

$$流动资产周转率=\frac{销售收入}{平均流动资产}$$

其中

$$平均流动资产=\frac{年初流动资产+年末流动资产}{2}$$

例如，M 公司年初流动资产为 610 万元，年末流动资产为 700 万元。计算流动资产周转率为

$$流动资产周转率=\frac{3\,000}{\frac{610+700}{2}}=4.58(次)$$

流动资产周转率反映流动资产的周转速度。周转速度快，会相对节约流动资产，等于相对扩大资产投入，增强企业盈利能力；而延缓周转速度，需要补充流动资产参加周转，

形成资金浪费，降低企业盈利能力。

5. 总资产周转率

总资产周转率是销售收入与平均资产总额的比值。其计算公式为

$$总资产周转率 = \frac{销售收入}{平均资产总额}$$

其中：

$$平均资产总额 = \frac{年初资产总额 + 年末资产总额}{2}$$

续前例，M 公司总资产周转率为

$$总资产周转率 = \frac{3\,000}{\frac{1\,680 + 2\,000}{2}} = 1.63(次)$$

该项指标反映资产总额的周转速度。周转越快，反映销售能力越强。企业可以通过薄利多销的办法，加速资产的周转，带来利润绝对额的增加。

10.4.4 获利能力分析

获利能力是指企业赚取利润的能力，投资者及公司经营者都关心这一比率。衡量获利能力的指标有资产报酬率、股东权益报酬率和销售净利润率等。

1. 资产报酬率

资产报酬率是一定时期内的净利润与资产平均余额的比率，用以衡量企业使用全部资产获取净利润的能力。资产报酬率的计算公式为

$$资产报酬率 = \frac{净利润}{资产平均余额} \times 100\%$$

根据表 10-2 和表 10-3，M 公司 200×年年末净利润为 136 万元，资产总额期初为 1 680 万元，期末为 2 000 万元，计算资产报酬率为

$$资产报酬率 = \frac{136}{\frac{1\,680+2\,000}{2}} \times 100\% = 7.4\%$$

资产报酬率综合反映了企业资产的营运效果。在资本结构相同的情况下，该比率越高，说明企业利用有限资产获取净利润的能力越强。在实际运用中，行业间资产报酬率会趋于平衡。这是因为资产作为一种资源，会从低报酬率行业向高报酬率行业转移，直至每个行业获得平均利润率。

2. 股东权益报酬率

股东权益报酬率也称净资产收益率，是净利润与股东权益平均总额的比率。公式表示为

$$\text{股东权益报酬率} = \frac{\text{净利润}}{\text{平均净资产}} \times 100\%$$

依前例，M 公司 200×年股东权益报酬率为

$$\text{股东权益报酬率} = \frac{136}{\frac{880+940}{2}} \times 100\% = 14.95\%$$

股东权益报酬率反映了企业资产利用效果和利用财务杠杆的能力。

3. 销售净利润率

销售净利润率是净利润与销售收入的比率。用公式表示为

$$\text{销售净利润率} = \frac{\text{净利润}}{\text{销售收入}} \times 100\%$$

M 公司的净利润是 136 万元，销售收入是 3 000 万元，则

$$\text{销售净利润率} = \frac{136}{3\,000} \times 100\% = 4.53\%$$

在资本结构一定的情况下，销售净利润率越高，企业通过销售获得利润的能力就越强。

运作实例 10-4

中小企业的财务分析

财务比率分析对中小企业特别有用，一些数据机构可以根据企业规模提供可比性数据。尽管如此，分析一家中小企业的财务报表仍然会遇到一些特殊的问题。在这里，我们从一个银行信贷人员的角度来考察这些问题，银行信贷人员也是比率分析的最常见的使用者。

当评价一家中小企业的信用前景时，银行人员必须预测企业偿债能力。在做这种预测时，银行人员将会特别关心有关流动性的指标以及企业的盈利前景。就新客户而言，银行人员愿意接受能够及时还本付息的企业，并且企业业务能够在未来持续盈利，从而可以在未来数年中一直作为银行的客户。因此，对银行信贷人员来讲，短期与长期的考虑都非常重要。同样，银行信贷人员的观点对于那些既是企业所有者又是企业经理的人也非常重要，因为银行可能是企业资金的主要来源。

与银行的大客户不同，中小企业的财务报表可能没有经过审计，这是银行信贷人员可能遇到的第一个问题。此外，企业财务报表的编制可能不是定期的，如果企业历史不长，企业以往的财务报表可能只有 1 年，或者根本就没有。同样，企业的财务报表可能不是由有声望的会计企业编制的，而是由企业所有者的亲戚编制的。

因此，对于中小企业来说，在努力建立与银行的关系时，其财务数据的质量可能是一个严重的障碍。在这种情况下，即使企业实际的财务状况非常好，可能也难以获得银行的信贷支持。因此，保持企业财务数据的可靠性，有利于企业所有者的利益，即使这样做会花费巨额的成本，但应该也是值得的。此外，如果银行人员对于企业提供的数据不满意，企业管理层也不会感到舒服，因为许多的管理决策要依赖于企业会计报表提供的数据，这些数据如果不充足或不精确，肯定会影响决策。

对于给定的一组财务比率来说，中小企业可能会显示出比大企业更高的风险。银行在为中小企业提供信用时，特别是为那些既是所有者又是经理的人管理的企业提供信用时，经常会遇到另一种风险，这也是大企业不常遇到的问题——中小企业的兴衰经常依赖于某一个关键的个人，而一旦这一领袖人物出现意外，企业也就垮了。类似地，如果企业是由一个家族所有并由家族管理的企业，通常有一个关键的决策人，虽然会有其他的家族成员参与进来并帮助管理企业。

总而言之，要确定一家中小企业的授信额度，财务分析人员必须“放眼财务比率之外”进行分析，分析企业的产品、客户、管理者以及市场的生命力。当然，在这种信用分析中，财务比率分析仍然是分析的第一步。

(资料来源：Eugene F.Brigham and Joel F.Houston, “Fundamentals of Financial Management,” 2004.)

思考题：当评估企业未来财务业绩时，分析人员应该考虑哪些因素？

本章小结

本章讲授了财务管理的基本内容、财务管理的职能，企业融资、投资管理，成本、费用和利润管理，财务分析方法等内容。

企业财务管理是企业组织财务活动，处理财务关系的一项经济管理工作；是企业为生产经营需要而进行的资金筹集、资金运用和资金分配以及日常资金管理等活动。企业财务管理的基本职能是财务计划和财务控制。

资本是企业经营活动的基本要素。企业筹资的不同类型包括：①按资本属性，分为股权资本和债权资本；②按资本需求期限，分为长期资本和短期资本等。筹资渠道包括：国家财政资金、银行信贷资金、非银行金融机构资金、社会资金、企业自留资金、外商资金。资本成本是企业为筹措和使用资金而付出的代价，包括资金使用费和筹资费用两部分。资金使用费是占有资金支付的费用，筹资费用是取得资金所有权或使用权而发生的各种费用。企业投资活动包括资金的投入、运用、管理与回收活动。

成本、费用和收入的管理要明确成本、费用开支的基本原则，确定成本、费用开支范围划分的界限及营业收入管理的要求，在此基础上进行利润的计算和预测。

财务分析是以企业的财务报告等会计资料为基础，对企业的财务状况和经营成果做出分析和评价，包括对企业的偿债能力、营运能力、获利能力进行分析。

习 题

思考题

(1) 财务管理的目标有哪些？

(2) 企业融资的渠道和方式有哪些？

(3) 企业为何要置存现金？

(4) 如何区分成本和费用的界限和范围？

(5) 如何管理和控制企业营业收入？

(6) 企业财务分析的方法有哪些？如何分析？

练习题

某公司2006年生产销售A产品，单价50元，单位变动成本30元，固定成本总额100万元。公司负债60万元，年利息率为12%。

要求：

(1) 计算2006年公司的保本点销售量和销售额。

(2) 如果条件不变，公司计划2007年实现利润200万元，试预测2007年公司的产销量。

(3) 公司2006年销售产品10万件，计算公司本年度息税前利润总额。

(4) 计算该公司2006年的财务杠杆系数。

案例应用分析

案例 10-1

D'Leon 公司财务指标分析

D'Leon股份公司是一家地方型快餐食品生产商。实施扩张生产计划后，D'Leon公司大举提高了生产能力，并开展了一系列市场营销活动，旨在将其经营扩展到全国。但是至今为止，销售收入并没有如预想的那样增加，而成本却超过了预算。2005年公司不但没有盈利，反而发生了巨额亏损，以至于公司经理、董事和投资者都开始为公司的前景担忧。

在这种情况下，公司聘用了唐纳·贾米森(Donna Jamison)做D'Leon公司董事会主席弗雷德·坎波(Fred Campo)的助理。贾米森的职责是尽快使该公司的财务状况走上正轨。D'Leon公司2006年的资产负债表、损益表分别如表10-5和表10-6所示。

贾米森仔细研究了公司2005年度的各月份数据(本案例中未给出)。她发现该年中总体情况是好转的。月销售收入在不断增加，而成本在不断下降，前几个月份较大数额的亏损到最后12月时已经出现了小额的利润。同时，广告效应要等更多的时间才能体现出来，新的销售分支部门也要再过些时候才会有业绩，新的制造设备也将逐渐更有效率。换句话说，现金的支出和收益之间有时滞，这一时滞比D'Leon公司的经理层预计的时间要长。倘若公司在短期内还可以恢复正常运作的话，贾米森和坎波两人都感觉公司还是很有希望的。

贾米森必须就公司目前的处境进行详细的分析，当前应当采取何种措施和行动使公司的财务状况走上正轨。你的任务是帮助贾米森回答下面的问题，并给出详细的解释。

表 10-5 D'Leon 公司 2006 年度资产负债表

编制单位：D'LEON 有限公司　　2006 年 12 月 31 日　　单位：美元

资　产	年 初 数	期 末 数	负债及所有者权益	年 初 数	期 末 数
流动资产：			流动负债：	524 160	436 800
货币资金	7 282	85 632	应付账款 应付票据	720 000	600 000
应收账款	632 160	878 000	其他应付款	489 600	408 000
存货 流动资产合计	1 287 360	1 716 480	流动负债合计	1 733 760	1 444 800
固定资产：	1 926 802	2 680 112	长期负债：	1 000 000	500 000
固定资产原值	1 202 950	1 197 160	所有者权益： 普通股(100 000 股)	460 000	1 680 936
减：累计折旧	263 160	380 120	留存收益	-327 168	-128 584
固定资产净值	939 790	817 040	所有者权益合计 负债及所有者权益	132 832	1 552 352
资产总计	2 866 592	3 497 152	总计	2 866 592	3 497 152

表 10-6 D'Leon 公司 2006 年度损益表

编制单位：D'LEON 有限公司　　2006 年 12 月 31 日　　单位：美元

项　　目	上年实际	本年累计
产品销售收入	6 834 400	7 035 600
减：产品销售成本	5 728 000	5 728 000
产品销售税金及附加	116 960	116 960
管理费用	680 000	680 000
财务费用	176 000	88 000
利润总额	133440	422 640
减：所得税(25%)	33360	105660
净利润	100080	316980

分析：

(1) 以资产负债表和损益表为基础，计算 D'Leon 公司的流动比率和速动比率。你对该公司 2005 年、2006 年的流动性有什么看法？对 2007 年的预计如何？我们通常认为比率分析有以下几点用处：① 有助于管理层进行企业的经营运作；② 有助于银行人员进行信用分析；③ 有助于股东评估股票价值。不同的分析者对这些比率是否有同样的兴趣？

(2) 计算 2006 年存货周转率、应收账款周转率、流动资产周转率和总资产周转率，评价 D'Leon 公司对资产的管理和运用情况如何？

(3) 对 2006 年度 D'Leon 公司的获利能力进行分析。你对这些比率有什么看法？

第11章 技术经济分析

教学目标与要求

通过本章的学习，明确企业技术经济分析的基本原则；熟练掌握资金时间价值的概念和计算方法；能够运用有关资料对投资项目进行静态分析、动态分析和灵敏度分析；掌握项目可行性研究的基本内容和开展可行性研究的程序，掌握可行性研究报告的结构与编制。

技术经济分析是对建设项目从技术上和经济上进行综合分析，要求在技术上先进，使用上安全可靠，在经济上能节约消耗，减少费用，是对技术领域经济问题和经济规律、技术进步与经济增长之间相互关系进行研究，寻求技术与经济的最佳结合。

11.1 技术经济分析概述

技术与经济是相互促进、相互制约的，技术经济分析就是要寻求一条协调发展的途径，以求经济快速、持续地发展。

11.1.1 技术经济分析的原则

(1) 技术先进性、经济合理性与生产可行性相结合。技术先进性就是技术的创新性，如技术的指标、参数、结构、方法、特征，以及对科学技术发展的意义等。只有技术先进才能保证所开发的技术成果具有先进水平。经济合理性包括保证用户在使用技术成果过程中的经济合理，能够为生产企业带来生产经营的经济效益。生产可行性是指能够预计到推广应用的可能性。例如，对机电产品要考虑到使用部门、地区对新产品、新技术的吸收、消化能力，操作使用习惯等。

在处理三者之间的关系时，技术的选择要视经济实力量力而行，不能脱离实际。在企业经济不甚发达的时候，多数情况下只能优先发展适用技术。在处理技术与经济关系时，发展是中心问题，要创造条件去争取可能条件下的发展，如果按部就班，落后企业只能永远跟在先进企业的后面。

(2) 当前需要和长远需要相结合。对技术开发进行课题选择与成果评价时，不仅要考虑到当前本企业发展生产、提高技术水平、提高经济效益的作用，还要有长远观点，考虑到今后对本企业较长时间的影响。

(3) 局部利益与整体利益相结合。包括两个含义：一是指新技术成果的效益分析，不仅要求能为本企业带来效益，而且能为本行业、本地区，乃至整个国民经济的发展带来效益。在处理局部效益同整体效益的关系时，原则上局部效益要服从整体效益。二是指规模较大的技术开发项目与其中的若干较小项目，同样是整体与局部的关系。因此，要求局部与整体之间实现最佳配合。

11.1.2 资金的时间价值

企业活动是在特定的时空中进行的，离开了时间价值因素，就无法正确计算不同时期的财务收支，也无法正确评价企业盈亏和进行投资分析。资金的时间价值揭示了不同时点上资金之间的换算关系，是预测和决策的基本依据。为此，必须了解货币时间价值的概念和计算方法。

1. 资金时间价值的概念

资金的时间价值又称为货币的时间价值，是指一定量的货币在不同时点上的价值量差额。来源于资金进入社会再生产过程后的价值增值。通常情况下，相当于没有风险、没有通货膨胀情况下的社会平均利润率，是利润平均化规律发生作用的结果。

在商品经济中，有这样一种现象：即现在的 100 元钱和 1 年后的 100 元钱其经济价值不相等，或者说其经济效用不同。现在的 100 元钱，比 1 年后的 100 元钱经济价值要大一些，即使不存在通货膨胀也是如此。为什么会这样呢？可以通过下面的例说明一下。将现在的 100 元钱存入银行，年利率为 10%，1 年后连本带利可得到 110 元。这 100 元钱经过 1 年时间的投资增加了 10 元，这种报酬就是货币的时间价值，即货币在周转使用中随着时间的推移而发生的价值增值。

货币的时间价值有两种表现形式，一种是绝对数，即利息；另一种是相对数，即利率。在不考虑通货膨胀和风险的情况下，通常是以社会平均资金利润率代表货币的时间价值，在一定条件下可视同于利息率，如贷款利率、债券利率、股利率等；从绝对量上看就是使用货币的机会成本或假设成本，即利息。为了便于理解，以下假定利息、利息率或折现率均代表货币的时间价值。

从量的规定性来看，货币的时间价值是在没有风险和没有通货膨胀条件下的社会平均资金利润率。由于竞争，市场经济中各部门投资的利润率趋于平均化。每个企业在投资某项目时，至少要取得社会平均的利润率，否则不如投资于另外的项目或另外的行业。因此，货币的时间价值成为评价投资方案的基本标准。财务管理对时间价值的研究，主要是对资金的筹集、投放、使用和收回等从量上进行分析，以便了解不同时点上收到或付出的资金价值之间的数量关系，寻找适用于管理方案的数学模型，改善财务管理的质量。

由于不同时间单位货币的价值不相等，所以，不同时间的货币收入不宜直接进行比较，需要把它们换算到相同的时间基础上，然后才能进行大小的比较和比率的计算。由于货币随时间的增长过程与利息的增值过程在数学上相似，因此，在换算时广泛使用计算利息的各种方法。

2. 资金时间价值的计算

为了计算的方便，有关符号的标示如下：

P——现值，即一个或多个发生在未来的现金流相当于现在时刻的价值；

F——未来值，又称终值，即一个或多个发生在现在或未来的现金流相当于未来时刻的价值；

i——每一期的利率(折现率)；

I——利息；

A——连续发生在一定周期内等额的现金流，A 是数列中的相同值，即 $A_1=A_2=A_3=\cdots=$

A_n，每个值都发生在不间断系列周期的期末，即 t=1，2，3，…，n；

n——计算利息的期数。

1) 利息的计算

利息的计算公式为

$$I = P\times i\times \text{n}$$

【例 11.1】 某企业有一张带息期票，面额为 1 200 元，票面利率 4%，出票日期是 6 月 15 日，8 月 14 日到期(共 60 天)，则到期利息为

$$I = 1\ 200\times 4\%\times \frac{60}{360}=8(\text{元})$$

在计算利息时，除非特别指明，给出的利率是指年利率。对于不足 1 年的利息，按 1 年等于 360 天来计算。

2) 复利终值的计算

复利是计算利息的另一种方法。按照这种方法，每经过一个计息期，要将所生利息加入本金再计利息，逐期滚算，俗称“利滚利”。这里所说的计息期，是指相邻两次计息的时间间隔，如年、月、日等。除非特别指明，计息期为 1 年。

复利终值指一定量的本金按复利计算若干期后的本利和。复利终值的计算是已知现值 P，求终值 F。

计算公式为

$$F = P(1+i)^n$$

式中，$(1+i)^n$ 通常被称为复利终值系数或 1 元的复利终值，记作(F/P，i，n)。上式也可写为

$$F=P(F/P，i，n)$$

【例 11.2】 某企业向银行借款 100 万元，年利率为 10%，期限为 5 年，问 5 年后应偿还多少本利和？

$$F = P(1+i)^n = P(F/P，i，n)= 100\times(1+10\%)^5=100\times(F/P，10\%，5)$$

$$=100\times 1.6105=161.05(\text{万元})$$

3) 复利现值的计算

复利现值是复利终值的对称概念，指未来一定时间的资金按复利计算的现在价值，或者说是为取得将来一定本利和现在所需要的本金。复利现值的计算是已知终值 F，求现值 P。

其计算公式为

$$P = F(1+i)^{-n}$$

上式中的$(1+i)^{-n}$是把终值折算为现值的系数，称复利现值系数，或称 1 元的复利现值，记作(P / F，i，n)。例如，(P / F，10%，5)表示利率为 10%时 5 期的复利现值系数。上式也可写作

$$P=F(P/F，i，n)$$

【例 11.3】 某人拟在 5 年后获得本利和 100 000 元，假设投资报酬率为 10%，他现在应投入多少元?

$P = F(1+i)^{-n}= F(P / F，i，n)= 100\,000×(1+10\%)^{-5} = 100\,000×(P / F，10\%，5)$

$= 100\,000×0.621 = 62\,100$(元)

4) 名义利率与实际利率

复利的计息期不一定总是 1 年，有可能是季度、月或日。当利息在 1 年内要复利几次时，给出的年利率叫做名义利率。

实际年利率和名义利率之间的关系是:

$$1+I=(1+\frac{r}{M})^{M}$$

式中，r——名义利率；

i——实际利率；

M——每年复利次数。

【例 11.4】 本金 10 000 元，投资 5 年，年利率 8%，每季度复利一次，则:

每季度利率=8%÷4=2%

复利次数=5×4=20

$F = 10\,000×(1+2\%)^{20} = 10\,000×1.486 = 14\,860$(元)

$I = 14\,860-10\,000 = 4\,860$(元)

当 1 年内复利几次时，实际得到的利息要比按名义利率计算的利息高。利息 4 860 元，比前例要多 170 元(4 860−4 690)。例 11.4 的实际利率高于 8%。可用下述方法计算:

$$i=(1+\frac{r}{M})^{M}-1=(1+\frac{8\%}{4})^{4}-1=1.082\,4-1=8.24\%$$

$$F = 10\,000×(1+8.24\%)^{5} = 10\,000×1.486 = 14\,860(元)$$

5) 普通年金终值的计算

年金是指等额、定期(如 1 年)的系列收支。例如，折旧、租金、利息、保险金、分期付款赊购、分期偿还贷款、发放养老金、分期支付工程款、每年相同的销售收入等，都属于年金收付形式。按照收付的次数和支付的时间划分，年金有普通年金、预付年金、递延年金、永续年金等几种。

普通年金又称后付年金，是指一定时期内每期期末等额收付的款项。以后凡涉及年金问题，如不作特殊说明均指普通年金。

普通年金终值是指一定时期内每期期末等额收付款项的复利终值之和。普通年金终值的计算是已知年金 A，求终值 F。

计算公式为

$$F = A[\frac{(1+i)^n-1}{i}]$$

公式中$\frac{(1+i)^n-1}{i}$的数值，通常称为“年金终值系数”，记作$(F/A，i，n)$。上式也可写作

$$F = A(F/A，i，n)$$

【例 11.5】假设某项目在 5 年建设期内每年年末从银行借款 100 万元，借款年利率为 10%，则项目竣工时应付本息总额是多少？

$$F=100×(F/A，10\%，5)=100×6.1051=610.51(万元)$$

6) 偿债基金

偿债基金是指为使年金终值达到既定金额每年应支付的年金数额。偿债基金的计算，实际上是年金终值的逆运算，是已知终值 F，求年金 A。

其计算公式为

$$A=F[\frac{i}{(1+i)^n-1}]$$

式中$\frac{i}{(1+i)^n-1}$的值是年金终值系数的倒数，称“偿债基金系数”，记作$(A / F，i，n)$。上式也可写作：

$$A = F(A/F，i，n)$$

或

$$A = F[1/(F/A，i，n)]$$

【例 11.6】 某人拟在 5 年后还清 10 000 元债务，从现在起每年等额存入银行一笔款项。假设银行存款利率是 10%，每年需要存入多少元？

$$A = F[1/(F/A，i，n)] = 10\,000×\frac{1}{(F / A,10\%, 5)} = 10\,000×\frac{1}{6.105} = 1\,638(元)$$

因此，在银行利率为 10%时，每年存入 1 638 元，5 年后可得 10 000 元，用来还清债务。

有一种折旧方法，称为偿债基金法，其理论依据是“折旧的目的是保持简单再生产”。为在若干年后购置设备，并不需要每年提存设备原值与使用年限的算术平均数，由于利息不断增加，每年只需提存较少的数额即按偿债基金提取折旧，即可在使用期满时得到设备原值。偿债基金法的年折旧额，就是根据偿债基金系数乘以固定资产原值计算出来的。

7) 普通年金现值计算

普通年金现值，是指为在每期期末取得相等金额的款项，现在需要投入的金额。普通年金现值的计算是已知年金 A，求现值 P。

其计算公式为

$$P = A\left[\frac{1-(1+i)^{-n}}{i}\right]$$

式中 $\frac{1-(1+i)^{-n}}{i}$ 的数值称“年金现值系数”，记作$(P/A, i, n)$。上式也可写作

$$P=A(P/A, i, n)$$

【例 11.7】某企业租入某种设备，每年年末需要支付租金 120 元，设银行存款利率为 10%，问 5 年资金的现值是多少钱?

$$P = 120\times(P/A, 10\%, 5)= 120\times3.7908 = 455(元)$$

【例 11.8】 某企业拟购置一台柴油机，更新目前使用的汽油机，每月可节约燃料费用 60 元，但柴油机价格较汽油机高出 1 500 元，问柴油机应使用多少年才合算(假设利率为 12%，每月复利一次)?

$$P = 60\times(P/A, 1\%, n)= 1\ 500$$

$$(P/A, 1\%, n)= 25$$

当 n=29 时：

$$(P/A, 1\%, 29)= 25$$

因此，柴油机的使用寿命至少应达到 29 个月，否则不如购置价格较低的汽油机。

【例 11.9】 假设以 10%的利率借款 20 000 元，投资于某个寿命为 10 年的项目，每年至少要收回多少现金才是有利的?

根据普通年金现值的计算公式 $P=A(P/A, i, n)$可知：

$$A=\frac{P}{(P/A, i, n)}=\frac{20\ 000}{(P/A, 10\%, 10)}=\frac{20\ 000}{6.1446}=3\ 254(元)$$

因此，每年至少要收回现金 3 254 元，才能还清贷款本利。

上述计算过程中的 $1/(P/A, i, n)$是普通年金现值系数的倒数，它可以把现值折算为年金，称投资回收系数。

公式可写作

$$A = P(A/P, i, n)$$

或

$$A = P/(P/A, i, n)$$

8) 递延年金

递延年金是指第一次支付发生在第二期或第二期以后的年金。递延年金的支付形式见图 11.1。

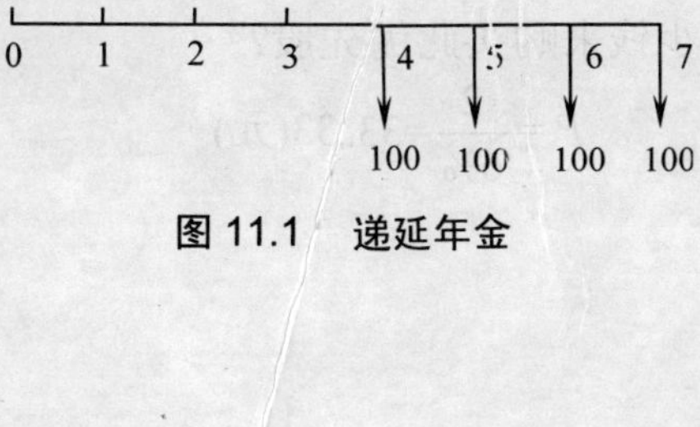

图 11.1 递延年金

从图中可以看出，前三期没有发生支付。一般用 m 表示递延期数，本例的 m=3。第一次支付在第四期期末，连续支付 4 次，即 n=4。已知 i=10%。

(1) 递延年金终值的计算。递延年金终值的计算方法和普通年金终值类似。

$$F = A(F/A, i, n) = 100\times(F/A, 10\%, 4) = 100\times4.641 = 464.1(\text{元})$$

(2) 递延年金的现值计算。递延年金的现值计算方法有两种。

第一种方法，是把递延年金视为 n 期普通年金，求出递延期末的现值，然后再将此现值调整到第一期初(即图 11.1 中 0 的位置)。

$$P_3 = A(P/A, i, n) = 100\times(P/A, 10\%, 4) = 100\times3.170 = 317(\text{元})$$

$$P_0 = P_3(1+i)^{-m} = 317\times(1+10\%)^{-3} = 317\times0.7513 = 238.16(\text{元})$$

第二种方法，是假设递延期中也进行支付，先求出($m+n$)期的年金现值，然后，扣除实际并未支付的递延期(m)的年金现值，即可得出最终结果。

$$P_{m+n}=100\times(P/A, i, m+n) = 100\times(P/A, 10\%, 3+4) = 100\times4.868 = 486.8(\text{元})$$

$$P_m=100\times(P/A, i, m) = 100\times(P/A, 10\%, 3) = 100\times2.487 = 248.7(\text{元})$$

$$P_n=P_{m+n}-P_m=486.8-248.7=238.1(\text{元})$$

9) 永续年金

无限期定额支付的年金，称为永续年金。现实中的存本取息，可视为永续年金的一个例子。

永续年金没有终止的时间，也就没有终值。永续年金的现值可以通过普通年金现值的计算公式导出

$$P = A\cdot\frac{1-(1+i)^{-n}}{i}$$

当 $n\to\infty$ 时，$(1+i)^{-n}$ 的极限为零，故上式可写成：

$$P = \frac{A}{i}$$

【例 11.10】 拟建立一项永久性的奖学金，每年计划颁发 10 000 元奖金。若利率为 10%，现在应存入多少钱?

$$P = \frac{10\ 000}{10\%} = 100\ 000(\text{元})$$

【例 11.11】 如购一优先股，每年分得股息 2 元，而年利率是 6%。对于一个准备买这种股票的人来说，他愿意出多少钱来购买此优先股?

$$P = \frac{2}{6\%} = 33.33(\text{元})$$

运作实例 11-1

田纳西镇的巨额账单

如果突然收到一张事先不知道的 1 260 亿美元的账单，你一定会大吃一惊。而这样的事件却发生在瑞士田纳西镇的居民身上。纽约布鲁克林法院判决田纳西镇应向美国投资者支付这笔钱。最初，田纳西镇的居民以为这是一件小事，但当他们收到账单时，被这张巨额账单吓呆了。他们的律师指出，若高级法院支持这一判决，为偿还债务，所有田纳西镇的居民在其余生中不得不靠吃麦当劳等廉价快餐度日。

田纳西镇的问题源于 1966 年的一笔存款。斯兰黑不动产公司在内部交换银行(田纳西镇的一家银行)存入一笔 6 亿美元的存款。存款协议要求银行按每周 1%的利率(复利)付息。1994 年，纽约布鲁克林法院做出判决：从存款日到田纳西镇对该银行进行清算的 7 年中，这笔存款应按每周 1%的复利计息，而在银行清算后的 21 年中，每年按 8.54%的复利计息。

(资料来源：荆新，王化成，刘俊彦.财务管理学.北京：中国人民大学出版社.2006.)

思考题：(1) 说明 1 260 亿美元是如何计算出来的？

(2) 如果利率为每周 1%，按复利计算，6 亿美元增加到 12 亿美元需多长时间？增加到 1 000 亿美元需多长时间？

(3) 本案例对你有何启示？

11.2 技术经济分析的评价方法

技术经济分析的评价方法，用于衡量和比较投资项目可行性，以便据以进行方案决策的定量化标准与尺度。评价投资方案时使用的经济效果指标分两类：一类是非贴现指标，即不考虑时间价值因素的指标，主要包括投资回收期、投资收益率等；另一类是贴现指标，即考虑了时间价值因素的指标，主要包括净现值、现值指数、内部报酬率等。根据分析评价指标的类别，投资或项目分析的方法也可被分为非贴现的方法和贴现的方法两种。

11.2.1 静态评价方法

非贴现评价方法也称静态评价方法，它是不考虑时间价值，把不同时间的现金收支看成是等效的。这些方法在评价和选择方案时起辅助作用。常用的非贴现评价方法主要有。

1. 投资回收期法

投资回收期是指通过投资项目营运后所获得的收益抵偿该项投资所需的时间，根据投资回收期的长短来评价方案的优劣的方法。

如果某一项目的投资均集中发生在建设期内，投产后每年经营净现金流量相等，可按下列简化公式直接求出不包括建设期的投资回收期：

$$\text{投资回收期}(T)=\frac{\text{原始投资总额}}{\text{投产后每年相等的净现金流入量}}$$

包括建设期的投资回收期=不包括建设期的投资回收期+建设期

【例 11.12】一个项目的初始投资为 300 万元，估计投产后可以连续 5 年保持每年获得 100 万元的净收益，则其投资回收期为

$$T=300\div100=3(\text{年})$$

在每年的净收益不相同时，投资回收期由逐年累计的净收益与项目初始投资相等时的年份加以确定。这时，投资回收期可根据现金流量表中累计净现金流量计算求得，其具体计算公式为

$$\text{投资回收期}(T)=(\text{累计净现金流量开始出现正值的年份数}-1)+\frac{\text{该年初尚未收回的投资}}{\text{该年净现金流量}}$$

【例 11.13】一个投资项目的现金流量见表 11-1，请计算投资回收期为多少年？表中负值表示投资额，正值表示收益额。

表 11-1 某投资项目现金流量表(/元)

项　目	0	1	2	3	4	5
净现金流量	−170 000	398 000	50 110	67 117	62 782	78 972
累计净现金流量	−170 000	−130 200	−80 090	−12 973	49 809	128 781

据表中的数字可知

投资回收期 $T=(4-1)+\dfrac{12\,973}{62\,782}=3.2(\text{年})$

通过计算投资回收期来评价投资项目的经济效益能够比较简便地估计项目的可盈利性，一般适用于短期投资效益评价，但是由于静态的投资回收期法不考虑资金的时间价值，所以资金的机会成本没有得到充分的考虑，而且只计算投资回收期的年份，而不计算投资回收期以后各年的现金流量，所以不能准确衡量项目投资收益的大小。

用投资回收期评价方案，先要把计算的回收期 T 同基准回收期 T_0 或行业的平均水平比较，评价规则为

(1) 当 $T>T_0$ 时，方案不可取；

(2) 当 $T\leqslant T_0$ 时，方案可取；

(3) 在 $T<T_0$ 条件下，进行多方案比较，T 越小方案越优。

回收期法的优点：计算简便，并且容易被决策者正确理解。它的缺点是：不仅忽视时间价值，而且没有考虑回收期以后的收益。事实上，战略性的项目投资往往是早期收益较低，中后期收益较高。因此，回收期法则有急功近利，忽视长远收益之虞。

2. 投资收益率法

投资收益率也称投资报酬率，是平均每年的净收益与年平均投资额的比率，反映投资项目的获利能力。评价方案时，应选取投资报酬率较高的方案。投资收益率的计算公式为

$$投资收益率(R)=\frac{年平均净收益}{年平均投资额}\times 100\%$$

【例 11.14】 某企业拟进行某项目投资，现有甲乙两个方案，甲方案需要设备投资 50 000 元，乙方案需要设备投资 45 000 元。两个方案的净收益资料见表 11-2，投资资料见表 11-3，试用投资报酬率法评价两个方案。

表 11-2 投资方案预计净收益

单位：元

方案 年	甲方案	乙方案
1	2 500	8 000
2	5 000	8 500
3	7 500	9 000
4	10 000	—
5	12 500	—

根据资料，

甲方案的年平均净收益=(2 500+5 000+7 500+10 000 +12 500)÷5=7500(元)

乙方案的年平均净收益=(8 000+8 500+9 000)÷3=8 500(元)

表 11-3 方案投资情况表

单位：元

年	甲方案		乙方案	
	年折旧额	投资余额	年折旧额	投资余额
0	—	50 000	—	45 000
1	10 000	40 000	15 000	30 000
2	10 000	30 000	15 000	15 000
3	10 000	20 000	15 000	0
4	10 000	10000	—	—
5	10 000	0	—	—

甲方案年平均投资额=[(50 000+40 000)÷2+(40 000+30 000)÷2+(30 000+2 000)÷2+(20 000+10 000)÷2+(10 000+0)÷2]÷5=25 000(元)

乙方案年平均投资额=[(45 000+30 000)÷2+(30 000+15 000)÷2+(15 000+0)÷2]÷3=22 500(元)

结合上述年平均净收益值，可计算投资报酬率

$$甲方案投资报酬率=\frac{7\,500}{25\,000}\times100\%=30\%$$

$$乙方案投资报酬率=\frac{8\,500}{22\,500}\times100\%=37.8\%$$

计算结果表明乙方案投资报酬率高于甲方案，所以选择乙方案为投资方案。

11.2.2 动态评价方法

1. 净现值法

净现值(记作 NPV)，是指在项目计算期内，按设定折现率或基准收益率计算的各年净现金流量现值的代数和。其理论计算公式为

$$净现值(NPV)=\sum_{t=0}^{n}(第\ t\ 年的净现金流量\times第\ t\ 年的复利现值系数)$$

用净现值指标评价单个方案的原则是：若 $NPV\geqslant0$，则方案是经济合理的；若 $NPV\leqslant0$，则方案应予以否定。

【例 11.15】 某设备的买价为 40 000 元，每年的运行收入为 15 000 元，年运行费为 3 500 元，4 年后该设备可以以 5 000 元的价格转让，如果基准折现率为 20%，此项设备投资是否可行？

依题意，则

$$净现值(NPV)=\sum_{t=0}^{n}(第\ t\ 年的净现金流量\times第\ t\ 年的复利现值系数)$$

$$=-40\,000+(15\,000-3\,500)(P/A,20\%,4)+5\,000\times(P/F,20\%,4)=-7\,818.5(元)$$

由于 $NPV\leqslant0$，此投资在经济上是不合理的。

上例中，如果基准折现率为 5%，其他条件相同。问是否进行此项投资？

由于 $NPV=-40\,000+(15\,000-3\,500)(P/A,\ 5\%,\ 4)+5\,000\times(P/F,\ 5\%,\ 4)=4\,892.5(元)$

所以，此项投资是可行的。

净现值指标的优点是综合考虑了资金时间价值、项目计算期内的全部净现金流量和投资风险；缺点是无法从动态的角度直接反映投资项目的实际收益率水平，而且计算比较烦琐。

只有净现值指标大于或等于零的投资项目才具有财务可行性。

2. 净现值率

净现值率(记作 NPVR)，是指投资项目的净现值占原始投资现值总和的比率，亦可将其理解为单位原始投资的现值所创造的净现值。

净现值率的计算公式为

$$净现值率(NPVR)=\frac{项目的净现值}{原始投资的现值合计}$$

【例 11.16】 有关净现值数据见上例，若基准折现率为 5%，要求：计算该项目的净现值率。

依题意，净现值=4 892.5 元，原始投资现值=40 000 元

则：$NPVR=\frac{4\,892.5}{40\,000}\approx 12.23\%$

净现值率指标的优点是可以从动态的角度反映项目投资的资金投入与净产出之间的关系，计算过程比较简单；缺点是无法直接反映投资项目的实际收益率。只有净现值率指标大于或等于零的投资项目才具有财务可行性。

3. 获利指数

获利指数(记作 PI)，是指投产后按行业基准收益率或设定折现率折算的各年净现金流量的现值合计与原始投资的现值合计之比。

获利指数指标的计算公式为

$$获利指数(PI)=\frac{投产后各年净现金流量的现值合计}{原始投资的现值合计}$$

或 $=1+净现值率$

【例 11.17】 仍按前例中的净现金流量资料，该项目的行业基准折现率为 5%，其净现值为 4 892.5 元。

要求：

(1) 计算该方案的获利指数(结果保留两位小数)；

(2) 验证获利指数与净现值率之间的关系。

则：

(1) 获利指数的计算：

$$PI=\frac{(15\,000-3\,500)(P/A,5\%,4)+5\,000\times(P/F,5\%,4)}{40\,000}\approx 1.122\,3$$

(2) PI 与 $NPVR$ 关系的验证：

因为：$1+NPVR=1+12.23\%=1.122\,3$

所以：$1+NPVR=PI$

获利指数指标的优点是可以从动态的角度反映项目投资的资金投入与总产出之间的关系；缺点是无法直接反映投资项目的实际收益率，计算也相对复杂。

只有获利指数指标大于或等于 1 的投资项目才具有财务可行性。

4. 内部收益率

内部收益率(记作 *IRR*)，是指项目投资实际可望达到的收益率。实质上，它是能使项目的净现值等于零时的折现率。*IRR* 满足下列等式：

$$\sum[NCF[(P/F,\ IRR,\ t)]=0$$

其中，*NCF*——指各年净现金流量；

$(P/F,\ IRR,\ t)$——指折现率为 *IRR*，第 t 年的现值系数。

内部收益率指标的计算方法是通过计算项目按不同折现率计算的净现值，根据内部收益率的含义所揭示的净现值与设定折现率的关系，设法找到能使净现值等于零的折现率——内部收益率(*IRR*)。这种方法又被称为逐次测试逼近法，简称逐次测试法。

具体步骤如下。

(1) 先自行设定一个折现率 r_1，代入计算净现值的公式，求出按 r_1 为折现率的净现值 NPV_1，并进行下面的判断。

(2) 若净现值 $NPV_1=0$，则内部收益率 $IRR=r_1$，计算结束；若净现值 $NPV_1>0$，则内部收益率 $IRR_1>r_1$，应重新设定 $r_2>r_1$，再将 r_2 代入有关计算净现值的公式，求出净现值 NPV_2，继续进行下一轮的判断。若净现值 $NPV_1<0$，则内部收益率 $IRR<r_1$，应重新设定 $r_2<r_1$，再将 r_2 代入有关计算净现值的公式，求出净现值 NPV_2，继续进行下一轮的判断。

(3) 经过逐次测试判断，有可能找到内部收益率 *IRR*，测试完成。

(4) 若经过有限次测试，已无法继续利用有关货币时间价值系数表求得内部收益率 IRR，则可利用最为接近零的两个净现值正负临界值 NPV_m 和 NPV_{m+1} 及相应的折现率 r_m 和 r_{m+1}，应用内插法计算近似的内部收益率。即，如果以下关系成立：

$$NPV_m>0$$
$$NPV_{m+1}<0$$
$$r_m<r_{m+1}$$
$$r_{m+1}-r_m\leqslant d\ (2\%\leqslant d<5\%)$$

则可按下列具体公式计算内部收益率 *IRR*：

$$IRR=r_m+\frac{NPV_m}{NPV_m-NPV_{m+1}}\cdot(r_{m+1}-r_m)$$

【例 11.18】 某项目初始投资为 12 300 元，第一年年末可得净收益 10 000 元，第二年年末可得净收益 5 000 元，寿命周期为 2 年，试计算其内部收益率。若最低期望收益率为 12%，则按内部收益率指标判断该项目是否可行。

(1) 先设一个贴现率为 $r_1=16\%$，计算其净现值 NPV_1。

$NPV_1=10\,000\div(1+16\%)+5\,000\div(1+16\%)^2-12\,300=37>0$

(2) 再设一个贴现率为 $r_2=18\%$，计算其净现值。

$NPV_2=10\,000\div(1+18\%)+5\,000\div(1+18\%)^2-12\,300=-234<0$

(3) 根据上述数据采用插值法计算内部收益率。

$$IRR=16.27\%$$

由于其内部收益率大于最低期望收益率 12%，所以可以考虑投资该项目。

内部收益率法是一种可靠的评价方法，其优点是：可以直接衡量一个投资项目的投资收益率，是一种联系企业经营成果的衡量方法；可以直接和资金的成本进行比较，是一种贴现的现金流量方法，可适用于各种投资规模，只要数据收集好了，计算上是可行的。但是内部收益率法也有缺点，它需要大量与投资项目有关的数据，为判断项目的取舍，需要估算资金的成本，它是投资项目在整个计算期内投资收益率的平均值，不能直接反映出每年的经营成果。

11.2.3 敏感性分析

敏感性分析是分析各种不确定性因素在一定幅度变化时 (或者变化到何种幅度)对方案经济效果的影响程度(或者改变对方案的选择)，把不确定性因素当中对方案经济效果影响程度较大的因素，称为敏感性因素。显然，投资者有必要及时把握敏感性因素，并从敏感性因素变化的可能性以及测算的误差，分析方案的风险大小。

敏感性分析可以分为单因素敏感性分析和多因素敏感性分析。单因素敏感性分析是假定只有一个不确定性因素发生变化，其他因素不变；多因素敏感性分析则是在不确定性因素两个或多个同时变化时，分析对方案经济效果的影响程度。

一般来说，敏感性分析是在确定性分析的基础上，进一步分析不确定性因素变化对方案经济效果的影响程度。下面结合实例，说明敏感性分析的具体步骤。

【例 11.19】 某特种金属材料厂引进生产线来提高现有产品的附加值，并扩大产品产量。此项目的有关基础数据如下：基建投资 1 290 万元，建设期为二年，单位产品成本 20 317 元/吨，销售价格 27 800 元/吨(含税)，外购原材料及燃料、动力费用为 596 万元/年，增值税率为 17%，城建税、教育费附加分别为增值税的 7%和 4%，正常生产能力 500 吨/年，投产第一年生产负荷为 80%，基准收益率率 i_0=12%。现金流量表见表 11-4。

表 11-4 现金流量表(/万元)

项 目	建设期		投产期	达产期		
	1	2	3	4	5～15	16
现金流入量						
销售收入	0	0	1 112	1 390	1 390	1 390
回收固定资产残值	0	0	0	0	0	60
回收流动资金	0	0	0	0	0	300
现金流入小计	0	0	1 112	1 390	1 390	1 750

续表

项　目	建设期		投产期	达产期		
	1	2	3	4	5～15	16
现金流出量						
建设投资	971	319	0	0	0	0
流动资金	0	0	240	60	0	0
经营成本	0	0	759	919	919	919
销售税金及附加	0	0	101	126	126	126
现金流出小计	971	319	1 100	1 105	1 045	1 045
净现金流量	−971	−319	12	285	345	705

根据表 11-4，通过计算得出该项目的内部收益率 *IRR*=17.3%，净现值 *NPV*=487 万元，动态投资回收期 *T*=6.9 年。根据确定性分析的结果，初步评价该项目在经济效果上可以接受。

在进行敏感性分析时，首先需要确定敏感性分析的评价指标，并选择什么因素作为敏感性分析的主要不确定性因素。

敏感性分析评价指标一般与确定性分析所使用的经济效果评价指标相一致，如 *T*、*NPV*、*IRR* 等，确定其中一个或者两个指标进行。确定分析指标的原则之一，是与经济效果评价指标具有的特定含义有关。如果主要分析方案状态和参数变化对方案投资回收快慢的影响，则可选用投资回收期作为分析指标；如果主要分析产品价格波动对方案超额净收益的影响，则可选用净现值作为分析指标；如果主要分析投资大小对方案资金回收能力的影响，则可选用内部收益率指标等。确定分析指标的原则之二，是与方案评价的要求深度和方案的特点有关。如果在方案机会研究阶段，深度要求不高，可选用静态的评价指标；如果在详细可行性研究阶段，则需选用动态的评价指标。本例处在可行性研究阶段，主要分析不确定性因素对投资回收能力的影响，故确定内部收益率作为敏感性分析的评价指标。

不确定性因素有很多，与方案现金流量及其折现有关的因素在不同程度上都具有不确定性，因而影响对方案经济效果的评价。这些因素，从收益方面来看，主要包括销售量与价格；从费用方面来看，包括人工费、材料费及与技术水平有关的费用、建设投资、方案寿命期、折现率等等。选择敏感性分析不确定性因素应主要考虑：①选择的因素要与确定的分析指标相联系。否则，当不确定性因素变化一定幅度时，并不能反映评价指标的相应变化，达不到敏感性分析的目的。比如折现率因素对静态评价指标不起作用。②根据方案的具体情况选择在确定性分析中采用的预测准确性把握不大的数据或者未来变动的可能性较大、且其变动会比较强烈地影响评价指标的数据，作为主要的不确定性因素，例如高档消费品，其销售受市场供求关系变化的影响较大，而这种变化不是项目本身所能控制的，因此销售量是主要的不确定性因素。生活必需品如果处于成熟阶段，产品售价直接影响其竞争力，能否以较低的价格销售，主要决定于方案的变动成本，因此变动成本应作为主要的不确定性因素加以分析。对高耗能产品，燃料、动力等价格是能源短缺地区投资方案或能源价格变动较大方案的主要不确定性因素。

根据以上分析，本例选择销售收入、建设投资和经营成本等三个因素作为主要的不确定性因素。这是因为这三个因素未来变动的可能性较大，且与确定的 *IRR* 评价指标有直接联系。其中，该项目产品在国内外都有竞争对手，市场供求难以预测，价格波动也较大，所以销售收入较为不确定；建设投资中需用外汇，汇率变动难以预测；原材料中基础原材料占到较大比重，其价格偏低，提价的可能性较大，影响到经营成本的不确定性。

敏感性分析的第二步是将选择的不确定性因素按一定幅度变化，计算相应的评价指标的变动结果，将计算结果列表、作图，确定敏感性因素，并作出风险情况的大致判断。

本例中，对销售收入、建设投资、经营成本三个因素分别增加 10%和减少 10%，个别因素分别增加 20%，作出单因素敏感性分析。也就是说，某一因素变动一定幅度时，假设其他因素保持不变，计算每次变动的现金流量，从而计算相应的 *IRR*。显然，各因素相同的变化幅度，对 *IRR* 的影响程度是有差别的，整理成表和图的形式，以此表示不确定性因素对评价指标的影响程度。计算结果见表 11-5。

表 11-5　不确定性因素变动对 IRR 的影响(%)

变化幅度 / 不确定性因素	+20%	+10%	0	-10%
销售收入	—	25.2	17.3	9.1
建设投资	14.8	16.1	17.3	19.6
经营成本	5.8	12.2	17.3	22.8

利用上表数据作敏感性分析图，如图 11.2 所示。

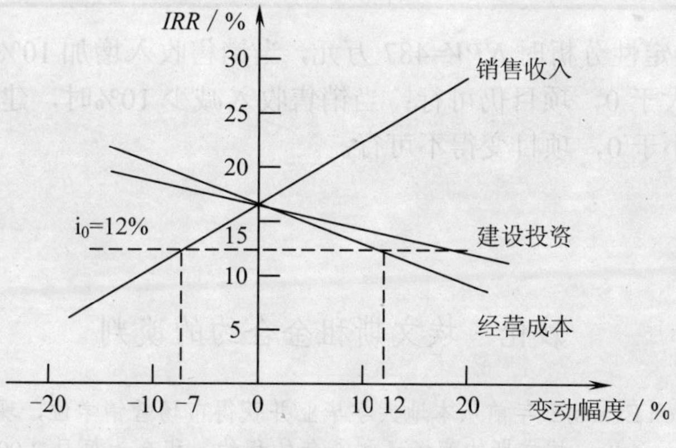

图 11.2　敏感性分析图

从表 11-5 可见，当三个因素以同样幅度增加时，*IRR* 增加或减少的程度是不一样的。更直观的说明可从图 11-2 得知，三个因素的变化影响 *IRR* 的结果，分别用三条直线表示，并将基准收益率 i_0=12%表示在同一图中。显然，销售收入线最陡峭，说明其变化对 *IRR* 影响程度最大，该因素最为敏感，经营成本次之，建设投资线最平坦，其变化对 *IRR* 的影响比较小。因此，三个因素比较，销售收入和经营成本是对 *IRR* 较为敏感的因素。

从图 11.2 还可以看出，三条直线与基准收益率 i_0=12%的直线的交点所对应的变化幅度，称为不确定性因素变化的临界点。这个临界点表明方案经济效果评价指标达到最低要求所允许的最大变化幅度。如果不确定性因素变化超过了这个临界点，则方案由可行变成了不可行。把临界点与未来实际可能发生的变化幅度相比较，就可大致分析该项目的风险情况。本例中，当销售收入降低约 7%时，即达到临界点，此时，$IRR=i_0$。若未来销售收入可能降低的幅度大于 7%，则该项目由可行变成不可行的可能性较大，风险也较大。同样，经营成本的临界点是 12%。

多因素敏感性分析，是将不确定性因素同时变化一定的幅度，分析对评价指标的影响程度。如上例选择销售收入和建设投资两个不确定性因素同时变化对评价指标 *NPV* 的影响，分别取±10%两个不同组合，计算结果见表 11-6。

表 11-6 两因素变化对 *NPV* 的影响

组合序号	销售收入变化(%)	投资变化(%)	净现值 *NPV*(万元)
1	0	0	487
2	+10	−10	1 314
3	+10	+10	1 090
4	−10	+10	−340
5	−10	−10	−131

可见，该项目确定性分析时 *NPV*=487 万元，当销售收入增加 10%时，建设投资增加或减少 10%，*NPV* 都大于 0，项目仍可行；当销售收入减少 10%时，建设投资增加或者减少 10%，都导致 *NPV* 小于 0，项目变得不可行。

运作实例 11-2

沙伦 · 埃文斯租金合约的谈判

沙伦 · 埃文斯(Sharon Evans)三年前从本地大学毕业并获得市场营销学位，现在是西南购物城中 Ann Naylor 商场的一名经理。沙伦 · 埃文斯的商场还剩 5 年的租约，租金为每月 2 000 美元，需支付 60 次，下一次支付在一个月之后。西南购物城的业主计划在一年后卖掉这份房产。为了使这份房产显得更有价值，业主希望到那时的租金高些。因此，在新的 5 年租约中，沙伦·埃文斯得到了“非常便宜的要价”(业主的话)。按照新合约的要价，前 9 个月为零租金，而其后 51 个月每个月支付 2600 美元。租约一定就是 5 年，不能改变。Ann Naylor 商场的资本成本是 12%。沙伦·埃文斯必须作出决策。好的决策会有利于她的职业生涯，有助于她管理职位的晋升，而坏的决策会影响她晋升的前景。

(资料来源：www.publish.citic.com.)

思考题：(1) 沙伦·埃文斯是否该接受新的租约？

(2) 沙伦·埃文斯决定与西南购物城的业主就新租约的租金进行谈判，怎样的新租金会使沙伦·埃文斯的新旧租约没有区别？

(3) 沙伦·埃文斯对 12%的资本成本不太肯定，可能偏高或偏低。名义资本成本为多少时，沙伦·埃文斯会觉得两个租约无区别？

11.3 项目可行性研究

项目的可行性研究是对多因素、多目标系统进行不断的分析研究、评价和决策的过程。可行性研究必须从系统总体出发，对技术、经济以及环境保护、法律等多个方面进行分析和论证，以确定项目是否可行。

11.3.1 项目可行性研究概述

1. 可行性研究的概念

可行性研究是在项目投资决策前对有关技术方案、建设方案和生产经营方案进行的技术经济综合性分析，是一种运用多种学科的知识，寻求使投资项目达到最好经济效益的综合研究方法。它的任务是以市场为前提，以技术为手段，以经济效益为最终目标，对拟建的投资项目，在投资前期全面、系统地论证该项目的必要性、可能性、有效性和合理性，做出对项目可行或不可行的评价。新技术的采用、企业发展战略、投资决策、市场开拓等工作的前期，都可应用可行性研究。

可行性研究是 20 世纪 30 年代美国开发田纳西流域开始采用的。现在，西方发达国家对重要的投资项目普遍要进行可行性研究。1978 年，联合国工业发展组织为了推动和帮助发展中国家的经济发展，编写出版了《工业可行性研究编制手册》一书，系统地说明了工业项目可行性研究的内容和方法。我国从 1982 年开始将可行性研究列为工业投资的一项重要程序，1983 年颁发了《建设项目进行可行性研究的试行管理办法》，1991 年又做了修订，该办法对我国基本建设项目可行性研究的编制程序、内容、审批等进行了规定。

2. 可行性研究的主要内容

从系统的观点来看，可行性研究应着眼于企业外部环境(如市场需求等)，立足于企业内部条件(如企业规模、生产方式等)，注重于两者的相互适应和有机结合，在其结合点上寻找投资机会、经济效益和企业生长点。研究内容一般应包括机会研究、初步可行性研究、详细可行性研究、评价与决策等几个阶段。通过技术经济可行性研究实现产品开发与项目建设的最佳经济效益，是可行性研究的核心内容。

(1) 机会研究。机会研究主要是识别产品开发和项目建设的投资机会，产生一个大致的投资建议。市场研究是机会研究的基本内容，如产品的目前需要量和逐年增长的可能性、市场动态、出口情况等。此外，机会研究还包括企业环境及条件研究、地域或部门研究和以资源为基础的研究。机会研究比较粗略，是概略的估计，不是详细的分析，费用数据通常从可以比较的现有产品或项目得出。

(2) 初步可行性研究。初步可行性研究是从概略估计的机会研究到详细的技术可行性研究的中间阶段。它主要解决以下几个问题：①开发项目是否有希望；②是否要进行技术经济可行性研究；③有哪些问题需要进行辅助研究。由此看出，初步可行性研究是对机会研究的结论仍有怀疑时才进行，一般可以越过初步可行性研究直接进行详细可行性研究。

(3) 详细可行性研究。技术经济分析是从经济的角度来研究技术问题，对拟实现预定经济目标而可能采用的各种不同的技术政策、技术方案、技术措施的经济效果进行计算、分析、评价，达到技术先进与经济合理的最佳投资效果。

详细可行性研究是整个可行性研究过程的主要阶段，习惯上简称可行性研究，是对项目进行详细深入的技术经济论证的阶段，是项目决策研究的关键环节。主要内容有：①分析产品的市场需求，预测产品的销售量；②分析合理的生产规模，确定生产规划；③分析建设项目的资金来源、筹措方式、资本费用的变化等；④分析产品项目的生产技术方案、能源方案、相应的劳动生产率、技术装备系数等，以进行技术工艺方案的比较论证；⑤分析产品项目所需原材料、燃料、动力、物资设备、补给品等的来源和条件，选择并确定最合适的供应来源；⑥分析产品项目的投资环境，确定合理的相关工程、综合公共工程、社会生活、福利事业设施，以及它们的费用；⑦分析产品项目的合理经营管理模式、合理有效的机构设置和费用预算；⑧分析并确定产品项目的工人、工程技术人员、经营管理人员的配备、报酬费用、奖励措施以及教育培训等工作；⑨分析各项投资方案、投资的实施过程、投资的偿还以及各项详细的财务计划，以寻求投资少、成本低、效率高的投资方案；⑩对已确定的投资方案作进一步精细的财务收支计算、盈亏分析、敏感性分析以及综合的经济效果分析和评价。

在详细可行性研究分析过程中，通常要按照经济性、效益性、可靠性原则，采用投资回收期、净现值以及敏感性分析等方法，对项目的经济效益进行科学评价。

(4) 评价与决策。可行性研究的评价是在可行性研究报告的基础上进行的，其主要任务是综合评价投资项目建设的必要性、可行性和合理性，并对拟建项目的可行性研究报告提出评价意见，最终决策项目投资是否可行，并选择满意的投资方案。

由于基础资料的占有程度、研究深度及可靠性程度等不同，可行性研究各阶段的目的、任务、要求、所需费用和工作耗时是不同的，如表 11-7 所示。

表 11-7 可行性研究阶段划分

工作阶段	目的任务	估算精度	研究费用占总投资的百分比(%)	需要时间(月)
机会研究	选择项目，寻求投资机会。包括地区、行业、资源和项目的机会研究	±30%	0.2～1.0	1
初步可行性研究	对项目初步估算，作专题辅助研究，广泛分析，筛选方案，避免下一步虚功	±20%	0.25～1.25	1～3
详细可行性研究	对项目进行深入细致的技术经济论证，重点是财务分析、经济评价，需作多方案比较，提出结论性报告，这是关键性的步骤	±10%	大项目(0.8～1.0) 小项目(1.0～3.0)	3～6 或更长
评价和决策	对可行性研究报告提出评价报告，并最终决策	±10%	—	1～3 或更长

在实践中，只有大中型项目才要求完成全部阶段；小型和简单项目，一般只做初步可行性研究、详细可行性研究、评价和决策三个阶段。

11.3.2 可行性研究的程序

不同的产品开发项目，可行性研究所涉及的基本问题大致相同。按照系统分析的原理，要做好可行性研究，须按一定的工作程序进行。

1. 确定目标

所谓目标是指在一定环境和条件下，希望达到的某种结果。在可行性研究中，项目目标是项目建设的动机，一般由项目所有权单位确定。它往往表现在经济、技术、社会甚至政治、国防等方面，且随着不同的项目和不同的承办单位而不同。项目目标还可以分为基本目标和期望目标。基本目标是必须实现的目标，期望目标则是力争达到的目标。在确定目标的同时，还要提出达到预期目标的考核指标。指标往往并非一个，而是一个指标体系，其中包括技术指标、经济指标、社会指标和环境指标等。

目标的确定是可行性研究中的关键问题之一。但目标不是现成的，目标的确定涉及许多因素，是一个复杂的过程。目标定得不恰当，将会直接影响整个可行性研究的质量，如果目标选错了，整个工作也就失败了。

2. 调查研究

调查研究的主要内容是：市场调查，原料、燃料、动力调查，工艺、技术、设备调查、厂址选择，资金筹措和其他一系列问题，调查研究在技术经济分析中有其重要意义。

3. 列出可能的技术方案

在调查研究的基础上，列出各种可供选择的技术方案。要求拟定的备选方案应当包括所有可能的方案，否则由于漏掉了一些可能方案，优选的结果便可能不是最优的。然而在实际工作中，我们可以根据目标和约束条件，只要列出几个可能方案就可以了。

4. 技术先进性分析

技术的先进性有着广泛的含义，既有产品性能的先进性，又有采用工艺技术和购置设备的先进性，还有标准化等组织技术的先进性。必要时还要通过实验，取得必要的技术数据。

5. 经济效益分析

对方案经济效益的分析是指按现行财务制度的各种规定和数据、现行价格、税收和利息等进行的财务收支计算，并用可能发生的现金流量对技术方案的经济效果进行的评价。包括投资和费用估算、产品品种、产量、价格和销售收入估算，投资回收期、净现值和内部收益率计算等。

6. 综合评价

通过对技术方案经济效果的评价，可以优选出经济上最好的方案。但经济上的最好方案不一定是最优方案，必须进行综合评价。所谓综合评价是指在经济评价的基础上，同时考虑其他方面的效果，如政治、社会、环境效果等，对技术方案进行评价。

7. 优选方案并写出可行性研究报告

通过以上分析和评价，根据项目目标优选最合适的方案，按照总体纲要写出可行性研究报告。

11.3.3 可行性研究报告的结构

可行性研究的最后成果是编制成一份可行性研究报告作为正式文件。这份文件既是报审决策的依据，也是向银行贷款的依据，同时，也是向政府主管部门申请经营执照和同有关部门或单位合作谈判、签订协议的依据。因此，可行性报告应有一定的格式，具体如下。

1. 总论

(1) 项目的概况。具体包括：项目名称，主办单位，承担可行性研究的单位，研究工作的主要依据、工作范围、主要过程。

(2) 研究结果概要。

(3) 存在的问题和建议。

2. 市场需求预测和拟建规模

市场预测是可行性研究的首要问题，是确定企业生产方案以及规模的主要依据。对市场情况的分析、估计的正确与否，直接关系到企业投产后的经济效益。

(1) 国内、国外市场近期需求情况及发展预测。

(2) 国内现有企业生产能力的估计，包括：生产能力、产品质量、销售情况等。

(3) 国内、国外市场产品价格分析、销售预测以及本企业产品竞争能力分析。

(4) 拟建项目的规模、产品方案的技术经济比较和分析。

3. 原材料、能源及公用设施情况

(1) 确定所需的原材料的种类，包括辅助材料、外购件、协作件，估算其年需要量及年费用值。

(2) 确定所需的能源的种类，包括煤、气、油、电等，估计其年需要量及年费用值。

(3) 落实所需的原材料及能源。附供应单位的意向书或协议书。

(4) 所需公用设施的数量、供应方式和供应条件。

4. 工艺技术和设备的选择

(1) 有哪些工艺技术方案可采用。内容包括各方案优缺点论述、推荐方案及其理由。

(2) 有哪些工艺流程可供选择。详细分析各种方案的优缺点，提出推荐方案并说明理由。

(3) 列出选定的主要设备与辅助设备名称、型号、规格、数量，并说明选用理由。若是引进设备，应说明必须引进的理由、国别；若是改建、扩建项目，则应说明原有固定资产的利用情况。

(4) 根据工艺技术、工艺流程、设备品种及数量，确定项目土建工程的构成及方案，绘出工厂平面布置图、车间平面布置图及车间剖面图等。

5. 厂址选择

(1) 选定厂址、厂址面积及用地范围。附城市规划部门同意选址的证明文件。

(2) 选址范围内的现状、土地种类(水田、菜地、棉田、荒地等)。

(3) 建厂地区的地理位置，与原料产地、市场的距离，地区环境情况，现有铁路、公路、内河航道、港口码头的运输能力、实际负荷及发展规划情况。

(4) 该地区现有供水、排水、供电、煤气、蒸汽的能力和实际负荷及其发展规划情况。

(5) 厂址比较与选择意见。

6. 环境保护

(1) 对建厂具体地区历史和现在的环境调研，以及建设项目投产后对环境影响的预测。

(2) 制定环境保护措施和“三废”治理方案，如防止公害的主要措施，三废处理的主要方法。

(3) 编制审批环境影响报告书。附建设项目环境影响评价资格证书的单位所完成的“环境影响报告书”。

7. 企业组织、劳动定员和人员培训

(1) 全厂生产管理体制及机构设置的论述。

(2) 在项目进展的各个不同时期需要的各种级别管理人员、工程技术人员、工人及其他人员的数量、水平以及来源。

(3) 人员培训规划和费用的估算。

8. 项目实施进度的建议

(1) 项目建设的基本要求和总安排。

(2) 勘察设计、设备制造、工程施工、安装、调试、投产、达产所需时间和进度要求。

(3) 论述最佳实施计划方案的选择，并用线条图或网络图来表示。

9. 投资费用、产品成本与资金筹措

(1) 主体工程和协作配套工程所需的投资。

(2) 流动资金的估算。

(3) 产品成本估算。

(4) 叙述资金来源及依据(附意向书)，筹措方式，以及贷款偿还方式。

10. 工程项目财务评价

微观的财务评价是工程项目经济评价的重要组成部分。财务评价是根据国家现行财税制度和现行价格，分析测算项目的效益和费用，考察项目的获利能力、清偿能力及外汇效果等财务状况，从企业财务角度分析、判断工程项目是否可行，为投资决策提供可靠的依据。

11. 工程项目国民经济评价

宏观的国民经济评价是项目经济评价的核心部分，它是从国家整体角度考察项目的效益和费用，用影子价格、影子工资、影子汇率和社会折现率，计算分析项目给国民经济带来的净收益，评价项目经济上的合理性，它是考虑项目或方案取舍的主要依据。

12. 结论与建议

(1) 运用各项数据从技术、财务、经济方面论述建设项目的可行性。

(2) 存在的问题。

(3) 建议。

运作实例 11-3

公司评估项目的技术

杜克大学(Duke University)的约翰 · 格雷厄姆(John Graham)教授和坎贝尔 · 哈维(Campell Harvey)教授最近调查了 392 家公司的财务总监(CFO)，了解有关公司的项目投资实践。在这些公司中，有 26%的公司销售收入低于 10 000 万美元；有 32%的公司销售收入在 10 000 万美元和 100 000 万美元之间；有 42%的公司销售收入超过 100 000 万美元。

这些公司的财务总监被问到了他们所采用的资本预算技术。绝大多数公司采用 NPV 法(74.9%)和 IRR 法(75.7%)来评估投资项目，也有许多公司(56.7%)采用投资回收期法。这些结果表明，绝大多数公司采用多种方法来评估投资项目。

调查同样发现，小公司(销售收入低于 100 000 万美元)和大公司(销售收入超过 100 000 万美元)做法上有重要差别。格雷厄姆教授和哈维教授发现，小公司更有可能依赖于投资回收期法作出决策，而大公司则更有可能依赖于 *NPV* 法和 *IRR* 法作出决策。

(资料来源：John R.Graham and Campbell R.Harvey，“The Theory and Practice of Corporate Finance :Evidence from the Field，” unpublished manuscript，June 1999.)

思考题：(1) 如何应用投资回收期法进行项目投资决策？

(2) *NPV* 法和 *IRR* 法是如何进行项目投资决策的？

(3) 比较分析投资回收期法与 *NPV*、*IRR* 法进行项目投资决策结果的异同？

本章小结

本章主要讲述了技术经济分析的原则，资金时间价值的计算；技术经济评价的静态评价方法、动态评价方法和敏感性分析方法；项目可行性研究的内容、程序以及可行性研究报告的结构等内容。

技术经济分析是对建设项目从技术上和经济上进行综合分析，要求在技术上先进，使用上安全可靠，在经济上能节约消耗，减少费用。技术经济分析的基本原则是技术先进性、经济合理性与生产可行性相结合；将建设项目当前需要和长远需要有机结合起来，考虑到今后对企业的影响；局部利益与整体利益相结合。

资金时间价值是指一定量的货币在不同时点上的价值量差额，来源于资金进入社会再生产过程后的价值增值。资金时间价值的计算包括利息的计算、复利终值的计算、复利现值的计算、普通年金终值的计算、普通年金现值的计算、递延年金终值的计算、递延年金现值的计算和永续年金现值的计算等。

投资项目技术经济分析的静态方法是不考虑时间价值，把不同时间的现金收支看成是等效的分析方法，又称非贴现的评价方法，主要有投资回收期法、投资收益率法等。动态评价方法是考虑时间价值进行技术经济分析的方法，主要有净现值法、净现值率法、获利指数法、内部收益率法等。敏感性分析是分析各种不确定性因素在一定幅度变化时对方案经济效果的影响程度，投资者及时把握敏感性因素，并从敏感性因素变化的可能性以及测算的误差分析方案的风险大小。敏感性分析分为单因素敏感性分析和多因素敏感性分析两种。

可行性研究是在项目投资决策前对有关技术方案、建设方案和生产经营方案进行的技术经济综合性分析。一般应包括机会研究、初步可行性研究、详细可行性研究、评价与决策等几个阶段。可行性研究的程序包括确定目标、调查研究、列出可能技术方案、技术先进性分析、经济效益分析、综合评价、优选方案并写出可行性研究报告等。

习　题

思考题

(1) 技术经济分析的原则有哪些？

(2) 如何理解资金时间价值的含义？

(3) 技术经济分析的评价方法有哪些？如何评价？各有什么优缺点？

(4) 可行性研究的主要内容是什么？

(5) 简述可行性研究的程序。

(6) 可行性研究报告包括哪些内容？

练习题

(1) 某人将现金 10 000 元存入银行，若年利率为 5%，一年复利一次，3 年后的复利终值是多少?

(2) 年利率 10%，一年复利一次，10 年后的 100 000 元的复利现值是多少?

(3) 某人准备存入银行一笔钱，以便在以后的 10 年中每年年底得到 2 000 元，设银行存款利率为 10%，计算该人目前应存入多少钱?

(4) 某公司需用一台设备，买价为 15 000 元，使用寿命为 10 年。如果租入，则每年年末需支付租金 2 200 元，除此以外，其他情况相同，假设利率为 8%，试说明该公司购买设备好还是租用设备好。

(5) 有三项投资项目，有关资料如表 11-8 所示。

表 11-8 投资项目(/元)

时间 投资项目	0	第一年末	第二年末
A	−5 000	4 000	9 000
B	−5 000	7 000	4 000
C	−5 000		

要求：

① 计算年利息率分别为 10%、15%和 5%时的投资净现值。

② 计算各投资项目的内部收益率。

③ 使用内部收益率法进行选择，哪项投资更有利？

④ 使用净现值法，利率为 10%时，哪项投资更有利？

案例应用分析

案例 11-1

嘉华快餐公司经营方案选择

嘉华快餐公司是一家地方性快餐食品生产商，在一家公园内租用了一间售货亭向游人出售快餐。快餐公司与公园签订租赁合同的期限为 3 年，3 年后售货亭作为临时建筑将被拆除。经过一个月的试营业后，快餐公司发现，每天午饭和晚饭时间买快餐的游客很多，但是因为售货亭很小，只有一个售货窗口，所以顾客不得不排起长队，有些顾客因此而离开。为了解决这一问题，嘉华快餐公司设计了四种不同的方案，试图增加销售量，从而增加利润。

方案一：改装售货亭，增加窗口。这一方案要求对现有售货亭进行大幅度的改造，所以初始投资较多，但是因为增加窗口可以吸引更多的顾客，所以收入增加也会相应较多。

方案二：在现有售货窗口的基础上，更新设备，提高每份快餐的供应速度，缩短供应时间。

方案三：建造一个新的售货亭。此方案需要将现有的售货亭拆掉，在原来的地方建一个面积更大、售货窗口更多的新的售货亭。此方案的投资需求最大，预期增加的收入也最多。

方案四：在公园内租一间更大的售货亭。此方案的初始支出是新售货亭的装修费用，以后每年的增量现金流出是当年的租金支出净额。

嘉华快餐公司可用于这项投资的资金需要从银行借入，资金成本为 15%，与各个方案有关的现金流量预计如表 11-9 所示。

表 11-9 各方案预计的现金流量(/元)

方案	投资额	第一年	第二年	第三年
增加新售货窗口	−75 000	44 000	44 000	44 000
更新现有设备	−50 000	23 000	23 000	23 000
建造新售货亭	−125 000	70 000	70 000	70 000
租赁更大售货亭	−1 000	12 000	13 000	14 000

分析:

(1) 如果运用内含报酬率法进行分析，嘉华快餐公司应该选择哪个方案?

(2) 如果运用净现值法进行分析，嘉华快餐公司应该选择哪个方案?

(3) 对比用内含报酬率法和净现值法进行决策时所得到的结论有何异同。用你学到的知识分析为什么会产生这样的结果。

第12章 管理信息化

教学目标与要求

通过本章的学习，对企业信息化有一定的了解和认识，能针对不同的案例进行分析并拿出自己的解决方案。

了解企业信息化的概念、ERP的主要影响因素，掌握企业信息化实施的过程。

当今世界正在走向信息时代，全球经济一体化正在加速进行。现代信息技术的迅猛发展和飞速普及使企业生存和竞争环境发生了根本性的变化。信息化已成为企业获取竞争优势的必然选择。在这样的时代背景下，工业化的任务还未完成，世界信息化浪潮已扑面而来，这既是良好的机遇，又是严峻的挑战。撇开社会制度的因素，从技术基础看，传统企业与现代企业的区别，就在于工业化技术与信息化技术的差异。信息化技术优于工业化技术之处，不仅表现在应用范围更加广泛和渗透力更强，既可用于第二产业(工业)，又能有效地用于第一产业(农业)，特别是第三产业(服务业)，同时能渗透到每个产业和企业的所有环节，而且还能同信息资源的开发利用相结合，从而极大地改善了管理与决策。因此，在今后较长的历史时期内，企业现代化首先要实现企业信息化，信息化是企业现代化的主要衡量指标之一。

12.1 企业管理信息化概述

12.1.1 信息化与管理信息化

为了定义“企业信息化”，我们首先引用美国商务部对电子事务(E-business)和电子商务(E-commerce)两个范畴的定义。该定义基本上反映了目前发达国家的政府和研究者对上述两个范畴的比较流行的理解方式。

(1) 电子事务是指任何组织通过计算机网络进行的任何活动。其中的“组织”包括任何盈利性的、非盈利性的和政府的实体；“活动”则包括任何针对生产的、针对内部和管理的或者针对顾客的活动过程。这些活动的例子包括以下几种。

① 针对生产的活动：采购、订货、自动存货管理、支付或其他与供货方的电子化联系，以及生产过程的控制和其他直接与产品生产相关的活动。

② 针对顾客的活动：电子化营销和销售活动、顾客订货和支付以及客户管理和支持活动。

③ 针对内部的和管理的活动：自动化的雇员服务、培训、信息分享、电化会议和招聘活动等。

(2) 电子商务是指任何通过计算机网络完成的涉及物品或服务的产权或使用权转移的交易。上述交易发生于电子事务的某一个活动过程(比如销售活动)中。

上述定义所针对的并不单单是盈利性的企业。不过，如果我们将考察的范围局限在企业方面，我们就得到了关于企业的“电子事务”和“电子商务”的定义。进而，我们可以将企业通过传统方式进行的经营活动转变为“电子事务”和“电子商务”的过程称为“企业的信息化”。

企业信息化是指企业运用信息与通信技术来改造自己的业务与流程的过程。这种转化或改造过程既包括运用网络技术来实现内部员工之间、企业与外部相关企业和客户之间的信息分享和合作过程，也包括运用计算机技术来改造企业内部单个工作内容的过程。

按照信息技术的发展阶段，我们可以将前者，即以计算机网络技术为核心的信息化过程称为“高级的信息化”过程；与之相对，以网络技术出现之前的计算机技术为核心的信息化过程则称作“初级的信息化”过程。

可以看出，初级企业信息化的实现是企业进行高级信息化的基础。只有当企业有效地运用单机计算机技术来对各项业务进行改造之后，业务之间以及企业与外部合作者之间的网络联系和协调才能够进行。

12.1.2 企业管理变革与管理信息化

在不同的经济时代，信息技术在企业管理中所占的地位不同。在工业经济时代，企业进行的是管理信息化，即在某个领域中实现信息的计算机管理；而企业数据没有集成和共享，对于企业经营者来说，只是提高效率的一种手段，没有对管理产生影响。在信息经济时代，信息化的管理将各种信息进行集成和共享。在共享的过程中，首先产生信息流向的变化，而这种变化和面向流程的管理需要不谋而合。当知识经济时代来临时，人们发现信息技术已经上升为知识管理技术，并和知识经济时代的管理要求相融合，使管理者在分析需要、规划需要、决策辅助时有了支柱。

1. 信息技术要求协调更多的资源

信息经济时代，信息已经成为管理的资源，信息资源的掌握和控制成为供应链之间资源竞争的一部分。信息成为新的生产力，IT 及其工具成为人们的劳动工具，信息资源成为劳动对象，而数字化、网络化成为信息生产力的基础。

首先，网络技术使异地、异己资源的获取成为现实，由此产生了企业在信息与资源协调能力上的基础竞争差距；其次，企业需要协调其本身永远的具有复杂地理属性的差异化资源，需要充分利用合作伙伴的资源信息，以增强竞争力。

2. 信息技术要求管理面向流程

管理面向流程，首先是信息技术带来了流程的变革。信息技术对流程产生的变革可以概括为 3 个层次。

(1) 加快了速度，提高了效率。流程中每一个活动的信息技术的引入，都提高了整体业务的反应速度。

(2) 改变了流程的结构。例如，使串行工作变成了并行工作，由于有共享的数据库作为支持，业务可以以共享的数据作为基础，同时展开。

(3) 彻底替代了手工的工作方式。当引入信息技术后，某些业务肯定会发生根本性的改变，有些业务可能消失，而有些新的业务活动也会产生。

流程的变革，从另一个方面说明，现代管理的本质是面向流程的管理，业务流程和活动是因，组织结构和职能是果，管理应该回归它的本质。

3. 信息技术推动组织的变革

与泰罗的分工理论相适应的是金字塔式的层级管理。这时，信息的流动是自上而下的单层流动。

信息革命通过纵横交错的信息网络使信息传递方式由阶层(等级)型变为水平(自由)型，与此紧密相连的管理组织结构也就从尖顶的“金字塔”形变成扁平的矩形网络，原来起到上传下达重要作用的中层组织被削弱，领导单位之间，执行单位之间及领导单位与执行单位之间，均可相互联系，不仅领导单位可以决策，而且执行单位也可以根据实际情况进行快速决策。

纵观国内外的许多企业，其信息化进程都是从金字塔式结构开始的，而随着信息技术的广泛深入应用及环境对企业组织结构变革的要求，人们发现信息技术正好为新型组织中的沟通和协调提供了廉价而高效的工具，使管理变革顺理成章。从这个意义上说，信息技术是促使组织结构变革的催化剂；而组织扁平化从激励和结构两个方面解决了人的问题，也有利于更好地发挥信息的效能。

4. 信息技术促使管理以人为本

现代管理学学派林立，管理理念纷呈，但新兴的信息革命的巨大影响，十分清晰地使管理思想向人本主义演变，从科学理性管理为主向人文价值管理为主提升。这种管理思想强调利用团队的知识、经验、技巧、能力、才干和抱负，发挥人的主动性和首创性，在协同与合作中共同创造未来。

以人为本的管理要求尊重知识，尊重人才，知识本身并没有力量，是知识工作者使知识具备了这种力量。这里所指的知识，是主体的一种能力、一种能动本质、一种创新的过程。这种知识，是一种思想方式、行为方式，甚至是一种生产方式。知识的本质的创新，是主体对未来的塑造。知识经济的本意就是人的本性超越资本物性的经济，就是张扬人的本质，让人的本质力量重新回复到自身。

5. 信息技术已经成为企业管理创新的工具和平台

以信息技术为支撑的企业管理信息系统，是先进管理理念的最佳载体，是先进管理技术转移的最佳“平台”。当企业的员工利用这个平台开展日常业务时，管理技术就得到了转移和普遍应用。

在管理技术得到传播的同时，信息技术也正深入到企业的各个层面，进行着实实在在的业务和管理的支持，无论是单项核心能力的提升，还是 ERP、SCM、CRM 等现代管理技术和方法，已经被许多企业应用。

6. 信息技术增强了管理的功能

计算机最早在管理中是作为辅助手段被应用的，但现代信息网络即 Internet、Intranet、Extranet 的发展，正使信息网络成为管理的战略资源，进而成为管理本身不可分割的重要组成部分。信息网络已不单是一般地提高管理效率和降低管理成本，还将通过管理的科学化和民主化全面增强管理能力，不是被动地适应原有的管理业务流程，而是积极地促进管理业务流程的合理重组，综合集成各种互有联系的管理职能，使管理工作的面目根本改变。被誉为结构性商业革命的电子数据交换(EDI)把商务活动中票证和单据流转的相关环节，如纵向的材料采购、产品制造、出入库、销售和发送，以及横向的金融、保险、运输、税务等业务活动通过标准化商业文件的联网传输和自动处理整合在一起，即为信息技术促进管理变革的一个实例。朝着“可扩展标记语言”(XML)方向发展并把供货、生产、销售、客户、银行等各个环节形成供销链“一条龙”联网服务的电子商务(EC)，将提供另一个新的实例。

7. 信息技术支撑集中式管理更加灵活和快速

分布式应用和体系化的集中式管理是不可分割的。大型企业由于具有跨地域、跨行业、多元化的特点，所以需要分布式应用；而只有集中式的管理才能达到集团的资源优势，实现集团的规模经济，如集团采购、销售、和业务流程的协作和信息共享。

管理信息系统必须适应分布式应用和体系化管理的要求，实现总部和分支机构，分支机构和分支结构之间的实时、动态的信息交换，使企业的各种协同信息能及时得到传递，最终使企业逐步过渡到虚拟、动态、敏捷的高级形态。

在没有信息技术支持的时代，集团企业只有走分权这条路子。而信息技术，特别是网络技术和数据库技术的高速发展，为集团企业提供了管理模式的更多选择。采用集中化管理思想，在战略上实行集中监控，整合所有资源；在战术上实行分布式经营，做到既降低经营风险，又实现规模经济优势，这是实现集团战略目标的有效途径。

信息技术支持扁平化管理。信息技术加速了组织结构的变革，但归根结底，组织的变革不是由于技术的原因引起的，而是由于大规模生产到大规模定制对信息提出的要求，或者说现代的组织结构的变革已经以信息技术作为支撑。

8. 信息化管理成为管理信息化向纵深发展的必然结果

随着信息技术的推广应用与信息资源的开发利用，管理信息化正往广度和深度发展，并进入了管理活动与活动综合信息化的新阶段。管理信息化的新发展进一步促成信息管理的普及和提高，导致信息管理在整个管理中地位提升。信息管理渗透和体现企业管理的一切方面和全部过程，以至于若无信息管理，也就谈不上任何管理了。值得注意的是，现已出现了信息管理向知识管理演进的发展趋势。

迄今为止，人们对知识管理的认识仍未统一。最广泛的理解认为，知识管理就是知识时代的管理；最狭窄的理解则认为，知识管理只是对知识资产(或智力资产)的管理。介于上述理解之间的认识又有两种：一是对知识的管理，二是用知识来管理。尽管理解不同，但是知识作为一种重要的生产要素在经济发展中所起到的作用越来越大，而需要对知识加以管理的认识却是相同的，对知识管理日趋重要的认识也是一致的。

从信息管理向知识管理的演进是信息管理的延伸与发展。如果说信息管理使数据转化为信息，并使信息为组织设定的目标服务，那么知识管理则使信息转化成为知识，并用知识来提高特定组织的应变能力和创新能力。

12.1.3 企业管理信息化的内容

根据 12.1.1 节中对企业(和产业)信息化的定义，我们对企业信息化内容的考察可以分为两个部分，即不以网络技术的运用为核心的部分和以网络技术的运用为核心的部分。第一部分对应的是初级的企业管理信息化，第二部分则对应的是高级的企业管理信息化。

初级的企业管理信息化出现在网络技术得到突破性发展之前。从技术发展阶段的角度来看，初级的企业信息化所使用的技术主要是 20 世纪 90 年代之前的信息技术。

(1) 从内容上看，初级的管理信息化主要包括如下几个方面。

① 生产过程的自动化。比如，在制造业中从单机的自动检测与自动控制到计算机辅助设计(CAD)、计算机辅助生产准备(CAP)、计算机辅助制造(CAM)；在流程工业中从巡回检测、常规控制系统到集散控制系统(DCS)。

② 初级的管理过程信息化，即主要依赖单机来获取、加工信息并将加工后的信息应用于企业的管理过程。

③ 初级的办公自动化系统(OA)，即利用计算机来处理办公室中的传统事务等。

与初级的企业管理信息化不同，目前发达国家所讨论的管理信息化主要是以网络技术的运用为核心的企业管理信息化。如果说初级信息化的主要特征是离散的个体对计算机技术的运用的话，高级的以网络技术的运用为核心的企业管理信息化则运用新的信息和通信技术将各个离散的个体紧密地联系在一起，实现个体之间信息的充分交流、互动和分享。

(2) 从企业价值链和业务流程的角度来划分，高级的企业管理信息化主要包括如下几个方面。

① 供应链管理(Supply Chain Management)。供应链管理试图利用计算机网络来整合供应商、企业自身到消费者之间的所有交易与合作流程。供应链管理所涉及的并非企业之间一对一的关系，而是涉及整个系统之中所有的次供应商、供应商、企业自身乃至最终顾客之间的关系。

② 企业资源计划(Enterprise Resource Planning)。企业资源计划运用计算机网络将企业内外的所有信息汇集、整合为一个数据库，并将企业内部各个单位与该数据库连接起来，

方便各个单位查询、交流信息，并根据这些信息做出决策和进行合作。从功能的角度看，企业资源计划系统汇集了与企业整个运行过程有关的包括采购、存储、生产、营销、融资等各种相关功能在内的所有信息，从而使得企业的运行过程能够更加有效地协调起来。

③ 客户关系管理(Customer Relationship Management)。企业利用网络和其他信息技术来收集、整理和分析有关客户的信息，并根据这些信息及时地为顾客提供恰当的服务。客户关系管理的目的在于通过不断改进自己的服务来建立忠诚且互利的客户关系。

图 12.1 给出了包括初级管理信息化和高级管理信息化在内的企业信息化流程。其中，初级的企业管理信息化是企业管理信息化全部过程的基础。只有当企业对其内部的主要工作单位、主要工作内容都利用计算机技术进行改造之后，它才有条件将各个不同的职能部门和工作内容通过计算机网络连接在一起。当许多企业都已经在其内部有效地实现信息化之后，更高级的管理信息化形式——产业的信息化才能够实现。

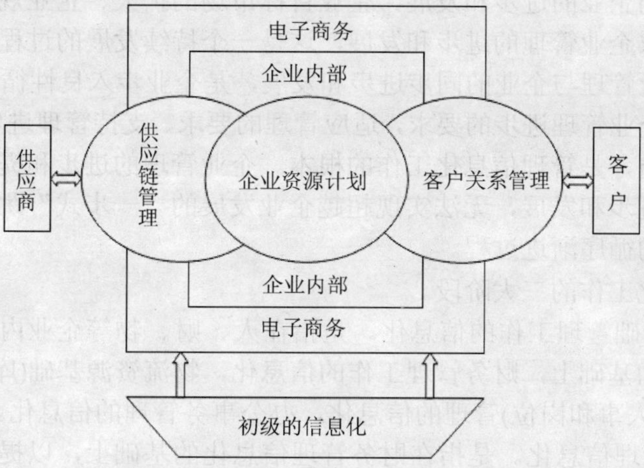

图 12.1 企业管理信息化建设的内容

12.1.4 企业管理信息化的基本原则

企业管理信息化工作是一项涉及企业全局的工作，为了搞好这项工作，在总结以往众多企业开展信息化工作的基础上，提出以下基本原则。

1. 单位领导要亲自抓企业管理信息化工作

企业管理信息化的基本目标，就是借助于信息化技术和手段，在充分挖掘和利用企业信息资源的基础上，提高企业决策、管理的有效性和各项业务活动的效率和效益。企业管理信息化系统，首先是管理决策者的系统，是企业经营管理者的管理决策平台。

企业管理信息化系统在企业管理中应用效果的最主要体现，是企业各级管理者对其的依赖程度。而这又最直接的表现为，管理信息系统为各级管理者对管理工作中各类问题解决的支持程度。无论是企业目标和计划的制定，还是各类业务计划的分解，都需要历史、现状业务数据和市场信息的支持及对未来预测的数据支持；对各类计划和业务执行的组织与控制，更需要借助于信息系统及时、全面地把握受控对象的状态和运行过程中出现的问题，使管理者的管理指令有的放矢；管理者对各项计划执行情况及各类业务运转过程和效果的分析、评价和考核，同样需要信息系统在对业务数据统计处理的基础上提供量化的信息和指标。

企业管理信息化工作的开展，企业管理信息化系统的建立，必然地涉及企业基础管理工作的规范化和标准化，甚至进一步要求企业业务流程的调整、规范和业务人员工作岗位的调整及岗位职责的变动等。所有这些，都需要管理者的认可和推动。否则，信息化工作就成为业务处理的简单计算机化。

2. 企业管理信息化工作要循序渐进逐步提高

市场的发展推动企业的进步和发展，企业目标市场的扩大、企业规模的扩大、企业业务的拓展，必然要求企业管理的进步和发展，这是一个持续发展的过程。特别对国内的大部分企业来讲，企业管理与企业的同步进步和发展，是企业步入良性循环的前提。

管理信息化是企业管理进步的要求，适应管理的要求、支持管理进步、解决管理问题、提高管理效率和效益，是管理信息化工作的根本。企业管理的进步和提高要求顺应企业的发展方向而持续地进步和发展，无法实现超越企业发展的“一步式”跳跃，这也同样决定了管理信息化工作的循序渐进过程。

企业管理信息化工作的三大阶段。

(1) 企业内部基础管理工作的信息化。是指在人、财、物等企业内部资源基础管理工作规范化、标准化的基础上，财务管理工作的信息化，物流资源基础(库存)管理的信息化，人力资源基础(劳动人事和岗位)管理的信息化，办公事务管理的信息化。

(2) 企业内部管理信息化。是指在财务管理信息化的基础上，以提高资金使用效率、降低资金风险为目标的资金流管理信息化；在物流资源基础管理信息化的基础上，以强调产供销一体化管理，提高企业物流增值效率、降低物流成本为目标的物流管理信息化；在人力资源管理信息化的基础上，以科学地考核、评价、开发、利用企业人力资源为目标的人力资源管理信息化；以及上述管理信息化系统的全面整合应用。

(3) 企业全面经营管理信息化。上述两个阶段的信息化，是以企业内部资源管理的信息化为主，企业全面经营管理的信息化，是在企业内部资源信息化管理的基础上，进一步结合企业的采购(包括外协生产)和销售业务，以全供应链管理为核心，以实现整个供应链的价值增值为目标，进一步实现企业市场资源、客户资源、合作伙伴资源协同运作和管理的信息化。

3. 企业管理信息化工作要讲求经济效益

企业经营管理有效性的基本验证是企业经济效益的提高，帮助和支持企业经营管理，提高企业经营管理的时效性，提高企业经济效益是企业管理信息化的最根本目标。企业管理信息化工作，作为企业管理进步的一项长期发展策略，是一个持续运作的过程。在这个过程中的每一个阶段都需要企业投入大量的人、财、物，每一个阶段的工作目标都要以解决企业问题、提高业务效率和管理效率及企业效益为目标，同样，检验和验证每一阶段的成败，也应该以企业的投入和产出为基本评价指标。

企业管理信息化对企业经济效益的提高主要体现在以下两个方面。

(1) 通过提高管理工作效率和管理工作的有效性，而对企业经济效益的间接体现。例如：管理基础工作的规范化、标准化，各项业务处理流程的规范化和标准化，各类管理文档的规范化和标准化，各类管理数据、管理信息的及时、真实、全面的获取等都将直接或间接地提高管理工作的效率和有效性。当然，这一部分企业间接经济效益的体现是难以量化和计算的。

(2) 企业直接经济效益的体现。国内企业管理信息化工作的成功开展，都证明了管理信息化可以为企业创造直接的经济效益。例如，资金占用量的降低，而产生的资金使用成本和资金风险的降低；库存资源的合理占用和合理控制，而产生的库存量的降低和库存风险的降低；成本的细化分析和控制，而产生的成本费用的降低；业务协同运作效率的提高，而产生的人力资源成本的降低；市场、客户、合作伙伴的细分和细化管理，而产生的销售收入的提高及协作成本的降低等。

4. 企业管理信息化工作培训要先行

企业管理信息化工作涉及企业各个业务环节，涉及企业的管理者、业务人员和技术人员，并不仅仅是企业信息化人员的工作。企业管理信息化系统的建设，也不仅仅是软件系统的建设和计算机系统的操作使用，而涉及企业各项管理基础工作的规范，甚至涉及业务流程、管理流程、业务岗位、管理岗位、岗位职责的调整等，涉及业务处理方法、数据处理方式和数据处理方法的改变等。这一切，都要求相关的管理者、业务人员和技术人员的深刻理解和掌握。因此，对企业各级各类人员的管理信息化培训就成为企业管理信息化工作的首要工作之一。

运作实例 12-1

标致巨额投入搁浅

对一个“庞大的”信息化工程来说，上百万元的费用支出，多年的信息化项目实施，企业如何应对？面对众多的信息化软件，企业从哪里入手？是追求洋信息化软件，还是选择本土开发的信息化软件？是定制开发还是选择几个现成的 ERP 模块？这些问题一直困扰着许多中小企业老板。另外，对于一些走在信息化前列的企业，他们中有许多曾花了不少钱，买了不少软件，想让 IT 技术帮助企业提升竞争力，可是一些软件，尤其是 ERP 软件在现实应用中效果并不理想。信息孤岛、应用困难、骑虎难下和前景迷茫等问题同样困扰着这些企业的决策者。

广州标致汽车公司成立不久就开始着手 MRPII 项目的设计，目标是实现全公司订单、生产、库存、销售、人事、财务等的统一管理，以提高公司运行效益，增进企业经济效益。

1988 年公司开始投资计划。由于中法合资的性质，法方总经理和专家在决策层中起决定作用。他们照搬法国标致的模式，决定搞 MRPII，设计网络使用 20 年。1989 年企业已经组建了自己的企业信息网，1992 年又实施了比利时 MSG 公司的 MACH7 财务系统，1993 年开始实施零配件销售管理系统 SMS。总投入 2 000 多万法郎。

假如路子走对了，网络应该发展得很成熟。令人遗憾的是，广州标致汽车公司的企业信息网事实上已陷入进退两难的境地。主系统十几个功能模块，已经启用的仅有非生产件的库存管理模块 MHF，不到该软件内涵的 1/10，1993 年后就没有多大进展；MACH7 财务系统仅完成凭证录入、过账、对账、关账等功能，报表只能用微机处理；PMS 人事系统准确地说只是一个数据库，只有输入、修改、删除功能，没有查询功能，报表及各种统计均靠微机进行。整个来看，投下巨额资金，网络的效益却与当初的宏图大略相去甚远。

标志信息化建设的失败表明，信息化建设要重需求，明确本企业的发展阶段，采用合适的信息化建设方案，明确边界。把需求按照“重要且紧迫”“次要但紧迫”“重要但不紧迫”“次要且不紧迫”划分明确，把项目分成几个阶段来完成。在推进企业信息化建设中，既要学习先进经验，又需要量身定制，解决好通性和个性的关系。

(资料来源：http://www.linkshop.cn/Club/dispbbs.aspx?boardid=6&rootid=31715.)

思考题：(1) 信息化建设中，试讨论专家的作用，是否应完全按照专家的安排？
(2) 企业实施信息化，其开发策略有哪些？试对比其优缺点？
(3) 参考本事例，说明领导决策的作用，试分析其原因？

提　示：信息化建设的目标定位不准确，意图不明朗，而信息化建设是一个循序渐进、从基础到高端的发展进程，应包含如下过程：构建企业的网络基础设施；实现网络办公；建设企业核心的业务管理和应用系统。可以从产品的选择与开发策略、领导决策支持、建设队伍与人员的培训、应用实施阶段和计划方面等分析。

12.1.5　企业管理信息化的基本步骤

1. 建立企业信息化基础运行环境

开展企业管理信息化需要有一个好的基础运行环境，一个好的基础运行环境由三项因素构成，缺一不可。

1) 人的因素

人永远是生产力中最活跃的因素，从某种意义上来讲，人的因素无论怎样强调都不过分。企业管理信息化的开展涉及人的观念、思维方式和综合素质等多个方面。

(1) 观念决定一切。推进管理信息化需要转变经营观念，再造业务流程，优化组织结构，减少管理层次，严格规章制度。推进管理信息化的过程是对传统的、落后的管理思想、管理方式的改造过程，是一场革命。企业的各级人员必须对企业管理信息化有充分的理解，从上到下形成共识。高层管理人员的参与程度、中级管理人员的积极性以及企业广大员工的态度决定了企业信息化建设的进程及成败。有些企业的信息化建设未获成功或未能充分发挥作用，究其原因，就是因为他们把企业信息化建设更多地等同于一个计算机系统而不是作为一个人的系统来对待。譬如，他们花了许多的时间和精力去选择企业管理软件，然而，成功用户和不成功用户之间的巨大差别绝不是由软件系统的微小差别造成的，优秀的人员可以使企业管理系统越来越完善，而再好的系统交给素质低下的人也难以发挥作用。

(2) 企业各级领导是信息化建设的推动者和受益者。企业实现信息化管理后，各个管理层次必将是第一受益人。一个高度集成的信息化管理系统，所有数据都集中存储在统一的数据库中，按照各级管理人员的要求制成各种报表或图形，供检索查阅。各个业务部门的经理或业务人员都通过管理软件这个平台来处理日常工作，贯彻企业的各项规划，每天的处理结果会实时地反映给企业各级领导，作为他们掌握内外环境变化和决策的依据。只有充分理解了这一点，企业各级一把手才会把企业管理信息化建设作为一项长期的战略任务，亲自发动、临阵指挥、坚决支持和推动企业管理信息化建设的进行。在系统建成之后，也会率先使用并受益。

(3) 把人才培养作为管理信息化的重要基础工作来抓。现代化管理与信息技术属于高新技术领域，需要有一定素质的员工来掌握和使用。要搞好企业信息化建设，不仅需要一定的技术水平，更重要的是正确的思维方式、现代管理观念和意识、个人处理各种事务的行为规范、团队精神及创新意识。因此加强全员培训，提高全员信息化意识和运用信息技术的能力是一项长期的工作。

2) 基础工作规范化

信息技术领域有一句名言：“输入的是垃圾，输出的也是垃圾。”信息集成带来的优势是手工管理绝对做不到的，但也不是轻而易举就能实现的，因此管理规范化要从基础做起，从日常工作做起。

(1) 数据规范化。数据所包容的内容很广，涉及企业的内外资源以及进行管理监督的各项标准等。一类是应用计算机必不可少的基础数据，包括各种客户信息、供应商信息、存货信息、科目信息、欠款余额、库存余额等，对这类数据应该按照计算机数据处理的要求，制定编码标准。所有的信息数据都要有统一的名称、有明确的定义和编码、标准的格式和明确的含义。另一类是进行管理监督所必需的能源、工时材料等耗用的定额和费用开支的标准和预算数据。定额是进行预测、计划、核算和分析的依据，更是计算机系统中设置预警控制的依据，企业应高度重视，对照同行业“标杆”找差距，实现定额、计量、标准、统计、物料及产品编码的规范化管理，提高标准化水平。

(2) 业务规范化。企业日常经营包括方方面面的内容，生产工艺过程、材料进出库管理，采购订货管理等。由于制度不严、缺乏规范化，各项业务中均存在不同程度的“暗箱”操作问题，制约了企业经济效益的改善。中国文化中一个显著的特征就是强调“人性”而缺乏明确的程序，各个组织之间的责任划分也不明确。为了满足不同管理层次对管理信息的不同需求，数据的收集必须制定明确的制度，对数据收集的渠道、需收集的具体内容等做出规定。由于种种原因，数据在企业内部多以部门内的流动为主，部门之间的横向流动较少，同一经济活动数据在不同部门归口、收集、汇总、使用，不能共享，造成数据遗漏、脱节、重复、交叉等，因此，应理顺数据收集的方式、传递的渠道和存储的责任部门，建立起明确的授权程序，保证数据的完整、系统和及时。

(3) 信息处理流程规范化。对同一件事情，人的理解和行为方式千差万别，这就要求有统一的工作准则和规程去规范人们的行为方式。处理信息要遵守一定的业务流程，不能因人而异；只有流程规范，才能保证信息的完整，查询决策才有充分的依据。信息和信息处理的流程必须由制度来保证，因此，在实施信息化管理系统的过程中，一定要制定《工作规程和工作准则》，用条例法规来保证。

3) 企业管理信息化的运行平台

企业管理信息化不是空中楼阁，需要有一个坚实的运行平台。运行平台是指企业管理信息化赖以运行的软、硬件环境。它包括两个方面的内容，一是计算机硬件环境；二是运行管理系统的软件环境，包括操作系统、数据库管理系统等。

硬件平台是管理系统运行的基础。随着计算机技术的发展，计算机的性价比日趋合理。因此，硬件的选择不限于讨论单机如何选型，如何配置，而是更侧重于计算机网络的规划和建设。

计算机网络系统设计一般要考虑特定技术发展策略、企业管理机构设置、业务处理流程等众多因素。可以说网络解决方案是对每个企业而言的，不可能给出一个标准的方案供大家共同使用。一般来说，缺乏经验的企业可以聘请专业的咨询公司或系统集成商辅助进行网络设计。

企业在制定网络技术方案或审查系统集成商提供的网络设计方案时应该考虑的原则有以下几点。

(1) 先进性原则。从发展的角度出发，网络建设应采用先进的计算机技术、通信技术、网络设计思想和网络技术；做网络方案都要有一定的前瞻性。

(2) 实用性原则。采用成熟的技术和高质量的网络设备，应能适应企业财务、业务、管理一体化的信息服务。特别是网络带宽应足够大、传输延迟应尽量小。

(3) 可维护原则。作为一个系统，整个网络是由多种设备组成的较为复杂的系统，因此必须着重考虑所选产品具有良好的可管理性和可维护性。

(4) 安全性原则。安全性原则表现在两个方面：①采用各种有效的安全措施(例如防火墙、加密、认证、数据备份和镜像等)，确保网络的安全性，保证内部网不受攻击；②对网络的关键设备(例如服务器、交换机等)要采取备份措施，保证网络能不间断地工作。

(5) 经济性原则。通过高度可伸缩的、灵活的互联解决方案，使网络能够平滑过渡到未来的优化网络，从而能够有效地保护现有的投资。建网要面向应用，面向需求，照顾到前后步骤的衔接。既要充分利用现有资源，又要使现在的投入成为明天的有机组成部分。在满足上述要求的前提下，追求最小投资额。

(6) 开放性原则。网络设备的选择应基于开放的标准和协议，应具有良好的兼容性和可扩展性。

(7) 标准化原则。网络设备和服务应能提供单一来源的、标准的、开放的技术，以满足高性能、可用性和互操作性的需求。

2. 配备适合本单位应用的企业管理软件

信息化所包容的内容极为宽泛，不同的行业类型、不同的企业特征，信息化的起点选择会有所不同，但在运作细节上，又有共同之处。对制造行业来说，部署和应用 ERP 系统是较为现实的选择。

每个实施企业管理信息化的企业都必须有一套软件系统。获取管理软件有两种方式：定制开发和购买商品化软件。

1) 定制开发

定制开发是指由企业 IT 人员自行开发或委托他人开发管理软件。定制开发可以从企业最需要信息化的关键环节入手，针对企业自身的业务特点及管理功能进行软件设计，避免了通用软件中复杂的设置与配置功能，最为贴近企业实际且简单易用。此外，在软件开发过程中可以锻炼一支 IT 队伍。但定制开发耗时过长，很难使关键人物保持始终如一的热情，领导支持不力、项目管理失控、项目人员变更都会使系统开发中途受阻。而且定制开发软件往往囿于企业当前的业务环境和管理需求，其管理思想的体现只能取决于当前的管理人员和开发人员，往往起点较低，经不起时间的考验，一旦业务发展突破原有的框架，软件很可能不再适用。

综上所述，定制开发软件需要企业自身有很强的 IT 队伍，而且要保持人员的长期的相对稳定，才能保证软件系统的运行和升级维护。这对大多数企业来讲是难以做到的。如果进一步考虑到自行开发的投入成本实际上远远大于购买商品化软件的费用，而且企业自身 IT 人员的技术水平实际上很难达到专业化水平，因此根据产业分工原理，除了极少数存在特殊需要的企业考虑定制外，绝大多数企业都会选择其他的方案。

2) 购买商品化管理软件

商品化管理软件分为国外软件和国内软件。国外软件集中了国外几十年的管理经验，其中蕴涵了许多先进的管理思想，为规范我国企业的业务流程，优化管理模式提供了可借鉴的参考模型。国外软件一般来说具有全面集成、技术稳定、功能灵活、系统开放等诸多优势，为企业的不断发展与管理的持续改善提供了较大空间。但软件设计过于复杂，软件购置费用及年维护费用较高，用户化与二次开发的工作量大，软件文档或资料汉化不彻底，企业人员学习与掌握起来难度大，造成应用成功率不高的现象。

比较而言，国内管理软件在购置和维护方面的费用相对较低，在适合我国企业管理规范与处理惯例方面有较多的考虑，因而用户工作量会很少，企业资金投入的压力小；软件复杂程度低，符合国人的使用习惯，在易学易用方面较为出色；国内管理软件对企业管理的基础水平及人员素质等没有苛刻的要求，对于基础相对薄弱的企业来讲最为适用。国内软件的支持网点众多，企业可以得到当地服务机构的快速响应。

在绝大多数 ERP 软件选型中，财务和人力资源管理部门一定会选用国内软件，因为我国的财务、税务制度与国外有一定的差距，人力资源的管理方法和习惯与国外也有很大的差别。财务和人力资源管理软件不容易为用户接受，生产管理软件在国内的成功率又比较低，因此，国外软件在国内市场的销售额一直不高。

3. 对现有企业部分业务流程进行优化

在企业日常运营活动中，由于过去强调职能部门，不强调流程，所以从未有人对流程负责，致使不合理的流程比比皆是，影响了企业的整体绩效。

根据企业业务流程优化的范围和特征，可以分为以下 3 类。

1) 功能内的业务流程优化

通常是指对职能内部的流程进行优化。在旧体制下，各职能管理机构重叠、中间层次多，而这些中间管理层一般只执行一些非创造性的统计、汇总、填表等工作，计算机完全可以取代这些业务而将中间层取消，使每项职能从头至尾只有一个职能机构管理，做到机构不重叠、业务不重复。例如物资管理由分层管理改为集中管理，取消二级仓库；财务核算系统将原始数据输入计算机，全部核算工作由计算机完成，变多级核算为一级核算等。

2) 功能间的业务流程优化

是指在企业范围内，跨越多个职能部门边界的业务流程优化。例如，北京第一机床厂进行的新产品开发机构优化，以开发某一新产品为目标，组织集设计、工艺、生产、供应、检验人员为一体的承包组，打破部门的界限，实行团队管理，以及将设计、工艺、生产制造并行交叉的作业管理等。这种组织结构灵活机动，适应性强，将各部门人员组织在一起，使许多工作可平行处理，从而可大幅度地缩短新产品的开发周期。又如宝钢的管理体制在横向组织结构方面实行一贯管理的原则。所谓一贯管理，就是在横向组织方面适当简化专业分工，实行结构综合化。凡是能由一个部门或一个人管理的业务，就不设多个部门或多个人去管；在管理方式上实现各种物流、业务流自始至终连贯起来的全过程管理，克服传统管理中存在的机构设置分工过细及业务分段管理的情况。

3) 组织间的业务流程优化

这是指发生在两个以上企业之间的业务流程优化，如通用汽车公司(GM)与 SATURN 轿车配件供应商之间的购销协作关系就是企业间业务流程优化的典型例子。GM 公司采用共享数据库、EDI 等信息技术，将公司的经营活动与配件供应商的经营活动连接起来。配件供应商通过 GM 的数据库了解其生产进度，拟定自己的生产计划、采购计划和发货计划，同时通过计算机将发货信息传给 GM 公司。GM 的收货员在扫描条形码确认收到货物的同时，通过 EDI 自动向供应商付款。这样，使 GM 与其零部件供应商的运转像一个公司似的，实现了对整个供应链的有效管理，缩短了生产周期、销售周期和订货周期，减少了非生产性成本，简化了工作流程。这类工作是目前业务流程优化的最高层次，也是优化的最终目标。

运作实例 12-2

联想集团信息化建设

联想集团能从 1984 年的 11 个人，20 万元投资的小平房发展到今天有上万名员工，200 多亿元营业额的分支机构遍布全球的大型集团公司，是靠什么推动的呢？主要是管理创新以及持续的信息化应用。

联想的信息化建设是从 1991 年开始起步的，持续的信息化应用给联想带来了巨大的经济效益：2000 年仅 ERP 上线的头一个季度，联想的净利润就比 1999 年同期增长了 136％，高于 1999 年净利润的增长幅度近 1 倍；平均交货时间从 1996 年的 11 天，缩短为 5.7 天；存货周转天数由 35 天降到 19.2 天；应收账周转天数由 23 天缩短为 15 天；集团多法人结账由原来的 30 天下降为 6 天，单一法人结账仅仅只需 1 天。

联想的信息化建设并不是一蹴而就的，是一个循序渐进、从基础到高端的发展过程，包含如下过程：构建企业的网络基础设施；实现网络办公；建设企业核心的业务管理和应用系统，这里最有代表性的就是 ERP。ERP 针对企业经营 3 个直接增值环节设计客户关系管理(CRM)、供应链管理(SCM)以及产品生命周期管理(PLM)。

联想通过多年的实践，理解到企业信息化实质是：通过对先进的管理思想的消化，学习参照最佳行业实践，梳理、优化、再造业务流程，并应用 IT 技术，规范、集成、共享信息，从而达到提高效率、降低成本、提升客户满意度和企业运作管理水平的目的。

联想成功的经验，为离散集成类企业树立了榜样。在推进企业信息化建设中，既要学习先进经验，又需要量身定制，解决好共性和个性的关系。

(资料来源：邱昭良. 企业信息化的真谛——联想集团信息化经验解密. 广东经济出版社. 2004.)

思考题：(1) 通过联想集团信息化成功实验的经验来看，信息化与企业竞争力的关系。

(2) 联想集团的信息化是一个循序渐进的过程，试讨论在不同时期，企业信息化的建设内容？

(3) 信息化建设的内容之一就是软件产品的选择或自行开发，试讨论其选择原则。试比较我国国内比较流行的 ERP 产品以及国外成熟的 ERP 系统或 SAP 系统。这些成熟的信息化产品是否所有企业都适用，分析其原因。

提　示：联想集团能从 1984 年的 11 个人，20 万元投资的小平房发展到今天上万名员工，200 多亿元营业额的分支机构遍布全球的大型集团公司，推动联想不断发展和进步的原因主要是管理创新以及持续的信息化应用。联想成功的经验，为离散集成类企业树立了榜样。在推进企业信息化建设中，既要学习先进经验，又需要量身定制，解决好共性和个性的关系。

12.2 企业资源计划(ERP)

当今企业所使用的 ERP 系统种类很多，各 ERP 系统所包括的功能范围、乃至各功能模块的划分及名称也有所不同。但一般都涵盖了计划、销售、供应、生产、财务、人事等企业的职能。

但不管哪一家的 ERP 系统，都是以“平衡供需”为目的、以计划为中心思想的，并将各管理职能做紧密的集成。因为企业本来就是一个非常复杂的分工与合作的系统，ERP 系统只有做到了职能间的高度集成，才能跨职能地通盘规划、达成供需平衡，并有效地执行和控制。

12.2.1 ERP 概述

要了解 ERP 系统的基本结构，就必须理解 ERP 系统中职能集成的基本逻辑。从本质上讲，职能的集成即是对数量和时间的连动关系的掌握。

1. 数量的连动关系

举例说明(下列活动对象为产品 A，现存量为零)：

(1) 公司在 8 月 5 日发出生产订单(MO0208001)，要生产 200 台；

(2) 8 月 8 日，生产订单 MO0208001 部分完工入库 180 台；

(3) 8 月 10 日，业务人员接到客户订单(CO0208001)，数量为 80 台；

(4) 8 月 15 日，客户订单 CO0208001 发货 80 台；

(5) 8 月 20 日，业务人员又接订单(CO0208002)，数量 300 台。

那么，产品 A 逐日的库存资料变动情况如表 12-1 所示。

表 12-1 产品 A 逐日的库存资料变动情况

产品 A 的库存	08/05 生产订单 200 台	08/08 生产入库 180 台	08/10 客户订单 80 台	08/15 出货 80 台	08/20 客户订单 300 台
在单量	200	20	20	20	20
现存量		180	180	100	100
预约量			80		300
现存可用量		180	100	100	-200
可用量	200	200	120	120	-180

我们注意 8 月 20 日产品 A 的库存资料：现存可用量为-200，即现存量 100 台不足客户订单 CO0208002 所需，但有一个在单量 20 台，那么还应该安排生产多少才够客户订单 CO0208002 所需呢？

很显然，有两个结果：①如果在单量 20 个的完工日期在客户订单 CO0208002 的交货日期之前，那么只要在客户订单 CO0208002 的交货日期之前，再安排生产完成 180 台即可；②如果在单量 20 个的完工日期在客户订单 CO0208002 的交货日期之后，那么就需要在客户订单 CO0208002 的交货日期之前，再安排生产完成 200 台。

可见，只是掌握料品"数量"的连动关系是不够的，我们还必须再考虑"时间"的联动关系的处理，因为没有时间的数量往往是没有意义的。

2. 时间的联动关系

接上例，假设：

(1) 生产订单 MO0208001 余 20 台，计划于 8 月 25 日完工入库；

(2) 8 月 21 日再下一个生产订单 MO0208002，数量 200 台，计划完工日期 8 月 27 日；

(3) 客户订单 CO0208002 数量为 300 台，其预计交货日期为 8 月 28 日。

则产品 A 逐日的库存资料变动情况如表 12-2 所示。

表 12-2 产品 A 逐日的库存资料变动情况

产品 A 的库存	08/20 客户订单 300 台	08/21 生产订单 200 台	08/25 生产入库 20 台	08/27 生产入库 200 台	08/28 出货 300 台
在单量	20	220	200		
现存量	100	100	120	320	20
预约量	300	300	300	300	
现存可用量	-200	-200	-180	20	20
可用量	-180	20	20	20	20

3. 联动关系的处理方法：自动规划

再接上例，假设：

(1) 业务人员接到订单 CO0208003，数量 400 台，预定交货日 9 月 5 日；

(2) 业务人员又接到客户订单 CO0208004，数量 500 台，预定交货日 9 月 10 日；

请问如何制定生产计划，以满足上述客户订单的要求呢？

由表 12-3 可知，制造部门应该在 9 月 5 日和 9 月 10 日分别完工入库 A 产品 380 台和 500 台。

表 12-3 产品 A 生产计划情况

产品 A 的库存	08/28 出货 300 台	09/05 客户订单 400 台	09/10 客户订单 500 台
在单量			
现存量	20		
预约量		380	880
现存可用量	20	-380	-880
可用量	20	-380	-880

假设产品A的生产提前期为3天，则生产部门所制定的制造计划应该如下(未考虑休息日)：

① 9月2日，发出生产订单，制造数量为380台，预计完工日9月5日；

② 9月7日，发出生产订单，制造数量为500台，预计完工日9月10日。

借助于这样的集成的逻辑，我们就可以将销、供、产职能紧密地联系起来，协助我们做好供需平衡，以及通盘规划和执行控制的工作。

4. ERP系统的总体结构

以上有关数量和时间的连动关系的处理方法，就构成了物料需求规划(MRP，Material Requirement Planning)的最基本的技巧。当然，上述逻辑还过于简化。比如企业生产的产品的构成可能是很复杂的，一个成品往往是由很多半成品组成，而这些半成品又由很多其他零部件或原物料加工而成。所以时间和数量的连动关系的处理，是按产品的物料清单(BOM，Bill of Material)的阶层来逐阶进行的。如果不同产品中再出现共用料件的状况，那么处理的逻辑就更复杂。在此简要介绍MRP系统架构，如图12.2所示。

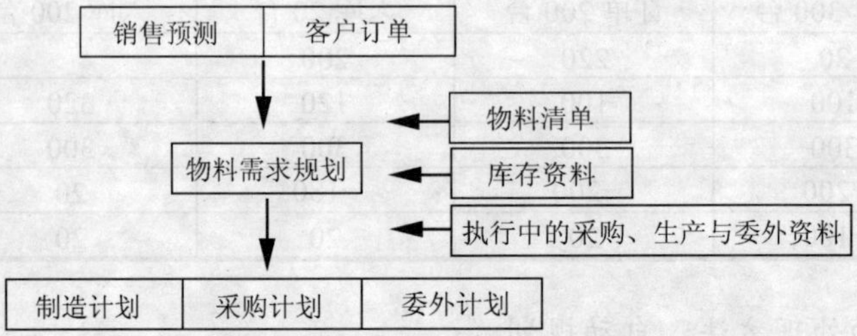

图12.2 MRP系统架构

制造企业在大量应用MRP系统而取得管理效益后，又把生产能力的需求计算也纳入系统，因而产生了“产能需求规划(CRP，Capacity Requirement Planning)”，同时也把“车间管理(SFC，Shop Floor Control)”、销售职能的“分销需求规划(DRP，Distribution Requirement Planning)”、应收账款和应付账款的管理、总账会计等功能都加以整合起来，形成了管理整个制造企业资源的管理系统，因而称做“制造资源规划”系统(Manufacturing Resource Planning)，其英文简称也是MRP。因此，MRP系统有了狭义与广义之分，狭义的MRP是指“物料需求规划系统”，广义的MRP则是指“制造资源规划系统”。也有人将前者称为MRP，称后者为MRPⅡ。

近几年来，随着信息技术(IT，Information Technology)的飞速发展，企业利用先进的信息技术，而将MRP系统的应用范围更加扩大，把企业与上游供应商和下游客户往来的信息也纳入管理。这种应用范围的扩大，一是可以大大增强企业整个供应链对市场的应变能力，同时也减少了彼此在数据处理上的时间和成本。这种系统叫做“企业资源规划(ERP，

Enterprise Resources Planning)”。

尽管不同的ERP系统在功能面上都存在或多或少的差异，但总体结构基本上是相似的。例如，图12.3为“用友”ERP系统一般性的功能模块。

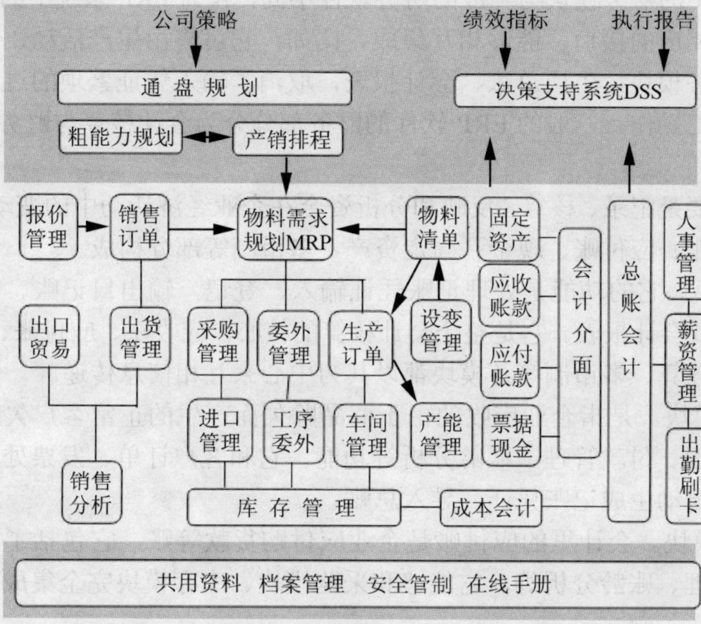

图12.3 用友ERP系统一般性的功能模块

12.2.2 ERP的功能

在这里，撇开实际的产品，从企业的角度来简单描述一下ERP系统的功能结构，即ERP能够为企业做什么，它的模块功能到底包含哪些内容。这才是我们叙述的重点。

ERP是将企业所有资源进行整合集成管理，简单地说是将企业的三大流：物流、资金流、信息流进行全面一体化管理的管理信息系统。它的功能模块已不同于以往的MRP或MRPII的模块，它不仅可用于生产企业的管理，而且在许多其他类型的企业(如一些非生产、公益事业的企业)也可导入ERP系统进行资源计划和管理。这里我们将仍然以典型的生产企业为例子来介绍ERP的功能模块。

在企业中，一般的管理主要包括三方面的内容：生产控制(计划、制造)、物流管理(分销、采购、库存管理)和财务管理(会计核算、财务管理)。这三大系统本身就是集成体，它们互相之间有相应的接口，能够很好地整合在一起来对企业进行管理。另外，要特别一提的是，随着企业对人力资源管理重视的加强，已经有越来越多的ERP厂商将人力资源管理纳入了ERP系统，作为一个重要组成部分。

1. 财务管理模块

企业中，清晰分明的财务管理是极其重要的。所以，在 ERP 整个方案中它是不可或缺的一部分。ERP 中的财务模块与一般的财务软件不同，作为 ERP 系统中的一部分，它和系统的其他模块有相应的接口，能够相互集成，比如：它可将由生产活动、采购活动输入的信息自动计入财务模块，生成总账、会计报表，取消了输入凭证繁琐的过程，几乎完全替代以往传统的手工操作。一般的 ERP 软件的财务部分分为会计核算与财务管理两大块。

1) 会计核算

会计核算主要是记录、核算、反映和分析资金在企业经济活动中的变动过程及其结果。它由总账、应收账、应付账、现金、固定资产、多币制等部分构成。

(1) 总账模块。它的功能是处理记账凭证输入、登记，输出日记账、一般明细账及总分类账，编制主要会计报表。它是整个会计核算的核心，应收账、应付账、固定资产核算、现金管理、工资核算、多币制等各模块都以其为中心来互相信息传递。

(2) 应收账模块。是指企业应收的由于商品赊欠而产生的正常客户欠款账。它包括发票管理、客户管理、付款管理、账龄分析等功能。它和客户订单、发票处理业务相联系，同时将各项事件自动生成记账凭证，导入总账。

(3) 应付账模块。会计里的应付账是企业应付购货款等账，它包括了发票管理、供应商管理、支票管理、账龄分析等。它能够和采购模块、库存模块完全集成以替代过去烦琐的手工操作。

(4) 现金管理模块。它主要是对现金流入流出的控制以及零用现金及银行存款的核算。它包括了对硬币、纸币、支票、汇票和银行存款的管理。在 ERP 中提供了票据维护、票据打印、付款维护、银行清单打印、付款查询、银行查询和支票查询等和现金有关的功能。此外，它还和应收账、应付账、总账等模块集成，自动产生凭证，过入总账。

(5) 固定资产核算模块。即完成对固定资产的增减变动以及折旧有关基金计提和分配的核算工作。它能够帮助管理者对目前固定资产的现状有所了解，并能通过该模块提供的各种方法来管理资产，以及进行相应的会计处理。

它的具体功能有：登录固定资产卡片和明细账，计算折旧，编制报表，以及自动编制转账凭证，并转入总账。它和应付账、成本、总账模块集成。

(6) 多币制模块。这是为了适应当今企业的国际化经营，对外币结算业务的要求增多而产生的。多币制将企业整个财务系统的各项功能以各种币制来表示和结算，且客户订单、库存管理及采购管理等也能使用多币制进行交易管理。多币制和应收账、应付账、总账、客户订单、采购等各模块都有接口，可自动生成所需数据。

(7) 工资核算模块。自动进行企业员工的工资结算、分配、核算以及各项相关经费的计提。它能够登录工资、打印工资清单及各类汇总报表，计算计提各项与工资有关的费用，自动做出凭证，导入总账。这一模块是和总账、成本模块集成的。

(8) 成本模块。它将依据产品结构、工作中心、工序、采购等信息进行产品的各种成本的计算，以便进行成本分析和规划。

2) 财务管理

财务管理的功能主要是基于会计核算的数据，再加以分析，从而进行相应的预测、管理和控制活动。它侧重于财务计划、控制、分析和预测。

(1) 财务计划。根据前期财务分析做出下期的财务计划、预算等。

(2) 财务分析。提供查询功能和通过用户定义的差异数据的图形显示进行财务绩效评估、账户分析等。

(3) 财务决策。财务管理的核心部分，中心内容是做出有关资金的决策，包括资金筹集、投放及资金管理。

2. 生产控制管理模块

这一部分是ERP系统的核心所在，它将企业的整个生产过程有机地结合在一起，使得企业能够有效地降低库存，提高效率。同时各个原本分散的生产流程的自动连接，也使得生产流程能够前后连贯地进行，而不会出现生产脱节，耽误生产交货时间。

生产控制管理是一个以计划为导向的先进的生产管理方法。首先，企业确定它的一个总生产计划，再经过系统层层细分后，下达到各部门去执行。即生产部门以此生产，采购部门按此采购等。

(1) 主生产计划。它是根据生产计划、预测和客户订单的输入来安排将来的各周期中提供的产品种类和数量，它将生产计划转为产品计划，在平衡了物料和能力的需要后，精确到时间、数量的详细的进度计划。是企业在一段时期内的总活动的安排，是一个稳定的计划，是以生产计划、实际订单和对历史销售分析得来的预测产生的。

(2) 物料需求计划。在主生产计划决定生产多少最终产品后，再根据物料清单，把整个企业要生产的产品的数量转变为所需生产的零部件的数量，并对照现有的库存量，可得到还需加工多少，采购多少的最终数量。这才是整个部门真正依照的计划。

(3) 能力需求计划。它是在得出初步的物料需求计划之后，将所有工作中心的总工作负荷，在与工作中心的能力平衡后产生的详细工作计划，用以确定生成的物料需求计划是否是企业生产能力上可行的需求计划。能力需求计划是一种短期的、当前实际应用的计划。

(4) 车间控制。这是随时间变化的动态作业计划，是将作业分配到具体各个车间，再进行作业排序、作业管理、作业监控。

(5) 制造标准。在编制计划中需要许多生产基本信息，这些基本信息就是制造标准，包括零件、产品结构、工序和工作中心。这些都有唯一的代码在计算机中识别。零件代码是用来对物料资源进行管理的，对每种物料给予唯一的识别代码。物料清单是定义产品结构的技术文件，用来编制各种计划。工序是用来描述加工步骤及制造和装配产品的操作顺序的。它包含加工工序顺序，指明各道工序的加工设备及所需要的额定工时和工资等级等；工作中心，使用相同或相似工序的设备和劳动力组成的，从事生产进度安排、核算能力、计算成本的基本单位。

3. 物流管理模块

1) 分销管理

销售的管理是从产品的销售计划开始，对其销售产品、销售地区、销售客户各种信息的管理和统计，并可对销售数量、金额、利润、绩效、客户服务做出全面的分析，这样在分销管理模块中大致有三方面的功能。

(1) 对于客户信息的管理和服务。它能建立一个客户信息档案，对其进行分类管理，进而对其进行针对性的客户服务，以达到最高效率地保留老客户、争取新客户。在这里，要特别提到的就是最近新出现的 CRM 软件，即客户关系管理，ERP 与它的结合必将大大增加企业的效益。

(2) 对于销售订单的管理。销售订单是 ERP 的入口，所有的生产计划都是根据它下达并进行排产的。而销售订单的管理贯穿了产品生产的整个流程。它包括以下几个方面。

① 客户信用审核及查询(客户信用分级，来审核订单交易)；

② 产品库存查询(决定是否要延期交货、分批发货或用代用品发货等)；

③ 产品报价(为客户做不同产品的报价)；

④ 订单输入、变更及跟踪(订单输入后，变更的修正，及订单的跟踪分析)；

⑤ 交货期的确认及交货处理(决定交货期和发货事物安排)。

(3) 对于销售的统计与分析。这是系统根据销售订单的完成情况，依据各种指标做出统计，比如客户分类统计、销售代理分类统计等，再就这些统计结果来对企业实际销售效果进行评价。

① 销售统计(根据销售形式、产品、代理商、地区、销售人员、金额、数量来分别进行统计)。

② 销售分析(包括对比目标、同期比较和订货发货分析，从数量、金额、利润及绩效等方面做相应的分析)。

③ 客户服务(客户投诉记录，原因分析)。

2) 库存控制

用来控制存储物料的数量，以保证稳定的物流支持正常的生产，但又最小限度地占用资本。它是一种相关的、动态的、真实的库存控制系统。它能够结合、满足相关部门的需求，随时间变化动态地调整库存，精确地反映库存现状。这一系统的功能又涉及为所有的物料建立库存，决定何时订货采购，同时作为采购部门采购、生产部门作生产计划的依据。

收到订购物料，经过质量检验入库，生产的产品也同样要经过检验入库。

3) 采购管理

确定合理的定货量、优秀的供应商和保持最佳的安全储备。能够随时提供定购、验收的信息，跟踪和催促对外购或委外加工的物料，保证货物及时到达。建立供应商的档案，用最新的成本信息来调整库存的成本，具体如下。

(1) 供应商信息查询(查询供应商的能力、信誉等)。

(2) 催货(对外购或委外加工的物料进行跟催)。

(3) 采购与委外加工统计(统计、建立档案，计算成本)。

(4) 价格分析(对原料价格分析，调整库存成本)。

4. 人力资源管理模块

以往的 ERP 系统基本上都是以生产制造及销售过程(供应链)为中心的。因此，长期以来一直把与制造资源有关的资源作为企业的核心资源来进行管理。但近年来，企业内部的人力资源，开始越来越受到企业的关注，被视为企业的资源之本。在这种情况下，人力资源管理，作为一个独立的模块，被加入到了 ERP 的系统中来，和 ERP 中的财务、生产系统组成了一个高效的、具有高度集成性的企业资源系统。它与传统方式下的人事管理有着根本的不同。

1) 人力资源规划的辅助决策

对于企业人员、组织结构编制的多种方案，进行模拟比较和运行分析，并辅之以图形的直观评估，辅助管理者做出最终决策。

制定职务模型，包括职位要求、升迁路径和培训计划，根据担任该职位员工的资格和条件，系统会提出针对本员工的一系列培训建议，一旦机构改组或职位变动，系统会提出一系列的职位变动或升迁建议。

进行人员成本分析，可以对过去、现在、将来的人员成本做出分析及预测，并通过 ERP 集成环境，为企业成本分析提供依据。

2) 招聘管理

人才是企业最重要的资源。优秀的人才才能保证企业持久的竞争力。招聘系统一般从以下几个方面提供支持。

(1) 进行招聘过程的管理，优化招聘过程，减少业务工作量。

(2) 对招聘的成本进行科学管理，从而降低招聘成本。

(3) 为选择聘用人员的岗位提供辅助信息，并有效地帮助企业进行人才资源的挖掘。

3) 工资核算

能根据公司跨地区、跨部门、跨工种的不同薪资结构及处理流程制定与之相适应的薪资核算方法。与时间管理直接集成，能够及时更新，对员工的薪资核算动态化。通过核算功能能够实现和其他模块的集成，自动根据要求调整薪资结构及数据。

4) 工时管理

根据本国或当地的日历，安排企业的运作时间以及劳动力的作息时间表。运用远端考勤系统，可以将员工的实际出勤状况记录到主系统中，并把与员工薪资、奖金有关的时间数据导入薪资系统和成本核算中。

5) 差旅核算

系统能够自动控制从差旅申请、差旅批准到差旅报销整个流程，并且通过集成环境将核算数据导进财务成本核算模块中去。

12.2.3 ERP 的实施

在引入 ERP 系统的过程中，实施是一个极其关键也是最容易被忽视的环节。因为，实施的成败最终决定着 ERP 效益的充分发挥。例如，据不完全统计，我国目前已有近千家企业购买了 MRP-Ⅱ/ERP 软件。而在所有的 ERP 系统应用中，存在 3 种情况：按期按预算成功实施实现系统集成的只占 10%～20%；没有实现系统集成或实现部分集成的只有 30%～40%；而失败的却占 50%。并且在实施成功的 10%～20%中大多为外资企业。如此令人沮丧的事实无疑向我们表明：ERP 实施情况已经成为制约 ERP 效益发挥的一大瓶颈。由此，我们得出：企业的 ERP 项目只有在一定科学方法的指导下，才能够成功实现企业的应用目标。

一个典型的 ERP 实施进程主要包括以下几个阶段，如图 12.4 所示。

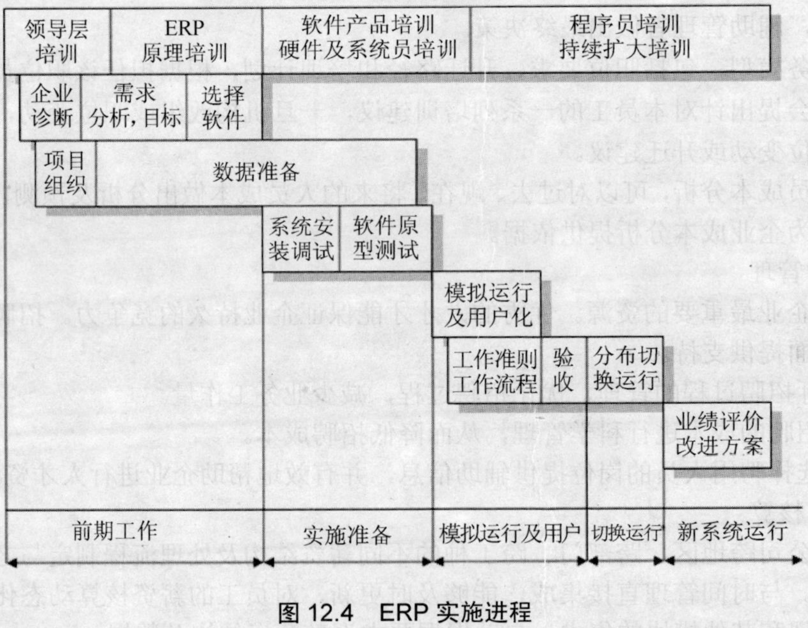

图 12.4　ERP 实施进程

1) 项目的前期工作(软件安装之前的阶段)

这个阶段非常重要，关系到项目的成败，但往往为实际操作所忽视。这个阶段的工作主要包括以下内容。

(1) 领导层培训及ERP原理的培训。主要的培训对象是企业高层领导及今后ERP项目组人员，使他们掌握ERP的基本原理和管理思想。这是ERP系统应用成功的思想基础。因为只有企业的各级管理者及员工才是真正的使用者，真正了解企业的需求；只有他们理解了ERP，才能判断企业需要什么样的ERP软件，才能更有效率的运用ERP。

(2) 企业诊断。由企业的高层领导和今后各项目组人员用ERP的思想对企业现行管理的业务流程和存在的问题进行评议和诊断，找出问题，寻求解决方案，用书面形式明确预期目标，并规定评价实现目标的标准。

(3) 需求分析，确定目标。企业在准备应用ERP系统之前，还需要理智地进行立项分析。

① 企业是不是到了该应用ERP系统的阶段？

② 企业当前最迫切需要解决的问题是什么？ERP系统是否能够解决？

③ ERP系统的投资回报率或投资效益的分析。

④ 在财力上企业能不能支持ERP的实施？

⑤ 上ERP的目的，到底是什么？系统到底能够解决哪些问题和达到哪些目标？

⑥ 基础管理工作有没有理顺或准备在上ERP之前让咨询公司帮助理顺？人员的素质够不够高？

然后将分析的结果写成需求分析和投资效益分析正式书面报告，从而做出是否上ERP项目的正确决策。

(4) 软件选型。在选型过程中，首先要知己知彼。知己，就是要弄清楚企业的需求，即先对企业本身的需求进行细致的分析和充分的调研，这点我们在需求分析阶段已经完成；知彼，就是要弄清软件的管理思想和功能是否满足企业的需求。这两者是相互交织进行的，可以通过软件的先进的管理思想来找出企业现有的管理问题，特定的软件则可能由于自身的原因，不能够满足企业一定的特殊需求，也需要一定的补充开发。因此，还要了解实施的环境。这里的环境包括两个方面：国情(像财务会计法则等一些法令法规，还包括汉化等)、行业或企业的特殊要求。根据这些来运行流程和功能，从“用户化”和“本地化”的角度来为ERP选型。

2) 实施准备阶段(包括数据和各种参数的准备和设置)

这一阶段要建立的项目组织和所需的一些静态数据可以在选定软件之前就着手准备和设置，图中用向左延伸到前期工作阶段来表示。在这个准备阶段中，要做这样几项工作。

(1) 项目组织。ERP的实施是一个大型的系统工程，需要组织上的保证，如果项目的组成人选不当，协调配合不好，将会直接影响项目的实施周期和成败。项目组织应该由三层组成，而每一层的组长都是上层的成员。

① 领导小组。由企业的一把手牵头，并与系统相关的副总一起组成领导小组。这里要注意的是人力资源的合理调配，像项目经理的任命、优秀人员的发现和启用等。

② 项目实施小组。主要的 ERP 项目实施工作是由他们来完成的，一般是由项目经理来领导组织工作，其他的成员应当由企业主要业务部门的领导或业务骨干组成。

③ 业务组。这部分工作的好坏是 ERP 实施能不能贯彻到基层的关键所在。每个业务组必须有固定的人员，带着业务处理中的问题，通过对 ERP 系统的掌握，寻求一种新的解决方案和运作方法，并用新的业务流程来验证，最后协同实施小组一起制定新的工作规程和准则。还包括基层单位的培训工作。

(2) 数据准备。在运行 ERP 系统之前，要准备和录入一系列基础数据，这些数据是在运用系统之前没有或未明确规定的，故需要做大量分析研究的工作。包括一些产品、工艺、库存等信息，还包括了一些参数的设置，如系统安装调试所需信息、财务信息，需求信息等。

3) 系统安装调试

在人员、基础数据已经准备好的基础上，就可以将系统安装到企业中来了，并进行一系列的调试活动。

4) 软件原型测试

这是对软件功能的原型测试(Prototyping)，也称计算机模拟(Computer Pilot)。由于 ERP 系统是信息集成系统，所以在测试时，应当是全系统的测试，各个部门的人员都应该同时参与，这样才能理解各个数据、功能和流程之间相互的集成关系。找出不足的方面，提出解决企业管理问题的方案，以便接下来进行用户化或二次开发。

5) 模拟运行及用户化

在基本掌握软件功能的基础上，选择代表产品，将各种必要的数据录入系统，带着企业日常工作中经常遇到的问题，组织项目小组进行实战性模拟，提出解决方案。模拟可集中在机房进行，也称之为会议室模拟(Conference room Pilot)。

6) 制定工作准则与工作规程

进行了一段时间的测试和模拟运行之后，针对实施中出现的问题，项目小组会提出一些相应的解决方案，在这个阶段就要将与之对应的工作准则与工作规程初步制定出来，并在以后的实践中不断完善。

7) 验收

在完成必要的用户化的工作、进入现场运行之前还要经过企业最高领导的审批和验收通过，以确保 ERP 的实施质量。

8) 切换运行

这要根据企业的条件来决定应采取的步骤，可以各模块平行一次性实施，也可以先实施一两个模块。在这个阶段，所有最终用户必须在自己的工作岗位上使用终端或客户机操作，处于真正应用状态，而不是集中于机房。如果手工管理与系统还有短时并行，可作为一种应用模拟看待(live pilot)，但时间不宜过长。

9) 新系统运行

一个新系统被应用到企业后，实施的工作其实并没有完全结束，而是将转入到业绩评价和下一步的后期支持阶段。这是因为我们有必要对系统实施的结果做一个小结和自我评价，以判断是否达到了最初的目标，从而在此基础上制定下一步的工作计划。还有就是由于市场竞争形势的发展，将会不断有新的需求提出，再加之系统的更新换代，主机技术的进步都会对原有系统构成新的挑战，所以，无论如何，都必须在巩固的基础上，通过自我业绩评价，制定下一目标，再进行改进，不断地巩固和提高。

以上我们对 ERP 的实施过程做了简要的介绍。当然，这些阶段是密切相关的，一个阶段没有做好，决不可操之过急进入下一个阶段，否则，只能是事倍功半。值得注意的是，在整个实施进程中，培训工作是贯彻始终的。我们只是对第一个阶段的领导层培训和 MRP II 原理培训做了详细的介绍。而那些贯穿于实施准备、模拟运行及用户化、切换运行、新系统运行过程中的有关培训，如软件产品培训、硬件及系统员培训、程序员培训和持续扩大培训也都是至关重要的。这个道理应该说是显而易见的，因为只有员工才是系统的真正使用者，只有他们对相关的 ERP 软件产品及所要求的硬件环境有了一定的了解，才能够保证系统最终的顺利实施和应用。

12.2.4 ERP 软件的发展

ERP 出现后不久，计算机技术就遇到了 Internet/Intranet 和网络计算的热潮、制造业的国际化倾向以及制造信息技术的深化。这些又将制造业管理信息系统的发展推到了一个新阶段。其中最引人注目的有以下几方面的发展。

1. 纳入 PDM 功能

产品数据管理 PDM 将企业中的产品设计和制造全过程的各种信息、产品不同设计阶段的数据和文档组织在一个统一的环境中。随着计算机集成制造 CIMS 和并行工程日益发展，PDM 愈显重要。CAD 和 ERP 厂商都将 PDM 作为自己的产品来发展。在 ERP 方面，BAAN 公司出台了自己的 PDM 产品，实现设计数据、产品构型、BOM、设计文档、有效性控制等。Oracle 的 Manufacturing 10SC 中的工程数据管理是面向企业新产品开发和研制的，可以在研制和批生产混线的企业中应用，简化了系统在新产品投产时的准备工作量。BPCS 的 C/S 版以及 SAP 的 R/3 中都直接加入了与 PDM 相重叠的功能，增加了对设计数据的管理、设计文档的应用和管理，减少了 MRPII 庞大的数据管理和数据准备工作量。R/3

和 BAAN 的 PDM 还能直接与 CAD 软件相连接。

2. ERP 与 EDI 的集成

虽然 EDI 是许多 MRPII 已经具有的功能，但近年来 ERP 的 EDI 功能又有进一步的扩展。

(1) ERP 将企业内部的 EDI 集成。业务文件(如计划或订单)的传递和一般的公文传递，在内容、传递范围或是所运行的计算机环境等方面都有区别，但又是交叉在一起的。ERP 把原来分散的 EDI 连通，是企业办公自动化的一个重要的进步。ERP 系统的 EDI 具有与系统以外的 EDI 连通的功能。这样 ERP 用户可以在同一个环境中，与本企业的非 ERP 软件用户交换信息。

(2) 企业间的 EDI。当前在某些行业中，如汽车制造业，EDI 功能是至关重要的功能。汽车行业销售的方式要求 ERP 软件在销售和采购模块中用 EDI 实现客户或供应商之间的电子订货和销售开单过程。因为 EDI 的格式非常多，软件商必须为用户开发和维护能支持含有数百种不同的 EDI 格式的系统，所要求的专业技术水平很高。制造软件厂商们正在与 EDI 软件厂商联合。

3. 增加了工作流功能

对工作流(Work Flow)的需求是与无纸管理及 EDI 在 ERP 软件中的应用同时发生的。使用 EDI 以后就出现了电子文档(电子的计划文件、电子订单或工程更改文件)在要求的时间按照规定好的路线传递到指定的人员处的问题，必须采用工作流管理进行控制。在 Oracle 的 Manufacturing 10SC 中已加入了工作流管理模块，这是一个集成的、基于规则的、自动和连贯的工作流管理程序。全面的工作流规则保证与时间相关的业务信息，诸如对采购订单需求的核准，能够自动地在正确的时间流转到指定的人员处。对工作流的管理使 ERP 的功能扩展到办公自动化和业务流程的控制之中。

4. 增加数据仓库 DW 和联机分析处理 OLAP 功能

MRP II 和 ERP 软件的基本特征是“联机事务处理”。而对于企业高层管理者来说，从规模庞大、数据完整但“事无巨细”的 ERP 系统中直接获取对他进行宏观决策时所需的数据是很困难的。20 世纪 90 年代中期出现了数据仓库(DW)和联机分析处理(OLAP)技术，新一代的 ERP 软件立即将其综合进去，为用户提供企业级宏观决策的分析工具。Manufacturing SC10 版本的“Application Data Warehouse(应用数据仓库)模块就是一个功能强大的基于 DW 和 OLAP 技术的决策支持集成环境。SAP 利用它的业务应用程序接口 BAPI 将第三方的 DSS(决策支持系统)和 OLAP 软件集成进来。Information Builder 公司将为 R/3 的用户提供数据仓库软件包，Business Objects 与 SAP 联合开发了一个针对 R/3 的集综合查询、报表和 OLAP 为一体的 DSS 版本。

5. 客户关系管理的应用

传统的 ERP 系统着眼于对企业后台的管理，而缺少直接面对客户的系统功能。因为，传统的企业只是着力于买到物美价廉的原材料，快速高效地生产出产品，至于哪种产品更受欢迎，哪些服务最有待改进这一类的问题，却往往没有确切的答案，只能凭经验臆测。在电子商务的大环境中，企业的客户可能分散在全球各地，企业不可能对他们的情况都了如指掌，所以必须有一个系统来收集客户信息，并加以分析和利用。

基于上述背景，客户关系管理系统，又称前台管理系统，成了 ERP 市场上最新的亮点。一般来讲，客户关系管理系统包含销售、市场及服务三类模块。其中，销售模块有很多功能，从最初的需求生成，到自主销售，到最后的销售人员佣金管理都被涵盖其中。销售人员只要有一台手提式计算机，就可以随时得到生产、库存和订单处理的情况，可以随时随地与任何客户进行业务活动；而市场模块则偏重于对市场计划和市场战役的策划与管理，让企业心中有数；服务模块涉及服务的方方面面，例如服务合同管理和电话呼叫中心的管理等，确保企业提供优质服务。

6. 向 Internet、Web 上转移

由于今后 Internet 将成为许多大公司建设网络的选择，使用 Web 客户机具有费用低廉、安装和维护方便、跨平台运行和具有统一、友好的用户界面的优点，加之所有的数据库厂商对 Web 技术的支持，使得目前几乎所有的客户/服务器应用程序的开发厂商都计划将 Web 浏览器的前端安装到他们的产品上去。专家们预言，“Web 浏览器将来会完全代替传统的客户机”。几个大的制造软件公司 Oracle、SALP 和 BAAN 都在争先恐后地把他们的 MRP II/ERP 客户/服务器应用程序的客户机“Web”化。

本 章 小 结

本章首先介绍了电子商务、电子事务与管理信息化的概念以及企业管理变革与信息化管理，管理信息化的内容，包括初级的企业信息化：生产过程的自动化、初级的管理过程信息化、初级的办公自动化系统；高级的企业信息化：供应链管理(Supply Chain Management)、企业资源计划(Enterprise Resource Planning)、客户关系管理(Customer Relationship Management)接着讨论了管理信息化建设的原则与步骤，然后介绍了 ERP 系统(ERP 的原理、发展、功能模块)，对 ERP 系统的实施做了详细的阐述。在本章的最后对 ERP 系统的发展做了一个简单的介绍。

习　题

思考题

(1) 企业信息化的原则是什么？
(2) 企业在实施信息化的过程中一般会伴随企业流程再造，为什么？
(3) 企业硬件平台的选择应重视先进性还是重视稳定性？请举例说明。
(4) 试说明企业实施 ERP 与企业实施电子商务的关系。
(5) 试说明在企业实施 ERP 过程中资讯与培训的作用。

案例应用分析

案例 12-1

ERP 变局——哈药 1 000 万计划的悔与梦

6 月中旬以来，一则有关 Oracle ERP 用户的消息在业内广为流传：首次在中国举行的 Oracle 全球电子商务和新技术大会(Oracle World)上，一向口无遮拦、走到哪里都不忘挖苦对手的 Oracle 董事长兼 CEO 拉里·埃里森意外遭遇一位国内用户的“挑战”。

一位来自哈尔滨医药集团(以下简称“哈药”)的 ERP 用户代表当场质问埃里森，哈药购买了 Oracle 的 ERP 系统之后，在实施中遇到了很大的麻烦，作为软件供应商，Oracle 如何管理其合作伙伴(ERP 实施服务提供商)?

对于这一突如其来的提问，埃里森没有正面回应。事后，一位 Oracle(中国)公司高级经理就此解释说，没错，哈药是购买了 Oracle 的 ERP 系统，但是 Oracle 只是向哈药销售了软件产品，哈药在实施过程中遇到的问题和 Oracle 产品没有关系，而且这些问题是由于“不可抗力”引起的——负责哈药 ERP 实施的北京利玛信息技术有限公司(以下简称“利玛”)突然爆发人事变动，直接导致项目实施中止。

Oracle World 大会之后，Oracle 方面立即派出有关人员专程去哈药了解情况，并且提出了整改建议。

“项目正处于敏感时期。”尽管哈药 ERP 项目现任负责人之一张雨华女士对哈药 ERP 项目相当谨慎，但一位不愿透露姓名的 Oracle 高层人士向记者证实，哈药 ERP 的实施从今年 3 月开始就已经陷入停顿状态，因为受实施方利玛的哗变事件的直接影响，项目被迫中止。

据记者调查，哈药目前正在重新开始选择实施伙伴，包括汉普、汉得、嘉邦和志杰在内的 4 家实施 Oracle 产品实力较强的国内咨询公司正在进行激烈的“第二轮争夺战”。

原利玛副总经理蒋明炜介绍，包括硬件、软件和服务在内，哈药 ERP 项目是“一个大单”，首期工程计划投资在 1 000 万元以上，而哈药与利玛的正式合作始于去年底。作为负责哈药 ERP 实施服务的“总包工头”，北京利玛与利玛哈尔滨分公司(北京利玛与哈尔滨凯纳科技发展公司合作成立)于 2001 年 10 月份与哈药正式签订一份总金额达 700 万元人民币的协议，除去 Oracle 的软件之外，项目实施服务费用为 370 万元左右。

协议还规定，利玛哈尔滨分公司除参与哈药 ERP 实施服务之外，还将负责后续支持服务工作。北京利玛也在其网站上宣称，“未来双方将在管理咨询及 ERP 软件的实施上展开全方位的合作。”

据一位曾经参与哈药 ERP 项目的原利玛技术人员说，由于利玛此前没有实施 Oracle ERP 系统的经验，利玛实际上是“边学边干”，利玛派出近 20 名被称“技术实力最强”的实施团队首先接受了 Oracle 的培训。与此同时，利玛还从 Oracle 公司“回购”了近 40 个工作日的咨询服务，换言之，在一些重点环节的实施上，将有 Oracle 的工程师和利玛方面的团队一起工作。

签约两个月之后，利玛实施团队结束了对哈药的初步调研，并提出了一份长达 100 多页的“现场管理描述”报告。

然而，这份报告刚一出炉，哈药就开始陆续请来一些第三方咨询公司对利玛的调研报告进行评估。

“事实上，这份报告出来之后，双方对接下来该做什么都有些茫然。”一位参与评估的第三方咨询公司资深顾问认为，哈药项目在 BPR(业务流程重组)的起步阶段就进入一个“两难”的地步。

首先，是双方对于项目实施的权责、实施成果及阶段并没有清楚的定义。利玛做出的“现场管理描述”报告仅仅是“管理问题与状况的罗列和描述”，并未提出有效的解决方案。哈药和利玛签订的服务合同也基本上是一份商业合同，重点约定人员、付款等有关的商务条款，对 ERP 项目实施的阶段、成效及成效与付款之间的关系都没清楚地界定。其次，“哈药对 ERP 到底是什么还根本不了解”，这位参与其事的资深顾问认为这种状况意味着对于包括后续的业务流程改造和优化、组织结构调整及权利的重新分配等一系列管理变革，“哈药方面还没有充分的准备。”

也正是基于这种“两难”的境地，在今年 2 月之前，哈药与利玛之间的合作仅限于前期的培训和软件测试版的安装，BPR 也始终没有实质性的进展。

到了 3 月份，哈药 ERP 实施出现了戏剧性的变化，因为实施方利玛副总经理蒋明炜与 60 多名同事集体哗变，利玛在哈药 ERP 项目的实施团队全部离职，整个哈药项目也被迫彻底停顿下来。

“一开始就犯了错误。”一位了解内情的资深咨询顾问认为哈药选择利玛作为实施合伙“本身就是一个冒险的决定”。

这位顾问认为，Oracle 产品本身没有什么问题，对于哈药这样的大型企业而言，软件选型也没有更多的选择，不是 Oracle，就是 SAP。关键的问题是实施服务上，利玛此前没有 Oracle 产品的实施经验，再加上哈药本身对 ERP 认识不足，因此，由一个“新手”对哈药这样一个庞大的集团企业进行管理改造，风险是相当大的。

事实上，与大多数 ERP 项目一样，哈药 ERP 选型及选择实施伙伴也经历了相当复杂的过程。2000 年，哈药决定上 ERP 项目，参与软件争夺的两个主要对手是 Oracle 与利玛。一开始，两家在 ERP 软件上打得难解难分，一年之后，Oracle 击败利玛，哈药决定选择 Oracle 的 ERP 软件。

尽管软件选型已经确定，但是，为了争夺哈药实施 ERP 项目的“另一半”实施服务，各方又展开了激烈的争夺战。在软件竞争中“失手”的利玛再次参与争夺实施服务这块“肥肉”，这一次与利玛正面交锋的是哈尔滨本地的一家系统集成公司——华旭。至此，哈药 ERP 项目所引发的“战争”也由当初的“Oracle 对利玛”，变成了“利玛对华旭”。

事实上，面对“二择一”的问题，哈药内部也形成了两派针锋相对的力量。据知情者透露，哈药集团董事长兼总经理刘存周极力支持选择利玛，而哈药集团副总经理李大平却极力支持选择华旭，两派力量也一直在暗中较量，哈药内部甚至为此做出了不小的人事变动。

2001年4月，利玛为了在哈药招标项目增加砝码，决定与哈尔滨本地另外一家颇具实力的IT公司哈尔滨凯纳科技发展公司联手对抗华旭，并合作成立“哈尔滨利玛”公司。双方还在合作协议中规定：销售和服务收入哈尔滨利玛公司占52%，北京利玛软件占48%。

凯纳科技同时参与了哈药ERP硬件项目的招标，据有关人士透露，在哈药项目的激烈角逐中，哈尔滨凯纳科技公司的影响力不可低估。

蒋明炜说，对于利玛而言，哈药的单子是一次战略性合作，而不是单纯的获利性项目，利玛希望通过在哈药一役中与软件提供商Oracle的合作，成为Oracle的合作伙伴，进入高端ERP实施服务市场，这将为利玛未来的发展找到一条良性循环的通道。

然而，从2001年底开始，利玛和大股东光明集团之间的冲突就开始激化起来。其主要矛盾在于，利玛希望光明集团的投资用于开发新产品，而光明却注重投入产出，不但要求利玛加强销售，也要控制成本。其中，哈药的项目自然首当其冲。然而，据原利玛的一位销售人员反映，哈药项目中止之前，实施中出现的问题，一方面是因为利玛与Oracle的合作时间不长，利玛实施人员对产品的本身并不是很了解；另一方面，利玛要继续投入资金对实施人员进行培训又受到光明方面的压力，但是在当时节约成本的大背景下，很多问题也只能不了了之。

2001年10月，利玛联手哈尔滨凯纳击败华旭成为哈药ERP项目实施服务的“总包工头”。

尽管利玛最终如愿以偿，但在一些业内人士看来，哈药选择实施合伙的招标有不少“令人费解”的地方。首先，作为一个公开招标项目，哈药选定了Oracle的软件，但是包括汉普、汉得及老“五大”在内的一些熟悉Oracle产品的咨询服务公司却未能入局，“选秀”的焦点始终集中在华旭和利玛两家身上，而无论是当时的华旭还是利玛，都还没有Oracle产品的实施经验。

对于这一点，Oracle一位高层经理接受本报记者采访时表示，“涉及公正、合作伙伴及商业利益的分配，Oracle不会去刻意影响用户选择实施合伙人，Oracle的原则是尽可能多地建立合作伙伴关系，无论是谁想成为Oracle的合作伙伴，利玛还是华旭，我们都欢迎。”

这位经理还表示，如果一定要在华旭和利玛中进行选择，那么“哈药的决定是正确的”，因为华旭只是一家系统集成公司，而利玛毕竟是国内老资格的ERP软件商，有20多年基于MRPⅡ的经验，尽管在此之前他们都未做过Oracle的产品实施。

此外，另外一个细节也耐人寻味。一位原利玛高层经理透露，在哈药ERP项目选型的整个过程中，通过利玛第一大股东黑龙江光明集团的关系，利玛曾经拿到过“黑龙江省某政府高层领导的条子”，但是，这位高层经理同时强调，华旭方面也有类似的背景支持。

“哈药是一个非常重要的客户。”一位资深ERP评价认为，而像哈药这样还没有开始上ERP系统的大企业，1 000万元投资计划只是一个起点，厂商们更加看重的是后面的利益，因此，竞争异常激烈。

到目前为止，来自哈药方面的最新消息表明，哈药将重新启动ERP项目，并在第二次选择实施伙伴上采取谨慎的策略，而在此次决定之前，哈药要求4家新入围的咨询服务公司对哈药相关人员分别进行ERP培训，并且拿出各自的实施方案来参与最终的角逐。

分析：

(1) 总结资讯公司在企业实施ERP中的作用。

(2) 企业选择ERP软件的原则有哪些？试对国内与国外ERP软件进行评价。

(3) 你认为哈药实施ERP失败的原因是什么？

(资料来源：http://industry.ccidnet.com/art/1549/20041123/180421_3.html.)

参考文献

[1] 王俊柳，邓二林. 管理学教程[M]. 北京：清华大学出版社，2003.
[2] 李鹰，唐德新. 现代企业管理[M]. 北京：冶金工业出版社，2007.
[3] 徐艳梅. 管理学原理[M]. 北京：北京工业大学出版社，2000.
[4] 覃家君，张玉意. 企业管理概论[M]. 广州：中山大学出版社，1999.
[5] 胡宇辰，李良智. 企业管理学[M]. 北京：经济管理出版社，2003.
[6] 黄志平. 管理原理[M]. 重庆：重庆大学出版社，2004.
[7] 北京银通国泰管理咨询有限公司. 职位说明书与绩效考核范本[M]. 北京：中国商业出版社，2003.
[8] 孙成志，孙皓. 管理学[M]. 北京：中国金融出版社，2004.
[9] 俞明南，易学东. 现代企业管理[M]. 大连：大连理工大学出版社，2006.
[10] 张兆响，司千字. 管理学[M]. 北京：清华大学出版社，2004.
[11] 林建煌. 管理学[M]. 上海：复旦大学出版社，2003.
[12] 吴振顺. 现代企业管理[M]. 北京：机械工业出版社，2004.
[13] 周占文. 新编企业管理学[M]. 重庆：重庆大学出版社，2004.
[14] 王方华. 企业战略管理[M]. 上海：复旦大学出版社，2003.
[15] 罗珉. 公司战略管理理论与实务[M]. 成都：西南财经大学出版社，2003.
[16] [加]亨利•明茨伯格. 战略历程[M]. 刘瑞红. 北京：机械工业出版社，2002.
[17] 迈克尔•波特. 竞争战略[M]. 陈小悦. 北京：华夏出版社，1998.
[18] 刘冀生. 企业经营战略[M]. 北京：清华大学出版社，1995.
[19] 杨锡怀. 企业战略管理[M]. 北京：高等教育出版社，2003.
[20] 童臻衡. 企业战略管理[M]. 广州：中山大学出版社，1996.
[21] 邹昭晞. 企业战略分析[M]. 北京：经济管理出版社，2001.
[22] 徐盛华，王兴明. 企业经营管理学[M]. 北京：科学出版社，2005.
[23] 谭道明. 企业管理概论[M]. 武汉：武汉大学出版社，2005.
[24] 徐汉文，霍谰平. 现代企业经营管理[M]. 大连：东北财经大学出版社，2006.
[25] 侯先荣，吴奕湖. 企业创新管理理论与实践[M]. 北京：电子工业出版社，2003.
[26] 王基建，白玉. 现代企业管理[M]. 武汉：武汉理工大学出版社，2005.
[27] 韩福荣. 现代企业管理教程[M]. 北京：北京工业大学出版社，2004.
[28] 吴忠平. 现代企业管理[M]. 北京：机械工业出版社，2002.
[29] 程云喜. 现代企业管理[M]. 郑州：河南人民出版社，2004.
[30] 宋冀东，赵钎. 现代企业管理[M]. 北京：电子工业出版社，2000.
[31] 汤少梁. 现代企业管理[M]. 南京：南京大学出版社，2001.

[32] 洪生伟. 质量管理[M]. 北京：中国计量出版社，2006.
[33] 程元军. 项目质量管理[M]. 北京：机械工业出版社，2003.
[34] 李钧. 质量管理学[M]. 上海：华东师范大学，2000.
[35] 陈荣秋，马士华. 生产与运作管理[M]. 北京：高等教育出版社，2004.
[36] 葛玉辉. 人力资源管理[M]. 北京：清华大学出版社，2006.
[37] 窦胜功，卢纪华，戴春风. 人力资源开发与管理[M]. 北京：清华大学出版社，2005.
[38] 廖三余. 人力资源管理[M]. 北京：清华大学出版社，2006.
[39] 陈天祥，王国颖. 人力资源管理[M]. 广州：中山大学出版社，2004.
[40] 李剑峰. 人力资源管理：原理与技术[M]. 北京：电子工业出版社，2002.
[41] [美]R·韦恩·蒙迪，罗伯特•M•诺埃. 人力资源管理[M]. 6版. 葛新权，郑兆红，王斌. 北京：经济科学出版社，1998.
[42] 黄渝祥. 企业管理概论[M]. 北京：高等教育出版社，2005.
[43] 陈富生，黄顺春. 现代企业管理教程[M]. 上海：上海财经大学出版社，2006.
[44] 李凤云. 网络经济与企业管理[M]. 北京：线装书局，2002.
[45] 李自如. 现代企业管理学[M]. 长沙：中南大学出版社，2001.
[46] 谷祺，刘淑莲. 财务管理[M]. 大连：东北财经大学出版社，2006.
[47] 荆新，王化成. 财务管理学[M]. 北京：中国人民大学出版社，2006.
[48] 戚安邦. 项目管理学[M]. 天津：南开大学出版社，2006.
[49] 吴添祖. 技术经济学概论[M]. 北京：高等教育出版社，2005.
[50] 张文. ERP、CRM 企业实施案例[M]. 北京：清华大学出版社，2005.
[51] 薛华成. 管理信息系统[M]. 北京：清华大学出版社，2006.

21世纪全国应用型本科财经管理系列实用规划教材(已出版)

序号	标准书号	书　　名	主　　编	定　　价
1	ISBN 978-7-5038-4748-6	应用统计学	王淑芬	32.00
2	ISBN 978-7-5038-4875-9	会计学原理	刘爱香　贾圣武	27.00
3	ISBN 978-7-5038-4881-0	会计学原理习题与实验	齐永忠　贾圣武	26.00
4	ISBN 978-7-5038-4892-6	基础会计学	李秀莲　张　华	30.00
5	ISBN 978-7-5038-4896-4	会计学原理与实务	周慧滨　王素萍	36.00
6	ISBN 978-7-5038-4897-1	财务管理学	盛均全　原晓燕	34.00
7	ISBN 978-7-5038-4877-3	生产运作管理	李全喜	42.00
8	ISBN 978-7-5038-4878-0	运营管理	冯根尧	35.00
9	ISBN 978-7-5038-4879-7	市场营销学新论	郑玉香　刘泽东	40.00
10	ISBN 978-7-5038-4880-3	人力资源管理	颜爱民	56.00
11	ISBN 978-7-5038-4899-5	人力资源管理实用教程	吴宝华	38.00
12	ISBN 978-7-5038-4889-6	公共关系理论与实务	王　玫　王志敏	32.00
13	ISBN 978-7-5038-4884-1	外贸函电	王　妍　肖　艳	20.00
14	ISBN 978-7-5038-4894-0	国际贸易	朱廷珺	35.00
15	ISBN 978-7-5038-4895-7	国际贸易实务	夏合群　周英芬	42.00
16	ISBN 978-7-5038-4883-4	国际贸易规则与进出口业务操作实务	李　平	45.00
17	ISBN 978-7-5038-4885-8	国际贸易理论与实务	缪东玲	47.00
18	ISBN 978-7-5038-4873-5	国际结算	张晓芬　李劲涛	30.00
19	ISBN 978-7-5038-4893-3	国际金融	韩博印　王学信	30.00
20	ISBN 978-7-5038-4874-2	宏观经济学原理与实务	崔东红　何伟平	45.00
21	ISBN 978-7-5038-4882-7	宏观经济学	蹇令香　付廷臣	32.00
22	ISBN 978-7-5038-4886-5	西方经济学实用教程	陈孝胜	40.00
23	ISBN 978-7-5038-4870-4	管理运筹学	关文忠　韩宇鑫	37.00
24	ISBN 978-7-5038-4871-1	保险学原理与实务	曹时军　曾玉珍	37.00

序号	标准书号	书　　名	主　　编	定　　价
25	ISBN 978-7-5038-4872-8	管理学基础	于干千　卢启程	35.00
26	ISBN 978-7-5038-4891-9	管理学基础学习指南与习题集	王　珍　卢启程	26.00
27	ISBN 978-7-5038-4888-9	统计学原理	刘晓利	28.00
28	ISBN 978-7-5038-4898-8	统计学	曲　岩　刘继云	42.00
29	ISBN 978-7-5038-4876-6	经济法原理与实务	杨士富　刘晓善	32.00
30	ISBN 978-7-5038-4887-2	商法总论	任先行	40.00
31	ISBN 978-7-5038-4965-7	财政学	盖　锐　高彦彬	34.00
32	ISBN 978-7-5038-4997-8	通用管理知识概论	王丽平　索玉华	36.00
33	ISBN 978-7-5038-4999-2	跨国公司管理	冯雷鸣　范　徵	28.00
34	ISBN 978-7-5038-4890-2	服务企业经营管理学	于干千　秦德智	36.00
35	ISBN 978-7-5038-5014-1	组织行为学	安世民　安运杰	33.00
36	ISBN 978-7-5038-5016-5	市场营销学	陈阳	48.00
37	ISBN 978-7-5038-5015-8	商务谈判	郭秀君	38.00
38	ISBN 978-7-5038-5018-9	财务管理学实用教程	骆永菊　郑蔚文	42.00
39	ISBN 978-7-5038-5022-6	公共关系学	于朝晖　邵喜武	40.00
40	ISBN 978-7-5038-5013-4	会计学原理与实务模拟实验教程	周慧滨　王晓梅	20.00
41	ISBN 978-7-5038-5021-9	国际市场营销学	范应仁	38.00
42	ISBN 978-7-5038-5024-0	现代企业管理理论与应用	邸彦彪	40.00

电子书(PDF 版)、电子课件和相关教学资源下载地址：http://www.pup6.com/ebook.htm，欢迎下载。
欢迎免费索取样书，请填写并通过 E-mail 提交教师调查表，下载地址：http://www.pup6.com/down/教师信息调查表 excel 版.xls，欢迎订购。联系方式：010-62750667，dreamliu3742@163.com，linzhangbo@126.com，欢迎来电来信。